제2판
중국어 음운론과 응용

제2판
중국어 음운론과 응용

엄익상

한국문화사

나를 중국어 음운론의 세계로 인도해 준 앤 미앤(嚴棉), 최영애 교수와
이 분야의 글을 읽는 재미에 빠지게 했던 수많은 선배 학자들과
내 강의를 듣거나 글을 읽고 중국어 음운론의 길을
걷게 된 여러 후학들에게 이 책을 바칩니다.
지금 막 호기심으로 이 책을 펼친
당신께도요.

제2판 머리말

　외국어 화자를 대상으로 한 번역서가 아니라 한국어 화자를 위한 현대중국어 음운론을 한국 최초로 집필하겠다는 의욕은 충만했으나, 실제 독창적인 이론의 틀을 세우는 일은 쉽지 않았다. 하나의 주제에서 기존의 이론을 비판하고 새로운 해결 방안을 제안하기는 상대적으로 간단한 일이었다. 그러나 어렵게 정립한 새로운 이론은 다른 장에서 또 다른 문제를 야기하기 십상이었다. 따라서 각 장의 주장이 책 전체 내용상 서로 모순되지 않게 조정하는 일에 의외로 노력과 시간이 많이 소요되었다. 이 책을 집필하며 현대중국어 음운론에 관한 기존 이론 가운데 가장 타당한 것을 선택하고 때로는 새로운 이론을 제시하며, 전체적으로 상호 모순이 없는 이론의 틀을 완성한다는 게 얼마나 어려운 일인지 새삼 깨달았다.

　한국연구재단의 마감 시한에 쫓겨 급하게 출판한 제1판은 교정 상 오류는 물론 몇 군데 이론적인 취약점을 안고 있었다. 예를 들어 제3장 음절구조에서 말음의 지위 문제는 명쾌한 설명을 못한 아쉬움이 있었다. 그럼에도 불구하고 초판은 2013년도 대한민국학술원 우수학술도서로 선정되어 비교적 빨리 재고가 소진되었다. 이에 제3, 5장은 거의 새로 쓰다시피 하였고, 제7장의 핵심 내용도 대폭 수정하였다. 아울러 책 전체에 남아 있던 오류를 바로 잡고 보충하여 제2판을 출판하게 되었다. 마지막 교정은 윤지혜 조교가 도와주었다. 이제야 좀 더 정확하고 명쾌한 중국어 음운론을 선보이게 되어 다행스럽다.

2016. 2. 16.
저자 엄익상

머리말

　내가 처음 현대 중국어 음운론 저서를 본 것은 1985년 가을 인디애나대학에서였다. 마가렛 앤(Margaret Mian Yan) 교수가 중어학개론 수업에 사용한 교재는 정 진취앤(Chin-chuan Cheng)의 *A Synchronic Phonology of Mandarin Chinese*와 탕 팅츠(汤廷池)의 『国语变形语法研究』였다. 나는 이 두 책 중에 탕 팅츠의 가변적인 변형생성문법보다 정 진취앤의 간결하고 명쾌한 음운론적 해석에 더욱 끌리게 되었다. 이 책이 결국 나를 음운학자의 길로 안내한 셈이 되었다. 정 진취앤의 책은 내게는 신선한 충격이었다. 한국에서 석사 과정을 이수하는 동안 최영애 교수의 수업에서 래드포긷드(Peter Ladefoged)의 *A Course in Phonetics*를 읽어보긴 했지만, 중국어를 전문적으로 다룬 저서는 아니었다. 한국에서 학부와 석사 과정을 이수했던 6년 동안 중국어 현대 음운론에 대한 전문적인 강의나 저서를 접할 기회는 없었다. 당시 한국에서 중국어 음운론은 역사 음운학을 의미했다. 소위 성운학이 그것이다. 한자음의 역사적 변천을 상고, 중고, 근대로 나누어 문헌과 방언을 중심으로 연구하는 전통적 학문이다. 성운학 저서의 첫 장은 대개 현대 중국어의 음운 체계를 간단히 다루지만, 성모, 운모, 성조 체계를 소개하는 정도이다. 이러한 분위기는 90년대까지도 변화가 없었다. 미국에서 유학과 교수 생활을 접고 93년에 귀국한 나는 새로운 학문을 전수해야 한다는 의무감에 불타고 있었다. 아무도 그걸 요구하지는 않았지만, 난 그 일이 내게 주어진 사명이라고 생각했다. 그도 그럴 것이 나는 늘 중국어를 전공하는데 왜 미국을 갔느냐는 질문을 수시로 받았고, 그때마다 보다 분석적이고 객관적인 연구 방법을 배우기 위해서라고 말했다. 때로는 비판적 시각과 창의적 사고를 기르기 위해서라고도 말했다. 그러나 나의 대답은 미국 사람이 중국어를 알면 얼마나 알까하는 의구심을 줄이는 데에는 별로 도움이 되지 않는 것 같았다. 사실 언어학이란 서양에서 수립된 학문이어서 중국어에 대한 연구 또한 서구의 분석이 더 과학적이라는 사실을 털어 놓고 싶었다. 당시 인디애나대학의 동아시아학과 대학원에는 뻬이징대학 중문과 출신도 있었고, 국립대만대학 중문과 출신도 재학 중이었다. 중국과 대만의 우수한 인재들이 미국 대학에서 서양의 학문 전통으로 다시 교육을 받고 미국 대학 교수로 자리 잡는 경우가 많기 때문이다. 미국의 중문과는 인적 구성이나 학문 연구 풍토 면에서 동양과 서양이 적절히 조화를 이루면서 경쟁하고 있다. 이러한 장점들을 나는 애써 에둘러 말하거나, 거의 털어 놓지 못했다. 전국 중문과 교수 가운데 미국 박사를 한 손으로 꼽아도 충분하던 시절이라 괜히 티낸다는 소리를 듣고 싶지 않았기 때문이다. 1996년 나는 조용히 정 진취앤의 책을 한글로 번역하였다. 번역은 만족스럽지 않았지만, 내 의무의 첫 번째 실천이었다. 『북경중국어 생성음운론』(학고방)이라는 제목으로 정 진취앤의 책이 한국에서 출판되었을 때 나는 기뻐 미치는 줄 알았다. 비록 역서이지만, 내 이름으로 나온 첫 번째 책이었기 때문이다. 이 책으로 강원대학교, 건국대학교, 한국외대 등에서 몇 년간 열심히 강의를 했지만, 속으로 또 다른 갈급함이 있었다. 이 책은 1969년에 정 진취앤의 일리노이대학 박사 학위 논문을 1973년에 출판한 것이기 때문이다. 90년대에 70년대 이론을 가르친다는 것은 멋쩍은 일이었다. 그러나 어쩔 수 없었던 것은 사실 한국에서는 말할 것도 없고 서구에서도 이를 대신할 만한 현대 중국어 음운론 관련 저서는 2000년이 되어서야 출현했기 때문이다.

2000년 여름 나는 캘리포니아대학 얼바인분교에서 열린 국제중국언어학회(IACL)에 참석했는데, 도서 전시 코너에서 뚜안무 싼(San Duanmu)의 *The Phonology of Standard Chinese*(Oxford University Press)를 발견하고 그 자리에서 바로 견본을 구입하였다. 한국에 돌아가면 사기 어렵다는 핑계를 대며 졸라서 견본을 사버렸으니, 한국은 물론 미국에서도 아마 가장 먼저 이 책을 구입한 사람 중에 한 명일 터이다. 이는 학회를 다니면서 얻을 수 있는 행운이다. 2002년 숙명여대와 서울대학교 대학원 연합 강의는 이 책으로 말미암아 더욱 풍성하였다. 중문과와 언어학과 학생은 물론 고려대학교 대학원생들까지 와서 꽤 큰 규모의 강의를 하게 되었다. 언어학 이론이 상대적으로 부족하기 쉬운 중문과 출신에게 뚜안무의 책은 다소 도전적이었지만, 학문적 열정과 의욕이 이 책을 출판하는 데까지 미치게 되었다. 이 책의 번역에는 하와이대학에서 중국어 언어학으로 박사학위를 받은 이해우 교수와 양세욱(현 인제대 교수), 정현정, 한승애, 강희조 등 네 명의 숙대와 서울대 대학원생들이 참여하였다. 이 책은 『표준중국어음운론』(한국문화사)이라는 제목으로 2003년에 출판이 되었다. 급하게 출판하느라 더러 오역도 있었지만, 새로운 분야를 개척했다는 의미에서인지 2005년도 대한민국 학술원 우수학술도서로 선정되었다. 납품을 해야 하는데 재고가 모자라서 다시 찍어야겠다고 출판사에서 급히 연락이 왔다. 번역 오류를 수정한 다음 2쇄를 찍자고 제안을 했다. 그리고 뚜안무 싼에게 기쁜 소식을 알려 주었다. 그랬더니 감사의 인사와 함께 곧 제2판이 나올 것이라는 회답이 왔다. 나는 고민에 빠질 수밖에 없었다. 곧 구판이 될 제1판을 더 찍는 것은 독자들에게 미안한 일이고, 2판이 나올 때까지 기다리자니 학술원에 납품 기일을 맞출 수 없었다. 고민 끝에 뚜안무 싼에게 요청을 했더니, 제2판 최종 원고를 선뜻 보내주었다. 양세욱, 정현정, 강희조와 함께 다시 번역팀을 구성하여 제2판을 번역하였는데, 짧은 기간 안에 전혀 새로운 책을 번역하는 느낌이었다. 말이 제2판이지 내용이 거의 새롭게 바뀌었다. 학자로서 뚜안무 쌴의 끊임없는 사고와 정진의 태도에 감탄하면서 2005년 10월에 원서보다도 먼저 번역서가 탄생하였다. 제2판 원서는 결국 다시 수정을 거쳐 2007년에서야 출판되었다. 세계 출판사상 번역서가 원서보다 2년 먼저 출판되는 진귀한 기록을 남기게 되었다. 그런데 제2판 원서를 처음 보았을 때 나는 적지 않게 당황하였다. 뚜안무의 끊임없는 학문적 정진은 멈추지 않고 계속되었기 때문이다. 내게 넘겨준 2005년 "최종" 파일에서 옥스퍼드대학에 넘겨준 마지막 파일까지 다시 상당히 진화가 되어 있었다. 2007년 제2판 원서와 2005년 한글 번역본 제2판의 내용에 차이가 나는 것은 바로 이런 이유에서이다. 제2판은 그동안 한양대학교, 연세대학교, 한국외대 등 많은 대학에서 교재로 사용되었고, 현재 재고도 없지만, 더 인쇄하기에는 어정쩡한 판본이 되고 말았다.

이런 상황에서 린 앤후이(Yen-Hwei Lin)의 *The Sounds of Chinese* (Cambridge University Press)가 2007년에 출판되었다. 몇 년이 지연되어 세상에 나오게 된 이 책의 분량은 뚜안무 책과 비슷하지만 이론적 깊이와 난이도 면에서 정 진취앤과 뚜안무 쌴의 중간 위치에 있다. 또 새로운 장마다 관련 이론을 간단히 소개하고 표준중국어(SC)의 분석에 들어가서 이론에 취약한 독자에게 친절한 입문서로서의 배려를 아끼지 않고 있다. 나는 이 책이야말로 한국 중문과 학생들에게 꼭 맞는 입문서라고 생각하고, 서둘러 번역팀을 구성하였다. 오하이오주립대에서 중국어 음운론을 전공한 이화여대 이옥주 교수와 중국어 음성학을 연구한 이미경, 손남호 박사가 참여하였다. 번역 작업은 어느 때보다도 성실히 진행되었으며 오랜 기간 동안 수정에 수정을 거듭하여, 2010년에 『중국어 말소리』(역락)가 세상에 나오게 되었다. 이 책으로 한양대, 연세대, 이화여대 등에서 중국어 음운론 강의가 진행되었다. 감사하게도 2011년 문화체육관광부 우수학술도서로 선정되어 공역자들이 이 책에 들인 정성을 인정받기도 했다. 그러나 이 책은 영어권 화자를 대상으로 집필되었기 때문에 이론 설명 부분에서 영어 예문이 많고, 몇 가지 SC 음운론의 주요 쟁점 주제에 대해 저자의 독립적인 견해를 유보하고 그냥 넘어가는 아쉬움이 있다.

그동안 구미에서 나온 현대 표준중국어 음운론에 관한 세 권의 연구서가 한글로 모두 번역된 것은 현대 음운론 연구가 아직 발아 단계에 있는 척박한 환경에서 큰 의미를 지닌다. 정 진취앤의 책이 대만에서 그의 제자에 의해 번역 출판된 것을 제외하고, 뚜안무 싼이나 린 앤후이의 책은 아직 중국어로 번역되지도 않았다. 그러나 새로운 것을 소개하는 역할을 자임해온 필자로서는 동료 번역자들의 참여와 도움에 감사할 따름이다.

한국의 중국어 언어학계는 이제 현대음운론에 관한 창의적인 저서가 나올 시점이 되었다. 중문과의 어학 전공자의 태반이 현대문법 연구에 매달리는 것은 학계를 위해 결코 바람직하지는 않다. 중문과에서 앞으로 개척해야 할 언어학의 연구 영역은 통사론 말고도 무궁무진하게 많다. 이 책은 비록 앞서 장황하게 소개한 세 명의 대표적 중국어 음운론 학자들의 저서를 기본으로 집필되었지만, 한국인의 시각에서 한국어 화자를 대상으로 집필되었다는 점에서 큰 의미를 지닌다. 아울러 중국어 음운 이론을 소개하는데 그치지 않고, 중국어 음운론이 21세기를 살아가는 한국인에게 무슨 의미가 있는지 보여주려고 노력한 점도 평가를 받고 싶다. 중국어 외래어 한글표기법이라든지, 중국어 및 한국어 로마자표기법이라든지, 서울의 새 중국어 명칭의 언어학적 배경 등의 글은 중국어 음운론 또는 언어학 연구가 우리의 실제 생활에 어떤 관련이 있고, 어떤 도움을 줄 수 있는지 보여줄 것이다. 또 이 책은 중국식 전통 용어의 직수입을 반대하고, 더욱 과학적인 한국식 용어를 보급하려는 노력도 경주하였다. 이 책을 완성하기까지 5년이 넘는 세월이 걸렸다. 그 이유는 몇 가지 쟁점에 대한 필자의 입장이 정리되지 않아서였다. 원고 마감 시간이 다가오면서 필자의 학문적 견해는 어떤 식으로든 결정이 될 수밖에 없었다. 만약 이 책이 한국연구재단의 인문저술과제로 선정되지 않았더라면, 마감에 쫓기지 않았을 터이다. 그러면 나는 지금 이 순간에도 핵후 모음을 이중모음으로 처리해야 할지 활음으로 처리해야 할지 망설이고 있을 터이다. 치조경구개음을 독립된 음소로 볼지 치음과 동일한 음소를 볼지도 몇 번이나 왔다 갔다 했다. 성절자음인지 설첨 모음인지를 결정하는 일도 쉽지 않은 주제였다. 3성의 기저형을 LL로 잡을지 LH로 잡을지도 고민이었다. 모음에서의 동화가 일어나는 조건과 범위를 확정하는 일도 간단치만은 않았다. 3성변조가 일어나는 범위와 비경성자가 어떤 환경에서 경성으로 변하는지에 대한 논쟁은 자세히 소개는 하였지만 결국 명쾌한 결론을 못 내린 상태이다. 이는 더 많은 시간을 두고 국내외 학계에서 해결하여야 할 과제이다.

이 정도 상태로라도 책을 낼 수 있게 지원과 재촉을 해준 한국연구재단에 감사를 드린다. 또 바쁜 가운데 교정지를 처음부터 끝까지 꼼꼼히 읽고 여러 가지 오류를 지적해준 이옥주 교수께도 진심으로 감사를 드린다. 이 책의 교정은 이연화, 이현경, 김남지, 임미주, 양서진, 최주현, 한희선, 전동근, 김은애 등 여러 대학원생들이 도와주었다. 『중국언어학 한국식으로 하기』(2002, 2005)와 『한국한자음 중국식으로 보기』(2008, 2015)에 이어 필자의 세 번째 단독 저서 『중국어 음운론과 응용』(2012)까지 출판을 맡아준 한국문화사 관계자 분들께도 감사를 드린다. 박사학위 논문은 부모님께 바쳤다. 첫 저서는 아내에게 바쳤고, 두 번째 저서는 두 아들에게 바쳤다. 이 책을 집필하던 지난 몇 년 동안 가족의 이해와 도움이 없이는 연구에 전념할 수 없었을 테니 가족들에게 미안하고 고마운 마음이 앞선다. 그러나 오래 전에 마음먹은 것이 있다. 세 번째 단독 저서는 나를 중국어 음운론의 길로 인도해준 앤 미앤(严棉), 최영애 교수 등 여러 선생님과 내 책이나 논문을 읽고 중국어 언어학에 관심을 갖게 된 국내외의 많은 독자 및 학생들에게 이 책을 바치고 싶다. 중국어 음운론은 계속되어야 한다!

2012. 8. 15
저자 엄익상

* 이 책의 중국어한글표기법은 엄익상표기법(2002)을 따른다.
* 이 책의 한자는 반드시 정체자로 써야 하는 곳을 제외하고 간체자로 통일한다.

차례

- 제2판 머리말·· vii
- 머리말·· viii

제1장 중국어의 특징과 음운론의 범위

1. 중국어 어족·· 1
2. 표준중국어와 방언······································ 2
3. 중국어의 유형론적 특징······························ 4
   - 3.1 음성·음운론적 특징····························· 4
   - 3.2 형태·통사론적 특징····························· 7
4. 언어학의 분류·· 18
5. 음성학과 음운론의 차이······························ 22
6. 중국어 언어학 용어의 한국어화···················· 23
   - 6.1 중국언어학 또는 중국어 언어학············· 24
   - 6.2 성운학, 음운학 또는 음운론·················· 26
   - 6.3 어법 또는 문법·································· 27
   - 6.4 문자학 또는 한자학···························· 28
7. 이 책의 목적과 내용··································· 28

제2장 소리의 차이와 용어

1. 발성 원리와 조음 기관································ 31
2. 국제음성기호······································· 35
3. 자음의 종류와 조음방법······························ 38
4. 모음의 종류와 조음방법······························ 43
5. 한어병음과 IPA 대조································· 48
6. 음성학·음운론의 새로운 용어························· 50
   6.1 기본 용어····································· 51
   6.2 성조 관련 용어································ 57
   6.3 음절구조 관련 용어····························· 57
   6.4 음운변화 및 운율 관련 용어······················ 59
   6.5 역사음운론·방언학 관련 용어···················· 60
   6.6 맺는말······································· 61

제3장 음절구조

1. 음절이란 무엇인가·································· 63
2. SC 음절구조의 전통적 분석··························· 67
3. 핵전 활음의 지위··································· 72
   3.1 음절 직속설·································· 72
   3.2 두음설······································· 74
4. 핵후 활음의 위치··································· 79
   4.1 말음설······································· 79
   4.2 핵음설······································· 80

5. 논의 과제·· 83
　5.1 온음절과 약음절의 구분··································· 83
　5.2 개음절과 폐음절의 구분··································· 85
　5.3 이중모음과 활음의 충돌··································· 86
　5.4 핵음 또는 말음··· 89
6. 새로운 음절 구조··· 91
7. 주요모음과 성조표시··· 94

제4장 자음의 체계와 변화

1. 자음의 체계·· 97
　1.1 양순음과 순치음··· 99
　1.2 치음·· 101
　1.3 교설음··· 103
　1.4 치조경구개음··· 104
　1.5 연구개음·· 104
　1.6 활음·· 105
　1.7 SC의 자음표··· 105
2. 자음의 음소··· 106
　2.1 음소의 개념과 조건······································· 106
　2.2 치조경구개음의 음소화 여부···························· 108
　2.3 SC의 자음 음소·· 113
3. 자음의 변화··· 113
　3.1 치조경구개음화·· 113
　3.2 경음절의 이완··· 115

제5장 모음의 체계와 변화

1. 모음의 체계 ·· 117
2. 발음 연습 ·· 120
   2.1 고모음 ·· 122
   2.2 중모음 ·· 124
   2.3 저모음 ·· 125
3. 모음의 음소체계 ·· 127
   3.1 고모음 ·· 128
   3.2 중모음 ·· 135
   3.3 저모음 ·· 142
   3.4 SC의 모음 음소 ······································· 145
4. 모음의 변화 ·· 146
   4.1 고모음의 변화 ··· 146
   4.2 중·저모음의 동화 ······································ 148
   4.3 중모음 수렴 ··· 155

제6장 설첨 모음 대 성절 자음

1. 머리말 ··· 159
2. 설첨 모음설 ·· 160
3. 성절 자음설 ·· 162
4. 음성학적 분석 ·· 164
   4.1 음성 실험 개요 ·· 164
   4.2 성절 비자음의 스펙트로그램 ···························· 165

    4.3 고모음과의 포먼트 비교·············· 167
5. 음운론적 분석································ 172
    5.1 음소 여부······························· 172
    5.2 성절 자음의 조건과 음운 체계의 부담··········· 173
    5.3 방언에서의 [ɲ]와 [ŋ]······················ 175
    5.4 [ɲ]와 [ŋ]의 역사적 유래··················· 178
6. 맺는말·· 179

제7장 교설음화의 기제

1. 머리말·· 181
2. 자음 운미설의 문제···························· 185
3. 이중 모음설의 문제···························· 188
4. 운 조화설의 문제····························· 192
5. 새로운 해결 방안······························ 196

제8장 성조와 성조변화

1. 성조란 무엇인가······························· 207
2. SC의 기저 성조································ 209
    2.1 기저 성조의 종류························ 209
    2.2 기저 성조의 음높이 값··················· 214
3. 성조의 변화···································· 216
    3.1 1성 변조······························· 217
    3.2 2성 변조······························· 218

3.3 4성 변조·· 219
3.4 3성 변조·· 220
3.5 3성 변조의 발생 범위······································ 222

제9장 경성과 운율

1. 경성의 음높이 값·· 233
2. 경성의 변화 조건·· 236
3. 강세·· 241
4. 억양·· 248
5. 리듬·· 250

제10장 중국 방언의 분포와 특징

1. 방언의 분류··· 254
2. 방언의 분포··· 260
3. 방언의 음운 특징··· 265
   3.1 성모의 특징··· 265
   3.2 운모의 특징··· 267
   3.3 성조의 특징··· 268
4. 한국 한자음과의 관계·· 269
   4.1 한자의 전래 시기와 정착 시기························ 271
   4.2 한자의 전래 경로··· 274

제11장 중국어 외래어를 원지음으로 표기해야 할 이유

1. 두 가지 표기원칙 ····································· 279
2. 한자음 표기원칙 ····································· 281
3. 한자음 표기의 문제점 ································ 282
   - 3.1 한자음표기는 정말 편리한가? ················· 284
   - 3.2 한자문화권의 의미와 한계 ····················· 286
   - 3.3 왜 우리만 중국 원지음으로 표기해야 하나? ······ 289
   - 3.4 한자음도 중국 음으로 보아야 하나? ············· 291
   - 3.5 관용음의 인정 범위 ··························· 293
4. 원지음표기를 해야 할 이유 ·························· 294

제12장 중국어 외래어 표기법 원칙과 세칙

1. 무엇이 문제인가 ····································· 299
2. 대원칙의 문제 ······································· 302
3. 중국어 표기법 세칙의 문제 ·························· 305
4. 인명·지명 표기 원칙의 문제 ························· 308
5. 바다·섬·강·산 등의 표기 세칙의 문제 ··············· 311
6. 맺는말 ·· 314

제13장 중국어 외래어 표기법 발음 괴리의 문제

1. 문제의 출발 ··· 321

1.1 원지음주의의 정착 321
1.2 외래어 표기법과 원지음의 본질적 차이 322
1.3 표기법 수정 이유 324
2. 자음의 괴리 문제 327
2.1 된소리(경음)와 예사소리(평음) 327
2.2 기타 330
3. 모음의 괴리 문제 334
3.1 주요모음 o의 음가 334
3.2 ian과 üan의 주요모음 a의 음가 339
3.3 운미 o의 음가 340
4. 맺는말 341

제14장 한·중 로마자표기법의 국제 표준 문제

1. 머리말 345
2. 현행 한국어 로마자표기법의 문제 347
   2.1 성씨 표기 규정 미비 349
   2.2 띄어쓰기 규정 미비 351
   2.3 MR의 오랜 전통과 정부안의 낮은 신뢰도 351
3. 문제점의 해결 방안 353
4. 개정 반대 논리와 반론 355
   4.1 중국어 로마자표기법의 경우 356
   4.2 중국과 한국의 차이 358
   4.3 재개정 비용의 문제 359
5. 성씨 규정 수정 방향 361

6. 자음의 수정 방향	363
7. 모음의 수정 방향	366
8. 국제적 시각에서 문제 접근	367
9. 맺는말	369

제15장 首尔 : 서울의 새 중국어 이름

1. 머리말	373
2. 왜 바꾸었나	374
3. 어떻게 바꾸었나	377
4. 반대 논리는 무엇인가	380
4.1. 전통 고수	380
4.2. 의역 선호	382
4.3. 조자(造字) 또는 조의(造義)	385
4.4. 한자음 음역	386
4.5. 중국음 음역	387
5. 선정 근거는 무엇인가	388
5.1. 음역	389
5.2. 舒聲字	392
5.3. 음절 수	393
5.4. 한자의 획수	394
5.5. 긍정적 의미	395
5.6. 브랜드 효과	399
5.7. 외래 지명 -l과 -r 표기 한자	401
5.8. 상용 한자	405

5.9. 응모 순위……………………………………… 406
　　5.10. 지지율…………………………………………… 407
　6. 최종 선택………………………………………………… 408
　7. 수용과 보급……………………………………………… 410
　8. 맺는말……………………………………………………… 414

제16장 결론 : 한국인의 삶 속에 중국어 음운론의 의미

　1. 중국어 음운론의 의미 ………………………………… 415
　2. 날이 중국어라면?……………………………………… 417
　3. 우리말이 된 중국말…………………………………… 420
　4. 우리말 같은 한자말…………………………………… 424
　5. 중국말 속의 한국말 …………………………………… 425
　6. 중국의 인명과 지명 독음 문제……………………… 428
　7. 맺는말…………………………………………………… 431

　▪ 참고문헌……………………………………………………… 433
　▪ 부록…………………………………………………………… 445
　▪ 찾아보기……………………………………………………… 457

제1장 중국어의 특징과 음운론의 범위

1. 중국어 어족

중국어는 한장어족(Sino-Tibetan language family)에 속한다. 한장어란 한족의 언어라는 의미의 한어(汉语)와 티벳어를 뜻하는 장어(藏语)의 머리말을 합한 말이다. 한어와 장어는 물론 중국식 용어이다. 한장어족이라는 말은 중국어와 가장 가까운 언어가 티벳어라는 이야기이다. 그러나 티벳어는 우리에게 많이 알려져 있지 않으므로 중국어의 특징을 이해하는 데 별로 도움이 되지 않는다. 오히려 티벳어의 어순이 현대중국어와는 달리 SOV라는 점이 흥미롭다. 어떻게 같은 어족에 속하는 두 언어의 기본 어순이 다를 수 있을까? 노먼(1996:25)같은 역사 언어학자들은 중국어의 어순도 아주 옛날에는 북부지역에 접경해 있는 알타이어와 마찬가지로 SOV였다고 추정한다. 그러나 중국이 남쪽으로 점점 확대되면서 중국 남방의 SVO 언어와의 접촉으로 어순이 바뀌었다고 보고 있다. 현대중국어 구어에 把자를 이용한 목적어 전치구문이 사용되고 있는 것을 원나라 이후 북방의 알타이어와의 빈번한 접촉의 결과로 보는 학자도 있다

(Hashimoto 1976.3:49-65, 1998:53-82; 리와 톰슨 1996). 기본 어순은 어떤 언어의 가장 중요한 특징 중의 하나이지만, 오랜 세월에 걸쳐 이마저 얼마든지 변할 수 있음을 중국어는 보여주고 있다.[1] 레흐만(Lehman)같은 학자는 인구어(Indo-European languages)도 원래는 SOV이었으나 나중에 지금의 SVO로 바뀌었다고 주장한다(Hopper 1992 참조). 거대 어족의 기본 어순이 오랜 세월을 두고 바뀔 수도 있다면, 언어의 변화는 일반인의 상상을 초월할 정도로 신비롭기만 하다.

2. 표준중국어와 방언

표준중국어(SC: Standard Chinese)를 중국 사람들은 보통화(普通话 푸통후아)라고 한다. 이는 표준어 보급과 관련한 대내적인 용어이다. 대외적으로는 한어(汉语 한위)라고 한다. 어떤 사람의 중국어가 발음이 정확하고 유창하면 대개 다음과 같이 말하는데, 상대에 따라 표현을 달리한다.

(1) a. 你的普通话说得很好。
    b. 你的汉语说得很好。

(1a)는 내국인을 상대로 하는 말이고, (1b)는 외국인을 상대로 하는 말이다. 따라서 한어란 적어도 외국인에게는 표준중국어의 의미를 지닌다.

---

[1] 한국어와 가장 유사한 언어는 일본어이다. 이 두 언어가 터키어, 몽골어, 만주어와 함께 알타이어족에 속한다는 학설도 있고, 불분명하다는 학설도 있다. 한국어와 일본어가 알타이어에 속한다는 학설을 보류하는 가장 큰 이유는 이들 언어와 나머지 알타이어 간에 서로 공유하는 동원어(cognates)가 충분하지 않기 때문이다.

그러나 한어는 언어학적으로 좀 더 넓은 의미를 지니고 있다. 한어는 문자적으로 '한족의 언어'라는 의미이므로 통시적으로 옛날 한족들이 사용하던 중국어도 포함한다. 이를 고대한어(古代汉语)라고 하고, 요즘 사람들이 쓰는 말을 현대한어(现代汉语)라고 한다. 현대한어도 여러 가지가 있다. 뻬이징에 사는 중국인과 상하이에 사는 중국인은 같은 한족이라 하더라도 방언이 현저히 다르다. 서로 알아들을 수 없을 만큼 차이가 나는 방언을 크게 따져도 일곱 가지나 된다. 이들을 한어방언(汉语方言)이라고 한다. 표준중국어는 이들 일곱 가지 중에 가장 넓은 지역(전 국토의 80%)에 분포되어 있고 가장 많은 인구(전 인구의 70%)가 사용하는 관화방언이다. 관화(官话 꾸안후아)란 청나라말 하급관리들이 업무를 보기위해 사용하던 말로 공식어(official language) 정도의 의미를 지닌다. 영어로 Mandarin이라고 하는데, 청나라 만주족 대감을 의미하는 满大人의 중국음에서 유래되었다고 하나 확실하지는 않다. 한어방언의 자세한 분류는 제10장에서 다룰 것이다. 대만에서는 표준중국어를 전통적으로 국어(国语 꾸오위)라고 했는데, 최근에는 대내적으로만 꾸오위라고 부르고, 대외적으로는 싱가포르 등 해외 중국인들이 일찍부터 사용해온 화어(华语 후아위)라는 용어를 사용하기 시작했다.

　아무튼 한국과 일본에서 사용하는 중국어라는 말을 중국어로 그대로 발음하면 다소 애매한 말이 된다. 中国语(중꾸오위)란 중국에서 사용되는 모든 말을 의미하므로 소수민족의 언어까지 포괄하게 된다. 이는 중국인들에게 재중동포들이 민족은 조선족이면서 국적은 중국인 것과 같은 이치이다. 따라서 중꾸오위라는 말을 중국에서는 사용하지 않는다. 마찬가지로 보통화, 한어, 관화 등의 낱말은 어디까지나 중국어이지 한국어는 아니다. 따라서 이 책이 사용하는 '표준중국어'라는 말이 이들을 지칭하는 가장 정확하고 적절한 한국어이다. 더 정확히는 현대표준중국어라고 해야겠지만, 너무 번거로우므로 현대라는 말은 생략한다.

3. 중국어의 유형론적 특징

언어를 역사적 분파 과정과 상관없이 언어 특징별로 규명하여 분류하는 것을 유형론(typology)이라고 한다. 중국어의 유형론적 특징은 엄익상(2003b)과 엄익상 외(2005, 2011)에 근거하여, 다음 몇 가지로 요약할 수 있다. (2a-c)는 음성·음운론적 특징이고 (2d-h)는 형태·통사론적 특징이다.

(2) a. 성조가 있다.
    b. 말음 자음이 간단하다.
    c. 겹머리 자음이 없다.
    d. 단음절어가 우세하다.
    e. 고립어로 어순이 중요한 문법적 기능을 한다.
    f. 양사가 발달했다.
    g. 주제어가 발달해 있다.
    h. 기본 어순은 SVO이다.

3.1 음성 · 음운론적 특징

3.1.1 성조

한국 학생들에게 중국어의 특징을 물어보면 십중팔구 성조가 있다는 점을 든다. 성조는 분명 한국인에게 매우 두드러진 중국어의 특징이다.

한국어는 물론 한국인에게 많이 알려진 영어, 일본어, 프랑스어, 독일어 등 어떤 언어에도 성조는 없기 때문이다. 그러나 세계의 언어를 두고 보면 성조란 아주 유별난 특질은 아니다. 동남아시아와 아프리카의 수많은 언어들이 다 성조언어이다. 세계 언어의 약 1/3이 성조언어라는 언어학사전(Hyman 1992:166)도 있고, 과반수가 넘는다는 언어학사전(Crystal 1997: 174)도 있다. 따라서 성조가 있는 언어권 화자에게 중국어의 성조란 결코 특별한 자질은 아닐 것이다. 한때 8개의 성조가 있던 시절도 있었고, 꾸앙똥-홍콩 지역에서 사용되는 웨방언(粤방언 Cantonese)에는 지금도 9개의 성조가 사용되기도 한다. 관화 방언의 성조 수는 상대적으로 적은 편이다.[2]

3.1.2 간결한 말음

한국어에는 -m, -n, -ng, -p, -t, -k, -l 등 자음이 말음 위치에 올 수 있다. 아래 예문에 이들 말음은 다 사용되고 있다.

(3) 갑자기 김선생 아들이 생각났다.

---

[2] 老湘方言(双峰)은 5개; 新湘方言(长沙), 赣方言(江西), 客家方言은 6개; 吴方言(浙江)과 闽方言(福建)은 7개이다. 자신의 JCL 1권(1973) 논문을 인용한 Cheng (1991:80)의 보다 정확한 통계에 의하면 중국 대방언의 평균 성조 수는 다음과 같다.

北方관화	4.06		客家방언	6.10
西南관화	4.44		赣방언	6.33
湘방언	4.91		吴방언	6.85
下江관화	5.33		闽北방언	7.00
淮州방언	6.00		闽南방언	7.30
			粤방언	8.17

그러나 표준중국어에는 다음에서 보는 바와 같이 -n과 -ng만 사용된다. 과거 -m 말음은 모두 -n으로 바뀌었으며, -p, -t, -k 등은 소실되었다.

(4) 忽 然 想 起 来 了 金 先 生 的 儿 子。
    Huran xiang qilai le Jin xiansheng de erzi

중국어가 듣기 좋다고 하는 이유는 성조가 있기 때문이기도 하지만, 더 큰 이유는 -p, -t, -k 등의 파열 자음이 말음에 사용되지 않기 때문이다.

3.1.3 단자음 두음

중국어의 두음도 간단한 편이다. 영어에는 자음 세 개까지 음절 머리에 연이어 올 수 있다.

(5) a. spring
    b. strike
    c. screen

중국어는 한국어와 마찬가지로 이런 음절이 불가능하다. 한어병음으로 표기한 다음 음절은 얼핏 보기에는 두 개의 자음이 연결된 것 같지만 사실 연속된 두 자음이 아니라 하나의 소리를 편의상 두 개의 기호로 표시했을 뿐이다.

(6) a. zhi   知
    b. shi   识
    c. chuang   窗

그러면 한국어의 경우는 어떠한가?

(7) a. 뽀식이는 똑똑하다
    b. 호떡 값을 깎다
    c. 값진 삶을 살고 싶다

(7ab)의 ㅃ, ㄸ, ㄲ의 소리 값은 모두 하나이지 두 소리가 연속된 것은 아니다. 중국어의 zh, ch, sh처럼 표기의 편의를 위한 장치에 불과하다. 말음에 겹자음이 올 때에도 둘 중 하나만 발음된다. 즉 (7b)의 '값'과 같이 모음 앞에서 뒤 자음은 뒤 음절의 모음과 결합하고, (7c)의 '값'과 같이 자음 앞에서 뒤 자음은 묵음된다.

3.2 형태·통사론적 특징

3.2.1 단음절어

중국어는 흔히 단음절어이고 한국어, 일본어, 영어 등은 다음절어로 알려져 있다. 실제로 그런지 살펴보자.

(8) a. 눈   眼睛
    b. 귀   耳朵
    c. 코   鼻子
    d. 입   嘴巴
    e. 목   脖子
    f. 팔   胳膊

(8)번만 보면 한국어는 마치 단음절어 같고 중국어는 다음절어 같다. 그러나 한국어에는 일반적으로 다음절어가 단음절어보다 훨씬 더 많다.

(9) a. 머리   头
    b. 어깨   肩膀
    c. 가슴   胸
    d. 허리   腰
    e. 무릎   膝盖
    f. 다리   腿

현대중국어에 단음절어가 많은지 다음절어가 많은지는 좀 더 세밀히 살펴보아야 한다. 실제로 고대중국어에서 단음절이던 단어들이 현대중국어에서는 다음절로 사용되는 경우가 많다. (8a-e)까지 중국어 단어에서 첫 자만으로도 그 의미 전달이 충분히 된다. (8f)의 경우 첫 번째 자는 겨드랑이 '각'자이고 둘째 자가 팔뚝 '박'자이니 두 번째 한자가 일차의미를 지니고 있다. 이렇듯 현대중국어는 성조의 수가 줄어들면서 의미 변별을 위해 점점 다음절화했다는 학설이 유력하다. 천 핑(Chen 1999:139)에 의하면 현대중국어의 95% 이상의 형태소가 단음절이지만, 50% 이상의 단어가 다음절어라고 한다. 그러면 현대중국어를 단음절어로 보아야 할 것인지, 아니면 다음절어라고 보아야 할 것인지가 문제가 된다. 형태소를 기준으로 하면 단음절어로 보는 것이 맞고, 단어를 기준으로 하면 다음절어로 보는 것이 맞다. 찰스 리와 샌드라 톰슨(1996, Li and Thompson 1981:14)은 현대중국어를 다음절어로 보고 있다.

그러나 어떤 언어가 단음절어인지 다음절어인지를 판단하는 기준은 단어보다 형태소의 음절수를 기준으로 하는 것이 더 타당하다. 형태소

(morpheme)란 단어를 구성하는 최소의 의미단위(the smallest meaningful unit)를 말한다. 예를 들어 중국어에서 学生은 学+生의 두 형태소로 구성되어 있으며, 图书馆은 图+书+馆의 세 형태소로 구성되어 있다. 한국어에서 '아름다운 가게'는 '아름다+우+ㄴ+가게'의 네 형태소로 구성된 명사구이다. 중국어에서 보듯이 단어의 조어 기제(mechanism)는 형태소의 결합 기제보다 상대적으로 가변적이므로 어떤 언어가 단음절어인지 다음절어인지는 결국 대부분의 형태소가 단음절인지 다음절인지를 기준으로 판단하는 것이 더 타당하다. 그런 점에서 고대중국어 및 현대중국어는 단음절어라고 할 수 있다.

천 핑(Chen 1999:139)은 고대중국어 단어의 90-96%가 단음절어였다고 한다.

(10) 단음절 단어의 비율
    BC 221년 이전   선진시기   96%
    AD 618-1279   당송시기   93%
    AD 1368-1911   명청시기   90%

그러나 종이와 필기도구가 개발되어 대대적으로 보급되기 전까지 고대중국어 구어마저 단음절어였을지는 분명하지 않다. 칼로 거북이 등이나 쇠뼈에 문자를 새긴 갑골문은 물론 이후 죽간(竹简)에 이르기까지 구어와 상관없이 최대한 간결하게 기록할 수밖에 없었을 것이기 때문이다. 이러한 경향은 그 희귀성으로 말미암아 종이가 발명된 뒤에도 한동안 계속되었을 것이다. 따라서 고대중국어가 단음절어였다는 시각은 논란의 여지가 있다는 뚜안 무(Duanmu 2000)의 주장은 일견 타당하다. 그러나 이 역시 단어를 기준으로 할 때 가능한 학설이다. 형태소를 기준으로 하면 고대중국어 또한 의문의 여지없이 단음절어이기 때문이다.

3.2.2 고립어

중국어가 고립어라는 사실은 널리 알려진 정보이다. 고립어란 무엇인가? 고립어가 아니면 또 무엇일까? 세계의 언어는 단어가 어떻게 활용되는지에 따라 다음 세 가지로 나누어진다.

(11)　　종류　　　　　　　　　　　　　　　대표 언어
　　a. 고립어　孤立语　isolating languages　중국어
　　b. 교착어　胶着语　agglutinative languages　한국어
　　c. 굴절어　屈折语　inflectional languages　영어

영어 단어가 활용되는 것부터 설명하는 것이 더 쉽게 이해된다. 영어의 경우 문법적 요소에 따라 기본 단어의 어간을 약간씩 바꾼다.

(12) a. He picks an apple.
　　 b. I picked the apples.

(12a)에서 pick이란 단어에는 -s가 붙었고 (12b)에서는 -ed가 붙었다. 영어에서 동사 뒤에 -s가 붙으면 주어가 3인칭 단수 현재 시제일 경우이다. -ed가 붙으면 과거형이 된다. 이렇게 동사의 어간만 약간 바뀌어 서로 다른 문법적 기능을 나타내도록 활용되는 것을 굴절한다고 한다. 명사인 경우 복수를 나타내기 위하여 명사의 기본형 뒤에 -(e)s를 붙이는 것 또한 굴절이다. 흥미로운 사실은 영어 형태소 -s는 수와 시제라는 두 가지 문법적 기능을 겸하고 있다는 점인데, 이러한 현상은 고립어나 교착어에서는

드물다.

한국어와 중국어에서 단어를 다른 의미 또는 기능으로 활용할 때 어간의 일부분을 변형 즉 굴절시키지는 않는다. 어간을 변형시키지 않고 독립된 형태소 음절을 추가하여 활용한다. 우선 한국어 동사가 활용되는 방법을 보자.

(13) a. 중국에 가서 그를 보다.
　　 b. 중국에 가서 그를 본다.
　　 c. 중국에 가서 그를 보았다.

한국어의 경우 '보다'라는 동사의 어근인 '보'와 어미 '다' 사이에 현재와 과거의 시제를 나타내는 'ㄴ'과 '았'이 삽입되어 있다. 이렇게 문법적 기능을 나타내는 형태소를 어간에 결합하여 활용하는 언어를 교착어라고 한다.

중국어의 경우 기본적으로 단어는 스스로 활용되지 않는다. 반드시 새로운 단어가 추가되거나 문장 안에서 위치가 바뀌어야만 의미 변화가 일어난다. 각 단어의 고유한 의미는 기본적으로 변하지 않기 때문에 고립어라고 한다.

(14) a. 我今天去中國看他。
　　 b. 我昨天去中國看他。

(14a)와 (14b)의 차이는 내가 그를 본 시점이다. 이 둘은 시제의 차이가 명확함에도 불구하고 동사 看에는 아무런 변화가 없다. 看이라는 한자의 발음이 약간 바뀌거나 일부 획이 굴절되지도 않았으며 한국어처럼 다른

형태소가 결합되지도 않았다. 그럼에도 불구하고 이 둘은 완벽한 정문(正文 올바른 문장, 그 반대는 비문 非文)이다. 시간을 나타내는 명사가 시제를 대신하기 때문이다.

또 영어에서는 대명사가 문법적 기능에 따라 그 형태를 굴절시키고, 한국어는 조사라는 형태소를 결합시킨다. 그러나 중국어는 해당 단어에 아무런 변화도 주지 않고 위치만 이동 시킨다.

(15) a. I like him.
　　 b. He likes me.
　　 c. 나는 그를 좋아한다.
　　 d. 나를 그는 좋아한다.
　　 e. 我喜欢他。
　　 f. 他喜欢我。

영어에서 주격 I와 he는 목적격 자리에서는 me와 him으로 바뀐다. 한국어에서는 문장 내에서 위치가 중요한 것이 아니라 어떤 조사와 결합하느냐가 더 중요하다. (15c)를 '그를 나는 좋아한다'라고 해도 의미 변화는 본질적으로 일어나지 않기 때문이다. 그러나 (15ef)에서 보듯이 중국어에서는 어순이 중요한 문법적 기능을 대신하고 단어 자체에는 어떠한 변화도 일어나지 않았다. 바로 이러한 중국어의 특징 때문에 중국어를 고립어라고 한다.[3]

---

[3] 중국어에는 굴절어와 교착어의 성격도 약간 있다. 예를 들어 2인칭 대명사 你 ni와 그 존칭형 您 nin은 굴절어의 요소이고, 跑得去와 跑不去처럼 跑去에 得와 不가 삽입되어 의미가 활용되는 경우는 교착어적 성격이다.

3.2.3 양사의 발달

중국어의 또 다른 형태론적 특징은 양사(classifier)가 발달한 점이다. 양사란 수사와 명사를 연결해 주는 말로 명사의 물리적 성격과 수효나 양을 나타내는 단위이다. 영어는 수가 발달한 언어라서 단수와 복수를 명확히 해야 한다. 그러나 중국어와 한국어는 별로 그렇지 않다. '친구 만나러 서울에 가'라고 했을 때 친구가 한 사람인지 여러 사람인지 중국어와 한국어에서는 별로 중요하지 않다. 보통 그런 정보를 화자나 청자 모두 기대하지 않는다. 따라서 (16)은 정문이다.

(16) a. 我去首尔看朋友。
　　　b. 친구 보러 서울에 가.

그러나 이 표현을 영어로 (17a)처럼 말하면 완벽한 비문이 된다. 반드시 (17b)나 (17c)처럼 수를 분명히 말해야 한다.

(17) *a. I go to Seoul to see friend.
　　　b. I go to Seoul to see a friend.
　　　c. I go to Seoul to see friends.

그럼에도 불구하고 명사의 수를 구체적으로 말할 때 중국어 명사는 수사와 바로 결합하지 않는다. 중간에 반드시 양사를 같이 쓴다. 예를 들면 다음과 같다.

(18) a. 我去首尔看一个朋友。
　　　b. 我去买三本书。

    c. 我每天吃五碗饭。

여기서 个, 本, 碗이 양사이다. 어떤 명사가 어떤 양사와 결합하는지는 자오 위앤런(Chao 1968:589-593)이나 일반 중국어 교재를 보고 익히기 바란다. 명사의 물리적 성격에 따라 어느 정도 양사의 종류를 예측할 수 있지만 항상 그런 것은 아니다. 예를 들어 가늘고 긴 사물은 条를 쓰지만, 필기구 같은 것은 枝(支)를 쓴다.

(19) a. 一条烟   两条蛇   三条裤子
       b. 一支烟   两支笔   三支箭

물론 가장 일반적인 양사는 个이다. 아무튼 양사는 한국어와 영어에서는 잘 볼 수 없는 중국어의 특징이다. 한국어와 영어에도 물론 다음과 같은 표현이 있다.

(20) a. 공 한 개를 개 두 마리가 갖고 논다.
       b. Bring me three pieces of paper and two cups of coffee.

한국어의 양사 개(个)와 마리(머리 头)는 모두 중국어에서 유래된 것이다. 전통적으로 한국어에는 양사가 없었다. 영어의 piece나 cup 같은 단어는 셀 수 없는 명사 즉 불가산명사를 수량화하기 위해 사용되었다. 가산명사는 two books and three pencils처럼 수사와 바로 결합한다. 이런 점에서 중국어의 양사는 매우 두드러진 특징이다.

3.2.4 주제어 우세

중국어의 또 다른 특징으로 거의 반드시 포함되는 것은 주제어가 우세한 언어라는 점이다. 주제어란 어떤 문장의 주제 즉 topic을 말한다. 영어 문장은 주어(subject)와 술어(predicate)로 구성된다. 그러나 중국어는 주제(topic)와 평어(评语 comment)로 구성되는 경우가 많다.

(21) a. She likes summer but doesn't like winter.
　　 b. He has been in the U.S. but never been in Japan yet.
　　 c. 夏天我喜欢, 冬天我不喜欢。
　　 d. 美国我已经去过, 日本我还没去过。

(21ab)에서 밑줄 친 단어는 주어이다. 그러나 (21cd)에서 밑줄 친 단어는 주어가 아니라 주제어이다. 그 뒤에 주어가 따로 있기 때문이다. 중국어에는 이런 문장이 흔하기 때문에 주제어를 문법적으로 어떻게 처리하는가 하는 문제가 오랫동안 문법학자들의 논란의 대상이 되어 왔다. 아무튼 영어권 화자에게 주제어는 분명 특이한 특징이다. As for …… 이라는 표현이 있지만, 중국어에서만큼 많이 쓰이지는 않는다.

(22) a. As for the Korean War, I experienced it through books.
　　 b. As for the G20 Seoul Summit, Korea should be proud of herself.

그러나 한국어나 일본어 화자에게 주제어는 별로 유별나지 않다. 그들 언어에도 주제어 문장은 많이 사용기 때문이다.

(23) a. 나는 배가 고프다.

b. 제주도는 봄이 아름답고, 설악산은 가을이 아름답다.
c. 한양대는 인문계가 좋고, 서울대는 자연계가 좋다.
d. 아침에는 수영이 좋고, 저녁에는 걷기가 좋다.

3.2.5 기본어순

중국어의 기본어순이 VO인지 OV인지 논란이 되어왔다. 기존의 이론을 간단히 요약하면 아주 이른 시기 중국어는 티벳어 및 중국 북방 이민족 언어와 같은 OV였던 것으로 추정된다. 그러나 한족이 남하하면서 남방 이민족 언어와의 접촉으로 말미암아 VO의 형태로 바뀌게 된다. 근대에 이르러 다시 북방 이민족 언어와의 접촉으로 중국어는 OV의 특성을 다소 지니게 되었다.

그렇다면 중국어는 과연 어떤 어순의 언어 특징을 더 지니고 있을까? 다음은 드라이어(Dryer 2009) 등이 제시한 VO 어순의 언어와 OV 어순의 언어 구분을 위한 15 가지 계수(parameter)와 이에 해당하는 중국어의 예문이다. 부치사는 전치사나 후치사를 말하고, 계사는 be나 become같은 연결동사를, 보문소는 보어 표시 요소를 의미한다.

(24)　　VO 어순　　　　　　　OV 어순
　　　a. 부치사+명사구　　　　명사구+부치사(adposition)
　　　b. 계사+술어　　　　　　술어+계사(copula)
　　　c. want+동사구　　　　　동사구+want
　　　d. 시제·상 조동사+동사구　동사구+시제·상 조동사
　　　e. 부정 조동사+동사구　　동사구+부정 조동사
　　　f. 보문소+문장　　　　　문장+보문소(complementizer)
　　　g. 의문사+문장　　　　　문장+의문사
　　　h. 부사성 종속접속사+문장　문장+부사성 종속접속사

i. 관사+명사　　　　　　　명사+관사
j. 복수어+명사　　　　　　명사+복수어
k. 명사+소유격　　　　　　소유격+명사
l. 명사+관계절　　　　　　관계절+명사
m. 형용사+비교기준　　　　비교기준+형용사
n. 동사+부치사구　　　　　부치사구+동사
o. 동사+방식부사　　　　　방식부사+동사

(25) a. 到学校　　　　　　　学校里
　　 b. -　　　　　　　　　 -
　　 c. 我想去中国留学　　　*我去中国留学想
　　 d. -　　　　　　　　　 -
　　 e. 我不去学校　　　　　我去不了学校
　　 f. -　　　　　　　　　 -
　　 g. *吗你去?　　　　　　你去吗?
　　 h. 只有努力学习，才能获得好成绩

　　　　　　　　　　　　　*努力学习只有，能获得好成绩才
　　 i. 这学生　　　　　　　*学生这
　　 j. *们我　　　　　　　 我们
　　 k. *书我的　　　　　　 我的书
　　 l. *书我买的　　　　　 我买的书
　　 m. 我高过你　　　　　　我比你高
　　 n. 跳在床上　　　　　　在床上跳
　　 o. 走快点儿　　　　　　快点儿走

진 리신(金立鑫 2016)에 따르면 중국어는 (24chi) 세 가지 면에서 VO

특성을 지니는 반면에, (24gjkl) 네 가지 면에서는 OV의 특성을 지닌다. 그리고 (24aemno) 다섯 가지 면에서 VO-OV 특성을 공유하고 있고, 나머지 (24bdf) 세 개는 중국어와 상관이 없다.[4] 따라서 진 리신은 유형론적 관점에서 중국어를 전형적인 OV와 VO의 혼합어로 결론짓고 있다.

리우 딴칭(刘丹青 2001)은 VO의 특성이 웨방언, 관화/커지아/깐방언, 우/민방언 순으로 강하다고 주장한다. 이는 역으로 우/민방언에 비교적 많은 OV 구조가 존재함을 의미한다. 특정 계수마다 어떤 형태의 구문이 존재하는지를 따지는 것도 중요하지만, 동일 계수에 두 가지 구문이 다 존재할 경우 그 중에 어떤 형태가 더 많이 사용되는지를 따지는 것이 더욱 중요하다. 따라서 이들의 결론은 좀 더 계량적으로 검증할 필요가 있다.[5]

4. 언어학의 분류

언어학(linguistics)은 언어의 과학적인 연구이다. 여기서 중요한 것은 '과학적'이라는 개념이다. 인류의 언어에 대한 관심과 연구는 동서양을 막론하고 오랜 세월을 거슬러 올라갈 수 있다. 중국에서는 『이아(尔雅)』라는 책을 언어에 관한 최초의 저서로 보고 있다. 이아는 한자의 뜻을 풀이한 자서(字书)로 춘추전국시대에 전해오던 내용을 전한시대에 편찬한 것으로 알려지고 있다. 늦게 잡아도 기원전의 저서이다. 서양에서는 대개 기원 전 4세기의 인물인 아리스토텔레스를 꼽는다. 그리스 철학자들은 일상용어에 대한 철학적 사색 및 언어 용법의 분석에 관심을 가졌다고

---

[4] 중국어의 是를 계사로 볼 수 있고, 这는 관사가 아니라 지시사로 보아야한다. 진 리신(2015:140)은 VO-OV 공유 어순이 일곱 가지나 된다고 보았다.
[5] The World Atlas of Language Structures Online(http://wals.info)를 참조하라.

한다. 아리스토텔레스는 그리스어의 구조를 주어와 술어로 구분했다고 한다. 이 정도로 언어에 대한 전문적인 연구라고 하기에는 무리가 있을 수 있겠지만 파니니(Pāṇini)의 산스크리트어문법은 기원 전 4세기의 저서로 추정되기도 한다. 아무튼 인류의 언어에 대한 관심과 연구는 수천 년을 거슬러 올라가지만 이들의 연구를 엄밀한 의미에서 언어학이라고 하지는 않는다. '과학적'이라는 개념에 부합하지 않기 때문이다.

철학이나 문학과 달리 독립된 학문으로서의 언어학의 역사는 200여 년에 불과하다. 19세기 이전만 하더라도 언어에 대한 관심은 정확한 언어 사용에만 집중되었다. 이를 정확하게 읽고 쓰는 것이 언어에 대한 주된 관심이었다면 이는 어디까지나 학문의 도구에 불과하다. 그러므로 이 시기의 언어 연구 조류를 학교문법(school grammar)이라고 한다. 여기서 문법은 넓은 의미의 문법 즉 언어연구를 뜻한다. 이러한 경향은 중국에서도 마찬가지였다. 중국의 학문체계는 문사철(文史哲)로 집약되는데, 문학과 역사 그리고 철학이 그것이다. 소위 어학은 여기에 들어가 있지 않다. 어학은 소학이라고 하여 문사철 연구의 도구 학문으로 인식하였다. 큰 학문을 제대로 하기 위한 예비 학습이 소학이었던 것이다. 중국과 대만의 일부 학계에는 이러한 경향이 아직도 남아있다. 그러나 이러한 경향은 언어 연구의 중요성과 언어학에 대한 인식 변화를 제대로 반영하지 않은 결과이다. 아울러 언어 전공자의 학문 영역을 스스로 부정하는 태도이다.

언어학이 독립된 학문으로서 자리를 잡는 데는 19세기 제국주의의 영향이 컸다. 강대국이 여러 나라를 식민지로 거느리면서 통치 수단의 하나로 식민지의 언어에 관심을 갖게 되었다. 인도어의 조상이 유럽어의 조상과 동일하다는 생각은 캘커타고등법원 판사로 일했던 영국인 William Jones(1746-1794)의 인구어가설(Indo-European language hypothesis)로 세상에 알려지게 되었다. 20세기 초 일본이 한국을 지배하면서 일본학자들의 한국어에 대한 연구도 활발해지기 시작하였다. 이 시기의 언어연구는 주로 언어의 역사를 밝히는 데 집중하였다. 세계의 언어를 어족별로 묶는 작업은 이 시기 언어학자들의 주된 관심이었다. 두 나라의 언어가 하나의 뿌리에서 파생하였다면 두 나라는 하나의 제국으로 묶일 수 있는 좋은 명분을 제공하기 때문이다. 어떤 언어의 파생적 역사는 같은 어족에 속하는 형제 언어들과 비교를 통하여 밝혀낼 수 있다. 이런 언어학연구 방법을 역사비교언어학(historical comparative linguistics)이라고 한다.[6] 서양에서 역사비교언어학적 연구 방법이 정착되고부터 언어학은 비로소 독립된 학문의 한 영역으로 인식되기 시작했다. 그러므로 그 이전의 언어에 대한 문헌적 연구를 서양에서는 문헌학(philology)이라고 하여, 현대 언어학과 명확히 구분하고 있다.

   20세기에 와서 언어학 연구는 역사적 관심에서 탈피하여 언어 자체에 대하여 관심을 갖게 되었다. 언어 자체에 대한 연구는 언어의 표면적인 구조와 언어의 본질에 대한 연구로 나누어진다. 20세기 초반 살아있는 언어의 표면적 구조 분석과 체계 기술에 집중한 연구 경향을 구조주의(structuralism)라고 한다. 언어는 있으나 문자가 없어 주변의 거대 언어군에 의해 소멸 위기에 처해 있는 아메리카대륙의 수많은 인디언 언어와 아프리카의 언어들이 구조주의적 연구에 의해 착실히 기록되었다. 이러한 연구 경향은 노암 촘스키(Noam Chomsky)라는 천재적인 학자가 1957년에 출판한 *Syntactic Structures*라는 책에 의해 일대 변환을 겪게 된다. 그는 개별 언어의 표면적인 구조 분석보다는 인간의 언어 생성 과정에

---

[6] 이는 전혀 상관이 없는 두 언어의 특성을 비교하는 대비 또는 대조언어학(contrastive linguistics)과 차이가 있다.

관한 보편적인 기제(mechanism)같은 언어 본질적인 문제에 관심을 갖게 하였다. 그의 이러한 연구 경향을 변형생성주의(transformational generative grammar)라고 하는데, 변형생성문법은 20세기 후반 미국을 중심으로 언어학의 중요한 경향의 하나로 발전해 왔다. 이상 언어학의 발전 과정을 요약하면 다음과 같다.

(26) a. 학교문법 (19세기 이전)
    b. 역사비교언어학 (19세기)
    c. 구조주의언어학 (20세기 초반)
    d. 변형생성문법 (20세기 후반)

언어학은 다시 연구 목적과 대상에 따라 다음 몇 가지로 나뉜다.

(27) a. 일반언어학(general linguistics) : 언어의 구조 및 생성 원리 연구
    b. 심리언어학(psycholinguistics) : 제1언어 습득, 인식 및 처리 연구
    c. 응용언어학(applied linguistics) : 제2언어 습득, 언어 교육, 발화 장애, 전산 처리 연구
    d. 사회언어학(socio-linguistics) : 언어의 지역, 성별, 연령, 직업 등 사회적 조건에 따른 차이 연구
    e. 역사언어학(historical linguistics) : 언어의 역사적 변천에 관한 연구
    f. 신경언어학(neurolinguistics) : 언어의 생성, 인식, 처리과정에서의 뇌의 역할 연구

위 언어학 각 갈래의 하위 분야는 다음과 같다.

(28) a. 음성학(phonetics) : 개별 소리에 대한 연구

b. 음운론(phonology) : 음운체계, 음의 결합, 음의 변화에 대한 연구
c. 형태론(morphology) : 단어 구조에 대한 연구
d. 통사론(syntax) : 문장 구조에 대한 연구
e. 의미론(semantics) : 단어와 문장의 의미 연구
f. 화용론(pragmatics) : 의도된 의미 연구
g. 담화분석(discourse analysis): 문맥 연구

이 책에서 주로 다룰 분야는 음성학과 음운론이다. 응용 부분에서 사회언어학과 역사언어학과 관련된 내용도 일부 다룰 것이다.

5. 음성학과 음운론의 차이

이 책이 주로 다룰 음성학과 음운론의 차이는 분명하다. 개별 소리 하나하나의 특질을 연구하면 음성학의 영역이다. 음성학은 다시 다음 세 가지로 구분된다.

(29) a. 조음음성학(articulatory phonetics) : 말소리의 생성 과정과 조음 특성에 따른 분류 기술
 b. 음향음성학(acoustic phonetics) : 길이, 주파수, 강도 등 말소리의 물리적 특성 연구
 c. 청취음성학(auditory phonetics) : 말소리의 지각 연구로 청각음성학이라고도 한다.

이 책은 주로 조음음성학을 다룰 것이다. 이는 바로 다음 절에서 소개할 이 책의 첫 번째 목적과 관련이 있다. 중국어 학습자로 하여금 정확한

중국어 발음을 인식하고 발음하게 하는 데 도움을 주기 때문이다. 그러나 이 책은 기초적인 음성학적 내용을 다룬 다음 음운론을 소개할 것이다.

음운론이란 음성학보다 넓은 범위의 소리 연구로 정확히는 소리의 유형(patterns)연구이다. 음운론의 연구 과제는 대개 다음 세 가지를 포함한다.

(30) a. 말소리 목록(inventory) : 어떤 언어에서 사용되는 자음과 모음의 종류 등 음운체계 분석
 b. 소리 배열 및 조직(phonotactics) : 단어를 구성하는 소리의 결합 양상 연구
 c. 소리의 변화 지배 규칙 : 소리의 연쇄에서 일어나는 환경에 따른 변화 규칙 및 원리 연구

이 책은 중국어의 자음과 모음 또 성조가 각각 어떤 체계를 구성하고 있으며 어떤 변화를 일으키고 있는지를 제시하고 그 속에 잠재된 언어학적 규칙과 원리를 탐구할 것이다.

6. 중국어 언어학 용어의 한국어화

몇 년 전 '우리말로 학문하기'라는 소수 학자들의 모임이 보도된 적이 있다. 필자는 오래 전부터 이러한 학문적 태도의 중요성을 인식해 왔다. 요즘 TV 오락 프로를 보면 영어를 사용하지 않는 것이 이상할 정도로 많이 사용된다. 노랫말이나 가수의 이름 등이 특히 그러하다. 외국인들도 한국 연예계의 스타 반열에 오르는 국제화시대이다. 그렇다고 학계까지 외국의 전문 용어를 그대로 받아들여 사용하는 것은 한국의 학문 발전과

정체성 확보를 위해서 자제해야 한다. 가능하면 우리말 용어를 사용해야 하고 해당 용어가 없으면 새롭게 말을 만드는 노력을 해야 우리 학문이 외국학문에 종속되는 처지를 막 수 있을 것이다. 이러한 의식은 외국학을 전공하는 사람에게 특별히 요구되는데, 그 가운데서도 중국학을 하는 연구자들이 특히 유념해야 한다. 중국의 학술용어는 한자어이기 때문에 그대로 직수입하여 한글 문장 속에 사용하고 한국 한자음으로 읽을 수 있기 때문이다. 사실 '한어'나 '보통화' 같은 말은 중어중문학계에서는 너무나 자연스럽게 사용되고 있지만 한국어 단어가 아니다. 보음(辅音), 원음(元音), 색음(塞音)은 말할 필요가 없다. 이러한 문제는 엄익상(2007)에서 본격적으로 제기하였지만, 이 책에서는 이 장과 다음 장에 일부 내용을 나누어 인용한다.

6.1 중국언어학 또는 중국어 언어학

이미 좀 진부한 설명이지만 영어의 Chinese linguistics에 해당하는 중국어는 汉语语言学이다. 이것을 한국어로 번역할 때 몇 가지 가능성이 있다.

(31) a. 한어 언어학
　　 b. 중국어 언어학
　　 c. 중국 언어학
　　 d. 중국어학
　　 e. 중어 언어학

'어언학'을 언어학으로 바꾸는 것은 간단하다. 문제는 앞부분이다. 중국어 표현을 따라 한어 언어학이라고 하였을 때 한어가 한국어에서 통용되는 단어인가가 문제이다. 중문과에서 일부 사용되고 있지만, 전체적으로 볼 때 대답은 부정적이다. 한국어에서 중국어란 중국 영토 안에서 사용되는 모든 언어를 집체적으로 지칭할 뿐만 아니라, 절대다수인 한족이 사용하는 한족의 언어를 지칭하기도 한다. 그렇다면 중국어 언어학이라고 해야 정확하다. 그런데 Chinese linguistics 또는 汉语语言学를 중국어 언어학이라고 하는 사람은 많지 않다. (31c) 중국 언어학 또는 (31d) 중국어학보다 음절이 많아서 번거로운 까닭도 있을 것이다.

　중국어로 쓰인 문학작품과 연구 분야를 중국문학이라고 하지 굳이 중국어 문학 또는 중문 문학이라고 하지는 않는다. 따라서 汉语语言学는 대개 중국 언어학 또는 중국어학이라고 하는 경우가 많다. 그런데 어학이라는 말은 한국어에서 언어연구뿐만 아니라 외국어 학습까지도 지칭하므로 부적절한 용어이다. 설령 학문분야를 지칭한다고 하더라도 과거 문헌학적 언어 연구(philology)에 더 부합하는 용어이므로 (31c) 중국 언어학이 차라리 더 적절해 보인다.[7] 다만 중국 언어학이라고 했을 때는 중국어를 연구하는 학문 분야뿐만 아니라 중국에서의 언어연구 즉 중국의 언어학 연구를 지칭할 수도 있기 때문에 여전히 마음에 걸린다. 영어를 연구대상으로 하는 학자를 영어 언어학자라고 하지 영국 언어학자라고 하지 않기 때문이다. 문법의 경우도 중국어 문법이지 중국 문법이라고 하지도 않는다. 따라서 (31b)와 (31c) 가운데 어느 것이 더 적절한지 엄익상(2005:104b)이 제기한 것처럼 좀 더 확실히 따져볼 일이다. 이 책에서는 우선 중국어 언어학, 중국어 문법, 중국어 성운학 등의 용어를 사용하기로 한다. 중국어 언어학을 줄여서 (31e)처럼 '중어 언어학'이라고 하면 위에

---

[7] 여기서 말하는 문헌학이란 과거 문헌 중심의 언어 연구방법을 지칭하는 것으로 고서의 출판, 판본, 목록 등에 관한 연구를 지칭하는 서지학의 의미와는 차이가 있다. 전자는 영어로 philology에 해당하고, 후자는 bibliography이다.

서 거론한 문제는 물론 음절길이의 부담도 해결할 수 있어 이상적이다. 다만 영어, 일어, 불어, 독어와는 달리 중국어를 '중어'로 줄여 쓰지 않는 습관 때문에 다소 생소한 느낌이 문제이다.

6.2 성운학, 음운학 또는 음운론

중국어권에서는 중국어의 음운체계와 변화를 연구하는 언어학의 하위 분야인 phonology를 다음과 같이 다양하게 부른다.

(32) a. 声韵学
 b. 音韵学
 c. 音系学

한국의 중국어 전공자에게 성운학은 성모와 운모를 연구하는 보다 고전적인 용어로 인식되는 반면에 음운학은 그 의미역이 확대된 보다 현대적인 용어로 인식된다. 그러나 이러한 구분이 중국어 화자에게도 그대로 적용되는 것 같지는 않다. 대만에서는 성운학이라고 하고, 중국에서는 음운학이라고 하는 경우가 많기 때문이다. 중국에는 中国音韵学会가 있고 대만에는 中华民国声韵学学会가 있다. 중국의 음운학회가 역사음운론자들의 모임이고, 대만의 성운학학회 또한 주로 통시언어학자들의 활동 공간이다. 대만에서 英语声韵学이라는 말은 쓰지 않겠지만, 성운학 그 자체는 역사음운연구와 현대음운연구를 어느 정도 포괄하고 있다. 그러나 중국에서 음운학은 역사음운연구만 지칭한다. 현대중국어에 대한 음운연구는 음계학이라고 하기 때문이다. 그러나 음운체계라는 의미를 강하게 지니고 있는 음계학은 성운학 만큼이나 문자적으로는 매우 좁은 의미역을 지닌 단어이다.

  아무튼 한국에서는 통시적 연구는 성운학 또는 음운학으로 공시적 연구는 음운학으로 구분하여 사용하고 있다. 필자는 중국과 대만의 용례에서 보듯이 이러한 구분이 굳이 필요 없다고 생각한다. 따라서 통시와 공시를 불문하고 다 음운론이라고 쓰는 것이 적절하다고 주장한다. 왜냐하면 음운연구는 언어학이라는 독립학문 영역에 속해 있는 하위 연구 분야이므로 음운학이라고 하는 것은 학문분류의 층차 면에서 부적절하다. 중국에서 语音学이라고 하는 phonetics는 어음학이 아니라 음성학으로 번역하면 된다. 언어학의 방계 학문으로 하나의 독립적 영역을 인정할 수 있다. 그러나 언어학의 하위분야는 형태론, 통사론처럼 xx론이라고 하는 것이 타당하다. 통시적 연구와 공시적 연구를 꼭 구분해야할 경우에는 역사음운론과 현대음운론 또는 통시음운론과 공시음운론 등으로 나누어 쓸 수 있을 것이다.

6.3 어법 또는 문법

  이런 점에서 어법학이라는 용어도 부적절하기는 마찬가지이다.[8] 통사론이라고 하든지 문법론이라고 하는 것이 맞다. 한국어에서의 어법은 완곡어법, 겸양어법 등 수사법적인 표현을 의미하기 때문이다. 어법에 문법의 의미가 전혀 없는 것은 아니지만, 한국어에서 어법은 일차적으로 mood를 의미한다. 영어문법, 국문법이라고 하지 영어어법, 국어어법이라고 하지는 않는다. 그렇다면 중문과에서 널리 사용되고 있는 어법이라는

---

[8] 이 문제는 2006년 12월 박용진과 『중국어교육 어떻게 할까』(제1판 제3쇄)를 수정하면서 처음 제기되었다.

용어도 문법이라는 말로 대체해야 할 것이다. 중국어에서 문어의 법칙에 대비하여 구어의 법칙을 염두에 두고 나온 말이 어법이겠지만, 보통 요즘 현대중국어 문법 연구에서 말뭉치(语料 corpus)의 구분을 명확히 하지 않는 경우가 많다. 굳이 이런 구분이 필요한 경우에는 문어문법 또는 구어문법 등으로 구분하여 사용하면 될 것이다. 중국 고전어의 문법 연구는 문헌 자료에 주로 근거하므로 엄밀한 의미에서 구어문법의 연구가 불가능함에도 불구하고 고대어법이라는 말이 자연스럽게 쓰이는 것은 역설적이다.[9]

6.4 문자학 또는 한자학

문자학이라는 용어 자체에 시비를 걸 생각은 없다. 그러나 문자학이란 말은 다분히 포괄적이다. 문자학의 연구 영역이 세계의 언어에서 사용되는 모든 문자와 관련된 것이 아니라면, 앞에 중국이라는 수식어가 붙어야 맞다. 그러나 중국문자학은 중국의 영토 안에서 사용되는 모든 언어의 문자를 지칭할 수도 있으므로 더 정확히는 소수민족 문자를 배제하는 한자학이라는 용어가 더 적절하다.

7. 이 책의 목적과 내용

이 책은 중국어 학습자는 물론 일반 독자들을 위하여 다음 네 가지 목적에서 기술되었다.

---

[9] 문법 용어 가운데 宾语, 定语, 状语등 용어도 목적어, 형용사(수식)어, 부사어로 부르는 것이 옳다. 动宾结构, 偏正结构 등도 한자음으로 바로 옮기면 부적절하다.

(33) a. 표준중국어에 대한 정확한 발음을 듣고 발음할 수 있게 한다.
　　 b. 표준중국어 자음과 모음 및 성조 체계를 제시한다.
　　 c. 표준중국어 자음, 모음, 성조에서 일어나는 음운변화 현상을 소개하고 그 규칙 및 원리를 제시한다.
　　 d. 표준중국어 및 중국 방언에 대한 기초적인 음성 음운 지식이 실제 생활에 어떻게 활용될 수 있는지를 보여주어 언어학 및 음운론에 관심을 갖게 한다.

이러한 목적을 위해 이 책은 제2장에서 음성학과 음운론에 관한 기초 지식인 발성의 원리, 국제음성기호, 한어병음, 용어 등을 소개할 것이다. 제3장은 표준중국어 음절구조를 소개할 것이다. 제4장부터 제9장까지 표준중국어의 음운 체계 및 음운변화 현상을 다룰 것이다. 여기까지가 현대 표준중국어 음운론에 관한 내용이다. 제10장에서는 중국 방언의 종류와 분포 및 음운 특징을 소개하고 한국 한자음과 중국 방언과의 관계를 요약할 것이다. 제11장부터 제16장까지는 중국어 음운론의 응용 부분이다. 여기서는 중국어 음운론에 관한 지식이 한국인의 실제 언어생활에서 어떻게 응용될 수 있는지 보여줄 것이다. 제11-13장에서는 중국어 외래어 한글 표기법에 관한 여러 가지 문제점을 다루게 된다. 제14장은 현행 한국어 로마자표기법의 문제점을 중국어 로마자표기법에 비추어 어떻게 개선해야 할지 제안하고 있다. 제15장은 서울의 새로운 중국어 이름 소우얼(首尔)의 탄생 배경과 그 과정에서 활용된 언어학적 지식이 분석될 것이다. 끝으로 제16장에서는 이 책의 결론에 해당하는 내용으로 한국어 속의 중국어와 중국어 속의 한국어를 소개할 것이다. 아주 평이한 언어로 기술되었지만 중국어에 대한 지식이 실제 한국어를 이해하는 데 얼마나 도움을 주는지 보여줄 것이다. 마지막 다섯 장은 중국어 음운론 연구가 학문의 틀 안에 갇혀 있지 않고 한국인의 실제 언어생활 및 사회 활동에 어떻게 활용되고 있는지를 보여 줄 것이다. 그 의도는 일반 독자들은 물론 중국어 전공자들로 하여금 음운론 또는 언어학이라는 학문 분야에 더 큰 관심을 갖게 하기 위함이다.

제2장 소리의 차이와 용어

1. 발성 원리와 조음 기관

    신이 인간에게 준 축복 가운데 가장 큰 것은 아마 언어일 것이다. 동물들도 기본적인 의사소통을 하는 경우가 있지만, 인간처럼 원활한 것은 아니다. 인간이 말을 하는 것은 폐에서 나오는 공기를 여러 가지 발성 기관을 이용하여 의미 있는 소리로 만들어 내는 행위이다. 공기를 말소리로 바꾸는 것을 조음(调音 articulation)이라고 한다. 소리를 조율(tuning)하다는 뜻에서 중국어로 tiáoyīn이라고 한다. 말소리를 만드는 기관을 조음기관(articulator)이라고 하고, 말소리를 만드는 방법을 조음방법(manner of articulation)이라고 한다.

    폐에서 나온 공기가 기관지와 기관을 거쳐 입 밖으로 나오는 과정에서 처음 거치는 조음 기관이 성대(vocal folds 또는 vocal cords)이다. 성대는 갑상연골이라고 부르는 목 가운데 툭 튀어나온 뼈 속에 있는 서로 마주보는 한 쌍의 얇고 질긴 막이다. 갑상연골(甲狀软骨)이란 방패 모양의 물렁뼈라는 뜻으로 영어로는 Adam's apple이라고 한다. 성대 사이의 작은 틈을 성문(声门 glottis)이라고 한다. 성대가 마찰을 하면 모음이나 비음 같은 유성(voiced)자음이 된다. 성대가 벌어진 상태에서 아무런 마찰이 없이 성대를 통과한 소리는 무성음(voiceless)이다. 성대를 통과한 소리는 후두와 인두를 거쳐 구강(oral cavity)이나 비강(nasal cavity)에서 다시 한 번 조음을 거치게 된다. 성대에서 입술까지 또는 성대에서 콧구멍까지 구간을 성도(声道 vocal track)라고 한다. 대부분의 소리는 구강을 통해 나오므로 구강음(oral sounds)이다. 입에서는 혀와 입술 등이 능동적인 조음기관이고, 이와 잇몸 등이 피동적인 조음기관 역할을 한다. 목 안에 매달려 있는 목젖(uvula)을 아래로 늘어뜨려 구강을 막고 바람이 비강으로 나오게 하면 비강음이 된다. 비강음(nasal sounds)은 보통 비음이라고 한다.

(1) 조음 기관 (University of Pennsylvania, Linguistics 520 Phonetics I, Mark Y. Liberman, 2013, Lecture Notes 2)

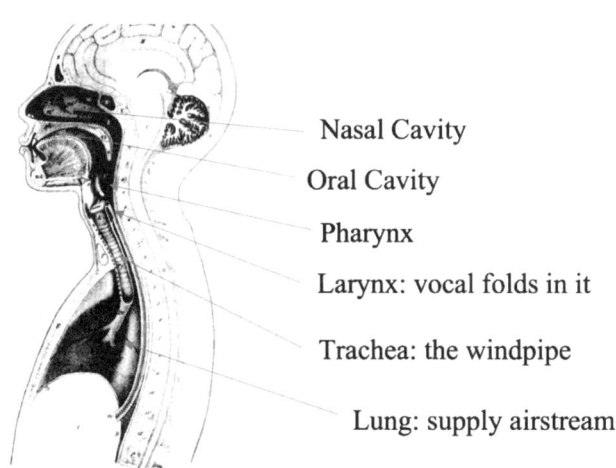

보다 자세한 조음 기관은 린 앤후이(2010:51)에서 인용한 다음 그림을 참조하라.

(2)

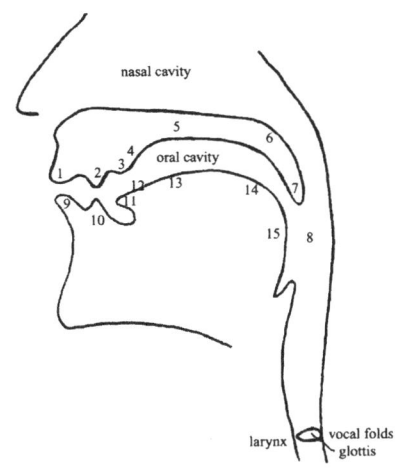

위 그림의 숫자에 해당하는 조음 기관의 명칭은 다음과 같다.

(3) 위 조음 기관
   1. 윗입술(upper lip)
   2. 윗니(upper teeth)
   3. 치조(치은)(alveolar ridge)
   4. 후치조(postalveolar)
   5. 경구개(hard palate)
   6. 연구개(soft palate)
   7. 목젖(uvula)
   8. 인두(pharynx)

(4) 아래 조음 기관
    9. 아랫입술(lower lip)
    10. 아랫니(lower teeth)
    11. 혀끝(tip of the tongue)
    12. 혓날(blade of the tongue)
    13. 전설(front of the tongue)
    14. 후설(back of the tongue)
    15. 혀뿌리(root of the tongue)

위 조음 기관에서 치조(齒槽)라는 말은 치아를 싸고 있는 통이라는 뜻이다. 여기서는 잇몸을 가리킨다. 치조는 치은이라고도 하는데, 齒齗 또는 齒齦으로 쓴다. 槽자는 원래 구유라는 뜻인 반면에, 齗자가 잇몸이라는 뜻이다. 齦자는 깨물 간 또는 잇몸 은으로 읽는다. 잇몸에 염증이 생긴 것을 치은염이라고 한다. 중국어에서도 치조음을 齦音이라고 하기 때문에 필자(엄익상 2007:259)는 원래 한국어로 치은음 또는 줄기 茎자를 쓴 치경(齒茎)음으로 부를 것을 제안하였다. 그러나 언어학계(이호영 1996)나 국어학계(이기문·김진우·이상억 2001)에서 치조 및 치조음이라는 용어를 더 많이 쓰는 관계로 혼란을 피하기 위하여 치조라는 용어를 쓴다.

경구개(硬口盖)와 연구개(软口盖)는 말 그대로 딱딱한 바깥쪽 입천장과 말랑말랑한 안쪽 입천장을 말한다. 혀로 입천장을 눌러보면 그 차이를 느낄 수 있으나 연구개까지 혀가 닿지 않는 사람도 있다.

목젖은 입을 크게 벌렸을 때 보이는 입천장 끝에 매달려 있는 기관으로 젖같이 생겼다고 하여 붙여진 이름이다. 작은 혀라는 뜻으로 소설(小舌)이라고도 한다. 목젖의 기능은 연구개를 밑으로 처지게 하여 구강의 안쪽 입구를 닫아서 성대를 통과한 공기가 비강으로 나오게 하는 역할을 한다.

인두는 얕은 목구멍이고 성대 가까이에 있는 깊은 목구멍을 후두라고 한다. 후두의 입구에 위로 향해 있는 부위가 있는데 이를 후두개(epiglottal)라고 한다. 이는 음식을 삼킬 때 기도를 막아서 음식물이 식도로 넘어가도록 하는 역할을 한다. 그러므로 음식을 삼키는 동작을 하는 순간에는 후두개가 기도를 막고 있으므로 말을 할 수가 없다. 만약 실수로 음식물이 기도로 넘어가게 되는 것을 사레가 걸린다고 한다. 사레가 걸리면 즉각 거부 반응이 나타나는데, 기침을 통해서 기도로 넘어간 음식물을 밖으로 배출해 낸다.

2. 국제음성기호

세계의 수많은 언어의 소리를 일관된 방법으로 기록하기 위하여 국제음성학회(International Phonetic Association)에서 만든 것이 국제음성기호(International Phonetic Alphabet)이다. 간단히 줄여서 IPA라고 하고 중국어로는 国际音标라고 한다. 인간의 말소리는 이 표에 나와 있는 자음과 모음 그리고 부가기호 등을 사용하여 정확히 기록할 수 있다. 소리를 듣고 IPA로 옮겨 적는 작업을 전사(转写 transcription)라고 한다. 중국어로 记音으로도 불리는 전사는 매우 세밀하게 판별하여 최대한 정확히 적는 정밀전사(narrow transcription)와 미세한 차이는 무시하는 간략전사(broad transcription)로 나뉜다. 음운론에서는 대개 간략전사만으로도 음의 차이를 충분히 구별하여 설명할 수 있으므로 이 책에서는 간략전사를 할 것이다.

국제음성기호표에는 굉장히 많은 기호들이 수록되어 있으나, 전문가가 아닌 다음에는 이 기호들을 모두 외울 필요는 없다. 다만 이 표의 배열 원리를 이해하는 것이 중요하다. 그 원리만 이해하고 있으면 필요할 때 언제든지 어떤 기호가 어떤 음을 나타내는지 쉽게 확인할 수 있다. 그러나 언어 전공자들은 각자 필요한 언어에서 사용되는 자음과 모음 기호의 조음 위치와 방법을 익혀두면 정확히 발음하는 데 도움이 된다. 또 다른 사람에게 특정 음의 발음 요령을 설명할 때도 편리하다.

    국제음성기호표의 맨 위에 배열된 것이 자음표이다. 이 표에서 공백인 곳은 이론적으로 발성 가능하나 아직까지 그 음을 사용하는 언어가 보고되지 않았다는 의미이다. 반면에 아예 음영으로 처리된 부분은 인간이 발성할 수 없는 음이므로 어떤 언어에서도 사용되지 않을 것으로 추정되는 음이다. 모음표는 두 번째 칸의 우측에 있다. 자음과 모음의 명칭과 실제 발음 요령은 다음 절에서 설명할 것이다. 관심이 있는 독자나 보다 상세한 정보가 필요한 사람은 IPA 공식 웹사이트나 음성기호 소리를 직접 확인할 수 있는 http://www.internationalphoneticassociation.org나 http://www.internationalphoneticalphabet.org/ipa-sounds/ipa-chart-with-sounds/를 방문하기 바란다. 또는 Pullum과 Ladusaw(1996, 풀럼과 래두소 2007)의 가이드북을 참고해도 된다. 다음은 가장 최근에 수정된 IPA 도표이다.

(5) 국제음성기호

THE INTERNATIONAL PHONETIC ALPHABET (revised to 2015)

CONSONANTS (PULMONIC) © 2015 IPA

	Bilabial	Labiodental	Dental	Alveolar	Postalveolar	Retroflex	Palatal	Velar	Uvular	Pharyngeal	Glottal
Plosive	p b			t d		ʈ ɖ	c ɟ	k ɡ	q ɢ		ʔ
Nasal	m	ɱ		n		ɳ	ɲ	ŋ	ɴ		
Trill	B			r					R		
Tap or Flap		ⱱ		ɾ		ɽ					
Fricative	ɸ β	f v	θ ð	s z	ʃ ʒ	ʂ ʐ	ç ʝ	x ɣ	χ ʁ	ħ ʕ	h ɦ
Lateral fricative				ɬ ɮ							
Approximant		ʋ		ɹ		ɻ	j	ɰ			
Lateral approximant				l		ɭ	ʎ	L			

Symbols to the right in a cell are voiced, to the left are voiceless. Shaded areas denote articulations judged impossible.

CONSONANTS (NON-PULMONIC)

Clicks	Voiced implosives	Ejectives
ʘ Bilabial	ɓ Bilabial	ʼ Examples:
ǀ Dental	ɗ Dental/alveolar	pʼ Bilabial
ǃ (Post)alveolar	ʄ Palatal	tʼ Dental/alveolar
ǂ Palatoalveolar	ɠ Velar	kʼ Velar
ǁ Alveolar lateral	ʛ Uvular	sʼ Alveolar fricative

OTHER SYMBOLS

ʍ Voiceless labial-velar fricative   ɕ ʑ Alveolo-palatal fricatives
w Voiced labial-velar approximant   ɺ Voiced alveolar lateral flap
ɥ Voiced labial-palatal approximant ɧ Simultaneous ʃ and x
ʜ Voiceless epiglottal fricative
ʢ Voiced epiglottal fricative   Affricates and double articulations
ʡ Epiglottal plosive   can be represented by two symbols
                                    joined by a tie bar if necessary. t͡s k͡p

DIACRITICS Some diacritics may be placed above a symbol with a descender, e.g. ŋ̊

	Voiceless	n̥ d̥		Breathy voiced	b̤ a̤		Dental	t̪ d̪
	Voiced	s̬ t̬		Creaky voiced	b̰ a̰		Apical	t̺ d̺
ʰ	Aspirated	tʰ dʰ		Linguolabial	t̼ d̼		Laminal	t̻ d̻
	More rounded	ɔ̹	ʷ	Labialized	tʷ dʷ	~	Nasalized	ẽ
	Less rounded	ɔ̜	ʲ	Palatalized	tʲ dʲ	ⁿ	Nasal release	dⁿ
	Advanced	u̟	ˠ	Velarized	tˠ dˠ	ˡ	Lateral release	dˡ
	Retracted	e̠	ˤ	Pharyngealized	tˤ dˤ	˺	No audible release	d˺
	Centralized	ë	~	Velarized or pharyngealized	ɫ			
	Mid-centralized	ḛ		Raised	e̝ (ɹ̝ = voiced alveolar fricative)			
	Syllabic	n̩		Lowered	e̞ (β̞ = voiced bilabial approximant)			
	Non-syllabic	e̯		Advanced Tongue Root	e̘			
˞	Rhoticity	ɚ a˞		Retracted Tongue Root	e̙			

VOWELS

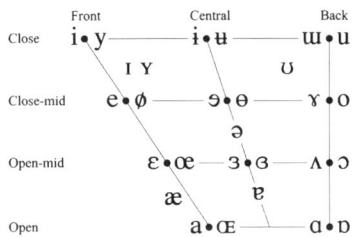

Where symbols appear in pairs, the one to the right represents a rounded vowel.

SUPRASEGMENTALS

ˈ Primary stress   ˌfoʊnəˈtɪʃən
ˌ Secondary stress
ː Long   eː
ˑ Half-long   eˑ
˘ Extra-short   ĕ
| Minor (foot) group
‖ Major (intonation) group
. Syllable break   ɹi.ækt
‿ Linking (absence of a break)

TONES AND WORD ACCENTS

LEVEL			CONTOUR		
e̋ or ˥	Extra high	ě or ˬ	Rising
é	˦	High	ê	˯	Falling
ē	˧	Mid	e᷄	˨	High rising
è	˨	Low	e᷅	˩	Low rising
ȅ	˩	Extra low	e᷈		Rising-falling
↓ Downstep			↗ Global rise		
↑ Upstep			↘ Global fall		

제2장 소리의 차이와 용어

3. 자음의 종류와 조음방법

자음(consonants)은 성도를 통과하는 동안 조음 기관을 좁히는 등의 방법으로 기류를 방해하여 만드는 소리이다. 자음은 조음위치(place of articulation)와 조음방법(manner of articulation)에 따라 분류한다. IPA 도표의 상단이 조음의 위치에 따른 분류이다. 왼쪽 끝이 입술에서 나는 소리이고 오른쪽으로 갈수록 입 안 쪽에서 나는 소리이다. 조음위치에 따른 한국어와 중국어 명칭은 다음과 같다.

(6) 조음위치에 따른 분류

bilabial	양순음	双脣音
labiodental	순치음	脣齒音
dental	치음	齒音
alveolar	치조음(치은음)	齦音
postalveolar	후치조음(후치은음)	齦后音
retroflex	권설음	卷舌音
palatal	경구개음	硬腭音
velar	연구개음	软腭音
uvular	소설음	小舌音
pharyngeal	인두음	咽音
glottal	성문음	喉音

발성 기관의 이름을 딴 용어이므로 발성 기관의 이름을 우선 잘 익혀두면 자음의 명칭을 익히는 데 도움이 될 것이다. 예외적인 명칭이 권설음이다. 권설음은 영어 retroflex의 번역인데, 혀끝이 입 안쪽으로 후향한다고 해서 붙여진 이름이다. 영어나 인도아리안어 또는 드라비다어에서는 이

런 발음이 가능하다. 그러나 중국어의 권설음은 다음 장에서 다시 설명하겠지만 혀끝이 후향하지 않고 상향한다. 아무튼 retroflex라는 명칭은 조음의 위치라기보다는 방법에 가까운 용어이다. 따라서 다른 용어와 성격을 달리 한다. 자음 중에 중국어 전공자들이 알아둘 필요가 있는 소리는 순음, 치음, 치조음, 권설음, 경구개음, 연구개음 정도이다.

도표 좌단은 조음 방법에 따른 분류이다. 위에서부터 순서대로 한국어와 중국어로 번역하면 다음과 같다.

(7) 조음방법에 따른 분류

plosive	파열음	爆(发)音(*塞音)
nasal	비음	鼻音
trill	전동음(颤动音)	颤音
tap/flap	탄설음(弹舌音)	拍音 / 闪音
fricative	마찰음	擦音
lateral fricative	설측마찰음	边擦音
approximant	접근음	近音
lateral approximant	설측접근음	边近音

파열음은 기류를 막았다가 갑자기 풀어주면서 내는 소리이다. 이 때 기류가 폭발하는 듯하다고 하여 plosive라고 한다. 중국어의 爆音 또는 爆发音은 이를 문자적으로 직역한 것이고, 한국어의 파열음은 의역한 것이다. 파열음은 영어로 흔히 stop이라고도 부른다. 처음 기류를 틀어막는 과정을 표현한 이름이다. 중국어에서도 오랫동안 塞音이라고 불렀다. 역시 기류를 틀어막는다는 뜻이다. 그런데 기류를 막은 다음 갑자기 방출하며 소리를 내는 것은 파열음뿐만 아니라 비음도 마찬가지이다. 공기를

구강이 아닌 비강으로 방출하는 차이 밖에 없다. 따라서 stop이나 塞音은 언어학적으로 정확한 용어가 아니다. 따라서 한국어로 색음이라고 하는 것은 더욱 타당하지 않다. 색음이라는 단어가 한국어에는 없기 때문이다.

이제 조음의 위치와 조음 방법을 결합하여 기호를 부를 수 있게 되었다. [p]는 양순 파열음이다.[1] 조음 위치를 먼저, 방법을 나중에 말한다. 영어나 중국어에서도 마찬가지이다. bilabial plosive 또는 双唇爆音이라고 하면 된다. 그런데 양순 파열음 자리에 [p]말고도 기호가 하나 더 있다. [b]도 양순 파열음이다. 그러면 [p]와 [b]의 차이는 무엇인가? 무성음과 유성음의 차이이다. 성대의 마찰 없이 기류가 성대의 벌어진 틈을 통과하여 생성된 음이 무성음이고 성대의 마찰로 이루어진 음이 유성음이다. 즉 [p]가 무성음, [b]가 유성음이다. IPA 도표에서 [d]와 [g] 같이 같은 칸의 오른쪽에 있는 음이 모두 유성음이다. 자신이 내는 소리가 유성음인지 아닌지 알아보려면 손가락으로 갑상연골 위를 꾹 누른 다음 sssssss와 *zzzzzz* 소리를 번갈아가며 연속하여 내어보라. 성대의 진동을 반복적으로 느낄 것이다. 만약 느끼지 못하면 [z]의 유성음을 성대를 울려서 제대로 발음하지 못한다는 뜻이다. 한국어에 유성음은 의미를 변별하는 음소가 아니기 때문에 제대로 발음을 못 할 수도 있다. 그러면 aaaaaa uuuuuu 소리를 길게 내어보라. 성대의 진동을 느낄 것이다. 모음은 의도적으로 무성음화시키지 않은 다음에야 모두 유성음이다.

이제 연구개 비음을 찾아보자. [ŋ]을 찾았으면 벌써 IPA 도표를 잘 이해하고 있는 것이다. 주의력이 깊은 독자들은 [m], [n], [ŋ] 같은 비음이 모두 해당 칸의 오른쪽에 배열되어 있는 것을 알아차릴 것이다. 비음은 모두 유성음이기 때문에 당연히 오른쪽에 배열되어 있다.

---

[1] 참고로 음성학과 음운론에서 발음 기호는 [ ] 안에 쓴다.

다음은 마찰음을 우선 살펴보자. 마찰음은 성대를 제외한 다른 두 개의 발성 기관이 서로 마찰하여 만드는 소리이다. 무성 순치 마찰음은 [f]이고 유성 순치 마찰음은 [v]이다. 치조 마찰음 [s]와 [z]도 여러 언어에 많이 사용되는 소리이다.

맨 아래 줄의 설측 접근음은 두 가지 방법이 복합된 용어이다. 설측음이란 기류가 혀의 양옆으로 빠져나간다는 뜻이다. 중국어의 边音은 혀의 양옆(两边)으로 공기가 빠진다고 해서 붙인 이름이다. 접근음이란 두 개의 조음 기관이 완전히 붙어서 마찰을 하지는 않지만 거의 맞붙을 정도로 가까이서 조음되는 음을 말한다. [l]의 정확한 명칭은 치조 설측 접근음이다. 그러나 [l]을 한국어에서는 보통 설측음이라고 하고, 중국어에서는 边音이라고 한다. 그런데 보다 정확하게는 설측 접근음이라고 해야 한다. 왜냐하면 위 표에서 보듯이 설측 마찰음도 있기 때문이다. 혀의 양옆이 아니라 혀의 가운데로 기류가 배출되는 대부분의 소리는 중앙음(central)이다.

나머지 전동음은 혀를 떠는 소리이고, 탄설음은 혀가 잇몸에 한 번 탁 닿으면서 나는 소리(tap)이다. 발꿈치를 바닥에 탁 치면서 추는 춤을 탭댄스(tap dance)라고 하는 점을 상기하면 이해하기 쉽다. 영어 latter 중 -tt-의 북미식 발음이 tap이다. 혀가 잇몸에 닿은 상태로 약간 뒤로 끄는 소리가 flap이다. 물론 한국어나 중국어에서 사용되지 않는 소리이다.

그런데 IPA 자음표에는 한국어의 ㅈ이나 ㅊ 또 표준중국어의 z와 c 같은 소리를 전사하는 기호가 안 보인다. 이러한 소리는 실제 여러 언어에서 사용되고 있다. 그런데 왜 IPA에 없을까? 이는 파열음 [t]와 마찰음 [s]를 순차적으로 발음하기 때문이다. 중국어의 z는 IPA로 [t]와 [s]를 결합하여 [ts]로 표기한다. 따라서 파열음의 '파'자와 마찰음의 '찰'자를 따서 파찰음이라고 한다. 중국의 전통적인 명칭은 塞擦音이다. 한국어와 같은 조어법이다. 塞音이라는 용어를 사용하지 않기로 하였으므로, 塞擦音에 해당하는 새로운 명칭은 爆擦音이다. 영어로는 affricate라고 한다.

그러면 한어병음 c는 어떻게 표기할까? z와 c의 차이는 바람의 세기이다. 바람이 나오지 않는 소리를 무기음(unaspirated)이라고 하고, 바람이 세게 나오는 소리를 유기음(aspirated)이라고 한다. 자음이 무기음인지 유기음인지를 판단하는 것은 간단하다. 종이 한 장을 아래만 잡은 채 입 바로 앞에 대고 발음을 해보라. 종이가 휘청하면 유기음이다. 무기음은 종이에 아무런 변화가 없다. 유기음을 중국어로는 送气音이라고 하고 무기음을 不送气音이라고 한다. 한국어로 송기 또는 불송기라고 하는 것은 옳지 않다. 아무리 큰 한국어 사전에도 없는 단어이기 때문이다. 중국어 전문용어를 직수입하여 한자음으로 바로 읽는 것은 한국의 학문을 외국 학문에 종속시키는 결과를 초래하는 나태한 행위이다. 한어병음의 p, t, k는 모두 유기음이다. 이러한 유기음은 IPA 자음표에는 누락되어 있지만, 좌측 하단 부가기호 일람표에 유기음 표시 방법이 제시되어 있다. 맨 좌측 위에서 세 번째 칸에 있는 위첨자 ʰ가 그것이다. 따라서 한어병음 c, p, t, k는 IPA로 [tsʰ], [pʰ], [tʰ], [kʰ]로 나타내면 된다. 중국에서는 아직도 이들 유기음을 [ts'], [p'], [t'], [k']로 나타내는 경우가 많고, 이를 그대로 수용하여 한국에서도 유기음에 '를 사용하는 사람들이 있다. 이는 IPA가 규정하는 표준 방법에서 벗어나는 표음법이다.

다음은 린 앤후이(2010:72)에서 인용한 영어의 자음표이다.[2] 표준중국어 자음표는 다음 장에서 제시할 것이다.

---

[2] 아래 린 앤후이의 표에서 경구개치조음(palato-alveolar)은 후치조음(postalveolar)이라고 하는 것이 IPA도표에 더 부합한다. 또 w가 양순음과 연구개음에 다 수록된 이유는 이 두 음의 자질을 모두 가지고 있기 때문이다.

(8)

	양순	순치	치(간)	치조	경구개치조	경구개	연구개	성문
파열음	p b			t d			k g	
비음	m			n			ŋ	
마찰음		f v	θ ð	s z	ʃ ʒ			h
파찰음					ʧ ʤ			
(중앙)접근음	w			ɹ		j	w	(h)
설측(접근)음				l				

4. 모음의 종류와 조음방법

모음은 성대의 진동으로 생성된다. 혀의 위치에 따라 다양한 모음을 만들어 낼 수 있지만, 자음처럼 혀가 다른 조음기관에 닿거나 마찰하지 않는다. 모음은 자음보다 용어가 훨씬 간단하다. 모음표의 상단은 혀의 최고점이 놓이는 위치에 따라 전설, 중설, 후설로 나눈다. 모음표의 좌단은 입이 벌어지는 정도 즉 아래턱이 얼마나 내려가느냐에 따라 고모음, 중모음, 저모음으로 나눈다. [i]와 [u]를 발음해 보면 혀가 긴장되는 곳이 혀의 앞쪽인지 뒤쪽인지를 느낄 수 있다. 전후를 잘 느끼지 못하는 사람이라 하더라도 혀의 고저는 쉽게 느낄 수 있다. [a]와 [i]를 발음해 보면 어느 것이 고모음이고 어느 것이 저모음인지 금방 알 수 있다. 입이 덜 벌어질수록 고모음이 발음되고, 많이 벌어질수록 저모음이 발음된다. IPA 도표에는 입의 개방 정도에 따라 폐모음과 개모음으로 구분하였다. 그러나 보통 고, 중, 저모음이라는 용어를 훨씬 더 많이 사용한다. 다음은 모음의 영어, 한국어, 중국어 명칭을 대조한 것이다.

(9)
Front	전설모음	前元音
Central	중설모음	央元音
Back	후설모음	后元音
Close	폐모음　고모음	高元音
Close-mid	중폐모음　중고모음	中高元音
Open-mid	중개모음　중저모음	中低元音
Open	개모음　저모음	低元音

모음의 용어 가운데 유의해야 할 것은 중설모음과 중모음을 구분하는 것이다. 중설모음은 전후의 가운데를 의미하고 중모음은 높낮이의 중간 위치를 의미한다. 영어에서는 central과 mid로 구분하고, 중국어에서는 央元音과 中元音으로 구분하기 때문에 상대적으로 덜 혼란스럽다.

모음의 명칭은 전후를 먼저 말하고 고저를 뒤에 말한다. 즉 [i]는 전설 고모음이다. [o]는 후설 중모음이라고 하고, [ɑ]는 후설 저모음이라고 한다. 중국어도 마찬가지 순서로 부른다. [i]는 前高元音이다. 영어는 한국어와 달리 고저를 먼저 말해준다. [i]를 the high front vowel이라고 한다. 언어별로 한 가지 명칭만 알고 있으면 어떤 모음이든 쉽게 부를 수 있다.

그러면 모음사각도의 한 가운데 자리 잡고 있는 [ə]는 무엇이라고 할까? 원칙대로 하면 중설 중모음이라고 할 것이다. 그러나 가장 중간에 있어서 고모음인지 저모음인지, 또는 전설모음인지 후설모음인지 애매하다고 하여 애매모음이라고도 부른다. 영어에서도 the mid central vowel보다

schwa(슈와)라고 많이 부른다. 중국어로는 보통 央元音이라고 하는데 바로 央中元音을 의미한다.

　모음 사각도를 자세히 보면 한 꼭지점에 좌우로 두 개의 기호가 있는 경우가 대부분이다. 예를 들어 전설 고모음에 [i]와 [y]의 기호가 좌우에 자리 잡고 있다. [i]와 [y]는 무슨 차이일까? [i]는 비원순음(unrounded)이고 [y]는 원순음(rounded)이다. 우측에 있는 것이 원순음인데, 원순음이란 모음을 발음할 때 입술이 동그랗게 되는 소리이다. 그렇지 않은 모음을 비원순음이라고 한다. 중국어로는 圓脣과 展脣으로 구분한다. 그러므로 [i]는 보다 정확히는 비원순 전설 고모음이라고 해야 한다.

　모음의 원순성과 관련하여 재미있는 현상을 발견할 수 있다. 여러 언어에서 흔히 사용되는 모음을 보면 전설 모음은 비원순음이 많고, 후설 모음은 원순 모음이 많다. 후설모음일수록 원순화하는 것이 자연스러운 현상이기 때문으로 보인다.

　모음에 관한 또 다른 일반적인 현상은 서로 먼 거리에 있는 모음이 우선 사용된다는 점이다. 예를 들어 어떤 언어에 모음이 세 개뿐이라면 저모음 [a]와 고모음 [i], [u]일 가능성이 제일 높다. 서로 가장 먼 거리에 위치하고 있어서 성격이 완전히 다르다. 그래야만 변별력을 극대화 할 수 있기 때문이다. 만약 다섯 개의 모음이 사용된다면 중모음 [e]와 [o]가 추가될 것이다. 다섯 개의 모음이 전설고모음으로만 구성된 언어는 없다. 서로 변별력이 약하기 때문이다.

　다음은 IPA 모음표를 많이 사용되는 모음을 중심으로 린 앤후이(2010:104)가 재구성하고 엄익상 등이 번역한 것을 인용한 것이다. 같은 모음이라 하더라도 상대적으로 높은 자리에서 조음되는 모음을 긴장(tense) 모음이라고 한다. 그 반대는 이완(lax) 모음이다.

(10)

		전설		중설	후설	
		비원순	원순	비원순	비원순	원순
고모음	긴장 모음	i	y	ɨ	ɯ	u
	이완 모음	ɪ				ʊ
중모음	긴장 모음	e	ø		ɤ	o
	이완 모음	ɛ		ə/ʌ		ɔ
저모음		æ/a		a	ɑ	ɒ

위 표를 자세히 보면 IPA 도표와 몇 가지 차이가 있다. 어떤 차이가 있는지 (11)번을 보기 전에 스스로 찾아보라.

(11) a. æ의 위치가 하향(lowering)되었다.
 b. ʌ의 위치가 전향(fronting)되었다.
 c. 중설 저모음은 ɐ이다.
 d. 슈와 ə와 ɐ는 원순성을 판단하기 곤란하다. 따라서 IPA 도표에도 중립적인 지점에 있다.

미세한 발음의 차이까지 판별해야 하는 음성학에서는 섬세한 감각을 필요로 한다. 그래야만 다른 사람의 발음 오류를 찾아 낼 수 있고 자신의 발음도 고칠 수 있다. 일반적으로 자신의 오류보다 다른 사람의 오류를 찾아내기가 더 쉬우니 자신의 발음을 교정하고 싶은 사람은 다른 사람의 발화를 녹음해서 분석하는 훈련을 한 다음, 자신의 자연스러운 발화를 녹음한 다음 분석해 보기 바란다. 더 좋기는 잘 훈련된 사람에게 분석을 의뢰하는 것이다.

이제 IPA로 적은 다음 단어들이 무엇을 뜻하는지 (12)번을 가린 채 우선 읽어 보자. IPA로 간략전사한 음은 [　] 로 묶어 나타낸다.

(12) a. [pada]
　　 b. [saɾaŋ]
　　 c. [moksum]
　　 d. [titʰie]
　　 e. [feitʂʰɑŋ]
　　 f. [fɑŋpiɛn]

정답은 다음과 같다.

(13) a. 바다
　　 b. 사랑
　　 c. 목숨
　　 d. 地铁
　　 e. 非常
　　 f. 方便

다음은 한국어와 중국어의 간단한 단어를 IPA로 전사하는 연습을 해보자. 물론 간략전사를 하되 중국어의 경우 성조 표시는 일단 생략하라.

(14) a. 사람
　　 b. 한양
　　 c. 대학
　　 d. 中国

e. 黄河
   f. 长城

표준중국어의 정확한 발음 설명과 전사 방법은 3장과 4장에서 이루어질 것이다. 그러므로 현 단계에서 대강 다음과 같이 또는 비슷하게 전사할 수 있으면 성공적이다.

(15) a. [saɾam]
   b. [hanjaŋ]
   c. [tɛhɑk]
   d. [tʂuŋkuo]
   e. [xuɑŋxɤ]
   f. [tʂʰɑŋtʂʰɤŋ]

5. 한어병음과 IPA 대조

한어병음방안은 중국의 문맹률을 낮추기 위하여 고안되어 1958년에 최종안이 발표되었다. 처음에는 한자를 대체하려는 원대한 의도도 있었으나 그 후 한자의 발음을 표기하는 용도로만 제한적으로 사용되어 왔다. 그러나 McCune-Reischauer system과 자체 개발안 사이에서 여러 차례 방황을 거듭해온 한국어 로마자표기법과는 달리, 1958년 이래 중국의 전 국민이 예외 없이 사용해 온 결과 서양에서 백년 넘게 사용해 온 Wade-Giles system을 제치고 이제 전 세계에서 널리 사용되고 있다. 한국어와 중국어의 로마자표기법이 정착해 가는 과정의 차이는 제14장에서 자세히 다룰 것이다. 아무튼 중국어의 로마자표기법으로 중국 국내는 물론 국제적으로도 확고한 지위를 확보한 한어병음방안은 IPA와는 차이가 있다. IPA는 어떤 발음을 정확하게 표음하는 것이고, 한어병음은 한자로 쓰인 것을 다른 문자(로마자)로 바꾸어 표기하는 것이다. 따라서 IPA를 전사(转写 transcription)체계라고 하면, 한어병음은 전자(转字 transliteration)체계라고 한다. 그러므로 한어병음은 편의상 중국어 학습과 교육 목적에서 사용되는 것이지, 그 자체가 정확한 발음을 전달하지는 않는다. 바로 이 점 때문에 이 책에서는 정확한 음을 설명해야 할 경우 IPA를 사용할 것이다.

다음 표 (16)과 (17)은 한어병음의 음가를 정 진취앤(2007)에 근거하여 IPA로 간략전사하여 만든 대조표이다. 자모음의 전통적인 용어는 다음 절에서 보다 과학적인 용어로 수정될 것이다. 또 설첨후 유음의 정확한 음가와 운모 체계의 새로운 분석 및 표기 방법은 4-5장에서 다시 논의될 것이므로 유의하기 바란다.

(16) 声母 대조표

	不送气 塞(擦)音	送气 塞(擦)音	鼻音	擦音	流音
唇音	b [p]	p [pʰ]	m [m]	f [f]	
舌尖前音	z [ts]	c [tsʰ]		s [s]	
舌尖中音	d [t]	t [tʰ]	n [n]		l [l]
舌尖后音	zh [tʂ]	ch [tʂʰ]		sh [ʂ]	r [r]
舌面音	j [tɕ]	q [tɕʰ]		x [ɕ]	
舌根音	g [k]	k [kʰ]		h [x]	

(17) 韵母 대조표

단/이중모음 운모		i [i]	u [u]	ü [y]
雨 yu [y] 家 jia [tɕia] 话 hua [xua] 多 duo [tuo] 饿 e [ɤ] 灭 mie [mie] 略 lüe [lye] 自 zi [tsɹ] 知 zhi [tʂɻ] 儿 er [ər]	a [ɑ]	ia [iɑ]	ua [uɑ]	
	o [o]/ 순음+[uo]		uo [uo]	
	e [ɤ]			
	ê [ɛ]	ie [ie]		üe [ye]
	(z)i [ɹ], (zh)i [ɻ]			
	er [ər]			
이/삼중모음 운모	ai [ai]		uai [uai]	
柴 chai [tʂʰai] 快 kuai [kʰuai] 陪 pei [pʰei] 对 dui [tuei] 酒 jiu [tɕiou]	ei [ei]		wei/ui [uei]	
	ao [au]	iao [iau]		
	ou [ou]	you/iu [iou]		
비음 운미 운모	an [an]	ian [iɛn]	uan [uan]	üan [yan]
慢 man [man] 先 xian [ɕiɛn] 真 zhen [tʂən] 婚 hun [xuən] 云 yun [yn] 朋 peng [pʰəŋ] 东 dong [tuŋ] 凶 xiong [ɕyəŋ]	en [ən]	in [in]	wen/un [uən]	ün [yn]
	ang [ɑŋ]	iang [iɑŋ]	uang [uɑŋ]	
	eng [əŋ]	ing [iŋ]	weng [uəŋ]	
	ong [uŋ] er [ər]			iong [yəŋ]

6. 음성학·음운론의 새로운 용어

엄익상(2007:255-263)에서 수정 인용한 이 절의 요지는 직수입한 중국어 용어를 무분별하게 사용하는 것을 지양하고 올바른 한국어 용어를 사용하자는 것이다. 그래야만 일반 언어학자와는 물론이고 국어, 영어 등 다른 언어를 연구하는 사람들과도 대화가 될 수 있다. 지금까지의 논의에 근거하여 중국어 음성학 및 현대음운론 관련 한국어 용어 가운데 부적절한 것과 개선안을 제시하면 다음과 같다. 체계적인 기술을 위해 일부 정상적인 예가 포함될 수도 있다.

6.1 기본 용어

다음은 자음이나 모음같이 가장 기본적인 용어와 이들 기본음의 자질을 구별할 수 있는 기본 용어이다.

(18) 중국어용어	영어용어	오용 예	제안용어
辅音	consonant	보음	자음
元音	vowel	원음	모음
清音	voiceless	청음	무성음
浊音	voiced	탁음	유성음
送气	aspirated	송기(음)	유기음
不送气	unaspirated	불송기(음)	무기음

6.1.1 자음 관련 용어

앞에서 설명한 바와 같이 자음은 (19) 조음의 위치와 (20) 조음의 방법에 따라 구분한다. 예를 들어, bilabial nasal [m]은 중국어로는 双脣鼻音이라고 하고, 한국어로는 양순비음이라고 한다. Alveolar plosive [t]는 중국어로는 舌尖(中)塞音이라고 하고, 한국어로는 치은파열음이라고 한다.

(19) 중국어용어   영어용어   오용 예   제안용어
    唇音   labial   순음   순음
    双唇音   bilabial   쌍순음/중순음   양순음
    唇齿音   labiodental   경순음   순치음
    舌尖前音   dental   설첨전음   치음
    舌尖中音   alveolar   설첨중음   치조(/은)음
    舌尖后音   retroflex   설첨후음   교설음
    [卷舌音   retroflex   권설음   교설음]
    舌面前音   alveolo-palatal 설면전음   (전)경구개음
    舌面中音   palatal   설면중음   (후)경구개음
    [舌面后音   velar   설면후음   연구개음]
    舌根音   velar   설근음   연구개음

(20) 중국어용어   영어용어   오용 예   제안용어
    塞音(爆发音)   plosive   색음   파열음
    鼻音   nasal   비음   비음
    擦音   fricative   찰음   마찰음
    塞擦音   affricate   색찰음   파찰음
    近音   approximant   근음/통음   접근음
    边音   lateral   변음   설측음

여기서 중국어 용어의 문제점부터 지적해야 한다. (19)는 조음의 위치를 나타내는데, 중국어 용어는 순음을 제외하고 혀의 위치를 중심으로 명명되어 있다. 똑같은 혀끝과 잇몸이 조음점이더라도 접촉점에 따라 발음은 미세하게 차이가 나게 마련이다. 따라서 움직임이 심한 주동기관을 중심으로 명명한 용어는 부정확한 정보를 주기 쉽다. 그러므로 영어와 한국어에서처럼 움직임이 없는 피동기관 즉 입천장을 중심으로 명명하는

것이 더 과학적이다.[3]

(21) 주동발성기관

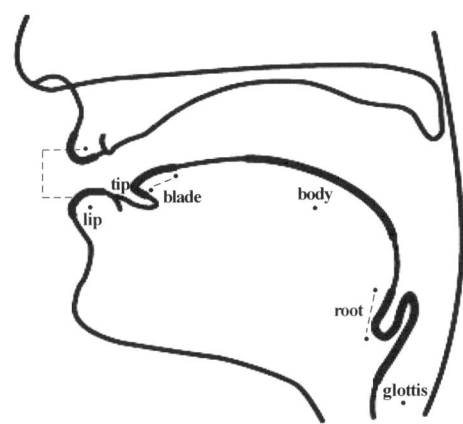

(22) 피동발성기관

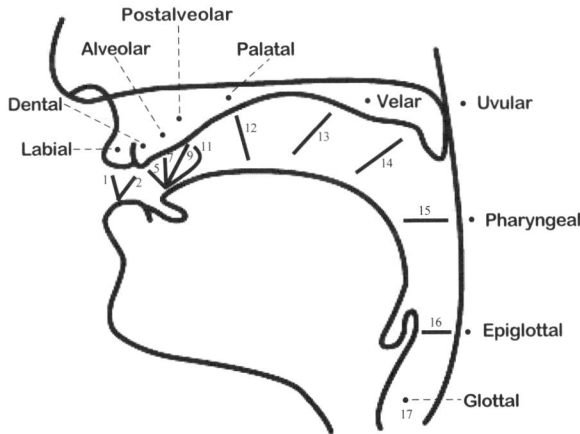

---

[3] 필자는 90년대 이후 한동안 '설첨파열음'식의 불완전한 우리말을 사용해 왔다. 반쪽 우리말의 문제점을 인식하고 있던 차에, 2006년 여름 난카이대학에서 개최한 전국음운론연수반에서 주 샤오농(朱 2006b)과의 조우가 완전한 우리말로 바꾸는 계기가 되었다.

따라서 설첨전음은 치음으로, 설첨중음은 치은음으로, 설첨후음은 교설음(翹舌音)으로 명명할 것을 엄익상(严 2006a)에서 제안한 바 있다. 중국어에서 권설음은 그 명칭이 암시하는 바와 달리, 혀를 말아서 내는 소리가 아니라 위로 치켜 올려서 내는 소리인 점을 감안하면 교설음이라는 명칭이 더 적합하다.[4]

설면음을 전·중·후로 나누는 것은 더욱 불필요하다. 설면음을 피동기관의 관점에서 말하면 경구개음이 된다. 설면이 상향할 때 접촉하는 부위가 경구개이기 때문이다. 표준중국어에서는 한 세트의 설면음 즉 [tɕ, tɕʰ, ɕ]만 사용되므로 이를 경구개음으로 보면 된다. 문제는 뽀하이(渤海)만과 후앙하이(黄海)연안의 쟈오랴오(胶辽)관화방언에서처럼 구개음화하지 않은 [c, cʰ, ç]음이 있을 때는 마이 윈(麦耘 2005)의 제안대로 전경구개음(前硬颚音 [tɕ, tɕʰ, ɕ])과 후경구개음(後硬颚音 [c, cʰ, ç])으로 구분할 수 있을 것이다. 그러나 설근음과 동일한 의미로 사용되는 설면후음은 실제 주동기관이 설면이 아니라 설근(혀뿌리)이므로 굳이 설면후음으로 명명할 필요가 없다. 따라서 이는 어느 경우든지 연구개음으로 부르면 된다.

조음 방법에 따른 분류인 (20) 색음, 비음, 찰음, 색찰음, 근음, 변음은 한국어로 파열음, 비음, 마찰음, 파찰음, 접근음, 설측음에 해당된다. 필자는 1996년 6월 정 진취앤(Cheng 1973)의『현대북경어생성음운론』을 번역 출판하기 이전부터 이러한 한국어 용어를 사용해 왔다. 그런데 塞音이라는 말은 앞서 3절에서 지적한 바와 같이 중국어에서부터 문제가 된다. 발성 기관을 틀어막는다는 의미인 색음이라는 말은 사실 [p, t, k] 같은 소리가 조음되는 과정의 전반을 묘사할 뿐이다. 반면에 파열음이라는 말은 조

---

[4] 표준중국어 교설음의 정확한 음가는 주 샤오농(朱 2006a[1982], 2006b)의 제안대로 교설접근음(retroflex approximant) [ɻ]로 보는 것이 가장 타당하다. 이에 관한 자세한 논의는 严翼相(2006a:142-143)을 참조하라.

음 과정의 후반을 나타낸다. 그렇다면 둘 다 불완전하기는 마찬가지이지만, 비음도 공기를 틀어막았다가 내는 소리이므로 색음이라고 할 수 있다. 따라서 색음보다는 爆发音이 훨씬 정확한 용어라는 마이 원(麦 2005)과 주 샤오농(朱 2006b)의 주장에 필자는 전적으로 동의하는 바이다. 필자(严 2006a)는 한 걸음 더 나아가 塞擦音도 爆擦音으로 바꾸기를 제안하였다. 그러나 성문폐쇄음(glottal stop)에 해당하는 喉塞音까지 喉爆发音이라고 할 필요는 없다. 이는 성문 폐쇄 후 기류의 폭발이 거의 없기 때문이다. 한편 접근음을 과거 중국에서는 통음(通音)이라고도 하였는데, 통음이란 좁게는 반모음을 뜻하지만 넓게는 [+continuent] 즉 지속음을 의미한다. 그런데 지속음은 모음은 물론 마찰음, 비음, 설측음도 포함하므로, 접근음(近音)이라는 용어가 더 정확하다. 다음은 필자가 2006년에 제안한 중국어 자음의 중국어 명칭과 한국어 명칭의 요약표이다.

(23) 중국어 자음 중국어 명칭

调音方法		调音部位 唇音		齿音	龈音	翘舌音	硬腭音	软腭音
		双唇音	唇齿音					
爆(发)音	不送气清音	b [p]			d [t]			g [k]
	送气清音	p [pʰ]			t [tʰ]			k [kʰ]
鼻音	浊音	m [m]			n [n]			(ng [ŋ])
爆擦音 (塞擦音)	不送气清音			z [ts]		zh [tʂ]	j [tɕ]	
	送气清音			c [tsʰ]		ch [tʂʰ]	q [tɕʰ]	
擦音	清音		f [f]	s [s]		sh [ʂ]	x [ɕ]	h [x]
近音	浊音					r [ɻ]		
边音	浊音				l [l]			

(24) 중국어 자음 한국어 명칭

조음방법 \ 조음부위		순음		치음	치은음 / 치조음	교설음	경구개음	연구개음
		양순음	순치음					
파열음	무기무성음	b [p]			d [t]			g [k]
	유기무성음	p [pʰ]			t [tʰ]			k [kʰ]
비음	유성음	m [m]			n [n]			(ng [ŋ])
파찰음	무기무성음			z [ts]		zh [tʂ]	j [tɕ]	
	유기무성음			c [tsʰ]		ch [tʂʰ]	q [tɕʰ]	
마찰음	무성음		f [f]	s [s]		sh [ʂ]	x [ɕ]	h [x]
접근음	유성음					r [ɻ]		
설측음	유성음				l [l]			

6.1.2 모음 관련 용어

(25)
중국어용어	영어용어	오용 예	제안용어
高元音	high vowel	고원음	고모음
中元音	mid vowel	중원음	중모음
低元音	low vowel	저원음	저모음
前元音	front vowel	전원음/전모음	전설모음
央元音	central vowel	앙원음/앙모음	중설모음
後元音	back vowel	후원음/후모음	후설모음
中央元音	schwa	중앙원음	슈와/애매·중설중모음
展脣	unrounded	전순	비원순
圓脣	rounded	원순	원순
單元音	monophthong	단원음	단모음
复合元音	diphthong	복합원음	복모음
二合元音	diphthong	이합원음	이중모음

　　　　三合元音　　triphthong　　　삼합원음　　　　삼중모음

모음을 원음이라고 하거나, 비원순음을 전순음이라고 부르지 말고 보다 보편적인 용어를 사용해야 한다.

6.2 성조 관련 용어

(26) 중국어용어　　영어용어　　　오용 예　　제안용어
　　　本调　　　　citation tone　　본조　　　　본성조
　　　调类　　　　tonal category　조류　　　　성조종류
　　　调值　　　　tonal value　　조치　　　　성조값
　　　连读变调　　tone sandhi　　연독변조　　성조변화
　　　轻声　　　　neutral tone　　경성　　　　경성5

조류나 조치 등 성조관련 중국식 용어들도 보편적인 용어로 바뀌어야 한다.

6.3 음절구조 관련 용어

(27) 중국어용어　　영어용어　　　오용 예　　제안용어
　　　声母　　　　initial　　　　성모　　　　성모/머리음
　　　零声母　　　the zero initial　영성모　　　영성모
　　　韵母　　　　final　　　　　운모　　　　운모/몸통음

---

5 성조에 어떤 무게가 있다고 생각할 수 없다면, 轻声을 그냥 경성이라고 하는 것보다 영어처럼 중성(neutral tone)이라고 하는 것이 더 정확하다. 그러나 강세가 있는 온음절의 경우 본래 성조를 지니고 강세가 없는 약음절의 경우 경성이 되는 특성을 감안하면 경성이라고 해도 무방하다.

介音	medial	개음	개음
韵头	medial	운두	운두/운머리
主要元音	main vowel	주요원음	주요모음
韵腹	nucleus	운복	운복/운배
韵尾	coda	운미	운미/운꼬리
带鼻音韵母	nasal ending final	대비음운모	비음운미운모

음절구조와 관련된 용어는 아직 검토를 더 해보아야 한다. 필자는 현재 성모와 운모의 개념을 정확히 전달할 마땅한 용어를 찾고 있는 중이다. 성모의 경우 전광진이 구두로 제안한 바 있는 머리자음을 쓸 수도 있겠지만, 운모에 해당하는 우리말이 마땅치 않다. 필자는 머리음과 몸통음은 어떤지 제안을 해 보고 싶다. 운두·운복·운미의 경우 각각 운머리·운배·운꼬리로 쓸 수 있을 것 같다.

한편 뚜안무 쌴(2005)은 전통적인 3층차 2분법에서 벗어나, 1층차 3분법으로 중국어의 음절구조를 인식하고 있다. 전통적인 분석에서는 개음이 운에 속하는 반면에, 뚜안무는 개음을 핵전활음(pre-nucleus glide)으로 보고 성모의 일부분으로 처리했다. 그 결과 보다 간결한 음절구조를 제시할 수 있었다.

(28) a. S=Initial+Final[Medial+Rhyme[Main Vowel+Ending]]
     b. S=Onset+Nucleus+Coda 또는 S=C+V+X

뚜안무는 세계 모든 언어를 (28b)의 구조로 해석하고 있는데, 이때 onset, nucleus, coda에 해당하는 용어는 위 책의 한국어 번역처럼 두음, 핵음, 말음이 적절할 것이다. 뚜안무에서 개음은 즉 핵전활음으로 음절구조와 분석 방법상의 차이로 인한 용어의 차이를 적절히 반영하기 때문이다. 음절에 관한 논의는 제3장에서 본격적으로 다룰 것이다.

6.4 음운변화 및 운율 관련 용어

(29) 중국어용어 영어용어 오용 예 제안용어
   儿化 retroflexion 아화 [운모]교설음화
   儿化韵 retroflexed syllable 아화운 교설음화운모
   腭化 palatalization 악화 구개음화
   停顿 pause 정돈 휴지
   重音 stress 중음 강세

음운변화와 관련된 용어 가운데 경성과 변조는 앞에서 이미 다루었다. 현대 중국어의 음운변화 가운데 가장 대표적인 것은 아마 얼후아(儿化)일 것이다. 중국어 음운론학자는 누구나 이에 관한 글이나 소견을 가지고 있을 만큼 널리 알려진 음운변화 현상이다. 문제는 이에 합당한 한국어 용어가 있는가이다. 영어에서는 대개 retroflex suffixation 또는 R-suffixation이라고 한다. '권설접미사화' 정도로 번역될 것이다. 그러나 필자는 Eom(1998)과 엄익상(2005b[2002]) 등을 통해 儿化의 기제(mechanism)는 권설자음이 앞 음절의 운미가 되는 접미사화가 아니라 권설성분이 앞 음절 운모의 자질에 추가되는 현상으로 규명하였다. 따라서 이를 접미사화로 보는 것은 부적절하다는 주장을 펴고, retroflex suffixation보다 권설음화를 의미하는 retroflexion이라는 용어를 쓸 것을 제안하였다.

한편 한국에서는 대개 한자로 儿化라고 쓰고 '얼후아'라고 읽는 경우가 많지만 그냥 한자음으로 읽어 '아화'라고 하는 학자도 적지 않다. 둘

다 부적절하다. 얼화 또는 얼후아는 우리말이 아니고, 아화라는 한자어도 아무런 의미를 전달하지 않는다. 따라서 필자는 그동안 '운모권설음화' 또는 간단히 '권설음화'라는 용어를 써왔다. 얼후아를 한 운을 儿化韵이라고 하는데, 이는 '권설음화운모'로 써왔다. 이 두 가지 용어는 적어도 儿化의 기제를 잘 드러내는 선택이었다. 그런데 최근 권설음을 교설음이라고 하는 것이 좋겠다는 주장을 펴면서 권설음화라는 용어와 충돌이 일어나게 되었다. 따라서 '(운모)권설음화'는 '(운모)교설음화'로 바꾸고, '권설음화운모'는 '교설음화운모'로 수정한다. 교설음화운모의 경우 '운모'를 '운'으로 바꾸어 儿化韵의 '운'과 일치시키는 효과도 고려해 보았다. 그러나 교설음 자질이 결합하는 음절의 모음 전체에 영향을 미칠 수 있으므로 개음의 포함 여부가 크게 문제가 되지 않는다. 따라서 운모는 그대로 두기로 했다.

구개음화의 의미로 중국에서 주로 사용되는 顎化는 번체로 齶化 간체로 腭化로 쓰는 것이 더 정확하다. 물론 두 자가 발음도 같아 서로 통용되기는 하지만, 顎자는 일부 절지동물의 음식 섭취기관을 의미하고, 腭자가 입천장을 의미한다.

6.5 역사음운론 · 방언학 관련 용어

(30) 중국어용어 영어용어 오용 예 제안용어

复声母	consonant cluster	복성모	겹머리음
重唇	bilabial	중순음	양순음
轻唇	labiodental	경순음	순치음
文读	literary readings	문독	독서음
白读	colloquial readings	백독	구두음

帮系	labials	방계	순음류성모
端系	alveolars	단계	치음류성모
知系	palatals	지계	(교설)경구개음류성모
见系	velars	견계	연구개음류성모

문독과 백독을 글말과 입말로 번역하는 것은 다시 생각해 볼 문제이다. 글말은 written language에 해당하는 우리말이고, 입말은 spoken language를 의미하기 때문이다. 즉 문어와 구어의 우리말이 글말과 입말이다. 문독과 백독은 문어와 구어의 차이가 아니라, 글을 읽을 때의 한자음과 말할 때의 한자음의 차이를 의미한다.

역사음운론 분야에는 사실 현대 음운론보다 훨씬 많은 양의 전문용어들이 사용되고 있지만, 여기에 합당한 현대적 용어가 없는 경우가 많다. 심지어 等이나 內·外轉 같이 명쾌히 정의하기 어려운 용어들도 적지 않다. 알 수 없는 용어가 많으면 많을수록 그 분야로의 신진 연구자의 진입은 어려워질 것이다. 바로 이런 이유에서 전문 학문분야의 용어를 가장 쉬운 말로 선정하여 보급시키는 일은 매우 중요하다.

6.6 맺는말

지금까지 중국어 음성학 및 음운론 글쓰기에 있어서 형식의 표준화 과제 중 하나인 한국어 용어 문제를 다루어 보았다. 여러 가지 제안 가운데 이미 학계에 상당히 보급된 용어도 있고 아직 그렇지 않은 용어도 있다. 필자가 제기한 원칙에 동의한다면, 이 장에서 제안한 용어가 아니더라도 앞으로 더 합당한 것을 찾아 나누어 쓸 수 있을 것이다. 혹자는 학문의 보편성을 너무 강조하다 보면 중국 특유의 특수성을 상실할 수도 있다고 경고할지 모른다. 특수성도 보편성 못지않게 가치가 있다. 그러나 보편성을 백배 강조해도 중국적 특수성을 능가하지 못할 정도로 우리는 중국적 학문의 울타리에 갇혀있는 것은 아닌지 반문하고 싶다.

끝으로, IPA의 중국식 용어를 그대로 받아들여 국제음표(国际音标)라고 하는 것도 당연히 옳지 않다. 중문과 밖에서는 국제음성기호라고 하기 때문이다. 그리고 유기음을 나타내는 ʻ 표시나 [t̃ ĕ ĭ č ń ś ńz]같이 IPA 규정에도 없는 기호를 제 마음대로 쓰는 것도 도무지 의미를 알 수 없는 용어만큼이나 젊은 중국어 음운학도들을 괴롭히는 아킬레스건이다. 이제 우리는 대화가 필요한 시점이다!

제3장 음절구조

1. 음절이란 무엇인가

한국어나 중국어 화자에게 음절을 구분하는 일은 매우 쉽다. 글자 하나가 하나의 음절(syllable)을 이루기 때문이다. 대한민국은 네 개의 음절로 구성되어 있다. 中华人民共和国는 모두 일곱 개의 음절로 이루어져 있다. 한글 중에 음절을 이루지 못하는 글자는 없다. 약 56,000개 한자 가운데 스스로 음절을 이루지 못할 수도 있는 한자는 딱 하나가 있다. 儿자가 그 주인공이다. 물론 儿자가 아이라는 원래의 의미로 사용될 때는 독립된 음절을 이룬다. 그러나 입말에서 명사 또는 동사 뒤에 추가로 붙여 친숙한 느낌이 들게 하는 용도로 사용될 때에는 儿은 독립성을 상실하고 앞 음절의 일부가 된다. 이에 대한 자세한 논의는 제6장에서 이루어질 것이다. (1b)에서 儿은 독립된 음절이지만 (1c-e)에서는 앞 음절의 일부이다.

(1) a. 儿子　　erzi　　　[ərtsɿ]¹　　아들
    b. 女儿　　nǚer　　　[nyər]　　딸
    c. 小孩儿　xiaohair　[ɕjaoxar]　아이
    d. 宝贝儿　baobeir　 [paopər]　보배(같은 아이)
    e. 玩儿　　wanr　　　[war]　　놀이

영어에서 음절을 구분하는 것은 한국어나 중국어에서만큼 쉽지는 않다. 우선 어디에 음절 경계가 있는지 영어가 모국어가 아닌 사람은 판단하기 어려운 경우도 많다. 예를 들어 able은 한 음절, bu.si.ness는 세 음절로 구성된 것 같지만, 사실 a.ble과 busi.ness로 구성된 이 음절 단어이다. 음절 경계는 점으로 나타낸다. 음절을 정확히 정의하기도 어려운데 그 이유는 음절의 경계를 명확히 규정하기 어렵기 때문이다. 느슨하게 정의하면 한 단어에서 두드러진 소리 顶点(a prominence peak) 또는 공기압의 한 파동(a pulse of air pressure)을 음절이라고 할 수 있다(Duanmu 2009:36). 그러면 다음 영어 단어는 몇 개의 음절로 이루어져 있을까?

(2) a. prompt　　빠른
    b. scream　　소리치다
    c. straight　 곧은
    d. sprite　　 요정

정답은 한 음절이다. 모두 어떤 모음 앞뒤에 자음이 연결되어 있다. (2bc)의 경우 두 개의 모음이 있어 마치 두 개의 음절이 될 것 같지만, (2b)는 장음이고 (2c)는 이중모음이기 때문에 하나의 음절을 이루기는 마

---

[1] 이 장의 교설음화 성분의 IPA 표기는 통상적인 방법을 따른다. 보다 정확한 표기 방안은 제7장에서 다시 논의될 것이다.

찬 가지이다. (2)에서 재미있는 현상은 영어 자음은 두음이나 말음 위치를 막론하고 세 개까지 겹쳐 나타날 수 있다는 점이다. (2a)는 말음이 -mpt이고, (2b-d)의 두음은 다음 구조를 유지하고 있다.

(3) [s] +[k, t, p] + [r]

세 번째 자음인 [r] 자리에 [l]이 올 수도 있다. 예를 들면 split(나누다)같은 단어이다. 영어에서 세 개의 자음이 중첩될 때 핵모음에 가까운 음은 반드시 r, l, m같은 유성자음임을 알 수 있다. 유성 자음은 핵모음과 유성성에서 같은 자질을 공유하므로 비록 자음이지만 모음에 과도한 부하가 걸리는 것을 덜어주는 효과가 있다. 이들 자음의 공명도(sonority 울림의 정도)가 다른 자음보다 높다는 뜻이기도 하다. 따라서 한 음절의 공명도는 핵음에 가까울수록 높아지고 핵음에서 멀어질수록 낮아짐을 알 수 있다. 이를 공명도 연쇄 원리(SSP: sonority sequencing principle)라고 한다.

(4) 공명도 연쇄 원리(SSP)
한 음절의 공명도는 핵음에 가까울수록 높아진다.

뚜안무(Duanmu 2009:42)에서 유무성파찰음을 보충하여 인용한 소리별 공명도의 순위는 다음과 같다.

(5) 저모음 > 중모음 > 고모음 > r 계통음 > 설측음 > 비음 > 유성마찰음
> 유성파찰음 > 유성파열음 > 무성마찰음 > 무성파찰음 > 무성파열음

이러한 음성학적 지식은 나중에 중국어의 음절구조를 이해하는 데에도

도움을 줄 것이다.

다음은 영어 다음절어의 예이다. 이들의 음절 경계가 어디에 있는지 살펴보자.

(6) a. import   수입하다
    b. importance 중요성

(6a)는 이음절어로 im.port로 나누어진다. (6b)는 삼음절어이다. 그러면 (a) im.port.ance로 나누어질까, 아니면 (b) im.por.tance로 나누어질까? 중간에 있는 t가 앞 음절의 말음이 될지 뒷 음절의 두음이 될지의 문제이다. 영어 단어가 an-으로 시작하는 것은 문제가 없다. 부정관사 an도 있고 ant, angel, answer 등 부지기수다. (6a)에서 보듯이 -rt가 말음이 되는 것 또한 자연스럽다. Report, cart, part 등 여러 단어가 있다. 이론적으로 둘 다 가능하지만, 정답은 (b)이다. 일반적으로 두음이 있는 음절이 없는 음절보다 안정적이기 때문에 선택이 가능할 경우 대개 VC의 구조보다 CV의 구조를 선택하게 된다. Camp, lamp, jump에서 보듯이 -mp 말음도 가능한 구조지만, (6ab)에서 p는 첫음절의 말음이 아니라 두 번째 음절의 두음이 된 것도 마찬가지 이유에서이다. 이러한 언어 일반적인 경향을 두음 최대화 원리(MOP: maximal onset principle)라고 한다. 인간 언어에서 가장 보편적인 음절구조는 CV이기 때문에 단어 중간에 있는 자음은 앞 자음의 말음이 되기보다 뒤 모음의 두음이 되는 경향을 말한다.

2. SC 음절구조의 전통적 분석[2]

음절구조를 정확히 파악하는 것은 표준중국어 (SC: Standard Chinese)의 음운체계의 기본을 이해하는 것이다.[3] 현대 중국어의 음절구조는 (C)(V)V{(V)/(C)}로 나타낼 수 있다. C는 자음을 의미하는 consonant의 머리자이고, V는 모음을 뜻하는 vowel의 머리자이다. 괄호는 선택 요소임을 나타내고, { / }는 둘 중 하나만 올 수 있다는 것을 의미한다. 선택적 요소인 첫 자음을 성모(声母)라고 하고 나머지를 운모(韵母)라고 한다. 중국의 전통 성운학자들은 한자의 음절을 성모와 운모로 나누는 소위 이분법을 수천 년 동안 수용해 왔다. 이러한 관념은 아마 남북조시기에 한자음을 표기하는 획기적인 방법으로 등장한 반절법(反切法)에 기인할 것이다. 예를 들어 东자의 반절은 德红切이었는데, 德자의 성모와 红자의 운모를 결합한 음절이 东자의 독음이라는 뜻이다. 여기서 东자를 被切字, 德자를 反切上字, 红자를 反切下字로 부른다. 중국어 음절이 성립하기 위해서는 모음이 한 개 이상은 반드시 있어야 한다. 그 모음을 주요모음이라고 한다. 모음은 최대 세 개까지 올 수 있다. 그 경우 가운데 있는 모음이 주요모음이다. 주요모음 앞에 오는 모음을 개음(介音)이라고 한다. 주요모음 뒤 즉 음절의 꼬리부분에 오는 모음 또는 자음을 운미(韵尾)라고 한다. 개음과 주요모음을 운두(韵头)와 운복(韵腹)이라고도 한다. 음절구조 분석은 한어병음에 의존하지 말고, 실제 음에 의거하여 분석하여야

---

[2] 이하 내용은 엄익상 외(2005:65-70, 2011:102-105)과 엄익상(2013:41-64)에서 관련 부분을 수정 보완하여 옮긴 것이다.
[3] 한국어의 음절구조는 (C)(V)V(C)이다. 한국어에는 삼중 모음이 없기 때문에 중국어보다 모음이 하나 적다. '값을 깎다'에서 값과 깎의 어말과 깎의 어두에 이중자음이 있는 것으로 생각할 수도 있으나, 실제 발음을 해 보면 한 가지 자음 소리만 나므로 단자음이다.

한다. 예를 들어 衣 yī는 마치 성모가 있거나 이중모음 같지만 실제로는 단모음이다. 한어병음 규정상 주요모음이 i, u, ü인 단음절에는 y, w, y를 앞에 추가해야 하고, 개음 i, u, ü로 시작하는 음절은 y, w, y로 바꾸어야 한다. 이는 이들 음절의 두음 자리에 성문폐쇄음 [ʔ] 같은 자음 성분이 약간 있음을 나타내기도 하지만, 근본적으로는 음절 간의 경계를 분명히 나타내기 위한 장치이다. 다음은 SC에서 출현 가능한 음절의 유형이다.

(7) V   阿 ā [a]   屋 wū [u]   玉 yù [y]
    VV   夜 yè [ie]   月 yuè [ye]   蛙 wā [uɑ]
           爱 ài [ai]   敖 áo [ɑo]   欧 ōu [ou]
    VC   安 ān [an]   运 yùn [yn]   英 yīng [iŋ]
    VVV   为 wéi [uei]   要 yào [iɑo]   外 wài [uai]
    VVC   严 yán [iɛn]   王 wáng [uɑŋ]   元 yuán [yɛn]
    CV   拉 lā [la]   可 kě [kʰɤ]   佛 fó [fo]
    CVV   结 jié [tɕie]   缺 quē [tɕʰye]   多 duō [tuo]
           累 lèi [lei]   老 lǎo [lɑo]   开 kāi [kʰai]
    CVC   慢 màn [man]   忙 máng [mɑŋ]   饭 fàn [fan]
    CVVV   票 piào [pʰiɑo]   六 liù [liou]   对 duì [tuei]
    CVVC   棉 mián [miɛn]   想 xiǎng [ɕiɑŋ]   软 ruǎn [ɹuan]

주요모음은 a, e, i, o, u, ü가 될 수 있고, 개음은 i, ü, u가 될 수 있다. 한어병음 e는 실제 여러 음으로 발음된다. 단독으로 쓰이거나, 자음 성모와 바로 결합하는 주요모음일 경우 [ə] 또는 [ɤ]가 된다.[4] 그러나 개음 i나 ü 또는 운미 i와 결합하면 [e]로 발음된다. ü의 국제음성기호(IPA)는 [y]이다.

---

[4] 감탄사 欸는 ê로 쓰고 성조 표기를 그 위에 한다.

모음 운미로는 i, o, u가 올 수 있고, 자음 운미로는 n, ng가 올 수 있다. 그런데 모음 운미 o의 실제 발음은 [u]의 이완음인 [ʊ]이다. 따라서 이 둘을 같은 음으로 보아 모음 운미는 [i]와 [u] 둘 뿐이라고 분석하기도 한다. 이와 같은 SC의 음절구조를 가장 전통적인 방법으로 도해한 것이 (8)이다.

(8) 전통적인 음절구조

성 조			
성 모	운 모		
	개 음	운	
		주요모음	운 미

위의 음절구조는 중국어의 음절 특성을 잘 보여주고 있고, 국내외 수많은 학자(黄·廖 1991, 胡 1992, 林·王 1992, 최영애 2000, 北京大学 2003b, 林·耿 2004, 이재돈 2007, 박종한 외 2012)들이 수용해온 구조이다. 음절을 구성하기 위하여 반드시 있어야 할 필수 요소는 주요모음이다. 나머지는 모두 선택적이다. 그러나 위 도표는 이런 점을 전혀 반영하지 못한다. 전통적 분석에서 성조는 음절과 동일한 위치에 존재한다. 음절의 구조에 성조가 포함되는 것은 성조가 다른 분절음과 마찬가지로 변별적 자질임을 보여주는 의미가 있다. 그러나 음성학적으로 말해, 성조는 음절의 길이와 동일하지는 않다. 성모가 무성 자음일 경우 성조의 높낮이 변화에 무관한 것으로 알려져 있기 때문이다. 또 주요모음의 성조수반능력과 개음이나 모음운미의 성조수반능력은 차이가 있다.[5] 그러므로 음절

구조에서 성조의 지위는 언어학적 지식에 꼭 부합되지는 않는다.

또 다른 문제점은 개음의 지위이다. 개음과 모음 운미를 현대 음운론에서는 활음(glide)라고 부른다. 활음이란 한 음절에서 공명도(sonority)가 가장 큰 모음인 핵음의 앞 또는 뒤에 붙어있는 모음 성분의 과도음(transitional sound)을 말한다. 모음과 비슷하기 때문에 과거에는 반모음이라고 불렀다. 개음처럼 핵음 앞에 놓이는 것을 상향 활음(on-glide)이라고 하고, 운미처럼 핵음 뒤에 따라 오는 것을 하향 활음(off-glide)라고 한다. 상향 활음과 하향 활음을 중국어로는 后响滑音과 前响滑音으로 부른다. 이 논문에서는 상향/후향과 하향/전향 같은 추상적인 전문 용어보다, 직관적인 표현인 핵전 활음과 핵후 활음으로 부를 것이다. 뚜안무 쌴(Duanmu 2000, 2007), 쑨 징타오(孙 2006), 린 앤후이(Lin 2007) 등 서구 음운 이론에 밝은 학자들은 최근 표준중국어의 개음이 반드시 운모에 속해야한다는 학설에 의문을 제기하고 있다. 뚜안무와 린은 핵전 활음을 성모 즉 두음에 속하는 것으로 보는 반면에, 쑨 징타오는 성모와 운모에서 분리하여 중간에 독립적으로 존재하는 것으로 분석하고 있다.

또 모음 운미 즉 핵후 활음의 지위에 대해서도 의문을 제기할 수 있다. 핵후 활음이 운미 즉 말음에 속하지 않고 주요모음 즉 핵음과 하나의 단위를 이룰 수 있는지도 검토해볼 과제이다. 따라서 이 논문은 핵후 활음의 위치가 어디에 놓이는 것이 이론적으로 가장 타당한지 꼼꼼히 따져볼 것이다. 지금까지 논의한 전통적인 음절 구조의 문제점을 요약하면 다음과 같다.

---

[5] 윤기덕(2014:18)의 음성실험에 의하면 iao, iou, uai, uei 등 VVV 음절구조에서 운복의 길이가 50% 이상 차지한다. 또 운두 i는 운미보다 길지만, 운두 u는 운미보다 짧다.

(9) a. 음절 구조에서 필수 요소와 선택 요소를 구분하지 못한다.
 b. 성조의 길이와 음절의 길이는 서로 다를 수 있고, 주요모음과 개음 또는 모음운미의 성조수반능력은 서로 다르다. 성조와 음절은 실제 서로 다른 층차에 있다.
 c. 개음이 운모에 속하는지 성모에 속하는지는 논쟁의 대상이다.
 d. 모음 운미를 활음으로 보고 주요모음의 일부분으로 해석할 수 있는지도 검토해볼 문제이다.

과거 일부 서구 학자들(Cheng 1966, 薛 1986)이 (C)(M)V(E)같은 중국어의 음절구조를 제시했다. (C)(M)V(E)에서 C는 자음(consonant), M은 개음(medial). V는 모음(vowel). E는 운미(ending)를 나타내는 영문 두문자이다. ( )는 선택적 존재라는 의미이다. 이는 (8)보다 훨씬 간단하고 선택적 요소와 필수 요소를 정확히 구분해 주지만, (9cd)의 지적에서는 자유롭지 못하다. 한편 정 진취앤(2007, Cheng 1973)은 운미를 모음 운미와 자음 운미로 나누기도 했으나, 이는 이 책에서 교설음화 운모로 부를 소위 儿化韵의 구조를 원활히 해석하기 위한 장치에 불과했다. 예를 들어 鸟儿 niaor 같은 음절의 r이 음절구조 상에 놓일 수 있는 적당한 자리를 부여하기 위하여 전통적인 음절구조를 약간 변경한 것에 불과하다. 그러나 말음 즉 운미가 두 개인 것으로 분석할 수 있는 음절은 운미 -u를 가진 교설음화 운모뿐이어서 그 예가 극히 제한적이고, 교설음화를 야기하는 성분의 본질을 잘못 이해한 데서 야기된 분석이므로 정 진취앤의 음절구조는 받아들일 수 없다. 이에 대한 본격적인 논의는 제7장에서 자세히 진행될 것이다.

따라서 이 장에서는 (9cd)에서 제기한 문제점을 하나하나 검증할 것이다. 논의의 편의를 위해 성모, 개음, 주요모음, 운미 등의 전통적 용어를 두음, 활음, 핵음, 말음 등과 혼용한다.

3. 핵전 활음의 지위

현대 음운론을 전공한 재미 중국어 언어학자들은 1990년을 전후로 중국어의 전통적인 음절구조에 대하여 본질적인 의문을 제기하였다. 의문의 핵심은 음절구조 내에서 핵전활음의 지위였다. 핵전 활음은 두음이나 운에 속하든지 아니면 그들의 중간에 음절 직속의 독립적인 위치를 차지할 수 있다. 핵전 활음이 운에 속한다는 주장은 기존의 학설이니까 여기서 재론을 피한다. 나머지 두 견해를 살펴보자.

3.1 음절 직속설

쑨 징타오(孙 2006:45)는 『廣韻』의 反切 상하자와 被切字의 개음이 서로 얼마나 일치하는지를 조사하였다. 3등자 92자를 조사한 결과는 다음과 같다.

(10)   上字와 피절자   下字와 피절자
      일치   57 (62%)   92 (100%)
      불일치 35 (38%)   0

위 결과는 피절자의 개음이 성모를 나타내는 反切上字가 아니라 운모를 나타내는 下字에서 100% 반영되고 있으므로 개음은 성모가 아니라 운모에 속한다는 증거로 제시했다. 개음은 원래 반절하자가 나타내는 것

이 반절법의 기본 원칙이다. 따라서 위 조사 결과는 충분히 예상 가능하므로 별 의미가 없다.

보다 흥미로운 관찰은 한 음절을 두 음절로 分音한 중첩어에서 이루어졌다. 다음은 그(孫 2006:50)가 제시한 민방언 分音 중첩어의 일부 예인데 성조표기를 생략하고 인용한다.

(11) a. piɛu   piɛu liɛu   冒出   생겨나다
     b. hiaŋ   hia liaŋ   欲倾倒   넘어지고 싶다
     c. tshuoʔ tshuo luoʔ   吓一跳   깜짝 놀라다
     d. khuaŋ   khua luaŋ   绕圈   맴돌다

위 예에서 핵전 활음은 운모가 두음 l-과 결합한 뒷 음절에만 출현하는 것이 아니라 원래 성모가 보존된 앞 음절에도 동일하게 출현한다. 그는 여러 방언의 分音 중첩어에 개음이 성모와 운모에 다 출현하는 점에 근거하여 개음은 성모나 운모에 속하지 않고 음절에 바로 직속하는 독립 단위로 분석하였다. 그가 제시하는 음절구조는 σ=(O)+(G)+R(N+C)이다.

쑨은 매우 흥미로운 현상을 보여주고 있지만, 이 예만으로 개음이 운모도 성모도 아닌 독립된 마디에 존재해야 한다고 주장하기에는 설득력이 약하다. 왜냐하면, 위에 제시한 분절음의 예는 주어진 음절의 운모는 원래 성모와 전혀 다른 성모인 l-과 결합하지만, 주어진 음절의 성모는 원래 음절의 개음 및 주요모음과 결합하기 때문이다. 따라서 첫음절이 원래 개음과 다른 개음과 결합할 가능성이 원천적으로 없는 예이기 때문에 (11)을 근거로 개음이 음절 직속의 지위를 가져야 한다는 주장은 성립하기 어렵다. 또 쑨의 음절구조는 표준중국어보다 방언의 음운변화 현상에 근거하고 있고, 세계 언어의 보편적인 음절구조와도 차이가 있다. 역으로

그의 논거는 오히려 개음을 성모로 보아도 무방하다는 방증으로 활용될 수도 있다. 따라서 필자는 선 지아쉬앤(沈家煊 Shen 1993)과 주 샤오농(朱晓农 2010: 313-312) 등과 공유하고 있는 이 학설의 수용을 유보한다.

3.2 두음설

표준중국어 음절구조에 대한 본격적인 연구는 뚜안무에 의해 주로 이루어졌다. 그는 1990년 그의 박사학위 논문에서 출발한 그의 이론은 2000년과 2007년 저서를 거치며 완성되었다. 그의 이론은 2009년 옥스퍼드대학교에서 출판한 음절구조에 관한 전문서적으로 발전하였다. 이 책에서 뚜안무(Duanmu 2009:237)는 세계 언어의 가장 보편적인 기본 음절구조를 CVX 또는 CV로 보고 있다. 전자는 온음절(full syllable)의 구조이고, 후자는 약음절(weak syllable)의 구조이다. 여기서 C는 자음, V는 모음, X는 자음 또는 모음을 의미한다. 더 정확히 말하면 온음절의 VX는 성절 자음(syllabic consonant) 또는 핵음+말음으로 채워지고, 약음절의 V는 핵음 또는 성절 자음으로 구성된다. 온음절이란 강세 또는 성조가 있는 음절이고 약음절은 비강세 음절이나 성조가 없는 경성 음절을 말한다. 뚜안무의 이론에 의하면 이 두 음절의 구조적 차이는 말음 X의 존재 여부이다. 즉 온음절은 반드시 말음이 있어야 하고, 약음절은 말음이 있을 수 없다.

이러한 세계 보편적 음절구조는 표준중국어에도 예외 없이 적용된다는 것이 뚜안무의 주장이다. 그의 표준중국어 음절구조를 도해하면 다음과 같다.

(12) 뚜안무(Duanmu 2007:82-84)의 음절구조
σ = 음절   C = 자음   V = 모음   X = C 또는 V

a. 온음절   b. 약음절

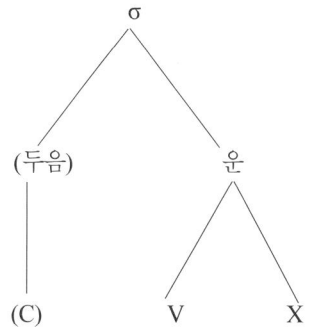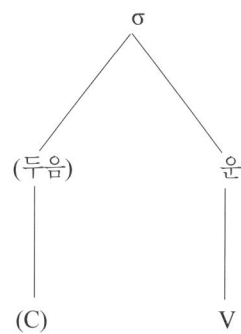

여기서 (C)를 싸고 있는 괄호는 자음 두음이 선택적 존재임을 의미한다. 뚜안무의 음절 구조를 중국어로 예시하면 다음과 같이 도해할 수 있다.

(13) 뚜안무의 온음절 구조 예시

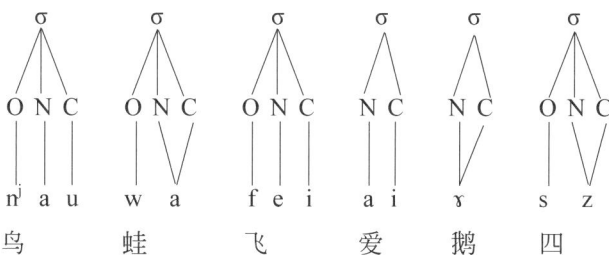

(14) 뚜안무의 약음절 구조 예시

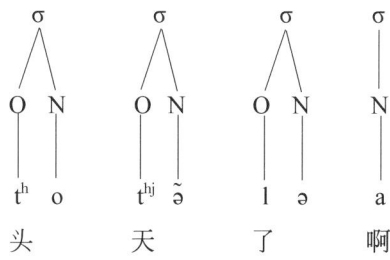

뚜안무가 제시한 음절구조의 가장 큰 특징은 두 가지 이다. 하나는 음절을 온음절과 약음절로 나누어 분석하는 것이다. 또 다른 하나는 (13)의 niao 鸟 와 (14)의 tou 头에서 보듯이 핵전 활음을 운이 아닌 두음의 일부로 보는 것이다. 첫 번째 문제는 뒤에서 다시 다루기로 하고, 여기서는 우선 두 번째 문제부터 다루고자 한다. 중국의 사대부들에게 개음은 운모의 일부라는 인식은 앞서 언급한 바와 같이 반절의 등장과 더불어 오랜 세월동안 의문의 여지가 없었다. 그러나 개음을 성모의 일부로 분석하는 것이 더 타당하다는 뚜안무(2003:120-124)의 주장은 다음 몇 가지에 근거하고 있다.

뚜안무는 압운을 할 때 개음을 무시하는데 개음이 운모에 속한다면 무시할 이유가 없다. 또 음성분석을 통하여 개음의 성조 수반 능력(tone-bearing ability)이 핵모음보다 떨어진다는 점도 이유로 들고 있다. 또 外 [wai] 같은 음절의 [w]가 [ʋ]로 실현될 때가 있는데 [ʋ]는 두음(onset)이지 활음(glide)이 될 수 없으므로 [w]도 두음이라는 등의 이유를 제시한다.

핵전 활음이 두음의 일부라는 시각은 사실 Cheung(1986), Duanmu(1990), Ao(1992), Wang(1993) 등 1990년 전후에 서구의 중국어 연구자들에 의해 집중적으로 제기되었다.[6] 이러한 시각은 린 앤후이(2010:169, Lin 2007) 등 최근 연구에도 지속적으로 수용되고 있다.

---

[6] Duanmu(2009:77)의 재인용으로 이 논문의 참고 자료인 Duanmu(1990)를 제외한 관련 원전은 다음과 같다. Ao, Benjamin XP. 1992. "The non-uniqueness condition and the segmentation of the Chinese syllable." *Working Papers in Linguistics*, 42:1-25. The Ohio State University. Cheung, Kwan-Hin. 1986. "The phonology of present-day Cantonese." Ph.D. dissertation, University of London. Wang, Jenny Zhijie. 1993. "The geometry of segmental features in Beijing Mandarin." Ph.D. dissertation, University of Delaware, Newark.

(15) 린 앤후이의 음절구조

σ = 음절   O = 두음   R = 운   N = 핵음
Co = 말음   C = 자음   G = 활음   V = 모음

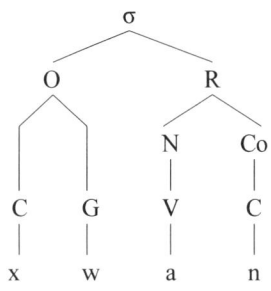

그러나 린은 핵전 활음을 두음과 같은 마디에 배열하지 않고 두음에서 파생된 독립된 가지의 마디에 연결하고 있는데, 이는 뚜안무의 방법에 비해 번잡해 보인다. SC에는 겹자음이 출현할 수 없는 점을 고려할 때 두음에 두 마디를 할당하는 것은 부적절하다. 그럼에도 불구하고 그의 도해는 활음이 운(R)이 아니라 두음(O)에 속함을 분명히 보여준다. 한 가지 아쉬운 점은 린은 핵전 활음이 왜 두음에 속해야 하는지 이유를 자세히 밝히고 있지 않다는 것이다.

그런데 표준중국어의 모음 동화 현상을 설명하는 장에서 린 앤후이 (2010:240)는 柳 liu같은 음절이 [ljeu]가 아니라 [ljou]로 발음되는 점을 감안하여, 핵음이 핵전 활음보다는 핵후 활음과 더 긴밀한 관련이 있음을 상기시키고 있다. 즉 표준중국어에서 모음 성분이 세 개 연속해 있을 때, 순행동화가 일어나지 않고 역행동화가 일어나는 이유는 핵음이 핵전 활음보다는 말음과 더 밀접한 관계를 갖고 있기 때문이라는 것이다. 이는 표준중국어의 모음 변화에서 왜 역행동화가 우세한지를 설명하는 좋은

이유이다.

필자는 린의 이러한 지적은 표준중국어의 음절구조에서 핵전 활음이 핵음이 아니라 두음에 속한다는 주장을 뒷받침할 수 있는 강력한 증거로 생각한다. 또 영성모라고 부르는 영두음 음절에 핵전 활음이 있을 경우 활음이 실제로는 두음 자리를 차지하여 두음의 역할을 하는 점도 필자가 활음을 두음의 일부로 보고자 하는 중요한 이유 중 하나이다. 예를 들어, 要 yao [jɑw]에서 핵 앞에 있는 음은 순수한 모음이 아니라 반모음 성격을 지니므로 활음 [j]로 본다. 반모음은 동시에 반자음이라는 의미도 되므로 [j]는 운모가 아니라 성모의 자리를 차지할 수 있다. 핵전 활음을 독립된 중간음이 아니라 두음의 일부로 보는 것이 중국어의 음절구조가 세계 언어의 가장 보편적인 음절 구조인 CVX(Duanmu 2009)에 더욱 부합하는 점 또한 필자가 생각하는 두음설의 장점이다. 지금까지 제시한 이유를 종합하면 다음과 같다.

(16) a. 압운할 때 핵전 활음(개음)은 무시한다.
    b. 활음의 성조 수반 능력이 핵음보다 약하다.
    c. 外같은 영성모자의 두음이 자음 [ʋ]로 발음되기도 한다.
    d. 표준중국어의 모음동화 과정에서 핵음은 핵전 활음보다 핵후 활음의 영향에 더욱 민감하므로, 핵음과 핵후 활음의 관계가 더 밀접하다.
    e. 영두음 음절에서 핵전 활음이 실제 두음의 역할을 한다.
    f. CVX의 기본 구조가 CGVX보다 세계 언어의 보편 구조에 더 부합한다.

(16a-c)는 뚜안무의 주장을 요약한 것이고, (16d)는 린의 지적을 필자가 음절 구조에 적용한 것이다. (16ef)는 필자의 의견이다. 이상 여섯 가지 이유로 필자는 핵전 활음이 두음의 일부라는 주장을 수용하고자 한다.

4. 핵후 활음의 위치

전통 음운론에서 운미라고 부르던 말음 자리에는 활음 또는 비음 자음이 올 수 있다. 기존 학계는 동서양을 막론하고 핵후 활음은 당연히 말음에 위치하는 것으로 보아 왔다. 그러나 핵후 활음을 핵음의 일부로 볼 수 있는지에 대한 의문이 최근 제기되었다. 이 경우 핵음과 활음이 동등한 지위를 지니는지, 아니면 핵전 활음이 두음에 부가되듯이 핵후 활음 또한 핵모음에 부가되는지 검토할 필요가 있다.

4.1 말음설

핵후 활음은 말음에 속하는 인식은 기존 학계의 정설이므로 여기서 장황하게 다시 설명할 필요는 없다. 다만 뚜안무의 음절(σ)구조 (13)을 재인용한 (17)을 자세히 보면 한 가지 의문을 제기할 수 있다. 여기서 O, N, C는 각각 두음(onset), 핵음(neucleus), 말음(coda)을 나타낸다.

(17) 뚜안무의 온음절 구조 예시

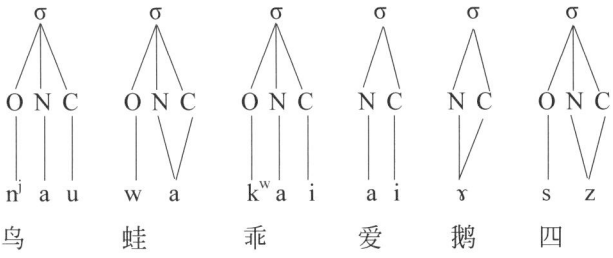

뚜안무는 개음은 모음 [i, y, u]가 아닌 활음 [j, ɥ, w]로 보고 두음 자음

에 첨부되는 것으로 처리하고 있다. 그러나 모음 운미는 활음으로 인식하지만 활음 기호가 아닌 모음 기호를 그대로 사용하고 있고, 앞 핵음에 첨부되는 것이 아니라 말음의 마디를 독자적으로 차지하는 것으로 본다. 이처럼 활음의 처리 방법이 확연히 다른 것은 활음의 역할이 음절 내 위치에 따라 서로 다르다는 것을 전제로 한다. 그러나 이런 전제가 왜 필요한지 또 핵후 활음은 핵전 활음과 달리 모음의 성격이 강한지 등에 대한 자세한 설명이 없다. 이러한 의문에 대해서 5절에서 다시 자세히 논의할 것이다.

4.2 핵음설

핵후 활음을 모음 기호로 표기하는 것은 린 앤후이(2010:169, Lin 2008)도 마찬가지이다. 뚜안무와의 차이점은 핵후 활음을 말음으로 보지 않고 핵음의 자리에 주요모음과 마찬가지로 독립적인 마디를 부여한다는 점이다. 그는 [n, ŋ]같은 비음 자음만 말음으로 분석한다. 다음은 린 앤후이(2010:169)에서 발췌한 표준중국어의 음절구조이다.[7]

(18) 린 앤후이의 음절 구조
    σ = 음절   O = 두음   R = 운   N = 핵음   Co = 말음
    C = 자음   G = 활음   V = 모음   VV = 이중 모음

---

[7] 핵전 활음을 두음의 일부로 보지 않고 두음을 구성하는 자음과 대등한 요소로 처리하는 것의 문제점은 2.2절에서 이미 지적하였다.

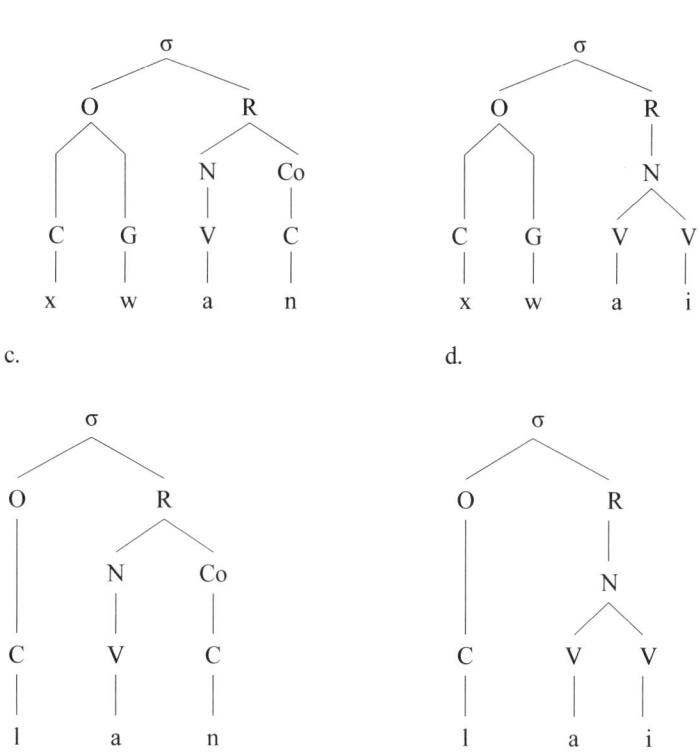

　린의 음절구조에서 가장 큰 논란거리는 이중모음을 구성하는 개별 모음이 모두 핵음에 속하는지의 여부이다. 핵음이란 한 음절에서 공명도가 가장 큰 음을 말하기 때문에, 모음 [a]와 [i]를 둘 다 핵음으로 보는 린의 시각은 핵음의 정의에 정확히 위배된다. 둘 중에 공명도가 더 큰 [a]만 핵음이기 때문이다. 또 핵음 자리에 $V_1 + V_2$가 올 수 있는 구조가 되려면 V_2자리에 올 수 있는 모음의 수가 V_1자리에 올 수 있는 모음의 수만큼 다양해야 이상적이다. V_1자리에는 [a, e, i, o, u, y] 등의 모음이 올 수 있는 반면에 V_2자리에는 [i, u] 또는 [o]만 올 수 있다. 또 (18bd)는 말음이

제3장 음절구조　│ 81

없으므로 온음절이 될 수 없다. 이는 강세나 비경성 성조를 지닌 모든 중국어 음절은 다 온음절이라는 뚜안무의 이론에 위배된다. 뚜안무(Duanmu 2009:79)는 (17)의 鹅같이 자음 말음이 없는 온음절은 핵모음이 [ɤː]처럼 장음화하여 핵음과 말음의 자리를 동시에 차지하는 것으로 분석한다.

여기서 한 가지 더 검토해 보아야할 문제는 핵후 활음을 핵모음의 일부로 첨부할 수 있는 지의 여부이다. 즉 최주현(2013)이 처음 제안한 다음과 같은 음절구조가 가능한지의 여부이다.

(19)

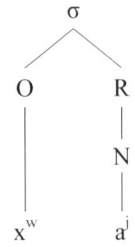

이 방안은 활음의 역할을 핵전후의 위치와 상관없이 동일하게 처리한다는 점에서 고려해 한 번 볼 가치가 있다. 그러나 다음 몇 가지 해결해야 할 쟁점도 동시에 안고 있다.

(20) a. 말음이 없어져도 온음절로 처리할 수 있는가?
　　　b. 坏 huài [xʷaʲ]처럼 말음이 없어져도 개음절을 유지할 수 있는가?
　　　c. 표준중국어에 이중모음은 존재하지 않는가?
　　　d. 모음 운미를 말음이 아니라 핵음으로 보아야 할 이유는 무엇인가?

이러한 문제는 이론적으로 좀 더 엄밀히 따져 보아야할 문제이기 때문에 절을 달리하여 논의하고자 한다.

5. 논의 과제

5.1 온음절과 약음절의 구분

앞서 (12-14)에서 예시한 바와 같이 뚜안무는 음절을 온음절과 약음절로 나누고 이에 따라 서로 다른 음절구조를 제시하고 있다. 온음절은 말음을 반드시 가지는 반면에 약음절은 말음이 반드시 없어야 한다. 중국어에서의 강세란 비경성과 경성의 차이로 이해할 수 있다. 따라서 비음 말음을 가지고 있는 天 tian [$t^h\varepsilon n$]이 경성일 경우 비음 말음 n은 말음의 지위를 상실하고 약음절 [$t^h \tilde{\mathrm{ə}}$]가 된다. 그러나 1성 蛙 wā는 말음 분절음이 없더라도 [wa:]로 장음화되어 핵음이 말음의 자리까지 차지한다. 핵후 활음이나 비음 자음 말음이 없는 음절을 말음을 가진 중음절로 만드는 장치로 뚜안무는 핵음의 장음화를 제시한다. 핵모음이 장음화하여 핵음 마디는 물론 말음 마디까지 차지한다는 것이다.

(21) 뚜안무의 온음절과 약음절의 예
 a. 온음절   b. 약음절

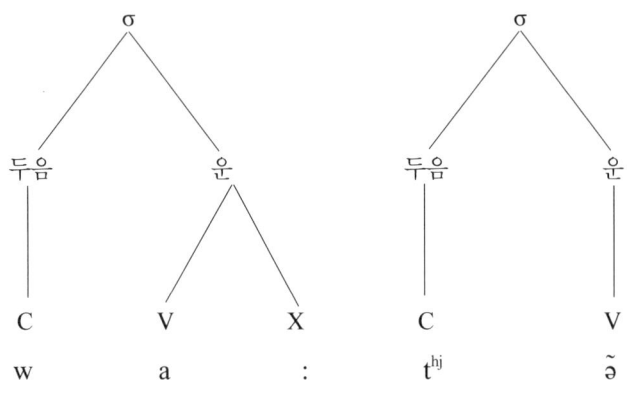

　　뚜안무(Duanmu 2011:2756-2757)는 표준중국어의 음절구조에 대하여 최근까지 계속 동일한 입장을 견지하고 있는데, 그의 말음에 대한 분석은 논란의 여지가 있다. 蝸 wā는 운미가 없는 개음절(open syllable)이고, 天 tiān은 자음 운미가 있는 폐음절(closed syllable)이다. tiān은 말음 n이 있지만, wā는 말음이 없다. 그러나 뚜안무는 이들 음절의 길이가 서로 비슷하다고 보고, wā는 핵음의 길이가 늘어나 장모음이 된다고 주장한다. 즉 어떤 종류의 음절이든 성조가 있는 온음절일 경우 개음절이나 폐음절에 상관없이 전체 음절 길이는 비슷하다는 뜻이다. tiān의 a는 wā의 a보다 길이가 짧다고 본다. 이는 음성학적 분석으로 실제 수용 가능한 설명이다. 그러나 음운론적으로는 별로 의미가 없다. 왜냐하면 표준중국어에서 모음의 길이가 의미 변별 기능을 하지 않기 때문이다. 모음의 길이가 실제 의미 변별을 하는 경우는 꾸앙똥 지역의 웨방언 밖에 없다.[8]

---

[8] 웨방언의 장단음 차이도 모음의 길이가 아니라 모음의 차이라는 분석도 있다. Duanmu(2009:83)를 보면 웨방언의 [a:i]와 [ai], [a:u]와 [au]의 대비를 Zee(2003)

아무튼 온음절은 말음이 반드시 있어야 하고, 약음절은 말음이 반드시 없어야 한다고 보는 그의 해석은 논란의 여지가 있다. 구조적으로 말음이 없는 wā나 dī같은 온음절의 경우 핵음이 말음 자리까지 연장된다는 주장과, 구조적으로 말음이 분명히 존재하는 头 tou나 天 tian까지 경성이 되면 말음이 없는 것으로 처리하는 뚜안무의 분석은 쉽게 받아들이기 어렵다.

5.2 개음절과 폐음절의 구분

그러면 온음절과 약음절은 폐음절과 개음절과 어떤 관련이 있을까? 예를 들어 蜗가 중음절 wā [wa:]일 때는 말음을 가지므로 폐음절로 보아야 하는 것은 아닌지, 또 天이 경음절 tian [tʰə̃]로 읽힐 때는 말음이 없으므로 개음절로 보아야할지의 문제이다. 이런 의문은 사실 부적절한데, 개음절과 폐음절의 정의는 말음의 존재 여부와 직접적인 상관이 없기 때문이다. 주지하다시피, 개음절이란 모음으로 끝나는 음절을 말하고, 폐음절이란 자음으로 끝나는 음절을 이른다. 따라서 蜗 wa는 말음의 존재여부와 상관없이 개음절이다. 天 tian의 경우 논란이 될 수 있다. 자음으로 끝나는 것으로 보면 폐음절이고, 뚜안무처럼 약음절의 경우 비음화 모음으로 끝난다고 보면 개음절이 된다. 坏 huài의 경우도 애매하다. 이를 [xʷai]로 분석하면 개음절이 되고, 모음 운미를 활음으로 보아 [xʷaj]로 분석하면 활음은 반자음의 성격을 지니므로 폐음절이라고도 할 수 있다. 따라서

는 [ai]와 [ɐi], [au]와 [ɐu]의 대비로 처리한다. 원전은 "The phonetic characteristics of the sounds in Standard Chinese (Beijing)." Paper presented at the 15th North American Conference on Chinese Linguistics, Michigan State University, 7/11-13.

핵후 활음의 성격을 규명하는데 있어서 개음절과 폐음절의 구분은 별로 의미가 없다.

5.3 이중모음과 활음의 충돌

전통적인 중국어 음운론은 표준중국어에 이중모음은 물론 삼중모음까지 존재하는 것으로 보아 왔다. 位 wei, 要 yao, 外 wai같은 음절이 VVV 구조의 삼중 모음의 예이다. 그러나 뚜안무와 린 등 최근 학자들은 개음을 모음이 아닌 활음으로 보기 때문에 삼중 모음이 존재할 수가 없다. 위 예들은 모두 활음과 결합한 이중모음에 불과하다. 문제는 位 wei, 要 yao, 外 wai를 각각 [wei], [jao], [wai]로 보아 이중모음으로 처리하는 것이 과연 타당한가이다. 이는 핵음과 말음의 정의와 관련이 있다. 뚜안무(Duanmu 2009:6)는 핵음과 말음을 명확히 정의하지 않고 "대개 운에 있는 두 음 중에 앞에 있는 음이 핵음이고 뒤에 있는 음이 말음"이라고 정의한다. 이는 "대개"라는 단어를 제외하더라도 다소 애매한 표현이다. 이에 비해 린 앤후이(2010:106)는 활음을 보다 명쾌히 정의하고 있는데, 핵음 앞뒤에 연결되는 모음 성격의 주변음이 활음이라는 것이다. 린의 이러한 정의는 뚜안무는 물론 린 스스로의 핵후 활음 처리에 혼동을 야기한다. 핵음 뒤의 활음을 접근음으로 보면 이중모음이란 있을 수가 없기 때문이다. 그런데 뚜안무와 린은 모음 운미를 핵후 활음으로 인식하면서도 접근음이 아니라 모음으로 표기한다. 그 결과 SC에서 이중모음의 존재를 용인하고 있다.

활음의 정의에 입각하여 핵후 활음도 핵전 활음처럼 모음이 아니라 접근음으로 표기하는 것이 이론적으로 더 일관성이 있다. 그러나 음성학적으로 활음 [j, w, ɥ]와 모음 [i, u, y]의 구분은 사실상 불가능하다(Duanmu 2015.9 개인 전자통신). 따라서 활음을 자음 성격의 접근음이나 모음으로 표기하는 문제는 다분히 음운론적인 판단에 달려있다. 핵전 활음을 접근음으로 표기하는 방안의 장점은 핵전 활음이 모음인 핵음과의 관계보다 자음인 두음과의 관계가 더 밀접함을 시각적으로 보여주는 효과가 있다. 그러나 핵후 활음은 모음 핵음과 밀접한 관계를 갖고 음의 변화를 야기한다. 제5장에서 다룰 SC 모음의 다양한 동화현상을 효과적으로 설명하기 위해서 핵후 활음은 접근음보다 모음으로 표기하는 것이 현실적으로 더 바람직한 선택이다. 따라서 이 책의 초판인 엄익상(2012:75)은 기본적으로 다음과 같은 음절구조를 제시하였다.

(22) 엄익상(2012)의 SC 음절구조

a.

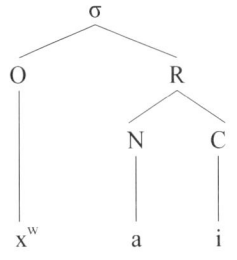

b.

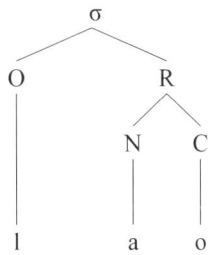

그러나 같은 책에서 그(엄 2012:76)는 모음성 말음을 활음으로 표기해야 할지, 이 활음을 어디에 위치해야 할지를 고민하다, 결국 활음이 핵음의 일부가 되는 (23)과 같은 음절구조에 대하여 회의적인 태도를 취하였다.

(23) a. 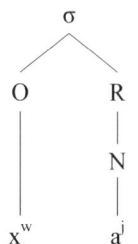   b.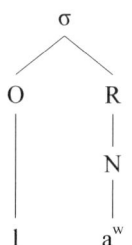

이듬해 엄익상(2013:61)은 별도의 논문에서 모음성 말음을 (24)처럼 활음 기호로 표시할 것을 수정 제안하였다. 핵전모음성분을 활음으로 본다면, 핵후모음성분도 활음으로 보는 것이 일관성이 있다는 이유였다.

(24) 엄익상(2013)의 수정 SC 음절구조
   a. 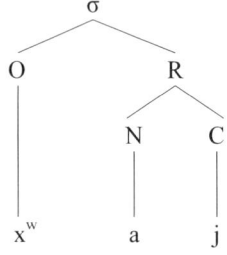   b.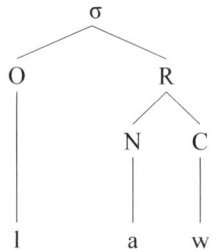

이제 핵후 활음의 성격과 음절 구조상의 지위에 대하여 다시 한 번 명쾌히 정리를 해보자.

5.4 핵음 또는 말음

(23)은 핵후 활음을 핵전 활음과 동일한 방법으로 처리한다는 점에서 (22)나 (24)번보다 개선된 분석으로 보일 수도 있다. 그러나 이 경우 말음이 없어져서 온음절이 약음절과 구조가 같아지는 문제가 발생한다. 린앤후이는 명확히 기술하고 있지 않지만, 뚜안무 싼에 의하면 온음절의 두음은 선택적일지라도 핵음 및 말음은 반드시 있어야 한다. 예를 들어 핵후 활음이 없는 두 온음절로 구성된 大哥 dàgē 같은 단어는 핵음이 장음화하여 말음의 위치까지 차지하는 것으로 뚜안무는 분석한다. 이는 말음이 없는 약음절과 말음이 반드시 있어야하는 그의 온음절 구조를 성립시키기 위한 장치이지만, 세계 언어의 가장 보편적인 음절구조이기도 하다(Duanmu 2009). 따라서 말음이 없는 (23)과 같은 음절구조는 핵음을 장음화하지 않는 한 SC의 온음절로 받아들이기 곤란하다. 그러나 이 책에서는 뚜안무의 개음절 핵음 장음화설의 수용을 보류했기 때문에 (23)의 수용 여부는 다른 면에서 더 검토할 필요가 있다.

SC의 음절구조를 (23)처럼 분석할 경우 말음은 n과 ŋ만 출현 가능하여 이중모음이 존재할 수 없다. SC에는 단모음만 존재하게 된다. 물론 SC 음운체계에는 이중모음이 없이 단모음만 존재한다고 주장할 수도 있겠지만, 이 경우 제5장에서 자세히 다룰 SC 운에서 인접한 모음 간에 활발하게 일어나는 동화현상을 설명하기 곤란하다. 또 V^j와 V^w를 핵음으로 보면 표준 중국어에서 핵음으로 출현할 수 있는 모음의 수가 너무 많아지고, V^G형태와 V형태가 공존하는 비대칭적 모음 체계가 된다. 또 핵전 활음은 자음과 결합하지만, 핵후 활음은 모음과 결합하는 불균형이 생긴다. 사소한 문제이지만 말음 o를 핵음에 부가하여 활음을 나타낼 접근음 기호가 없다는 현실적인 어려움도 있다.

보다 근본적인 문제는 SC의 기본 음절구조를 $\sigma=(O)N(C)$로 볼 때, x^wa^j 같은 음절 뒤에는 비음 말음이 더 이상 출현할 수가 없다는 점이다. 즉 $*x^wa^jn$이나 $*x^wa^j\eta$같은 음절의 출현이 불가능하기 때문에 핵후 활음은 말음의 위치에 있어야지 핵음의 일부가 될 수 없다.9 이상의 논의를 요약하면 다음과 같다.

(25) a. 온음절을 약음절로 표시하는 것으로 해석될 수 있다.
    b. SC에서 말음은 n과 ŋ만 남게 되어, 이중모음이 존재할 수 없게 된다.
    c. SC 운에서 인접한 모음 간 일어나는 동화 현상을 효과적으로 설명할 수 없게 된다.
    d. 두음과 핵음은 많으나, 말음은 드물며, 핵음에 V^G와 V 형태가 공존하는 비대칭적 음운체계가 된다.
    e. 핵전 활음은 두음 자리의 자음과 결합하지만, 핵후 활음은 핵음 자리의 모음과 결합하는 불균형이 생긴다.
    f. [i, u] 뿐만 아니라 [o]도 말음의 표면음으로 볼 때 [o]에 해당하는 마땅한 접근음 기호가 없다.
    g. $*x^wa^jn$이나 $*x^wa^j\eta$같이 비음 말음 음절의 출현이 불가능하다.

따라서 핵후 활음은 핵전 활음과 달리 음절구조에서 말음 마디를 단독으로 차지하는 것으로 분석한다. 또 핵후 활음은 핵음과 밀접한 관계를 이루며 동화작용을 야기하는 점을 감안하여 (24)를 포기하고 뚜안무나 린처럼 모음 기호를 사용하여 표기하는 것으로 확정한다.

---

9 이 문제점은 2013년 6월 IACL21(대만사대)에서 Zhang Jie 교수와의 개인 대담에서 인지하였다.

6. 새로운 음절 구조

지금까지 SC 음절구조에 관한 여러 가지 문제점을 활음의 지위를 중심으로 검토하였다. 필자는 이 책을 집필하는 과정에서 세계 여러 언어의 보편적인 음절구조에 잘 부합하면서도, 한 음절에서 공명도가 가장 높은 핵음 전후에 위치하는 모음성분의 접근음을 활음으로 규정한 언어학의 정의를 가장 잘 구현하는 SC의 음절구조를 제시하려고 노력하였다. 2012년 10월 쓰추안사범대학 구두 발표 논문, 2012년 12월 이 책의 초판, 그리고 2013년 2월 『중국언어연구』 제44집 논문에서 수정에 수정을 거듭하였다. 필자를 가장 곤혹스럽게 한 것은 핵후 활음의 지위와 표시 방법이었다. 오랜 고민 끝에 필자가 내린 결론은 다음 두 가지이다.

(26) a. SC의 핵후 모음 성분은 이론적으로 활음의 지위를 가지며 그 뒤에 비음 말음이 추가될 수 없으므로 말음의 자리에 위치해야 한다.
b. 핵후 활음의 표기는 원칙적으로는 j와 w같은 접근음으로 표기해야하나, 머리 자음과 결합하는 핵전 활음과는 달리 선행하는 핵모음과 긴밀히 결합하여 동화작용을 야기하므로 편의상 모음으로 표기한다.

핵전 활음이 영두음 음절에서 두음 자리를 차지하듯, 핵후 활음이 비음 말음이 없는 경우 말음 자리를 차지하는 것 또한 자연스럽다. 그러므로 (26a)는 핵후 활음을 핵음 자리에 배치하여 이중 모음으로 구현하는 린앤후의의 이론적 모순을 해결하고 있다. 핵후 활음을 말음 자리에서 모음 기호로 구현시키는 뚜안무의 모순을 해결하려면, 2013년 논문에서 필자가 수정 제안한 음절 구조처럼 핵후 활음도 접근음으로 표기하는 것이 일관성이 있다. 그러나 이 책에서는 접근음 j, ɥ, w가 모음 i, y, u와 거의 구분이 안 되는 점과 모음 동화 현상을 효과적으로 설명하기 위해 핵후 활음을 모음으로 표기하기로 한다. 아울러 온음절과 약음절의 구분도 무시한다. 따라서 (7)에서 잠정 제안한 SC의 다양한 음절 구조는 다음과 같이 최종 조정된다. 아래에서 V는 모음, G는 활음, C는 자음이다.

(27) V → V　　　阿 ā [a]　　　屋 wū [u]　　　玉 yù [y]
　　 VV → GV　　夜 yè [je]　　月 yuè [ɥe]　　蛙 wā [wɑ]
　　 VV → VG　　爱 ài [ai]　　敖 áo [ɑo]　　欧 ōu [ou]
　　 VC → VC　　安 ān [an]　　运 yùn [yn]　　英 yīng [iŋ]
　　 VVV → GVG　为 wéi [wei]　要 yào [jɑo]　外 wài [wai]
　　 VVC → GVC　严 yán [jɛn]　王 wáng [wɑŋ]　元 yuán [ɥɛn]
　　 CV → CV　　拉 lā [la]　　可 kě [kʰɤ]　　佛 fó [fo]
　　 CVV → CGV　结 jié [tɕje]　缺 quē [tɕʰɥe]　多 duō [two]
　　 CVV → CVG　累 lèi [lei]　老 lǎo [lɑo]　　开 kāi [kʰai]
　　 CVC → CVC　慢 màn [man]　忙 máng [mɑŋ]　饭 fàn [fan]
　　 CVVV→ CGVG　票 piào [pʰjɑo]　六 liù [ljou]　对 duì [twei]
　　 CVVC→ CGVC　棉 mián [mjɛn]想 xiǎng [ɕjɑŋ]　软 ruǎn [ɻwan]

지금까지 논의를 근거로 필자는 SC의 음절구조를 다음과 같이 최종 제안한다. 여기에서 O, G, R, N, C는 각각 두음(Onset), 활음(Glide), 운(Rhyme), 핵음(Nucleus), 말음(Coda)을 나타낸다. ( )는 물론 선택적 요소임을 의미한다.

(28) 엄익상(2016)의 SC 재수정 음절구조

a.
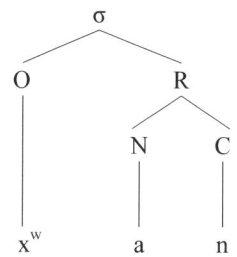

b.
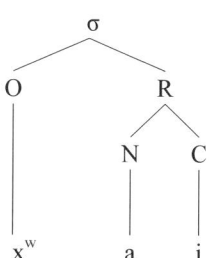

c.
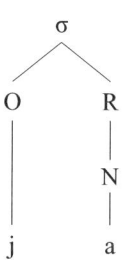

d.
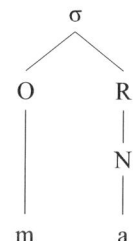

e.
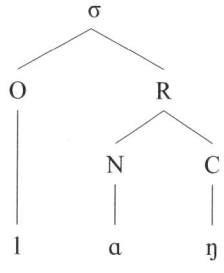

f.
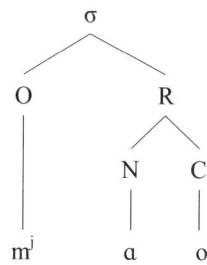

이를 하나의 구조로 요약하면 다음과 같다. 말단에서 A는 접근음

(approximant)을 V와 C는 각각 모음(vowel)과 자음(consonant)을 나타 낸다.

(29) 엄익상(2016)의 SC 음절구조(최종)

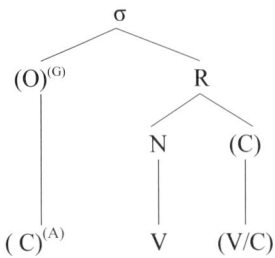

7. 주요모음과 성조표시[10]

중국어 음절에서 주요모음을 식별하는 것은 중요하다. 그 이유는 한어병음으로 발음을 표기할 때 주요모음 위에 성조 표시를 하기 때문이다. 중국어를 오래 배운 사람도 한어병음 표기는 잘 하면서 성조는 어디에 표시하는지 정확히 모르는 사람이 있다. 모음이 한 개일 경우 그 모음 위에 표시하면 된다. 세 개일 때는 가운데 모음이 주요모음이므로 그 위에 표시하면 된다. 그러나 모음이 두 개 있을 경우가 문제이다. 猫 māo는 첫 모음 위에 하고, 对 duì는 둘째 모음 위에 한다. 그렇다면 주요모음이란 과연 무엇일까? 개구도 즉 입이 벌어지는 정도가 큰 모음이 주요모음이다. 입이 크게 벌어질수록 공명도가 높아진다. 주요모음 여섯 개를 개구도

---

[10] 이하 내용은 엄익상 외(2011:105-107)를 약간 수정 요약하여 인용한다.

순으로 배열하면 다음과 같다.

(30) i, ü, u < e, o < a

위 세 그룹의 관계는 모음의 높낮이의 차이이다. i, ü, u는 고모음이고, e와 o는 중모음이고, a는 저모음이다.

(31)

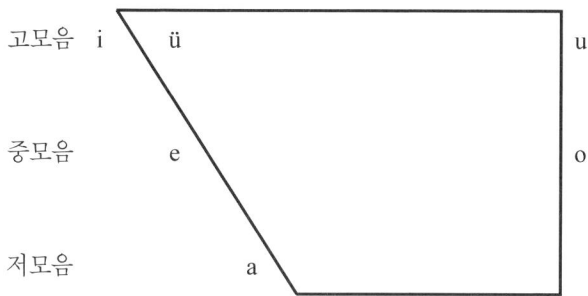

입을 벌려 실제로 발음해 보면 고모음보다는 중모음을 발음할 때 아래턱이 더 내려간다. 또 중모음보다는 저모음을 발음할 때 입은 더 벌어진다. 저모음일수록 개구도가 커짐을 알 수 있다. 따라서 저모음 a와 중모음 o가 결합한 ao는 저모음 a 위에, 저모음 a와 고모음 i와 결합한 ai나 ia도 저모음 a 위에 성조표기를 한다. 중모음 e와 고모음 i가 결합하는 경우(ei, ie) 당연히 중모음 e 위에 성조 표시를 한다. 중모음 o가 고모음 u와 결합한 ou나 uo의 경우 중모음 o 위에 성조를 표시한다.

문제는 贵 gui나 流 liu처럼 둘 다 고모음인 경우이다. 모음 u와 i는 둘 다 고모음이므로 개구도가 비슷하다. 이 때 성조 표기는 어디에다 해야 할까? 두 번째 모음에다 표기한다. 사실 이 두 음절은 예외적으로 주요모음이 생략된 채 표기된다. Gui의 경우 보다 정확히는 guei로 발음되고, liu도 주요모음 o가 삽입된 liou라야 한다. 그러나 이 두 음절의 한어병음 표기법은 이들 음절이 성모와 결합할 때 주요모음을 생략하도록 규정하고 있다. 그 결과 이 두 음절은 贵 guì와 流 liú에서처럼 예외적으로 운미 위에 성조 표시를 하는 셈이다. 이와 달리 鸟 niǎo와 怪 guài같은 음절에서 주요모음을 생략하지 않고 쓰는 이유는 주요모음 a의 공명도가 중모음 e나 o보다 공명도가 커서 더 분명히 들리는 이유도 있고, 생략할 경우 uai가 ui와 구분이 되지 않기 때문이다.

제4장 자음의 체계와 변화

1. 자음의 체계

중국어의 음운 체계는 과거에는 대개 성모(声母), 운모(韵母), 성조(声调)로 나누어 설명을 하였다. 성모란 음절의 첫 자음을 말하고, 성모를 뺀 나머지 부분을 운모라고 한다. 예를 들어, 唐 táng에서 t가 성모이고 ang이 운모이다. 따라서 성모와 운모는 자음과 모음과는 의미가 완전히 일치하지는 않는다. 성모가 자음인 것은 맞지만, 모든 자음이 성모가 되는 것은 아니다. 표준중국어(SC)에서 ng는 성모가 될 수 없다. 또 운모는 모음만으로 구성될 수도 있으나, 위의 예처럼 음절 말 자음이 추가될 수도 있다. 한자음과 그 역사적 변화를 연구하는 학문을 전통적인 용어로 성운학(声韵学)이라고 하는데, 이는 바로 성모와 운모의 첫 자를 따온 말이다. 현대적 관점에서 음운론은 한자의 성모와 운모만을 연구의 대상으로 하지 않기 때문에 성운학이라는 용어는 부적절하다. 따라서 이 책에서는 음운론의 보다 일반적인 기술 방법에 따라 자음과 모음으로 나누어 기술한다. 자음은 조음의 위치(place of articulation)와 방법(manner of articulation)

에 따라 분류한다. 중국에서 전통적으로 사용해온 용어를 사용하여 SC의 자음을 조음의 위치와 방법에 따라 분류하면 다음과 같다.

(1) 　　　　　　　唇音　　舌尖前音　舌尖中音　舌尖后音　舌面音　舌根音
　　塞音　不送气　b[p]　　　　　　　d[t]　　　　　　　　　　　　g[k]
　　　　　送气　　p[pʰ]　　　　　　 t[tʰ]　　　　　　　　　　　　k[kʰ]
　　鼻音　　　　　m[m]　　　　　　 n[n]　　　　　　　　　　　　ng[ŋ]
　　塞擦音 不送气　　　　　z[ts]　　　　　　　zh[tʂ]　　　j[tɕ]
　　　　　送气　　　　　　 c[tsʰ]　　　　　　ch[tʂʰ]　　q[tɕʰ]
　　擦音　　　　　f[f]　　 s[s]　　　　　　　sh[ʂ]　　　x[ɕ]　h[x]
　　通音　　　　　　　　　　　　　　　　　　　r[r]
　　边音　　　　　　　　　　l[l]

　　제2장의 후반부에서 지적한 바와 같이 위의 전통적 용어는 그 자체로 문제가 있다. 조음의 방법에 따른 분류인 塞音은 파열음의 첫 단계인 기류를 틀어막는 동작을 묘사한 것인데, 비음도 이러한 과정을 거치므로 부정확하다. 그래서 국제음성기호 또한 영어에서 흔히 통용되는 stop 대신에 plosive를 사용하고 있다. 通音이란 넓은 의미에서 모음, 마찰음, 비음, 설측음을 포함하는 지속음(continuant)을 말하므로 이 또한 부정확하다. 두 조음 기관이 완전히 닿지는 않고 가까이 접근한 상태에서 발음된다는 뜻의 approximant를 번역한 近音(한국어로 접근음)이 더 정확한 용어임은 앞 장에서 이미 언급하였다. 또 송기, 불송기, 찰음, 변음은 중국어 자체로는 별 문제가 없으나, 한국어가 아니다. 또 조음의 위치에 따라 舌尖音, 舌面音, 舌根音으로 나누는 것 또한 문제가 있다. 이는 혀를 기준으로 분류한 것인데, 혀는 주동 발성 기관이다. 혀는 입술, 이, 잇몸, 입천

장 같은 피동 발성 기관에 비하여 상대적으로 접촉점이 유동적일 수밖에 없어 부정확하다. 舌尖音을 전, 중, 후로 나누고 있지만, 그 접촉점이 정확히 어디인지에 대한 정보를 주지는 못한다. 따라서 국제음성기호는 주동 기관이 아닌 피동 기관의 접촉점을 기준으로 치음, 치조음, 경구개음, 연구개음 등으로 명명하고 있다. 그럼에도 불구하고 한국에서 이들 중국식 용어가 한자음으로 그대로 통용되는 현실은 하루 빨리 시정되어야 한다.

다음은 SC의 자음을 현대적 용어로 분류한 린 앤후이(2010:73, Lin 2007:41)의 SC 자음표를 한글로 번역한 것이다.

(2) 린 앤후이 SC 자음표

	양순		순치	치		후치조	치조 경구개	경구개	연구개	
파열음	p	p^h		t	t^h				k	k^h
마찰음			f	s		ʂ	ɕ		x	
파찰음				ts	ts^h	tʂ $tʂ^h$	tɕ $tɕ^h$			
비음	m			n					ŋ	
(중앙) 접근음	w ɥ					ɹ		j ɥ	w	
설측 (접근)음				l						

1.1 양순음과 순치음

위 도표에서 한 칸에 두 음이 표시된 경우 음영이 있는 칸이 무기음이고 없는 것이 유기음이다. 유무기음의 차이는 발음을 할 때 바람이 세게 나오면 유기음(aspirated)이고 그렇지 않으면 무기음(unaspirated)이다. 유기음을 중국어로는 送气라고 하고, 무기음을 不送气라고 한다.¹ 한국어의 ㅍ ㅌ ㅋ은 유기음이고 ㅃ ㄸ ㄲ은 무기음이다. ㅂ ㄷ ㄱ는 아주 약한 유기음이다. SC에서 양순음(bilabial)인 b[p]는 무기음이고 또 다른 양순음인 p[pʰ]는 유기음이다.² 이와 같이 한국어와 중국어에서는 유기음이 의미 변별 기능이 있다. 따라서 한국어 화자가 SC의 유기음과 무기음을 구분하는 일은 전혀 문제가 없다. SC의 양순 파열음 [p]와 [pʰ] 및 양순비음 [m]은 한국어 화자는 쉽게 발음할 수 있다.

다만 [p]와 [pʰ]의 차이를 한어병음의 b와 p에 근거하여 유성성의 차이로 인식하지 말아야 한다. 영어에서 b는 유성음(voiced)이고 p는 무성음(voiceless)이다. 유성음이란 모음처럼 성대가 떨려 발음되는 소리를 말한다. 성대가 떨리는지의 여부는 목에 불뚝 솟아 있는 갑상연골 바로 윗부분을 손가락으로 누르고 [a, e, i, o, u]같은 모음이나 [b, d, g, z] 같은 자음을 발음을 해보면 바로 느낄 수 있다. 만약 [b, d, g, z]를 발음하는데도 성대의 떨림을 느낄 수 없다면 정확한 유성음으로 발음을 하지 않는다는 뜻이다. 다행히 SC와 한국어에서는 유무성음이 음소적 기능을 하지 않기 때문에 北京 [peitɕiŋ]을 [beidʑiŋ]으로 발음하고, 부산 [pusan]을 [busan]으로 발음해도 혼동을 야기하지 않는다. 이들을 원지음에 보다 가깝게 표기하려면, Beijing과 Busan보다 Peijing과 Pusan이 더 정확하다.³

---

[1] 어떤 자음이 유기음인지 무기음인지를 판단하는 가장 쉬운 방법은 종이를 입 가까이 대고 실제 발음을 해 보는 것이다. 종이가 펄럭이면 유기음이고 그대로 가만히 있으면 무기음이다.
[2] 유기음의 표기를 [X']처럼 나타내는 경우가 있는데, 이는 IPA의 규정에서 벗어난 것이다. IPA는 유기음을 위첨자 ʰ를 사용하여 [Xʰ]로 표기할 것을 규정하고 있다.
[3] 한중로마자표기법에 관한 보다 자세한 논의는 엄익상(2011ab)이나 이 책의 제14장을 참고하라.

한국어나 중국어와는 달리 영어에서 유무기음은 변별적 기능이 없으나, 유무성음은 음소적 역할을 한다. 영어의 파열음은 어두에서 유기음으로 발음되지만, 자음 s 뒤에서는 무기음으로 발음된다.

(3) a. picture   b. spirit
       trick   strike
       kick   skate

(3a)는 [픽철], [트릭], [킥]로 발음되지만, (3b)는 [스뻐릿], [스뜨라익], [스께잇]으로 발음된다. 그러나 (3b)를 [스피릿], [스트라익], [스케잇]으로 발음한다고 해서 의사 전달이 안 되는 것은 아니다. 영어에서 유무기음은 의미 변별 기능을 하지 않기 때문이다. 다만 비원어민처럼 들릴 뿐이다.

순치음(labiodental) f[f]는 윗니가 아래 입술과 마찰을 하여 나는 소리이다. 한국어에서는 사용되지 않으나, 영어의 f와 동일한 음이다. 따라서 영어 f를 정확히 발음하는 화자라면 SC의 f 발음도 문제가 없다.

1.2 치음

치음(dental)이란 혀끝이 앞니에 닿아 나는 소리이다. z, c, s [ts, ts^h, s]는 대체로 아랫니에 닿는 화자가 많고, d, t, n, l [t, t^h, n, l]는 윗니에 닿는 화자가 많다. 린 앤후이(Lin 2007:44)는 [ts, ts^h, s]가 윗니에 닿아 날 수도 있다고 했는데, 아랫니와 윗니의 중간이면 몰라도, 윗니에 닿아 발음하는 화자는 소수일 것이다. 전통적인 분석은 (a) [ts, ts^h, s]의 조음점이 (b) [t, t^h, n, l]보다 앞에 있다고 본다. 전통 학자들은 (a)를 설첨전음으로 (b)를 설첨중음으로 분류하고 있다. 설첨전음과 설첨중음의 차이는 둘 다 혀끝을 이용하지만 전음이 중음보다 앞쪽에서 조음된다는 뜻이다. 전자가 치음이라면 후자는 치조음(alveolar)이 될 것이다. 이러한 시각은 사실 의문을 야기한다. 국제음성기호표에서 [s, z]와 [t, d]는 전후의 차이가 없이 치조음 선상에 있다. 따라서 [ts, ts^h, s]의 조음점이 [t, t^h, n, l]보다 정말 앞에서 조음된다면 [ts, ts^h, s]를 전향(advanced)시키는 부가기호(̣)를 하단에 추가하여 [ts̡] 나 [s̡]처럼 표기해야 더욱 정확할 것이다.

린 앤후이는 (a)와 (b)의 이런 차이를 인정하지 않고 둘 다 치음으로 간주하고 있다. 자오 위앤런(Chao 1968)과 뚜안무 싼(Duanmu 2007:25)도 소위 설첨전음과 설첨중음의 차이를 인정하지 않고 둘 다 치음으로 본다. 이 책에서도 이들의 주장에 따라 이들 모두 치음으로 간주한다. IPA 도표에서도 치음 자리에는 치간음(interdental)인 [θ, ð]만 있고, [t, d, s, z]는 모두 치조음 자리에 있다. 그러나 동일한 기호가 언어에 따라 약간 다르게 인식될 수도 있는 현실을 감안하여, 전향 부가기호를 생략한다. 다만 주의할 점은 [t, t^h, n, l]와 [ts, ts^h, s]가 영어에서는 치조음으로 발음되지만, SC에서는 이보다는 앞에서 조음되는 치음이라는 사실이다. 또 [ts, ts^h, s]는 한국어의 후치조음 [즈, 츠, 스]보다 약간 앞에서 조음되므로 의도적이라도 혀끝을 앞니에 붙여 발음해야 한다.

치음의 맨 하단에 위치한 l [l]는 설측(접근)음(lateral approximant)이라고 한다. 설측(舌側)이란 혀의 양쪽 가장자리를 의미한다. [l]을 발음할 때 혀끝이 윗잇몸에 닿아 폐에서 나오는 기류가 정면으로 빠져나오지 못하고 혀의 양 옆 공간으로 빠져나온다고 해서 붙여진 이름이다.

1.3 교설음

린 앤후이는 흔히 권설음이라고 하는 zh, ch, sh, r를 [tʂ, tʂʰ, ʂ, ɹ]로 각각 표기하고 후치조음(postalveolar)으로 분류하고 있다. 후치조음이란 치조음과 치조경구개음 사이에서 조음된다. 치조경구개음이 치조와 경구개의 경계 지점에서 조음되는 음으로 정의하면, 후치조음은 잇몸의 뒷부분에서 조음되는 음으로 보아야 한다. 영어 wash의 [ʃ]나 pleasure의 [ʒ]같은 소리가 후치조음이다. 린 앤후이(2010:78-79, Lin 2007:45)가 SC의 zh ch sh r를 후치조음으로 보는 결정적인 이유는 진정한 권설음(retroflex)은 혀끝이 목구멍 방향으로 완전히 후향하여 혀끝의 밑 부분이 입천장에 닿아서 발음되어야 함에도 불구하고 SC의 zh, ch, sh, r는 혀끝이 상향만 하지 후향하지 않기 때문이다. 그는 인쇄의 편의를 위해 전통적인 표기법인 [tʂ, tʂʰ, ʂ, ɹ]를 사용한다고 하나 이는 혼동을 야기한다. 권설음의 기호를 후치조음의 표기에 사용하기 때문이다. 더욱이 [ɹ]는 권설음도 아니고 치조접근음이다. 권설 접근음은 이와 유사하나 전혀 다른 기호인 [ɻ]로 표기해야 한다.[4] 따라서 이 책에서는 동일한 IPA의 실제 음가가 언어에 따라 약간 다를 수 있는 여지를 인정하여 SC의 zh, ch, sh, r를 권설음의 기호인 [tʂ, tʂʰ, ʂ, ɻ]로 사용한다. 다만 이들의 정확한 음가는 인도어 등에서 사용되는 진정한 권설음과는 달리 혀끝이 후향하지 않는다. SC의 권설음은 실제로는 혀끝이 뒤로 말리지 않고 위로 약간 치켜 올라갈 따름이다. 따라서 권설(卷舌)음이라는 용어보다는 혀를 치켜 올린다는 뜻의 교설(翹舌)음이라는 명칭이 더 타당하다(严翼相 2010, 2011). 권설음이라는 이름 아래 혀를 말아 발음하도록 가르치는 일은 빨리 중단되어야 한다.

---

[4] r의 정확한 음가가 교설접근음 [ɻ]이라는 주장은 朱曉農(2006ab)과 严翼相(2006ac, 2008, 2010)을 참조하라.

1.4 치조경구개음

과거 설면음(舌面音)으로 소개되어 온 j, q, x는 [tɕ, tɕʰ, ɕ]로 나타낸다. 이들 기호는 IPA 자음표에는 빠져있으나, 기타 기호(other symbols) 란에 치조경구개음(alveolo-palatal)으로 수록되어 있다. 한국어 화자에게 SC j, q, x [tɕ, tɕʰ, ɕ]는 한국어의 [지, 치, 시]와 청각상 거의 동일하므로 문제가 되지 않는다. 한국어의 [ㅈ, ㅊ, ㅅ]은 /ㅜ, ㅗ, ㅚ, ㅟ/ 앞에서 원순음화되어 후치조음 [ʧ, ʧʰ, ʃ]로 발음된다.

1.5 연구개음

연구개음(velar) g, k, h는 과거에 설근음(舌根音)으로 불리웠다. 이를 IPA로 나타내면 g [k], k [kʰ], h [x]이다. SC의 g와 k는 한국어의 ㄲ/ㄱ, ㅋ과 별로 차이가 없다. 다만 한국어의 ㅎ은 연구개음보다 뒤에서 조음되는 후음(glottal) [h]이다. 따라서 SC의 好 hao를 한국어의 [하오]처럼 발음하면 안 된다. 너무 뒤에서 조음되기 때문이다. SC의 [k] [kʰ]를 발음하면서 혀뿌리가 상향하는 느낌을 우선 감지하고, 혀뿌리의 긴장 부위와 연구개를 마찰시켜 [x]를 발음해야 한다. 한국어의 [ㅎ]은 연구개음이 아니라 후음이므로 이보다 조금 뒤에서 발음하도록 유의하여야 한다. 연구개비음 [ŋ]은 SC의 자음 가운데 유일하게 두음의 위치에는 출현하지 않고 오직 말음에만 출현하는 음이다.

1.6 활음

끝으로 표(2)의 (중앙)접근음 가운데 [w, j, ɥ]는 활음으로 사용된다. 활음은 과거 반모음이라고도 불렸는데, 모음의 성격이 반이라면 자음의 성격도 반이라고 할 수 있다. 고모음이 활음으로 변하는 이유도 바로 여기에 있다. 고모음은 중모음이나 저모음보다 공명도가 낮으므로 모음적 성격이 상대적으로 부족하다. 따라서 반모음적 성질을 지닐 수 있다. [w]는 양순음이면서 연구개음이기도 하고, [ɥ]는 양순음이면서 경구개음으로도 분류된 이유는 이들 접근음이 두 가지 성격을 공유하고 있기 때문이다. 활음은 앞 장에서 음절구조를 설명하면서 이미 자세히 소개하였으므로 여기서는 생략한다.

1.7 SC의 자음표

종합적으로 린 앤후이의 SC 자음표 (2)는 다음과 같이 수정된다. 후치조음을 교설음으로 바꾸고, 교설 접근음의 음성기호를 [ɻ]에서 [ɻ]로 바꾼 점에 유의하라.

(4) SC의 자음표

	양순음	순치음	치음		교설음		치조 경구개음		경구개음	연구개음	
파열음	p pʰ		t tʰ							k kʰ	
마찰음		f	s		ʂ		ɕ			x	
파찰음			ts tsʰ		tʂ tʂʰ		tɕ tɕʰ				
비음	m		n							ŋ	
(중앙) 접근음	w ɥ				ɻ				j ɥ	w	
설측 (접근)음			l								

2. 자음의 음소

2.1 음소의 개념과 조건

음소(phoneme 音位)란 의미 변별 기능을 지닌 소리의 최소 단위이다. 예를 들어 '공'의 말음 [ŋ]이 [m]으로 바뀌면 '곰'이 된다. 의미가 달라지므로 /ŋ/과 /m/은 각각 독립된 음소이다. 음소의 표시는 / /로 나타낸다. 그런데 '곰'을 [kom]으로 발음하든 [gom]으로 발음하든 의미가 바뀌지는 않는다. 따라서 한국어에서 [k]와 [g]는 같은 음소의 변이음(varient)에 불과하다. 한편 영어에서 'kay'와 'gay'는 전혀 다른 의미이므로 /k/와 /g/는 서로 다른 음소이다.

어떤 언어의 음소를 가려내는 일은 쉬운 듯하지만, 판단하기 애매한 소리도 있다. 따라서 언어학자들은 대개 뚜안무(Duanmu 2007:10-12)에서 인용한 다음 세 가지 기준에 의하여 그 여부를 판단한다.

(5) a. 동일한 음소는 최소대립쌍을 이루지 않는다.
    b. 상보적 분포 관계에 있는 두 소리는 동일한 음소이다.
    c. 한 음소에 속하는 음은 서로 비슷한 소리여야 한다.

최소대립쌍(minimal pair 最小対立体)이란 바로 위에 인용한 '공'과 '곰'과 같이 두 단어가 다른 모든 소리는 꼭 같고 딱 한 소리만 다른데도 전혀 다른 의미를 지니는 경우를 말한다. 한국어에서 다음 단어들은 최소대립쌍이다.

(6) a. 문 mun   눈 nun   순 sun
    b. 손 son   산 san   선 sʌn
    b. 강 kaŋ   각 kak   갑 kap

따라서 /ㅁ, ㄴ, ㅅ, ㅗ, ㅏ, ㅓ, ㅇ, ㄱ, ㅂ/은 모두 음소이다. 중국어의 최소대립쌍은 어떤 것이 있을까?

(7) a. 宝 pao   跑 pʰao   老 lao
    b. 礼 li   米 mi   你 ni
    c. 给 kei   改 kai

위에서 /p, pʰ, l, m, n, e, a/가 모두 음소이다.

상보적 분포(complementary distribution 互补分布)란 유사한 두 음이 어떤 특정한 환경에서 서로 배타적으로 출현하는 관계에 있는 경우를 말한다. 예를 들어, 蛮 man과 忙 mang의 모음 a는 서로 같다고 느끼기 쉬우나, 실제 man은 전설저모음 [a]이고, mang은 후설저모음 [ɑ]이다. 그러나 전설이든 후설이든 의미 변별 기능이 없기 때문에, 각각 음소로서의 역할을 하지 못하고 하나의 음소로 간주된다. 이처럼 서로 유사한 [a]와 [ɑ]가 인접한 음의 전후 위치에 따라 출현하는 관계에 있으므로 이들은 상보적 분포를 이룬다고 한다. SC에서 보다 분명한 상보적 분포 관계에 있는 음은 치조경구개 파찰 및 마찰음 j, q, x이다. 이 세 음은 [i]나 [y] 모음 또는 이에 대응하는 활음 앞에서만 출현하는 반면, 치, 교설, 연구개 파찰 및 마찰음은 [i], [y], [j], [ɥ]가 아닌 모음 및 활음 앞에서만 출현한다. 따라서 SC의 [tɕ, tɕʰ, ɕ]는 독립된 음소가 아닐 가능성이 있다. [tɕ, tɕʰ, ɕ]가 과연 음소인지 아닌지는 중국어 음운론 학계의 오래된 논쟁거리 중 하나이다.

이에 대한 본격적인 논의는 조금 뒤로 미루고 음소가 되기 위한 세 번째 조건부터 보자.

동일한 음소가 되기 위해서는 그 음소에 속하는 음들이 청각적으로 유사해야 한다. 예를 들어 SC의 h[x]는 항상 두음에만 출현하고 ng[ŋ]는 항상 말음에만 출현하므로, 이 둘은 상보적 분포 관계에 있다. 이 둘은 모두 연구개음이다. 그렇다고 해서 이 두 음이 같은 음소에 속한다고 볼 수는 없다. [x]는 무성 마찰음이고 [ŋ]는 유성 비음이기 때문에 청각적으로 이 두 소리는 너무나 다르게 들리기 때문이다.

2.2 치조경구개음의 음소화 여부

그렇다면 SC의 치조경구개음은 과연 독립된 음소의 지위를 가지고 있는 것일까? 이 문제는 1940년대부터 줄곧 논의의 대상이 되어왔는데, 정진취앤(2007:64-68)은 다음 네 가지 주장으로 잘 요약하고 있다.

(8) a. 치음 및 연구개음과 동일 음소로 처리
    b. 연구개음과 동일 음소로 처리
    c. 치음과 동일 음소로 처리
    d. 독립된 음소로 분류

역사적 관점에서 보면 치조경구개음은 일부는 과거 치음에서, 또 다른 일부는 과거 연구개음에서 유래되었다. 예를 들어 다음 한자들의 머리자음은 현재 모두 [tɕ, tɕʰ, ɕ]로 발음된다.

(9) a. 姜 结 丘 去 旗 晓 休
    b. 将 节 秋 趣 齐 小 修

그러나 과거에는 (9a)는 연구개음으로 읽혔고, (9b)는 치음으로 읽혔다. 전통적으로 (9a)류의 한자를 단음(团音), (9b)류를 첨음(尖音)이라고 불렀다. 첨음과 단음의 구분은 경극이나 현대 한국한자음에 그대로 남아있다. 어원학적인 측면에서 치조경구개음은 치음과 연구개음에서 유래된 것은 사실이지만, 그렇다고 이러한 역사적 사실이 SC의 음소를 결정하는 데 결정적인 요소가 될 수는 없다. SC의 음운론은 공시적 관점에서 분석을 해야지, 통시적 관점에서 접근해서는 안된다. 역사음운론이 아니기 때문이다.

(8b)의 주장은 자오 위앤런(Chao 1968)이 대표적이다. 그는 원어민의 직관으로 볼 때 연구개음과 같은 음소라고 주장하였다. 그의 직관은 다음 세 가지 현상에 근거한다.

(10) a. 중국의 일부 비밀어에서 [ki]를 [tɕi]로 자연스럽게 바꾼다.
     b. 일부 의성어에서 [ki]로 발음해야 할 법한 음을 [tɕi]로 발음한다.
     c. 일부 다음(多音) 한자는 후행 모음에 따라 [k] 또는 [tɕ] 성모로 발음된다.

비밀어(暗语 the secret language)란 어떤 집단에서 배타적으로 사용하는 발화방식을 말한다. (10a)에서 소개한 비밀어의 발화방식은 한 음절을 성모와 운모로 나눈 다음 성모는 [ei]와 운모는 [k]와 결합시키는 것이다. 그런데 이 비밀어에서는 운모가 만약 전설 고모음이면 [k, kʰ, x]는 [tɕ, tɕʰ, ɕ]로 자연스럽게 바뀐다. 예를 들어 "今天下午六点见!"이라는 말을 남들이 못 알아듣게 말하려면 다음과 같이 말할 것이다.

(11) a. 의도한 의미: tɕiɛn tʰiɛn ɕia u liou tiɛn tɕiɛn (성조 생략)
　　 b. 비밀어 조합: tɕei kin tʰei kiɛn ɕei kia ku lei kiou tei kiɛn tɕei kiɛn
　　 c. k→tɕ 변환:　 tɕei tɕin tʰei tɕiɛn ɕei tɕia ku lei tɕiou tei tɕiɛn tɕei tɕiɛn

치조경구개음이 연구개음과 서로 호환되는 예로 자오 위앤런은 다음과 같은 의성어를 들고 있다.

(12) a. 叽哩咕噜 [tɕi li ku lu]
　　 b 唏哩呼噜 [ɕi li xu lu]

위 의성어는 일정한 유형을 지니고 있다.

(13) a. 1, 2 음절 3, 4 음절: 동일 운모
　　 b. 2, 4 음절: 동일 성모

그러므로 [ki li ku lu]와 [xi li xu lu]처럼 1, 3 음절의 성모 또한 서로 동일해야 완벽한 조합을 이루게 된다. 그럼에도 불구하고, 실제로는 [tɕi li ku lu]와 [ɕi li xu lu]로 표현된다. 이를 보면, 중국인은 무의식적으로 [ki, kʰi, xi]를 [tɕi, tɕʰi, ɕi]로 구개음화하는 경향을 알 수 있다.
　자오 위앤런의 세 번째 예는 아래와 같이 [k]～[tɕ]로 발음되는 다음 한자이다.

(14) a. 卡住 [kʰatʂu] 또는 [tɕʰiatʂu]: 끼이다, 중간에 걸리다
　　 b. 颈 [kəŋ] 또는 [tɕiŋ]: 목 (앞부분)

자오 위앤런의 세 가지 근거는 매우 흥미로운 관찰이다. 그러나 정 진취앤(2007:67-68)은 (12)과 (14)는 역사적 변화의 잔재일 가능성이 있고, (11)에 예시한 비밀어의 변이 현상 또한 연구개음의 구개음화 현상을 설명할 수 있는 유일한 방법은 아니라고 본다.

사실 하트만(Hartman 1944)이나 호켓(Hockett 1947, 1950)같은 20세기 중반 미국의 언어학자들은 SC의 치조경구개음이 음성적으로 [j]와 결합하여 구개음화된 [ts tsʰ s]와 유사하다는 점에서 치음과 동일한 음소로 보았다. 그러나 정 진취앤(2007:68)은 이를 지지할 만한 결정적인 음운학적 증거가 없다는 점에서 이를 부정하고, 치조경구개음을 독립적인 음소로 볼 것을 제안하였다. 정 진취앤의 이러한 주장은 그의 1968년 박사 논문과 이를 정식으로 출판한 1973년부터 비롯된다.

그런데 2000년대에 들어와 미국의 일부 중국어 음운론 학자들은 하트만과 호켓의 주장을 다시 지지하고 있다. 뚜안무 쌘(Duanmu 2000, 2007)과 린 앤후이(Lin 2007)는 치조경구개음을 치음과 동일한 음소로 취급하고 있다. 뚜안무가 제시한 근거는 하트만의 주장과 동일하다. 이는 SC 자음 음소 수를 세 개나 줄일 수 있다는 점에서 분명 경제적이다. 그러나 치조경구개음을 치음과 동일한 음소로 취급할 수 있을지의 여부는 (5)에서 제시한 기준으로 판단을 하는 것이 더 정확하다. 즉 [ts, tsʰ, s]와 [tɕ, tɕʰ, ɕ]가 다음 세 가지 조건을 만족하느냐를 따져보자.

(15) a. 최소대립쌍을 이루지 않아야 한다.
    b. 상보적 분포 관계에 있어야 한다.
    c. 음성적으로 서로 유사해야 한다.

이 세 가지 조건 가운데 가장 쉽게 판단할 수 있는 것은 (15b)이다. [tɕ, tɕʰ, ɕ]는 모음 [i, y] 또는 이와 동등한 활음하고만 결합하고, [ts, tsʰ, s]는 이들을 제외한 나머지 모음 및 활음과 결합하기 때문에, 이들은 분명히 상보적 분포 관계에 있다. 이 두 세트의 자음은 음성적으로 유사하다고 볼 수도 있고, 발음 지도 측면에서 다르다고 할 수도 있다. 그러나 음소 여부를 판단할 때 음성적 유사도는 아주 엄밀한 관점보다는 다소 느슨한 관점에서 판단한다. 이는 음소 체계의 경제성을 고려해서이다. 그렇다면 (15c)도 인정할 수 있다. 이제 남은 문제는 이들이 최소대립쌍을 이루는지의 여부인데, 이를 판단하기가 간단하지 않다. 전통적인 관점에서 보면 이들은 동일한 모음과 결합할 수 없으므로 최소대립쌍 여부를 판단할 수 있는 예가 존재할 수 없다. 예를 들어 [tsi]와 [tɕi], [tsa]와 [tɕa]같은 음절이 있어야 이들의 음소 여부를 판단할 수 있는데, *[tsi]와 *[tɕa]같은 음절은 SC에서는 아예 존재하지 않는다. 그러나 억지로라도 발음을 해 보면 [tsi]와 [tɕi]는 최소대립쌍이 되지 않고, [tɕa]를 [tɕia]로 발음할 경우 [tsa]와 [tɕa]는 최소대립쌍이 된다. 그렇다고 하더라도 [ts, tsʰ, s]와 [tɕ, tɕʰ, ɕ]가 완벽한 최소대립쌍을 이룬다고 볼 수는 없다.

　결론적으로 세 개의 조건 중에 (15b) 한 가지는 확실히 만족시키고, (15c)도 수용 가능하고, (15a) 또한 어느 정도 만족시킨다. 발음 지도 측면에서 이들을 별개의 음소로 처리할 수도 있겠지만, 음운론적으로 볼 때 이들을 동일 음소로 처리하는 것은 문제가 없다. 이 책에서는 SC의 보다 다이나믹한 음의 변화와 음소 체계의 경제성을 고려하여 치음과 치조경구개음을 동일한 음소로 처리하려고 한다.

2.3 SC의 자음 음소

이상의 논의에 근거하여 SC의 자음 음소는 다음과 같이 정리할 수 있다. 이는 치조경구개음을 독립된 음소로 간주한 정 진취앤(Cheng 1973, 정 2007)과 달리 이를 치음의 변이음으로 본다. 이러한 견해는 뚜안무 싼(Duanmu 2007)이나 린 앤후이(Lin 2007)와 동일하다. 또 치음과 치조음을 하나로 본 것 또한 자오 위앤런(Chao 1968), 뚜안무 싼(Duanmu 2007), 린 앤후이(Lin 2007) 등과 동일하다. 다만 린 앤후이의 후치조음을 교설음으로 바꾸었고, 후치조 접근음 /ɹ/을 교설 접근음 /ɻ/로 수정하였다.

(16) SC의 자음 음소

	양순음		순치음	치음		교설음		연구개음	
파열음	p	pʰ		t	tʰ			k	kʰ
마찰음			f	s		ʂ		x	
파찰음				ts	tsʰ	tʂ	tʂʰ		
비음	m			n				ŋ	
(중앙)접근음						ɻ			
설측(접근)음				l					

3. 자음의 변화

3.1 치조경구개음화

SC 자음에서 가장 두드러진 변화로 치음의 치조경구개음화(alveolo-palatalization)를 들 수 있다. 치음 [ts tsʰ s]는 모음 [i] [y] 또는 활음 [j] [ɥ] 앞에서 치조경구개음 [tɕ, tɕʰ, ɕ]로 변한다. 이것이 치조경구개음화규칙(alveolo-palatalization rule)이다.

(17) 机器 [tɕi tɕʰi]   季节 [tɕi tɕje]
     七级 [tɕʰi tɕi]   汽车 [tɕʰi tʂʰɤ]
     细心 [ɕi ɕin]   洗脸 [ɕi ljɛn]

앞 절에서 [tɕ, tɕʰ, ɕ]는 [ts, tsʰ, s]와 동일한 음소를 이루는 것으로 보았기 때문에, (17)의 기저형은 다음과 같다.

(18) 机器 /tsi tsʰi/   季节 /tsi tsiɤ/
     七级 /tsʰi tsi/   汽车 /tsʰi tʂʰɤ/
     细心 /si sin/   洗脸 /si lian/

치 파찰음과 마찰음이 전설 고활음 앞에서 치조경구개음으로 변하는 과정은 다음과 같이 예시할 수 있다.

(19)   见   钱   线   捐   劝   选
     기저형   tsian   tsʰian   sian   tsyan   tsʰyan   syan
     구개음   tɕian   tɕʰian   ɕian   tɕyan   tɕʰyan   ɕyan
     동화   tɕian   tɕʰian   ɕian   tɕyan   tɕʰyan   ɕyan
     중모음   tɕiɛn   tɕʰiɛn   ɕiɛn   tɕyɛn   tɕʰyɛn   ɕyɛn
     활음   tɕjɛn   tɕʰjɛn   ɕjɛn   tɕɥɛn   tɕʰɥɛn   ɕɥɛn
     표면형   tɕjɛn   tɕʰjɛn   ɕjɛn   tɕɥɛn   tɕʰɥɛn   ɕɥɛn

기저형에서 표면형이 도출되기까지 기저형은 치조경구개음화 말고도 세 가지 음운 변화를 거치는데, 이러한 변화에 대해서는 다음 장에서 자세히 논의할 것이다.

(20) a. 동화: 저모음은 후행하는 비음 말음의 전후 위치에 따라 동화한다.
 b. 중모음화: [i]와 [n] 사이에 있는 저모음 [a]는 중모음 [ɛ]로 상향한다.
 c. 활음화: 핵전 고모음은 활음 또는 두음으로 변한다.

음운 규칙을 나타내는 방법은 음운 이론의 변화에 따라 여러 가지가 제시되었다. 린 앤후이(2010:232)는 경구개음화 규칙을 비교적 간단한 자질을 이용하여 기술하고 있다.

(21) 치 파찰음/마찰음 → [-후설성, +고설성] / ___ [-후설성, +고설성]모음류

자질을 이용하면 집합적이고 포괄적인 기술이 가능하나, 비전문가들의 경우 한 번 더 생각을 해 봐야 어떤 종류의 음을 이야기하는지 이해할 수 있다. 따라서 이 책에서는 가장 간단하고 시각적으로 쉽게 전달되는 생성음운론의 초기 방법을 사용하려고 한다.

(22) 치조경구개음화규칙
 {ts, tsʰ, s} → {tɕ, tɕʰ, ɕ} / ____ {i, y}

3.2 경음절의 이완

성조가 있는 음절은 강세가 있으므로 중음절(heavy syllable)이 되고,

성조가 없는 경성 음절은 경음절(light syllable)이 된다. 음절 구조상 중음절은 말음이 있는 온음절(full syllable)이고, 경음절은 말음이 없는 약음절(weak syllable)이다. SC에서 경음절은 첫음절이 아닌 위치에 온다. 다음 절어에서 첫 음절이 경성인 경우는 없기 때문이다. 경음절에서 모든 분절음은 이완되는 경향이 있다. 경성 음절의 무성 자음은 모음 사이나 비음 말음과 모음 사이에 위치할 경우 유성 자음으로 바뀔 수 있다. 또 모음은 그 종류와 상관없이 [ə]로 약화되기도 한다. 다음은 경성 음절에서 분절음의 이완 현상을 정 진취앤(2007:135-136)에서 일부 인용한 것이다.

(23)　　　　　篱笆　　　弟弟　　　哥哥　　　孩子
　　기저형　　li pɑ　　ti ti　　　kɤ kɤ　　xai tsɿ[5]
　　유성음　　li bɑ　　ti di　　　kɤ gɤ　　xai dzɿ
　　약화　　　li bə　　-　　　　 kɤ gə　　-
　　표면형　　li bə　　ti di　　　kɤ gə　　xai dzɿ

위와 같은 변화는 원어민 화자들의 비형식적 상황에서 매우 자유로운 발화에서 자연스럽게 출현할 수 있으므로, 외국어로서 중국어를 배우는 사람들이 일부러 모방할 필요까지는 없다.

---

[5] 정 진취앤의 i를 이 책의 용례와 일치시키기 위해서 ɿ로 바꾸었다.

제5장 모음의 체계와 변화

1. 모음의 체계

자음과 모음을 한자로 쓰면 子音보다 母音이 소리의 바탕임을 알 수 있다. 중국어로 자음을 輔音, 모음을 元音이라고 하는데, 전자는 보좌(輔佐) 또는 보조(輔助) 소리, 후자는 으뜸 소리라는 의미이다. 모음이 소리의 근본으로 인식되는 이유는 다른 발성 기관의 저지 행위 없이 성대의 울림과 혀의 위치 변화만으로 소리를 내기 때문이다. 모음의 분류 방법은 혀의 전후 위치와 높이로 나타낸다. 세계 여러 언어에서 가장 많이 사용되는 모음은 [a, e, i, o, u]이다. 이들의 조음 위치가 어디인지 판별하는 일은 자음의 위치를 판별하는 것보다 훨씬 쉽다. 우선 혀의 높이는 입이 벌어지는 정도로 알 수 있다. 입을 크게 벌리면 아래 턱이 많이 내려가서 공명 공간이 커진다. 즉 개구도는 공명도와 비례한다. 입이 크게 벌어질수록 저모음이다. 우선 [i]와 [e]를 발음해 보라. [e]를 발음할 때 입이 더 크게 벌어짐을 알 수 있다. [e]와 [a]를 발음하면 [a]를 발음할 때 더 벌어진다. 따라서 [i]보다 [e]가, [e]보다 [a]가 상대적으로 저모음임을 알 수 있다.

[u], [o], [a]도 마찬 가지이다. [u], [o], [a]를 차례대로 발음해 보면, 입이 점점 더 크게 벌어진다. 따라서 [u]는 고모음, [o]는 중모음, [a]는 저모음임을 쉽게 알 수 있다. 혀의 전후 위치는 높낮이만큼 쉽게 느껴지지 않을 수 있지만, [i]와 [u]를 번갈아 발음해 보면 혀의 긴장 부위가 미세하게 다름을 알 수 있다. [i]가 전설이고 [u]가 후설이다. 물론 입술 모양도 달라진다. [i]를 발음할 때는 입술이 양옆으로 벌어지는 반면에, [u]를 발음할 때는 동그랗게 오무려 진다. 입술을 벌려 발음하는 모음을 비원순음이라고 하고, 입술을 오무려 발음하는 모음을 원순음이라고 한다. 중국어로는 展脣音과 圓脣音으로 구분한다. 똑같은 [아] 모음도 자세히 들으면, 전후 위치의 차이가 느껴진다. [바바]와 [하하]에 수반되는 저모음의 실제 소리는 서로 다른데, 전자는 전설음 [a]이고, 후자는 후설음 [ɑ]이다.

모음에 관하여 중국에서 사용해 오고 있는 용어는 다음과 같다. 같은 위치에 있는 두 개의 기호 중 앞이 비원순음이고 뒤가 원순음이다.

(1) 　　　　　前元音　　央元音　　后元音
　　　高元音　　i y　　　ɨ　　　　ɯ u
　　　中元音　　e　　　　ə　　　　ɤ o
　　　低元音　　a　　　　ɐ　　　　ɑ

표준중국어(SC)에서 사용되는 모음의 예는 다음과 같다.[1]

(2)　　一 i　　　鱼 y　　　五 u　　　姑 ku
　　　杯 pei　　 门 mən　　饿 ɤ　　　我 wo
　　　满 man　　汉 xan　　忙 mɑŋ　　康 kʰɑŋ
　　　严 jɛn　　 棉 mjɛn　 原 ɥɛn　　泉 tɕʰɥɛn

---

[1] 이 장의 3.1절에서 설명할 설첨고모음 [ɿ]와 [ʅ]를 일단 제외한다.

SC에서는 사용되는 위 모음을 우리말 용어로 다시 분류하면 다음과 같다. 이는 린 앤후이(2010:105)의 SC 모음표가 [æ]까지 포함하는 점에서 차이가 있다.

(3) SC의 모음표

	전설모음		중설모음	후설모음	
	비원순	원순	비원순	비원순	원순
고모음	i	y			u
중모음	e		ə	ɤ	o
중모음	ɛ				
저모음	a			ɑ	

위 모음을 구강의 좌측 단면을 형상화한 모음 사각도에 위 모음의 위치를 표시하면 다음과 같다.

(4)

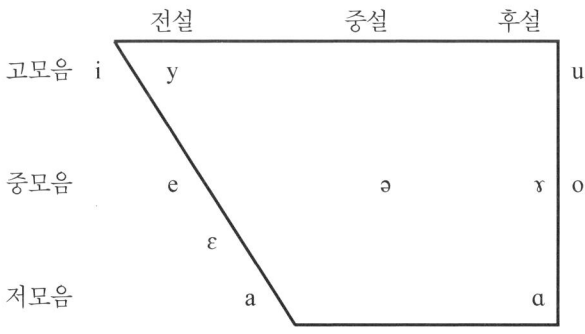

모음 사각도에서 각 기준 점을 중심으로 좌측이 비원순음, 우측이 원순음이다. 일반적으로 전설 모음은 비원순음이 후설 모음은 원순음이 많이

사용된다. 만약 모음이 세 개인 언어가 있다면 [i, u, a]일 가능성이 많고, 다섯 개인 언어는 [i, u, e, o, a]일 가능성이 많다. 중앙에 있는 중설 중모음을 슈와(schwa)라고 하는데, 한국어로는 애매모음으로 번역한다. 고모음도 아닌 것이 저모음도 아니고 전설도 아닌 것이 후설도 아닌 애매한 모음이라는 뜻이다. 여러 모음이 슈와에 근접할수록 그 변별력은 떨어진다. 반면에 슈와에서 외곽으로 멀리 떨어질수록 변별력이 높아진다. 이것이 바로 [a, e, i, o, u]가 선호되는 이유이다.

2. 발음 연습

SC 모음의 발음을 연습하는 일은 자음보다 수월하다. 한국어 모음과 대응하는 것이 많기 때문이다. 이호영(1996:106-115)을 참고하여 한국어 단모음의 대략적인 위치를 표시하면 다음과 같다.

(5)
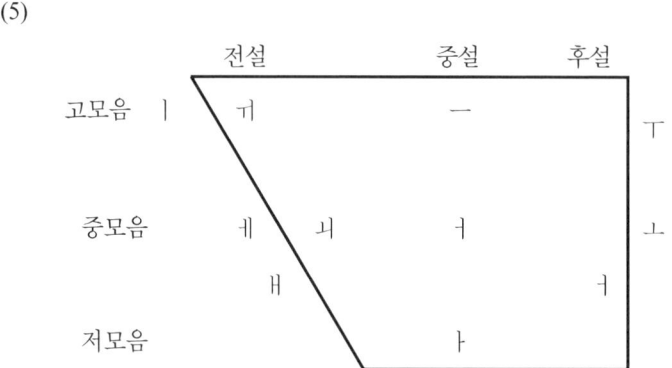

/ㅓ/가 두 군데 표기되어 있는 이유는 장단음의 차이 때문이다. 이호영(1996:113)은 /ㅓ/가 장음인 경우 슈와 [ə]로 보고, 단음인 경우 후설 중모음 [ʌ]로 본다. 벌:(蜂), 설:(新年)이 장음이고, 벌(罰), 설(雪, 서다)이 단음이다. 그러나 이러한 구분은 노년층을 제외하고 서울말에서 이미 사라졌다. 경상도에서는 장단음의 구분은 가능하나, /ㅡ/와 /ㅓ/를 구분하지 않고 둘 다 슈와처럼 발음한다.

한국어 화자들이 잘 구분하지 못하는 것이 또 있다. '에'와 '애'를 현재 서울 사람조차도 거의 구분을 못 하는 실정이다. 50대 이하 대부분의 화자들은 중저모음 '애'[ɛ]를 중고모음 '에'[e]로 발음한다. 따라서 다음과 같은 단어의 구분은 철자로만 가능할 뿐 발음상 이미 불가능하다.

(6) a. 게 베 네 메 세 제 에 모레
    b. 개 배 내 매 새 재 애 모래

흥미로운 사실은 유행가 가사에 2인칭 대명사 '네'가 많이 사용되고 있는데, 가수들이 노래를 부를 때는 하나같이 [니]로 발음하고 있다. '내'가 실제 이보다 약간 높은 [네]로 발음되니, 원래 [네]로 발음해야할 것을 이보다 고모음인 [니]로 발음하는 셈이다. 유사한 예로 '예뻐'가 [이뻐]로, '베개'가 [비게]로 발음되기도 한다. 경상방언에서는 '게장'을 [기장]으로 발음한다. 언어학적으로 말하면 한국어에서 전설 모음의 상향화가 이미 확산되고 있다.

(7) i   ㄴㅣ
    ↑   ↑
    e   ㄴㅔ
    ↑   ↑
    ɛ   ㄴㅐ

음성학을 전혀 모르는 일반 사람들이 언어학적 원리에 따라 체계적인 음의 변화를 시도하는 것처럼 보이는 이 현상은 매우 흥미롭다. 우연의 일치일 수도 있지만, 한국어의 2인칭 대명사의 발음이 SC의 2인칭 대명사 你 [ni]의 발음과 완전히 같아져서 더욱 그러하다.[2]

반면에 영어 화자들은 [e]와 [ɛ]를 정확히 구분한다.[3] 따라서 영어 발음을 배울 때 특별히 유의해야 한다.

(8)   [e]   [ɛ]
    a. bed   bad
    b. dead   Dad
    c. said   sad
    d. med.   mad

2.1 고모음

이제 SC의 모음을 한국어 모음과 비교해 가며 연습해 보자. 전설 고모음은 비원순음 [i]와 원순음 [y]가 사용된다. [i]는 한국어의 [이]와 같다.

---

[2] 엄익상(2008a)은 한국어 인칭 대명사 '너'와 '나'가 고전 중국어 인칭 대명사 尔과 吾 등의 상고음에서 유래하였다고 주장한다.
[3] 이 두 음의 차이를 전설 중저모음 [ɛ]와 전설 저고모음 [æ]로 인식하는 학자도 있다.

(9) a. 衣　yī　　옷　　　　　이　[i]
　　b. 姨　yí　　이모　　　　이　[i]
　　c. 椅　yǐ　　의자　　　　이　[i]
　　d. 易　yì　　쉽다, 바꾸다　이　[i]

한국어의 '이'는 사실 [i] [ɪ] 두 가지로 발음된다. 다음 단어의 모음 [이]가 동일한지 유의해서 발음해 보라.

(10) a. 이 것
　　 b. 이번 (二番, #2)
　　 c. 일번
　　 d. 이청용

서울말 화자들은 (10c) '일'의 [이] 모음이 나머지와 약간 다르게 들린다고 느낄 것이다. 경상도말 화자들은 (10ac)의 [이]와 (10bd)의 [이]가 서로 다르다고 느낄 것이다. 그들에게 (10ac)는 긴장음(tense) [i]이고 (10bd)는 이완음(lax) [ɪ]이다. 긴장음과 이완음의 차이가 잘 구분이 안 되면 다음 문장을 천천히 읽어 보라.

(11) 이ₐ이ᵦ가 바로 이꼬청용이ᵈ에요.

(11a)의 '이'는 긴장음 [i]이고, (11bcd)의 '이'는 이완음 [ɪ]이다. 경상도에서는 (11d)도 긴장음으로 읽는 경우가 있고, 서울에서는 (11a)도 이완음으로 발음하기도 한다.[4]

---

[4] 2012년 7월에 방영된 KBS 개그콘서트의 네 가지 코너에서 경남 김해 출신 양상

SC의 경우 경성자는 이완음이 될 수 있지만, 성조가 있는 경우는 모두 긴장음이다. 따라서 (9bc)가 (9ad)보다 약간 이완되는 느낌이 들 수도 있지만 모두 긴장음으로 읽어야 한다.

원순 전설 고모음 [y]는 한국어의 [위]와 같다. [이]를 지속적으로 발음하다가 입술만 동그랗게 모으면 [위]로 변한다. 국제음성기호는 [y]이다. SC [y]를 연습하기 좋은 단어는 语言学院 yǔyán xuéyuàn이다.

후설 고모음 [u]는 한국어의 [우]와 동일하다.

(12) 屋子　　wūzi　　　방
　　　吴语　　Wúyǔ　　우방언
　　　武术　　wǔshù　　무술
　　　误解　　wùjiě　　오해

고모음은 다양한 자음 두음 및 말음과 비교적 자유롭게 결합한다.

고모음에는 이밖에도 특수한 모음이 두 가지 더 있는데, 이는 SC의 다른 모음과 달리 혀끝에서 조음되는 까닭에 설첨 모음이라고 불린다. 치음 (z, c, s)에 동반되는 설첨 전모음 [ɿ]와 교설음(zh, ch, shi, ri)에 동반되는 설첨 후모음 [ʅ]가 있다. 이 두 모음에 대한 자세한 설명은 이 장의 3.1절과 제6장으로 미룬다.

2.2 중모음

SC의 중모음은 모두 네 가지인데, 전설 중모음 [e], 중설 중모음 [ə],

국은 경상도말로 2^2, 2^e, e^2, e^e을 정확히 구분하여 발음하였다. 경상도말에서 2는 이완음이고, e는 긴장음이다.

그리고 후설 중모음 [ɤ]와 [o]가 그것이다. 다음 예를 보고 이들 중모음의 출현 환경을 생각해 보자.

(13) a. 妹妹   meimei   [mei mei]   여동생
     b. 姐姐   jiejie   [tɕje tɕje] 언니
     c. 音乐   yinyue   [in ɥe]   음악
     d. 门   men   [mən]   문
     e. 梦   meng   [mɤŋ]   꿈
     f. 了   le   [lə]   완료 상표지
     g. 可乐   kele   [kʰɤ lɤ]   콜라
     h. 多少   duoshao   [two ʂao]   다소
     i. 欧洲   Ouzhou   [ou tʂou]   유럽

한어병음에서 중모음은 e와 o가 사용된다. 우선 o를 보면 모두 [o]로 발음됨을 알 수 있다. 그러나 e는 경우에 따라 [e, ə, ɤ]로 발음된다. 그 변화 환경을 요약하면 다음과 같다.

(14) [e]: 전설 고모음 [i] 앞이나, 활음 [j]나 [ɥ] 뒤
     [ə]: 말음 [n] 앞 또는 경(경성)음절
     [ɤ]: 말음 [ŋ] 앞 또는 CV 중음절

2.3 저모음

SC의 저모음은 [아] 한 가지만 사용되는 것으로 인식하기 쉽다. 그러나 다음 단어를 자세히 들어 보면 모음의 위치가 서로 다르다는 것을 인지할

수 있다.

(15) a. 来　　lái　　[lai]　　오다
　　 b. 老　　lǎo　　[lɑo]　　늙다
　　 c. 家　　jiā　　[tɕja]　　집
　　 d. 瓜　　guā　　[kwɑ]　　오이
　　 e. 慢　　màn　　[man]　　느리다
　　 f. 忙　　máng　　[mɑŋ]　　바쁘다

전설 저모음 [a]와 후설 저모음 [ɑ]의 차이를 조금만 주의를 기울이면 인지할 수 있다. 그러면 언제 전설 저모음으로 발음되고, 언제 후설 저모음으로 발음되나 알아보자.

(16) a. [a]: 전설음 [i], [n] 앞 또는 전설 활음 [j] 뒤
　　 b. [ɑ]: 후설음 [o], [ŋ] 앞 또는 후설 활음 [w] 뒤

이제 남은 모음은 전설 중저모음 [ɛ]이다. 이는 ian 또는 üan 음절에서 저모음 [a]가 선행하는 활음 [j]와 [ɥ]의 영향으로 상향하여 나는 소리이다.

(17) a 严　　yán　　[jɛn]　　엄격한
　　 b 棉　　mián　　[mjɛn]　　면화
　　 c 原　　yuán　　[ɥɛn]　　원래
　　 d 泉　　quán　　[tɕʰɥɛn]　　샘

만약 위 음절을 중저모음 [ɛ]가 아니라 저모음 [a]로 발음하면 이상하게 들린다. 다만 üan의 경우 일부 노년층에서 저모음으로 발음하는 경우도

있지만, 대부분 중저모음으로 발음한다. 중국화폐는 '위안'화가 아니라 '위앤'화라고 해야 맞다.

(18) a. 严 yán   [jɛn]   [앤]   *[얀]
     b. 棉 mián [mjɛn]   [미앤] *[미안]
     c. 原 yuán [ɥɛn]   [위앤] *[위안]
     d. 泉 quán [tɕʰɥɛn]   [취앤] *[취안]

3. 모음의 음소체계

학자마다 약간의 차이가 있을 수 있지만, SC의 모음 음소는 대개 고모음 세 개, 중모음과 저모음 각각 한 개씩을 합쳐 모두 다섯 가지로 보는 것이 일반적이다. 동일한 음소 여부를 판정하는 기준으로 앞 장에서 제시한 세 가지 기준은 계속 유효하다.

(19) a. - 최소대립쌍
     b. + 상보적 분포
     c. + 음의 유사도

이 가운데 보다 결정적인 기준은 앞 두 가지이고, 음의 유사 정도는 주관성을 배제할 수 없기 때문에 아주 엄격하게 적용되지는 않는다.

3.1 고모음

SC의 고모음은 [i], [y], [u] 세 가지이다. 학계는 대개 이들 세 가지 고모음을 독립된 음소로 보아 왔다. [i]라고 발음해야 할 음을 [y]나 [u]로 발음하면 의미가 바뀌거나 의사 전달이 되지 않는다. 이들 세 음이 최소대립쌍을 이루는 단어는 다음과 같다.

(20) a. [i]:　你 nǐ [ni] 너　　　力 lì [li] 힘
　　 b. [y]:　女 nǚ [ny] 여자　　绿 lǜ [ly] 초록
　　 c. [u]:　努 nǔ [nu] 노력하다　路 lù [lu] 길

따라서 이 세 가지 고모음을 각각 독립된 음소 /i/, /y/, /u/로 본다.

이들 고모음 음소는 다음에서 보는 바와 같이 음절 핵음 앞에서 접근음 [j], [ɥ], [w]로 바뀐다. 이들은 [i], [y], [u]와 청각적으로 유사하게 들리지만, 모음이 아니라 자음으로 국제음성기호에 중앙 접근음(central approximant)으로 분류된 음이다. 모음과 자음의 성격을 반반 지니고 있다하여 과거에는 반모음이라고도 불렀다. 이들 핵전 고모음을 자음 접근음으로 표기하는 이유는 고모음의 공명도가 중모음이나 저모음보다 낮기도 하거니와 음절 머리 자음과 결합하기 때문이다. 공명도가 높을수록 모음성이 강한데, 모음 가운데 고모음은 상대적으로 개구도가 작기 때문에 공명도가 가장 낮을 수밖에 없다.

(21) a. i　→ j / ___ N (N=nucleus 핵음)
　　 b. y　→ ɥ / ___ N
　　 c. u　→ w / ___ N

고모음이 활음화되는 과정의 예를 들면 다음과 같다.

(22) 见 捐 船
　　한어병음　　jiàn　　juān　　chuán
　　기저형　　　tsian　　tsyan　　tʂʰuɑn
　　구개음화　　tɕian　　tɕyan　　-
　　동화　　　　tɕian　　tɕyan　　tʂʰuan
　　중모음화　　tɕiɛn　　tɕyɛn　　-
　　활음화　　　tɕjɛn　　tɕɥɛn　　tʂʰwan
　　표면형　　　tɕjɛn　　tɕɥɛn　　tʂʰwan

이밖에도 설첨 고모음 [ɿ]와 [ʅ]의 음소를 결정해야 한다. zi, ci, si를 발음할 때 수반되는 모음이 [ɿ]이고, zhi, chi, shi, ri를 발음할 때 나오는 모음이 [ʅ]이다. 재미있는 현상은 [ɿ]와 [ʅ]의 출현 환경이 [i]와 상보적 분포를 이루고 있는 점이다.

(23) a. 鸡 jī　　[tɕi]　　닭
　　　b. 资 zī　　[tsɿ]　　자본
　　　c. 只 zhī　[tʂʅ]　　다만

위 세 모음이 서로 아주 유사하다고 할 수는 없다. 그러나 자음과 모음의 실제 발음이 다 다르므로 엄격히 말하면 최소대립쌍으로 볼 수도 없다. 그러나 하나의 모음음소가 결합하는 두음에 따라 실제 음이 결정되는 것으로 볼 수도 있다. 따라서 이 세 가지 모음을 하나의 음소로 우선 설정해 보자. 이 경우 규칙은 다음과 같다.

(24) $i \to \begin{cases} ɿ \;/\; \{ts, ts^h, s\} \_\_\_ \# \;(\# = \text{음절 경계}) \\ ʅ \;/\; \{tʂ, tʂ^h, ʂ, ɻ\} \_\_\_ \# \\ i \;/\; \text{나머지 경우} \end{cases}$

위 규칙은 설첨 모음을 별도의 음소로 설정하지 않는다는 점에서 매우 경제적이다. 그러나 다음에 제시하는 음운 유도 과정을 살펴보면 설첨 모음을 [i]와 동일 음소로 설정할 수 없음을 알 수 있다.

(25) 　　　　　　　　　鸡　　资　　只
　　 a. 한어병음　　　　ji　　zi　　zhi
　　 b. 기저형　　　　　tsi　　tsi　　tʂi
　　 c. 설첨전모음화　　?tsɿ　tsɿ　　-
　　 d. 설첨후모음화　　-　　-　　　tʂʅ
　　 e. 치조경구개음화　-　　-　　　-
　　 f. 표면형　　　　　*tsɿ　tsɿ　　tʂʅ

제4장에서 치조경구개음 [tɕ, tɕʰ, ɕ]의 음소를 치음 /ts, tsʰ, s/로 설정하였기 때문에 (25c) 단계에서 鸡와 资의 음을 달리 도출해낼 방법이 없다. 만약 (25c)와 (25e)의 순서를 바꾸면 资자의 바른 표면형을 도출할 수 없게 된다. 그러므로 설첨 모음은 따로 음소를 설정할 수밖에 없다.

정 진춰앤(2007:24)은 /i/와는 별도로 [ɿ]와 [ʅ]를 같은 음소 /i̙/로 처리하였다. /i̙/는 결합하는 자음에 따라 설첨 전모음 [ɿ]나 설첨 후모음 [ʅ]로 변하는 것으로 본다. 다음의 예에서 그 변화 과정을 살펴보자.

(26)   資   知
한어병음   zi   zhi
기저형   tsɨ   tʂɨ
설첨전모음화 tsɿ   -
설첨후모음화 -   tʂʅ
표면형   tsɿ   tʂʅ

그러나 SC에서 사용되지 않는 중설 고모음 /ɨ/를 굳이 음소로 삼기보다, 설첨 전모음을 음소로 삼고 이것이 교설자음과 결합하면 설첨 후모음으로 변한다고 분석하면 사용 기호 수에서 보다 경제적이다. 설첨 모음 음소 /ɿ/의 변화 규칙과 적용 과정은 다음과 같다.

(27) ɿ → { ʅ / {tʂ, tʂʰ, ʂ, ɻ} ___ # (# = 음절 경계)
           ɿ / 나머지 경우

            資   知
한어병음   zi   zhi
기저형   tsɿ   tʂɿ
설첨후모음화 -   tʂʅ
표면형   tsɿ   tʂʅ

물론 두 개의 설첨 모음을 [i] 모음과 통합하여 /i/ 음소 하나로 통합할 수도 있지만, 그 경우 자음의 음소 /tɕ, tɕʰ, ɕ/ 세 개가 늘어나야 하는 폐단이 있다.

중모음처럼 보이지만 사실 고모음 음소로 설정해야할 음절이 몇 가지 더 있다. 첫째, 澳 ao나 要 yao 같은 음절의 o이다. 쑨 차오펀(Sun 2006:38)은 이를 [o]로 보고, [o]가 [i], [u], [n], [ŋ]과 함께 음절 말음을 구성한다고 주장한다. 이들의 음소를 한어병음에 따라 중모음 /ɤ/로 볼 경우, ao(/aɤ/)와 yao(/iaɤ/)같은 음절이 왜 원순 모음 [ao]와 [jao]로 발음되는지 설명하기가 곤란하다. 비원순 중모음 /ɤ/가 비원순 저모음 뒤에서 원순 중모음 [o]로 굳이 바뀌어야할 이유가 없기 때문이다. [au]와 [jau]로 발음된다고 보기는 더더욱 곤란하다. /ɤ/가 원순 고모음 [u]로 실현될 이유가 없기 때문이다. 그러나 음소를 /u/로 설정할 경우 선행하는 저모음 때문에 고모음 /u/가 중모음 [o]로 실현되는 것으로 이해할 수 있다. 이는 이 장의 4.3절에서 다시 설명할 중모음 수렴 현상으로도 설명 가능하다.

(28) u → o / (j)a ____

또 다른 예는 中東 Zhongdong 같이 C+ong으로 구성된 음절이다. 이 또한 한어병음은 [o]이나 음소는 /u/로 보아야 한다. 음절 zhong을 제외하고 dong, tong, nong, long, rong, zong, cong, song 등은 대개 중모음 [o]로 들린다.[5] 그러나 린 타오와 왕 리지아(林·王 1992:114), 차오 원(曹 2000:79)같은 대부분의 중국 학자들은 대개 [u]로 인식하고 있다. 이는 역사적이고 관념적인 인식이지 실제 발음은 사실 그렇지 않은 경우가 많다. 일부 음성학자들은 이 음의 정확한 음가를 [u]와 [o]의 중간 음인 [ʊ]로 본다. 우 쫑지(吳 1992:123), 조우 똥춘(周 2003:168), 뻬이징대학(北京大學 2003b:69), 쏭 신챠오(宋 2004:162) 등이 그러하다. 문제는 이들

---

[5] 孟柱亿(2008)는 한국인 중국어 학습자의 91.7%가 ong의 모음을 [o]로 인식한다는 음성 실험 결과를 보고하고 있다. 권영실(2012)은 77%의 한국어 화자와 62%의 중국어 화자가 ong 음절의 모음을 청각적으로 [o]로 인식하고, 88%의 한국어 화자 및 75%의 중국어 화자가 이를 [o]로 전사한다는 실험 결과를 보고하고 있다.

이 제시하는 [u]와 [o]의 중간음인 [ʊ]는 [u]의 이완음이기는 하나, IPA 모음 사각도를 자세히 보면 [u]와 [o] 사이가 아니라 중설 모음 쪽으로 약간 치우쳐 있다. [u]와 [o] 사이에 정확히 존재하는 원순음의 국제음성기호는 아직 없다. 따라서 보다 정확히는 ʊ 하단에 후향을 나타내는 부가 기호 ̞를 첨가하여 [ʊ̞]처럼 나타내든지, 아예 [o]로 표기해야 한다.

그러면 C+ong의 핵음 기저형을 [u]로 보아야 하나 아니면 현실음을 따라 [o]로 보아야 하나? 한어병음 제정에 참여했던 언어학자들은 C+ong에서 o의 음가는 [o]가 아니라 [u]라는 사실을 알고 있었다. 그러나 그들은 u가 n과 혼동을 야기한다는 이유로 C+ung 대신 C+ong으로 규정하였다. 그로부터 반세기가 넘는 세월이 흐르는 동안, SC의 발음에도 점차 영향을 미친 것으로 생각된다. 한자는 정확한 발음을 전달하지 못하는 문자이다. 그러다 보니 당연히 같은 음으로 읽어야 할 한자들이 여러 가지 변이음으로 읽히게 되는데, C+ong음절이 점차 [oŋ]으로 발음되고 있는 현실임에도 불구하고 zhong만큼은 아직 [uŋ]으로 발음되는 경우가 있는 이유가 바로 여기에 있다.

그렇다면 C+ong에서의 o의 기저형을 중모음 /ɤ/로 보아야할지 아니면 고모음 /u/로 보아야할지가 문제이다. 중모음 /o/를 기저형으로 설정하면 일관성도 확보하고 설명도 편리할 수 있을 것이다. 그러나 이 경우 C+eng 음절과의 차이를 설명할 방법이 없다. C+eng 음절 모음의 기저형은 중모음 /ɤ/로 설정할 수밖에 없기 때문이다.

(29)　　-en　　-eng　　-ong
　　　　ben　　beng　　-
　　　　pen　　peng　　-

fen	feng	-
-	deng	dong
-	teng	tong
nen	neng	nong
men	meng	-
-	leng	long
hen	heng	hong
zen	zeng	zong
cen	ceng	cong
sen	seng	song
zhen	zheng	zhong
chen	cheng	chong
shen	sheng	-

위 표를 보면 C+en과 C+eng은 동화작용으로 설명 가능하다. 전자는 운모가 [ən]으로, 후자는 [ɤŋ]으로 발음된다. 그러나 C+eng과 C+ong의 기저형을 둘 다 /ɤŋ/으로 보면 문제가 발생한다. 이 두 운은 적지 않은 음절에서 동일한 두음을 공유할 수 있는데, 이 경우 C+eng과 C+ong의 표면형의 차이를 논리적으로 설명할 방법이 없다. 따라서 C+eng의 기저형은 /ɤŋ/으로 보고, C+ong의 기저형은 /uŋ/으로 설정해야 한다. 이를 규칙으로 나타내면 (30)과 같은데, /uŋ/이 [oŋ]으로 변하는 원인은 이 장의 4.3절에서 소개할 중모음 수렴 현상 때문으로 볼 수 있다.

(30) u → o / C ___ ŋ

결론적으로 SC의 고모음 음소는 /i/, /y/, /u/, /ɤ/ 네 가지이다.

3.2 중모음

SC의 중모음은 [e], [ə], [ɤ], [o] 네 가지가 사용된다. 청각적으로 [e]와 [o]는 확실히 구분된다. 전자는 비원순 전설 모음이고, 후자는 원순 후설 모음이다. 그러나 [ə]와 [ɤ]는 비전문가들에게 그 차이가 덜 분명할 수 있지만, 전자는 중설 이완음이고 후자는 후설 긴장음이다.[6] 중모음의 이러한 차이에도 불구하고, 재미있는 사실은 하나의 음소로 이들 변이음들의 출현을 모두 설명할 수 있다는 것이다. 정 진취앤은 /ɤ/를 음소로 설정하고 있고, 린 앤후이는 /ə/를 음소로 잡고 있다. 물론 김종찬과 허 홍평(金·河 2008:79) 같은 학자는 중모음의 분포와 음소를 더 세분화하여 /e/([ə] [ʌ] [ɤ]), /ě/([e] [ɛ]), /o/([o]) 세 가지를 제안하기도 한다.[7] 음성적으로 [어] 계통의 모음과 [에]나 [오] 계통의 모음은 상당히 달리 들린다. 妹妹 [메이메이]라고 발음해야할 것을 [머이머이] 또는 [모이모이]라고 발음하면 의사 전달에 어려움이 있을 수 있다. 그러나 SC에서 [e] [ə] [o] 세 모음은 적어도 최소대립쌍을 이루지는 않는다. [메이]를 [머이] 또는 [모이]라고 한다고 해서 의미가 달라지지는 않는다는 뜻이다. 따라서 이 정도의 발음 차이는 유사한 것으로 인정하여, 하나의 중모음 음소를 설정하는 것이 훨씬 더 경제적이다. 더욱 간결한 음소 체계를 제시할 수 있기 때문이다. 따라서 이 책에서는 잠정적으로 비원순 후설 중모음 /ɤ/ 하나만을 SC 중모음 음소로 설정하려고 한다. SC 중모음의 음소가 과연 몇 개인지 또

---

[6] 후설 중모음에는 긴장음 [ɤ]/[o]와 이보다 약간 낮은 이완음[ʌ]/[ɔ]의 대립도 있다. 슈와 [ə]와 비원순 후설 중저[이완]모음 [ʌ]는 둘 다 한국어 모음 [어]에 해당하는데, 이호영(1996:112-113)은 장음의 경우 슈와로 보고 단음은 [ʌ]로 본다. 요즘 장단음의 구분이 파괴되고 있으므로 이 설명 또한 크게 도움이 되지 않는다.
[7] 이들의 판단 원칙은 상보적 분포, 음 유사도, 체계의 균형, 경제성 등 네 가지인데, 가장 중요한 최소대립쌍이 빠져 있다.

어떤 음이 음소의 역할을 하는지에 대한 정답은 없다. 음소란 어차피 추상적인 개념이어서, 가장 합리적인 분석이라고 여러 전문가들이 인정해 주는 학설이 정설이 된다.

SC 중모음 음소를 설정하기 위하여 앞서 사용한 (13)을 다시 인용한다.

(31) a. 妹妹　　meimei　　/mɤi mɤi/　　[mei mei]　　여동생
　　 b. 姐姐　　jiejie　　/tsiɤ tsiɤ/　　[tɕje tɕje]　　언니
　　 c. 音乐　　yinyue　　/in yɤ/　　[in ɥe]　　음악
　　 d. 门　　　men　　　/mɤn/　　　[mən]　　　문
　　 e. 梦　　　meng　　/mɤŋ/　　　[mɤŋ]　　　꿈
　　 f. 了　　　le　　　　/lɤ/　　　　[lə]　　　　완료 상표지
　　 g. 可乐　　kele　　　/kʰɤ lɤ/　　[kʰɤ lɤ]　　콜라
　　 h. 多少　　duoshao　/tuɤ ʂau/　　[two ʂɑo]　　다소
　　 i. 欧洲　　Ouzhou　　/ɤu tʂɤu/　　[ou tʂou]　　유럽
　　 k. 游客　　youke　　/iɤu kʰɤ/　　[jou kʰɤ]　　관광객

(31)은 중모음을 포함한 단어의 일부에 지나지 않지만, 다음과 같이 의미 있는 규칙을 만들어 내기에 충분하다.

(32)

a. ɤ → e / $\left\{ \begin{array}{c} \underline{} \text{ i} \\ \{j, ɥ\} \underline{} \# \end{array} \right.$

b. ɤ → ə / $\left\{ \begin{array}{c} \underline{} \text{ n} \\ \text{C} \underline{} \text{ [경음절]} \end{array} \right.$ (C=자음)

c. ɤ → ɤ / $\left\{ \begin{array}{c} \underline{} \text{ ŋ} \\ \text{C} \underline{} \text{ [중음절]} \end{array} \right.$

d. ɤ → o / $\left\{ \begin{array}{l} \underline{\quad}\text{u} \\ \text{w}\underline{\quad}\# \end{array} \right.$

기저형(underlying representation)이 표면형(surface representation)으로 도출(derivation)되는 과정을 (31)에서 몇 개만 골라 예시하면 다음과 같다.

(33)		妹妹	姐姐	门	梦	了	欧洲
한어병음		mèimei	jiějie	mén	mèng	le	Ōuzhōu
기저형		mɤi mɤi	tsiɤ tsiɤ	mɤn	mɤŋ	lɤ	ɤu tʂɤu
동화		mei mei	tɕie tɕie	mən	mɤŋ	-	ou tʂou
약음절		-	-	-	-	lə	-
활음화		-	tɕje tɕje	-	-	-	-
표면형		mei mei	tɕje tɕje	mən	mɤŋ	lə	ou tʂou

중모음의 표면형이 도출되는 과정에서 주목할 만한 현상은 동화(assimilation)이다. 동화란 인접한 소리와 같거나 비슷하게 바뀌는 것이다. 똑같이 바뀌면 완전 동화라고 하고 비슷하게 바뀌면 부분 동화라고 한다. 신라[실라]는 완전동화이고, 종로[종노]는 부분 동화이다. 앞소리의 영향을 받아 뒷소리가 바뀌는 것을 순행동화라고 하고, 그 반대를 역행동화라고 한다. 종로[종노]는 순행동화이고, 신라[실라]는 역행동화이다. 왕십리[왕심니]는 서로 영향을 주고받는 상호동화이다. (31)에서 동화를 야기할 인접 모음이나 말음이 없는 (31fg)를 제외하고 모두 인접한 음의 전후 위치에 따라 표면형의 전후 위치가 정해지는 것을 알 수 있다. 이러한 동화 현상은 SC 중모음에서 가장 두드러지는데 이에 대한 자세한 내용은 다음 절에서 다시 다룰 것이다.

중모음의 음소를 /ə/가 아니라 /ɤ/로 보는 데는 몇 가지 이유가 있다. 슈와는 앞서 설명한 바와 같이 비강세 경음절에서 나타나고 길이가 다른 모음에 비해 짧다. 린 앤후이(2010:266, Lin 2007:174)도 슈와가 단독으로 SC 운을 구성하기에는 길이가 너무 짧다는 점을 인정하고 있다. 따라서 그는 중음절에서 슈와 /ə/는 비원순 후설 중모음 [ɤ]로 바뀐다고 설명한다. 그의 설명에 따르면 (31fg)는 다음과 같이 변하는 것으로 보아야 한다.

(34) a. 了   le   /lə/   →   [lə] 완료 상표지
     b. 可乐 kele /kʰə lə/ →   [kʰɤ lɤ] 콜라

린 앤후이에 따르면 슈와는 비경성 음절과 嫩 nen이나 能 neng 같이 비음 말음 앞에서만 출현한다. 이는 매우 제한적인 환경이다. 따라서 단독으로 자유롭게 핵음을 이룰 수 없는 모음을 굳이 음소로 설정하여 대부분의 경우 다른 음으로 바뀌는 것으로 설명하는 것은 중모음의 변화를 복잡하게 만들 뿐이다.

또 다른 이유는 비음 말음을 지닌 중모음의 변화를 효과적으로 설명할 수 있다. 예를 들어 很 hen과 冷 leng 같은 음절에는 왜 동화 규칙이 적용되지 않는지 린 앤후이는 효과적으로 설명을 못하고 있다. 다음은 린 앤후이(2010:268)에서의 인용이다.

(35)
	hěn 很 매우	lěng 冷 춥다
기저형	/xən/$_{214}$	/ləŋ/$_{214}$
표면형	[xən]$_{214}$	[ləŋ]$_{214}$
	*[xen]$_{214}$	*[lɤŋ]$_{214}$

중모음 음소를 /ɤ/로 보고, 冷의 표면음을 [lɤŋ]으로 보면, 비음 말의 전후 위치에 따라 중모음 핵음이 동화하는 것으로 해석할 수 있다.

(36)
              hěn 很 매우   lěng 冷 춥다
기저형   /xɤn/$_{214}$ /lɤŋ/$_{214}$
표면형   [xən]$_{214}$ [lɤŋ]$_{214}$

치비음 /n/ 앞에서 전설음 [e]로 동화하지는 않지만 여전히 전향(fronting)하여 중설음 [ə]로 바뀌는 것도 동화이다. 이는 치비음의 전설성이 전설 고모음보다는 약하여 동화 추진력도 상대적으로 부족한 결과로 해석할 수 있다.[8] 연구개비음 /ŋ/ 앞에서는 후설 중모음 [ɤ]로 실현된다. 실제 자오 위앤런(Chao 1968)은 men과 meng의 모음 음가를 门 [mən]과 梦 [mʌŋ]으로 다르게 보았다. 따라서 이 책에서는 SC 중모음의 음소를 /ɤ/로 설정한다.

SC 중모음 음소에서 하나 더 다루어야 할 문제는 bo, po, mo, fo처럼 순음과 결합한 o의 음가이다. 중국인들은 다음 세 가지 중에 하나로 발음한다.[9]

(37) a. [pɤ pʰɤ mɤ fɤ]
     b. [po pʰo mo fo]
     c. [pʷo pʰʷo mʷo fʷo]

---

[8] 천 원뻬이(陈文备 2012:39)는 고모음과 비음말음의 후향성 순위를 i < n < ŋ < u로 규정하였다.
[9] 순음 성모의 개합구 분석은 이연화·이현경·엄익상(2010)에서 공동으로 다룬 적이 있다. 이 책의 논지는 이 논문의 논점에서 한 단계 더 정리된 것이다.

논쟁의 핵심은 이 모음이 원순음인지 비원순음인지와, 순음과 [o] 사이에 활음 [w]가 삽입이 되는지의 여부이다. 한어병음만 보면 이들 음절의 핵음은 모두 중모음이기 때문에 기저형을 일단 /pɤ pʰɤ mɤ fɤ/로 가정할 수 있다. 이 경우 비원순 중모음 표면형 (37a)를 도출하는 것은 문제가 없다. 그러나 원순 중모음을 가진 표면형 (37b) [po pʰo mo fo]나 (37c) [pʷo pʰʷo mʷo fʷo]를 도출해낼 방법이 없다. 물론 순음이 지니는 [+원순성]에서 활음 [w]가 생성되어 핵음을 원순 후설 중모음으로 바꾼다고 볼 수도 있겠지만, 변화의 원동력이 약해 보인다. SC에서 설첨 모음과 결합하는 자음을 제외하면, 두음이 후행 모음의 변화를 야기하기보다 말음이 선행 모음에 변화를 야기하는 것이 일반적이기 때문이다. 따라서 다음 변화 규칙은 일단 거부한다.

(38) *a. ø → w / {p pʰ m f} ___ ɤ   (활음 w 삽입)
    *b. ɤ → o / {pʷ pʰʷ mʷ fʷ} ___ #

이제 따져볼 문제는 이들 음절 모음의 원순성 여부와 활음 [w]의 삽입 여부이다. 한어병음만 보면 be, pe, me, fe가 아니기 때문에 원순음으로 생각할 수 있다. 순음 두음과 결합한 한어병음 o의 기저음은 과연 /o/일까? 한어병음 o는 순음을 제외하고 다른 어떤 자음 두음과 결합하지 않는다.

(39)　bo　　po　　mo　　fo
　　 *do　 *to　 *no　 *lo
　　 *zo　 *co　 *so
　　 *zho　*cho　*sho　*ro
　　 *go　 *ko　 *ho

순음을 제외하고 나머지 음절은 모두 uo로 표기된다. 따라서 굳이 역사적 변천을 따지지 않더라도, bo, po, mo, fo 또한 buo, puo, muo, fuo로 표기되어야 마땅했음을 알 수 있다.

(40) buo   puo   muo   fuo
     duo   tuo   nuo   luo
     zuo   cuo   suo
     zhuo   chuo   shuo   ruo
     guo   kuo   huo

따라서 bo, po, mo, fo의 기저음은 /pɤ pʰɤ mɤ fɤ/가 아니라 /puɤ pʰuɤ muɤ fuɤ/로 잡는 것이 옳다. 이들 기저형은 다음과 같은 변화를 거쳐 (37c)의 표면형을 정확히 도출해 낼 수 있기 때문이다.

(41) a. 한어병음   bo   po   mo   fo
     b. 기저형   puɤ   pʰuɤ   muɤ   fuɤ
     c. 동화   puo   pʰuo   muo   fuo
     d. 활음화   pwo   pʰwo   mwo   fwo
     e. 표면형   pwo   pʰwo   mwo   fwo

한어병음에서 순음과 결합하는 uo를 o로 표기하도록 한 것은 아마도 순음 자체의 원순성을 고려하여 간단한 표기를 규정한 것으로 보인다. 순음이 비원순 모음 [i] 또는 [ɑ]와는 달리, 원순음 [o]와 결합할 때 과도음 [w]가 자연스럽게 생성되기 때문이다. 따라서 bo, po, mo, fo의 표면음은 (37c) [pʷo pʰʷo mʷo fʷo]가 정확하나 활음 [w]는 화자에 따라 약화될 수 있다.[10]

3.3 저모음

SC에서 사용되는 저모음은 주로 전설음 [a]와 후설음 [ɑ]이다. 둘 다 비원순음이다. [a]와 [ɑ] 중에 정 진취앤은 /ɑ/를 음소로 보는 반면에, 린 앤후이는 /a/를 음소로 본다. 그러면 과연 어느 것이 더 합리적인 분석일까? 우선 저모음 a가 단독으로 또는 CV 구조로 출현할 때 정확한 발음을 살펴보자.

(42)   전설   중설   후설
   a. 啊 a   [a]   [ɐ]   [ɑ]
   b. 妈 mā   [ma]   [mɐ]   [mɑ]
   c. 卡 kǎ   [kʰa]   [kʰɐ]   [kʰɑ]

음성 실험 연구를 해보면 비교적 명확히 알 수 있겠지만, 우선 음운론적으로 판단할 때 실제 동화를 유발할 조건이 전혀 없는 (42a)의 경우 전설도 후설도 아닌 중설 저모음으로 발음될 가능성이 높다. 순음과 결합한 (42b)는 전설 모음으로, 연구개음과 결합한 (42c)는 후설 모음으로 발음될 가능성을 우선 고려해 볼 수 있다. 그러나 SC에서 순행동화는 그다지 강력하지 않다. 따라서 중립적인 중설 저모음 ɐ를 음소로 설정할 수도 있다. 실제 쉬 스롱(徐 1980)이나 이재돈(2007)은 중설 저모음을 음소로 잡는다. 그러나 저모음으로 갈수록 전후음의 변별은 어려워지므로 저모음을 전설, 중설, 후설 세 가지로 구분하는 것은 불필요해 보인다.[11] 따라

---

[10] 뚜안무(2011 개인 통신)는 뻬이징에서는 [pwo], 청뚜에서는 [po], 동북 지역에서는 [pwə]로 발음하는 등 지역별 편차가 있다고 했다. 중요한 것은 SC의 전범이라고 할 수 있는 뻬이징의 발음이 [pwo]라는 점이다.

[11] 모음 사각도는 고모음을 나타내는 윗변의 길이가 저모음을 나타내는 밑변의 길이

서 중모음이 강세 음절에서 단독으로 출현할 때 후설 모음 /ɤ/로 발음되므로 후설 모음을 음소로 잡은 것과 대칭을 이루기 위하여 저모음의 음소도 후설 모음 /ɑ/로 삼는다.

(43)은 앞서 소개한 저모음 음절 (15)를 다시 인용한 것인데, 저모음의 변화 조건을 검토해 보자.

(43) a. 来   lái   /lɑi/   [lai]   오다
     b. 老   lǎo   /lɑu/   [lao]   늙다
     c. 家   jiā   /tsiɑ/   [tɕja]   집
     d. 瓜   guā   /kuɑ/   [kwa]   오이
     e. 慢   màn   /mɑn/   [man]   느리다
     f. 忙   máng   /mɑŋ/   [maŋ]   바쁘다

저모음의 변화 규칙은 다음과 같다.

(44)
 a. ɑ → a / { ___ {i, n}
              j ___ # (#=음절 경계)

 b. ɑ → a / { ___ {o, ŋ}
              w ___ #

저모음이 기저형에서 표면형으로 도출되는 과정은 다음과 같이 나타낼 수 있다.

보다 훨씬 길다.

(45)　　　　来　　老　　家　　瓜　　慢　　忙

　한어병음　lái　lǎo　jiā　guā　màn　máng

　기저형　　lai　lau　tsia　kua　man　maŋ

　구개음화　-　　-　　tɕia　-　　-　　-

　동화　　　lai　lau　tɕia　kua　man　maŋ

　중모음수렴　-　lao　-　　-　　-　　-

　활음화　　-　　-　　tɕja　kwa　-　　-

　표면형　　lai　lao　tɕja　kwa　man　maŋ

끝으로 [ɛ]는 ian과 üan 음절에서만 출현하는데, 엄격하게는 전설 중저모음이다. 그럼에도 불구하고 저모음에서 다루는 이유는 저모음 음소가 변하여 생성되는 음이기 때문에 독자의 혼동을 줄이기 위해서이다. 전설 저모음이 선행하는 전설 고활음의 영향으로 약간 상향하여 나는 소리이기 때문에, 전설 저고모음 [æ]로 볼 수도 있다. 또 아예 전설 중고모음 [e]로 보면 SC의 음운 체계가 더 간단해 지는 장점이 있다. 그러나 많은 학자들이 아직은 [ɛ]로 보는 관례에 따라 이 책에서도 [ɛ]로 분석한다. 따라서 (17)에서 제시한 严 棉 原 泉의 표면형 유도 과정은 다음과 같다.

(46)　　　　严　　棉　　原　　泉

　한어병음　yán　mián　yuán　quán

　기저형　　ian　mian　yan　tsʰyan

　구개음화　-　　-　　-　　tɕʰyan

　동화　　　ian　mian　yan　tɕʰyan

　전설상향　iɛn　miɛn　yɛn　tɕʰyɛn

　활음화　　jɛn　mjɛn　ɥɛn　tɕʰɥɛn

　표면형　　jɛn　mjɛn　ɥɛn　tɕʰɥɛn

전설 저모음 상향 규칙은 다음과 같다. 이는 전설 중저모음화 규칙이라고 할 수도 있다.

(47) a → ɛ / {i, y} ___ n

3.4 SC의 모음 음소

린 앤후이(2010:129)는 (48)과 같은 SC 5 모음 음소 체계를 제시하였다.

(48)

	전설		중설	후설	
	비원순	원순	비원순	비원순	원순
고모음	i	y			u
중모음			ə		
저모음	a				

필자는 중모음과 저모음의 음소를 후설 모음 /ɤ/와 /ɑ/로 바꾸고, 설첨 모음도 하나의 음소로 설정하여 모두 여섯 개의 SC의 모음 음소를 제시한다.

(49)

	전설		후설	
	비원순	원순	비원순	원순
고모음	i, ɿ	y		u
중모음			ɤ	
저모음			ɑ	

필자의 음소 체계는 설첨 모음을 포함하고 있는 점에서 린 앤후이와 다르고, 설첨 모음의 음소를 /ŋ/로 보는 점에서 정 진취앤과 다르다. 중모음과 저모음의 전후 대칭을 감안하면 중설 모음으로 음소를 설정할 수도 있겠지만, 중설 중모음 슈와는 경음절에서 주로 출현하고, 중설 저모음을 음소로 할 경우 음운 변화 규칙이 더 복잡해져서 비경제적이다.

4. 모음의 변화

4.1 고모음의 변화

SC의 고모음 음소 /i/, /y/, /u/는 중모음이나 저모음에 비하여 상대적으로 변화가 적은 편이다. 고모음의 주요 변화는 다음 네 가지이다.

(50) a. 고모음의 고활음화 (21)
    b. 설첨 후모음화 (27)
    c. 저모음 뒤 후설 고모음의 중모음화 (28)
    d. 비음 말음 앞 후설 고모음의 중모음화 (30)

이들 변화 가운데 가장 두드러지는 변화는 (50a) 고활음화이다. 고활음화 규칙은 SC의 이중 모음을 활음+핵음 또는 핵음+활음 구조로 변경시킨다. 삼중 모음 또한 활음+핵음+활음 구조로 바뀐다. 따라서 제2장에서 제시한 SC 운모 대조표 (17)은 다음과 같이 수정된다.

(51) 운모 대조표

단모음/		i [i]	u [u]	ü [y]
활음+모음 운모	a [a]	ia [ja]	ua [wa]	
雨 yu [y]	o[o]/ 순음+[wo]		uo [wo]	
家 jia [tɕja]				
话 hua [xwa]	e [ɤ]			
多 duo [two]	ê [e]	ie [je]		üe [ɥe]
饿 e [ɤ]	(z)i [ɿ], (zh)i [ʅ]			
灭 mie [mje]				
略 lüe [lɥe]				
自 zi [tsɿ]	er [ɚ]			
知 zhi [tʂʅ]				
儿 er [ɚ]				
(활음+)모음+활 음 운모	ai [ai]		uai [wai]	
柴 chai [tʂʰai]	ei [ei]		wei/ ui [wei]	
快 kuai [kʰwai]	ao [ao]	iao [jao]		
陪 pei [pʰei]				
对 dui [twei]	ou [ou]	you/ iu [jou]		
酒 jiu [tɕjou]				
비음 말음 운모	an [an]	ian [jɛn]	uan [wan]	üan [ɥɛn]
慢 man [man]	en [ən]	in [in]	wen [wən] / un [un]	ün [yn]
先 xian [ɕjɛn]				
真 zhen [tʂən]	ang [aŋ]	iang [jaŋ]	uang [waŋ]	
婚 hun [xun]	eng [ɤŋ]	ing [iŋ]	weng [wɤŋ]	
云 yun [yn]				
朋 peng [pʰɤŋ]	ong [oŋ]			iong [ɥoŋ]
东 dong [toŋ]				
凶 xiong [ɕɥoŋ]				

(50bcd)의 변화는 앞 절에서 이미 자세히 설명하였으므로 여기서는 생략한다.

4.2 중·저모음의 동화

SC 모음의 음운 변화 가운데 하이라이트는 중모음의 동화 현상이다. 중·저모음이 인접한 모음에 따라 전후 위치가 동화되는 현상은 일찍이 정 진취앤(Chin-chuan Cheng)의 1968년 일리노이대학 박사학위 논문 *Mandarin Phonology*와 이를 책으로 출판한 Cheng(1973)의 핵심 내용으로 다루어졌다. 그가 제시한 예를 이 책의 내용에 맞춰 재구성하여 인용하면 다음과 같다.

(52) a. iɑ [ia]   鸭   오리
　　 b. iɤ [ie]   噎   목이 메다
　　 c. yɤ [ye]   约   약속하다
　　 d. uɑ [uɑ]   蛙   개구리
　　 e. uɤ [uo]   窝   둥지
　　 f. ɑi [ai]   哀   슬프다
　　 g. pɤi [pei] 杯   잔
　　 h. ɑu [ao]   凹   오목하다
　　 i. ɤu [ou]   鸥   갈매기
　　 j. ɑn [an]   安   평안
　　 k. iɑn [iɛn] 烟   연기
　　 l. uɑn [uan] 弯   굽다
　　 m. yɑn [yan] 冤   억울함, 원한
　　 n. ɑŋ [ɑŋ]   昂   오르다
　　 o. iɑŋ [iɑŋ] 阳   햇볕
　　 p. uɑŋ [uɑŋ] 王   임금

정 진취앤 (2007:30)은 동화 규칙을 다음과 같이 요약하였다.

(53) 운모에서 비고모음은 바로 인접한 음에 동화되는데, 역행동화가 순행동화
보다 우세하다.

그는 고모음을 제외한 SC의 모음은 [후설성] 자질에 따라 동화되는데, 중모음은 모음류(즉 모음+활음) 간에 발생하고, 저모음은 모음류 간에는 물론 비음 말음과도 동화를 하는 것으로 보고 있다. 그러나 그는 원순성 자질의 동화에 대해서는 구체적인 언급을 하지 않고 있다.

한편 린 앤후이(2010)는 SC의 동화규칙을 정 진취앤보다 훨씬 더 보편적인 규칙으로 본다. 그는 저모음은 [후설성] 자질에 따라 동화하지만, 중모음은 [후설성]은 물론 [원순성] 자질도 동화한다고 본다. 또 중저모음뿐만 아니라 고모음과 비음 말음 사이에서도 전후 동화가 일어난다고 본다. 동화규칙에 관한 린 앤후이의 설명을 요약하면 다음과 같다.

(54)

	모음류 앞뒤나 사이		모음과 비음 말음 사이	
	[후설성]	[원순성]	[후설성]	[원순성]
고모음	-	-	+	-
중모음	+	+	-	-
저모음	+	-	+	-

비교적 간단한 저모음 동화의 예를 통해 린의 타당성을 검토해보자.

(55)

	买	猫	家	挂	干	钢
한어병음	mai	mao	jia	gua	gan	gang
기저형	mai	mɑu	tsia	kua	kan	kɑŋ
구개음화	-	-	tɕia	-	-	-

후설동화	mai	mɑu	tɕia	kuɑ	kan	kɑŋ
원순동화	mai	*mɒu	tɕia	*kuɒ	-	-
중모음수렴	-	mɑo	-	-	-	-
활음화	-	-	tɕja	kwɑ	-	-
표면형	mai	mɑo	tɕja	kwɑ	kan	kɑŋ

(55)의 모든 예는 [후설성] 동화를 만족한다. 그러나 [원순성] 동화는 일어나지 않았는데, SC에는 원순 저모음 [ɶ]나 [ɒ]를 허용하지 않기 때문이다. 중모음은 어떠한가? 다음은 린 앤후이(2010:238-239)가 예시한 단어의 음운 변화 과정을 이 책의 체계에 맞춰 필자가 재구성한 것이다.

(56)	杯	写	狗	锅	学	月
한어병음	bei	xie	gou	guo	xue	yue
기저형	pɤi	siɤ	kɤu	kuɤ	syɤ	yɤ
구개음화	-	ɕiɤ	-	-	ɕyɤ	-
후설동화	pei	ɕie	kou	kuo	ɕye	ye
원순동화	pei	ɕie	kou	kuo	*ɕyø	*yø
활음화	-	ɕje	-	kwo	ɕɥe	ɥe
표면형	pei	ɕje	kou	kwo	ɕɥe	ɥe

앞 네 단어는 [후설성]과 [원순성]에서 완벽하게 동화를 하고 있다. 그러나 마지막 두 단어 学와 月에서 [후설성] 동화만 일어나고, [원순성] 동화는 일어나지 않았다. 그 이유는 SC에는 원순 전설 중고모음 [ø]는 사용되지 않기 때문이다. 따라서 이 제약만 추가하면, 중모음에서 [후설성]과 [원순성] 동화는 여전히 일어난다고 할 수 있다. 그런데 문제는 린 앤후이(2010:268)에서 인용한 다음 중모음 음절에서도 동화는 일어나지

않는다. 린은 필자와 달리 중모음의 음소를 슈와 /ə/로 본다.

(57)　　　　　很　　冷
　　한어병음　　hen　　leng
　　기저형　　　hən　　ləŋ
　　후설동화　　*hen　　*lɤŋ
　　원순동화　　-　　　-
　　표면형　　　hən　　ləŋ

따라서 린 앤후이는 비음 말음과 결합한 중모음 음절도 동화 규칙의 적용 범위에서 제외하고 있다.

그러면 고모음에서도 동화는 일어나는 것일까? 린 앤후이(2010:269)가 제시한 예는 다음 몇 가지인데, 린의 기저형과 표면형을 그대로 인용한다. 다만 도출과정은 필자가 보충한 것이다.

(58)　　　　a. 新　b. 轮　c. 裙　d. 冰　e. 东　f. 穷
　　한어병음　xin　　lun　　qun　　bing　dong　qiong
　　기저형　　sin　　lun　　tsʰyn　piŋ　　tuŋ　　tsʰyŋ
　　구개음화　ɕin　　-　　　tɕʰyn　-　　　-　　　tɕʰyŋ
　　후설동화　ɕin　　*　　　tɕʰyn　*　　　tuŋ　　*
　　동화조정　-　　　luən　-　　　piəŋ　-　　　tɕʰiuŋ
　　원순동화　-　　　-　　　-　　　-　　　-　　　-
　　활음화　　-　　　lwən　-　　　pjəŋ　-　　　tɕʰjuŋ
　　표면형　　ɕin　　lwən　tɕʰyn　pjəŋ　tuŋ　　tɕʰjuŋ

린 앤후이는 SC 고모음도 비음 말음과 결합할 경우 동화를 한다고 본다. (58ace)는 [후설성]에서 완벽하게 동화를 하고 있다. 문제는 *표시를 한 (58bdf)이다. 모음과 비음 말음이 서로 다른 [후설성] 자질을 가지고 있다. 이런 모순을 해결하기 위하여, 린 앤후이는 모음 i와 u는 접근음 j와 w로 바꾸고, 핵음 자리에 슈와를 삽입한다. 모음이 원순 전설고모음 y인 경우, y를 i+u로 분할한다. (58f) 穷을 예로 들면, 기저형 /tɕʰyŋ/의 원순 고모음 [y]가 i+u로 분할된다. 그 다음 [i]는 다시 활음의 자리로 이동하여 j로 변하고 u가 핵음이 된다. 그 결과 린의 표면형은 [tɕʰjuŋ]이다.

린 앤후이가 SC 동화 규칙의 발생 범위를 고모음으로 확대하려는 시도는 충분히 의미가 있다. 그리고 나름대로 비음 말음과 결합한 고모음의 전후 동화 규칙을 적절히 도출하고 있다. 그러나 린의 표면형은 논란의 여지가 많다. [tɕʰjuŋ]을 한글로 적으면 [치웅]에 가깝다. 비록 한어병음은 C+iong이지만 실제 발음은 [tɕʰjuŋ]이 아니라 [tɕʰɥoŋ]이다. 즉 활음 [ɥ]를 가진 [취옹]에 가깝다. 또 C+un과 C+iŋ 음절도 표면형에서 슈와가 반드시 삽입되어야 하는 것은 결코 아니다. 현실음은 오히려 그 반대인 경우가 훨씬 더 많다. 엄익상(严 2012)의 지적처럼, 다음 음절에 슈와를 삽입하여 발음하는 사람이 그렇지 않은 사람보다 훨씬 적을 것이다.

(59) a. 春村　　　b. 馄饨　　　c. 昆明　　　d. 灵魂
    　　chuncun　　huntun　　　Kunming　　linghun
    　　tṣʰwəntʂʰwən　xwəntʰwən　kʰwənmjəŋ　ljəŋxwən
    　　tṣʰuntṣʰun　　xuntʰun　　kʰunmiŋ　　liŋxun

    e. 命令　　　f. 性病　　　g. 情形　　　h. 青春
    　　mingling　　xingbing　　qingxing　　qingchun
    　　mjəŋljəŋ　　ɕjəŋpjəŋ　　tɕʰjəŋɕjəŋ　tɕʰjəŋtʂʰwən
    　　miŋliŋ　　　ɕiŋpiŋ　　　tɕʰiŋɕiŋ　　tɕʰiŋtʂʰun

따라서 어색한 표면형을 도출해 내는 고모음 동화 규칙을 제정하는 것보다, 고모음을 SC 동화 발생의 범위에서 제외시키는 것이 더 나아 보인다. 더욱이 고모음 간에는 [후설성] 동화가 일어나지 않으므로 더욱 그러하다. 이는 정 진취앤의 견해와도 동일하다.

일부 독자는 이 시점에서 고모음 ui와 iu의 결합도 잘못된 것이 아닌지 궁금할 수 있다. [후설성]에서 서로 다른 자질을 지니고 있기 때문이다. 한어병음으로 표시한 ui와 iu 음절은 사실 핵음이 고모음이 아니라 중모음이다. ui를 정확히 표기하면 uei이고, iu는 iou여야 한다. 핵음이 고모음이 아니라 중모음이다. 따라서 이들 음절에서도 [후설성] 및 [원순성] 동화는 아주 정확하게 일어나고 있다.

(60)　　　　　a. 贵　　　b. 流
　한어병음　　　gui　　　　liu
　기저형　　　　kuɣi　　　 liɤu
　순행동화　　 *kuoi　　　*lieu
　역행동화　　　kuei　　　 liou
　활음화　　　　kwei　　　 ljou
　표면형　　　　kwei　　　 ljou

흥미로운 것은 SC에서 순행동화(progressive assimilation)보다 역행동화(regressive assimilation)가 훨씬 더 우세하다는 점이다. 이는 SC 동화의 두드러진 특징의 하나인데, 정 진취앤(2007, Cheng 1973)도 일찍이 학계에 보고하였다. 그러나 그는 왜 역행동화가 순행동화보다 우세한지에 대한 원인 분석은 시도하지 않았다. 한편 린 앤후이(2010:240-241)는 SC에서 역행동화가 우세한 이유를 SC의 음절구조에서 찾고 있는데, 이는 상당히 설득력이 있다. 린 앤후이의 음절구조에서 보면 (60a)의 u는 활음 [w]로 변하여 [k]와 함께 두음을 이루지만, [i]는 중모음과 함께 핵음을 이룬다. 따라서 중모음 핵음과 [i]의 긴밀도가 중모음과 활음 [w] 간의 그것보다 훨씬 강하다. 따라서 이중모음으로 핵음을 구성하는 모음 간 동화 작용이 활음과 핵음 간의 동화 작용보다 더 강할 수밖에 없다는 것이다. 바로 이런 이유 때문에 이 책에서도 핵후 활음을 접근음 [j, w]가 아닌 모음 [i, u]로 표기하고 있다.

그런데 한어병음방안에서 중모음은 왜 생략되었을까? 핵전후 활음을 동반한 저모음은 한어병음 표기에서 생략하지 않는다.

(61)   怪   聊
   한어병음   guai   liao
   기저형   kuɑi   liɑo
   순행동화   *kuɒi   *liao
   역행동화   kuai   liɑo
   활음화   kwai   ljɑo
   표면형   kwai   ljɑo

한 음절에 모음 성분이 세 개나 들어가서 각 분절음의 길이가 짧아진다. 이런 상황에서 중모음은 저모음보다 공명도가 약하여 부득이 약화된다. 중모음이 약화되면 슈와에 가깝게 되어 약하고 짧아지게 된다. 한어병음에서 중모음을 생략하는 이유를 린 앤후이(2010:204)는 이러한 모음 약화 현상을 반영한 것으로 보고 있는데, 이는 설득력이 있는 설명이다.

끝으로 비음 말음 앞에서 중모음과 저모음은 앞에서 이미 설명한 바와 같이 후설성 동화를 한다. 저모음 /ɑ/ 는 전설 비음 n 앞에서는 전설 저모음 [a]로, 후설 비음 [ŋ] 앞에서는 후설 저모음 [ɑ]로 발음된다. 예를 들어 担当 dandang의 실제 발음은 [tantɑŋ]이다. 다음 (36)을 재인용한 예에서 보듯이 중모음도 비음 말음 앞에서 동화를 한다.

(62)　　　　　hěn 很 매우　　lěng 冷 춥다
　　　기저형　　　/xɤn/₂₁₄　　　/lɤŋ/₂₁₄
　　　표면형　　　[xən]₂₁₄　　　[lɤŋ]₂₁₄

결론적으로 필자는 린 앤후이가 제시한 SC 동화 발생의 범위 (54)를 다음과 같이 수정한다.

(63)　　　　　모음류 사이　　　　모음과 비음 말음 사이
　　　　　　　[후설성] [원순성]　　[후설성] [원순성]
　　고모음　　　 -　　　 -　　　　 -　　　 -
　　중모음　　　+　　　 +　　　　 +　　　 -
　　저모음　　　+　　　 -　　　　 +　　　 -

4.3 중모음 수렴

SC 모음의 변화 가운데 주목할 만한 현상은 중모음 수렴(convergence 趨同)이다. 고모음과 저모음이 중모음으로 변하는 경향을 발견할 수 있는데, 이는 중모음이 발음하기가 더 편하기 때문으로 보인다. 우선 고모음이 중모음으로 하향하는 경우는 후설 고모음 /u/가 후설 중모음 [o]로 바뀌는 다음 음절에서이다.

(64) u → o / ___ ŋ   东 龙 农 宗 中 崇 容

또 ao와 iao의 기저형 /ɑu/와 /iɑu/가 [ao]와 [jao]로 발음되는 것 또한 고모음의 중모음 수렴 현상의 좋은 예이다. 이를 규칙으로 나타내면 다음과 같다.

(65) u → o / (j)ɑ ___ #   老 脑 毛 道 桃 早 找 朝 少
　　　　　　　　　　　　　辽 鸟 秒 掉 条 脚 叫 桥 小

저모음이 중모음으로 상향하는 경우는 ian과 üan에서 전설 저모음 [a]가 전설 중저모음 [ɛ]로 바뀌는 경우이다.

(66) a → ɛ / {j, ɥ} ___ n   盐 脸 面 年 见 钱
　　　　　　　　　　　　　　元 原 卷 捐 全 选

이 밖에도 경성자 같은 약음절을 비형식적인 상황에서 빨리 발음하면 모음이 약화(reduction)될 수 있는데, 이 경우도 모두 슈와로 변한다. 다음은 린 앤후이(2010:246)에서의 인용이다.

(67)

a.　　저모음　　→　　슈와

　　　t^hou_{35} fa_3　　→　　t^hou_{35} $fə_3$　　*tóufa*　　头发　　머리카락
　　　$xən_{53}$ t^ha_1　　→　　$xən_{53}$ $t^hə_1$　　*hèn ta*　　恨他　　그를 싫어하다

b. 후설 중모음 → 슈와
   kɤ₅₅ kɤ₂ → kɤ₅₅ kə₂   gēge   哥哥   형/오빠

c. 저모음 → 슈와 또는 [e]
   tʂaŋ₅₅ tɕia₂ → tʂaŋ₅₅ tɕiə₂   Zhāngjia   张家   장씨 가족
                    tʂaŋ₅₅ tɕie₂
   ɕiaŋ₅₅ ɕia₂ → ɕiaŋ₅₅ ɕiə₂   xiāngxia   乡下   시골
                    ɕiaŋ₅₅ ɕie₂

d. 저모음 → 슈와 또는 [o]
   ɕiau₅₃ xwa₁ → ɕiau₅₃ xwə₁   xiàohua   笑话   우스갯소리
                    ɕiau₅₃ xwo₁
   xwaŋ₃₅ kwa₃ → xwaŋ₃₅ kwə₃   huánggua   黄瓜   오이
                    xwaŋ₃₅ kwo₃

위와 같은 모음 약화 현상은 주로 저모음에서 일어나는데, 일단 슈와로 변한 다음 인접한 모음의 전후 위치에 따라 다시 동화할 수 있다. (67c)에서 전설 고활음 [j] 뒤의 슈와는 [e]로 변하기도 한다. 또 (67d)는 후설 고활음 [w] 뒤에서 슈와가 [o]로 변할 수도 있음을 보여준다. 이들은 약화 음절에서도 SC 동화 규칙은 여전히 유효하게 작용함을 유감없이 보여준다. 중모음 동화야 말로 SC의 가장 강력한 음운 변화 현상임을 다시 한번 확인할 수 있다.

이러한 중모음 수렴 현상은 SC 음운 체계 안에서 슈와를 중심으로 매우 대칭적으로 이루어지고 있다는 점에서 흥미롭다. 보다 자세한 내용은 저자(严 2016)의 별도의 논문에서 다루어 질 것이다.

(68)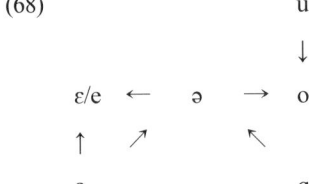

제6장 설첨 모음 대 성절 자음

1. 머리말

표준중국어 음운체계는 자음 22개와 모음 11개로 이루어진다. 그러나 이는 학자마다 견해가 약간 다를 수 있는데, 특히 논란이 되는 것은 소위 설첨 모음(apical vowel)이다. 설첨 모음이란 치음 z[ts], c[tsʰ], s[s]와 교설음 zh[tʂ], ch[tʂʰ], sh[ʂ], r[ɻ]를 발음할 때 동반되는 모음을 말한다. 중국어 언어학자들은 이들 모음을 전통적으로 설첨 모음이라고 부르고, 각각 [ɿ]와 [ʅ]로 표기해 왔다. 설첨 모음이라 함은 혀끝으로 생성하는 모음이라는 뜻으로, 다른 모음은 모두 혓몸으로 생성하는 설면 모음이라는 점을 전제로 하고 있다. 그런데 최근 뚜안무 싼(2000, 2005, 2007), 린 앤후이(2007) 같은 일부 언어학자들은 이들이 모음이 아니라 성절 자음(syllabic consonant)이라는 새로운 주장을 하고 있다. 성절 자음이란 어떤 자음이 모음과의 결합 없이 스스로 음절 기능을 하는 자음을 말한다. 예를 들어 감탄사 [m], [n], [ŋ]은 여러 언어에서 다른 모음과 결합을 하지 않고도 독립된 음절의 기능을 한다. 표준중국어의 z, c, s, zh, ch, sh, r도 후속 모음과 결합 없이 스스로 독립 음절을 이룬다는 주장이다. 뚜안무 (2011.1.6-7 한양대 석학강좌)는 历史(역사)의 SC 발음이 [liʂɨ]/[liʂz]보다 [liʂ]에 가깝다고 본다.[1] [m], [n], [ŋ]은 모두 비음이다. 비음은 자음 가운데 공명도(sonority)가 가장 높으므로, 그 자체로 음절을 구성하는데 문제가 없다. 그러나 마찰음이나 파찰음도 과연 그 자체만으로 음절을 이룰 수 있는지는 더 따져보아야 한다. 이 장은 이 두 가지 주장 가운데 어느 것이 더 타당한지, 음성학 및 음운론적 관점에서 검토하는 것이 목적이다.

2. 설첨 모음설

한어병음으로 zi, ci, si, zhi, chi, shi, ri는 자음 z, c, s, zh, ch, sh, r와 후속 모음으로 구성된 음절로 보는 것이 일반적인 인식이다. 문제는 이들이 어떤 모음인가 이다. 중국 학계는 대개 치파찰음과 치마찰음 뒤에서는 설첨 전모음 [ɿ]로 발음되고, 교설음 뒤에서는 설첨 후모음 [ʅ]로 발음된다고 보고 있다. 그러면 [ɿ] [ʅ]는 모음 [i]와 얼마나 다를까? 조우 띠앤푸와 우 쫑지(周殿福·吳宗济 1963)는 X-ray 연구를 통해 발음할 때 혀의 위치와 모양에 대해서 분석하였다. [ɿ] [ʅ]는 모음을 발음될 때와 비슷한 위치와 모양을 갖는다고 주장한다. 다음은 조우와 우(周·吳 1963:35)에서의 인용이다.

---

[1] [liʂɨ]는 이 책의 표기 방법이고, [liʂz]는 Duanmu(2007)의 표기 방법이다.

(1) [ɿ ʅ i]의 모음 발성도

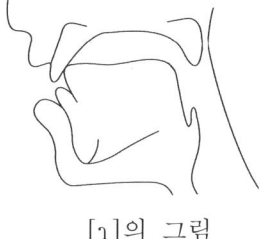

[ɿ]의 그림

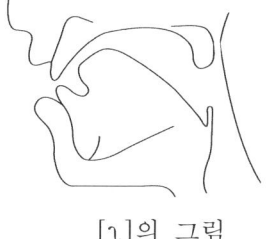

[ʅ]의 그림

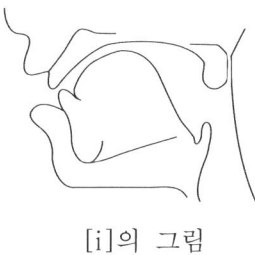

[i]의 그림

위 그림을 보면 모음 [i]가 혓몸을 이용하는 반면에 [ɿ]와 [ʅ]는 혀끝을 이용함을 알 수 있다. 따라서 이들은 대부분의 중국 언어학자들의 견해처럼 이들을 설첨 모음으로 인식했다. 이러한 인식은 과거 미국 언어학자들도 공유하였다. 예를 들어 정 진춰앤(Cheng 1973, 2007)은 하트만(Hartman 1944)과 마찬가지로 [ɿ]와 [ʅ]를 고모음으로 보았고, 이들을 하나의 음소 /i/로 분석하였다.

이들의 주장은 모든 음절은 적어도 모음 하나는 필수적이라는 점을 전제로 하고 있다. 모음이 아니라면 적어도 비음과 같이 공명성이 있는 자음이라야만 음절을 이룰 수 있다고 본다.

3. 성절 자음설

한편 zi, ci, si, zhi, chi, shi, ri는 자음과 모음으로 구성된 것이 아니라, 자음만으로 독립된 음절을 이룬다는 주장이 성절 자음설이다. 이들 음절이 C+V와 같은 일반적인 구조가 아닐 수 있다는 암시는 사실 주음부호에서부터 비롯된다. 1910년대에 제정된 주음부호는 이들 음절을 ㄗ, ㄘ, ㄙ, ㄓ, ㄔ, ㄕ, ㄖ처럼 자음 기호만으로 표기하였다. [ɿ]와 [ʅ]는 모음이 아니라 자음 성분이라고 보는 학설은 1950년대부터 제기되어 왔다. 이러한 학설은 최근 뚜안무 쌴(2005:50-51)이나 린 앤후이 등에 의하여 더욱 주목을 받게 되었다. 뚜안무는 매우 명확한 어조로 성절 자음설을 지지하고 있다. 그는 2000년에는 [ɿ]와 [ʅ]를 둘 다 r로 표기하였으나 2005년 제2판 한글 번역본에는 후자만 r로 표기하고 전자는 z로 바꾸어 표기하였다. 그러나 2007년 제2판 영문판에서는 r을 z로 다시 바꾸었다. 아무튼 뚜안무 (Duanmu 2007:35) 주장의 근거를 요약 인용하면 다음과 같다.

(2) a. [z]([ɿ])와 [ʐ]([ʅ])는 선행하는 자음의 연장으로 유성성을 지닌다.
    b. 모음이 아니더라도 포먼트 또는 Dor 조음자를 가질 수 있다. 예를 들어 [l]은 포먼트를 가지며, [k]와 [x]는 Dor 조음자를 가지지만 모두 자음이다. 조우 띠앤푸와 우 쫑지(周·吳 1963)의 X-ray 사진을 보면 [z]([ɿ])는 혀 뒷부분이 올라간다. [ts tsʰ s]도 마찬가지이다. [ʐ]([ʅ])는 혀 뒷부분이 올라가지 않는다. 음성학적 증거는 이들이 모음이라는 사실을 확실히 보여주지 않는다.
    c. [z]([ɿ])와 [ʐ]([ʅ])는 [i]와는 상당히 다른 방법으로 조음된다. 중국 시에서 이 두 음이 서로 압운되는 경우는 거의 없으며, [i]와도 마찬가지이다.

따라서 이들이 상보적 분포를 이룬다고 하더라도 동일한 모음의 변이음으로 반드시 분석해야할 이유는 없다.

포먼트(formant)란 주파수의 분포 곡선(spectrum)에서 음향 에너지가 상대적으로 집중된 구역(a concentration of acoustic energy)으로 중국어로는 共振峰이라고 하나 한국어로는 아직 적절한 번역어가 없다. 음향을 가로축 주파수와 세로축 진폭으로 시각화한 스펙트럼에서 각파장의 가장 높은 지점이 포먼트이다.

(3)

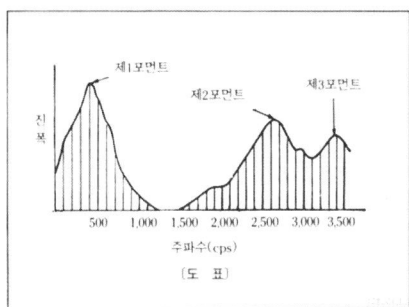

(출처: 국어국문학자료사전)

사실 그동안 대부분의 학자들은 [ɿ], [ʅ], [i]가 다음과 같이 상보적 분포를 이루는 것으로 보아 왔다.

(4) a. [ɿ] - ts, tsʰ, s 뒤에서만 나타남
　　b. [ʅ] - tʂ, tʂʰ, ʂ 뒤에서만 나타남
　　c. [i] - ts, tsʰ, s, tʂ, tʂʰ, ʂ를 제외한 음 뒤에서 나타남

그러나 뚜안무는 이들이 위와 같이 특정 환경에서만 나타나는 분석을

반박하면서, [ts, tsʰ, s] 뒤에도 얼마든지 [i]가 올 수 있으며, [i]와 결합한 [ts, tsʰ, s] 즉 [tsi, tsʰi, si]가 구개음화를 야기하여 [tɕi, tɕʰi, ɕi]가 된다고 주장한다. 따라서 [sz](丝)와 [si](西)는 최소 대립쌍으로 z([ɿ])와 [i]가 상보적 분포를 이루지 않는다고 본다.

4. 음성학적 분석

위 두 학설의 근거는 주로 음성학적 현상에 바탕하고 있다. 따라서 위의 두 학설 가운데 어느 것이 더 타당한지를 음성학적 관점에서 우선 검토해 보자.

4.1 음성 실험 개요

음성학적 분석을 위해 중국 동북 출신의 30대 여성화자의 설첨 모음 발음을 녹음했다. [tsɿ, tsʰɿ, sɿ, tʂʅ, tʂʰʅ, ʂʅ]와 [ts, tsʰ, s, tʂ, tʂʰ, ʂ]와 결합하는 모음 목록을 주고 녹음을 하게 했다. 그리고 설첨 모음과의 비교를 위해 IPA 고모음을 이용한다.[2] 중국어에서 전형적인 성절 자음으로 간주되는 성절 비자음(nasal syllabic consonants) 역시 녹음하여 비교한다.[3] 이들 녹음한 음성자료는 Praat와 Wavesurfer를 사용해 분석한다. 다음은 실험 목록이다.

---

[2] http://www.paulmeier.com/ipa/vowels.html 참조
[3] 20대 중부지역(상하이) 남성 화자의 발음을 녹음하였다.

(5) 실험 목록

[tsʅ]55, [tsʰʅ]35, [sʅ]55 [tʂʅ]55, [tʂʰʅ]55, [ʂʅ]55

[tsɤ]35, [tsʰɤ]51 [sɤ]51[tʂɤ]55, [tʂʰɤ]55, [ʂɤ]55

[tsa]35, [tsʰa]55, [sa]214[tʂa]55, [tʂʰa]55, [ʂa]55

[tsu]55, [tsʰu]55, [su]55 [tʂu]55, [tʂʰu]55, [ʂu]55

4.2 성절 비자음의 스펙트로그램

성절 자음이 자음의 모음화라면 실제 중국어에서 성절 자음은 어떠한지 알아보아야 한다. 성절 자음인 噷 [hm], 嗯 [n], 嗯 [ŋ]을 녹음하여 이들 자음의 스펙트로그램을 살펴보겠다.

(6) 성절 비음 자음

　　a. [hm]

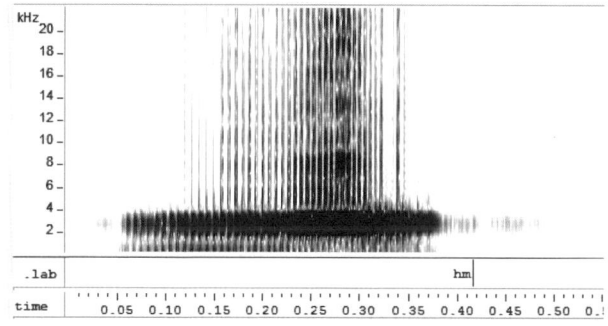

b. [n̩]

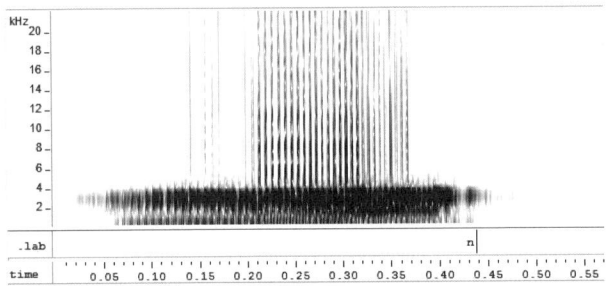

c. [ŋ̍]

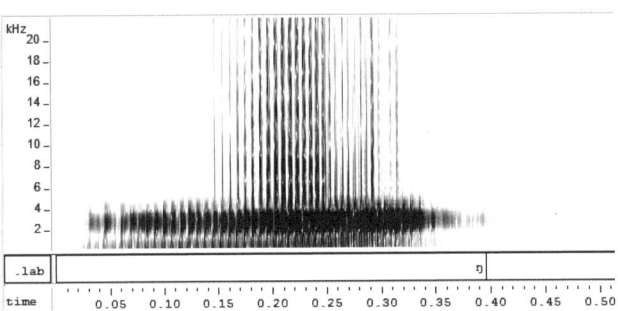

성절 비음 자음의 스펙트로그램이다. 噷 [hm], 嗯 [n̩], 嗯 [ŋ̍]은 감탄사로 부정 또는 긍정하는 뜻을 가지고 있다. 따라서 유사한 음으로 발음해도 의사소통에는 별 문제가 없을 것이다. 그러나 [ts, tsʰ, s, tʂ, tʂʰ, ʂ]는 결합하는 음에 따라 여러 가지 다른 의미를 지닐 수 있다. 왕 리(王力 1997:667)는 사람들이 [ɿ]나 [ʅ]가 없이 자음 [ts, tsʰ, s, tʂ, tʂʰ, ʂ]만을 발음하는 것을 들었다고 한다. 뚜안무(Duanmu 2011 한양대 석학강좌)도 历史를 [liʂʅ]가 아니라 [liʂ]로만 발음한다고 한다. 물론 경우에 따라 그렇게 발음할 수도 있을 것이다. 그러나 이는 개인 화자의 발화 성향이나 상황에 따라 생기는 단순한 모음 약화 또는 탈락 현상일 수 있다. 모음 탈락과 성절 자음은 성격이 다르다. 모음 탈락은 자음만 발음된다는 뜻이고, 성절 자음은 자음 성분이 핵음 위치에서 유성성을 띠어 공명도를 가지는 것을 말한다. 따라서 무성 자음이 어떻게 공명성을 띠는 핵음으로 확대될 수 있는지는 의문이다. 그리고 历史 lìshǐ의 둘째 음절은 경성이 아니므로 만약 모음이 탈락한다하더라도 성조까지 탈락할 이유는 없다. 그렇다면 shǐ의 3성 자질이 남아 lì의 4성에 어떤 영향을 미쳐야한다. 그러나 lì의 성조변화는 전혀 일어나지 않으므로, 성조까지 탈락하는 것으로 보아야 한다. 电视 diànshì (TV)처럼 4성으로 끝나면 둘째 음절의 모음과 성조가 같이 탈락하여 경성처럼 들릴 수도 있겠지만, 老师 lǎoshī (선생), 及时 jíshí (즉시)처럼 1, 2성으로 끝나는 단어에서는 성조 탈락이 전혀 일어나지 않는다. 그렇다면 둘째 음절의 모음 탈락을 가정하는 것은 설득력이 약하다.

4.3 고모음과의 포먼트 비교

설첨 모음의 포먼트가 고모음의 그것과 비슷한지를 확인하기 위해 다음 스펙트로그램을 살펴보자.[4]

---

[4] [tsɿ]와 [tʂɿ]는 간단히 분절을 하였다. [tsɿ]와 [tʂɿ]의 경우 소리를 듣고 나눈 후, 파장과 스펙트로그램을 고려하여 분절을 하였다.

(7) a. [tsɿ]

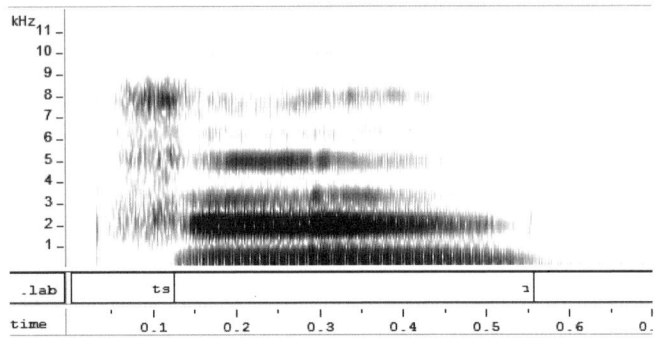

b. [tʂʅ]

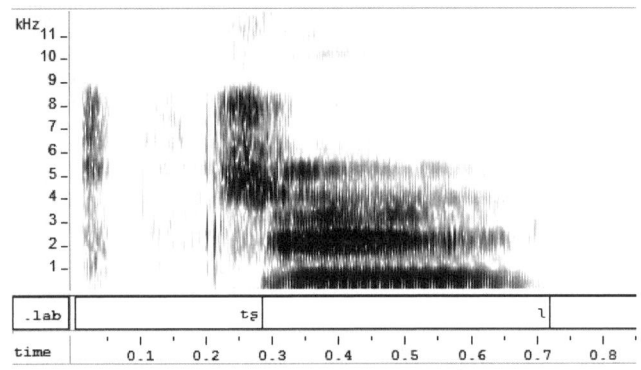

(7ab)를 보면 [ɿ]와 [ʅ]의 포먼트가 자음의 모습이 아니다. [ɿ]와 [ʅ]부분이 모음이 아니라 자음 두음이 연장된 것이라면 자음과 비슷한 형태의 포먼트를 보여야 한다. 하지만 자음의 포먼트로 보기 어렵다. [ɿ]와 [ʅ]를 과연 자음 성분으로 볼 수 있을지는 의문이다. 그렇다면 [ɿ, ʅ]의 포먼트가 고모음의 그것과 유사한지 궁금해진다. 다음 그림들은 IPA 고모음의 스펙트로그램이다.

(8) a. [i]

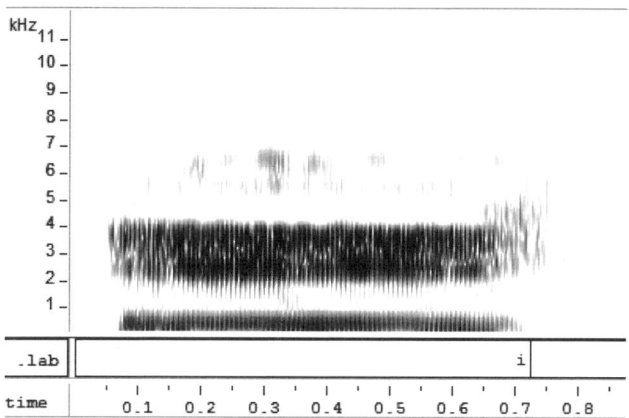

b. [ɨ]

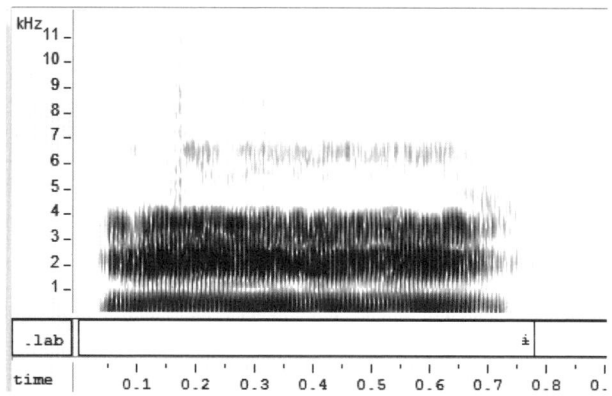

다음 그림들은 IPA 고모음과 [ɻ, ɭ]의 포먼트 수치이다.[5] 포먼트는 Wavesurfer를 이용하여 수치화하였다.

---

[5] http://web.uvic.ca/ling/resources/ipa/ipa-lab.htm를 이용해 녹음하고 IPA고모음의 포먼트수치를 구했다.

(9) (단위 Hz)

	F1	F2
tsɿ의 ɿ	384	1816
tsʰɿ의 ɿ	332	1661
sɿ의 ɿ	432	1484
tʂʅ의 ʅ	485	2085
tʂʰʅ의 ʅ	435	2134
ʂʅ의 ʅ	475	2062

i	228	2570
y	216	2026
ɨ	327	1978
ʉ	305	1825
ɯ	251	1584
u	268	567

　스펙트로그램에서 F1은 개구도와 관련이 있어 수치가 높을수록 개구도가 커진다. 고모음[i]의 F1은 228Hz이다. [ɿ]의 F1는 332Hz에서 432Hz이고 [ʅ]의 F1은 435Hz에서 485Hz이다. 따라서 [i]보다 [ɿ]가 상대적으로 약간 낮은 모음이고, [ɿ]보다 [ʅ]가 상대적 저모음이다. F2는 조음의 전후 위치와 관련이 있어서 수치가 높을수록 앞에서 조음된다. [ɿ]의 F2 영역은 1484Hz에서 1816Hz로 [ɨ]와 [ɯ]의 영역에 걸쳐 있다. 따라서 [ɿ]는 중설과 후설에 거쳐 발음된다. [ʅ]의 F2는 2062Hz에서 2134Hz로, [y]의 F2와 유사하다. [i], [ʅ], [ɿ] 순으로 전설에서 중설 방향으로 약간씩 이동한다. 흥미로운 것은 설첨 후모음 [ʅ]가 설첨 전모음 [ɿ]보다 앞에서 조음된

다는 점이다.[6]

이 실험의 결과는 결국 우 쫑지(吳宗済 1992:95)의 기존 연구 결과와 대체로 일치한다. 그는 아래에 인용한 도표에서 보는 바와 같이, [i]와 [y]의 위치는 [ɿ]보다 약간 앞이고 높으며, [ʅ]의 위치는 [ɿ]보다 약간 앞이라고 분석했다.

(10)
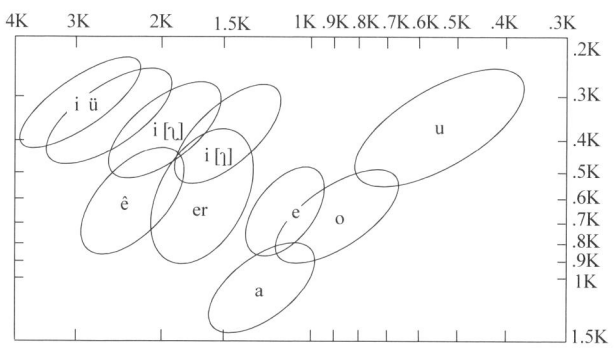

普通话十个单元音的声学元音音位图

결론적으로 [ɿ]와 [ʅ]는 [i]와 같이 전설 고모음의 영역 안에서 음성적 유사성을 지니고 있으나, 조음점에서 약간씩 차이가 있다는 것을 알 수 있다. 이는 화자에 따라 약간 편차가 있을 수도 있다. 또 어떤 음이 자음인지 모음인지를 음성학적으로 정확히 판단하는 것은 보다 복잡한 변인을 고려해야 한다. 이 과제를 실험 음성학으로 명확히 해결하는 일은 아마 상당한 전문성이 필요할 수도 있다. 따라서 이 문제는 결국 음운론적으로

---

[6] 严翼相(2008)은 설첨 전모음이 설첨 후모음보다 조음점이 뒤에 형성되는 것에 대해 의문을 제기했으나, 이는 아마 [ɿ]의 가장 높은 조음점이 [ʅ]의 가장 높은 조음점보다 뒤에서 형성되기 때문일 것이다.

판단해야 할 것으로 보인다.

5. 음운론적 분석

5.1 음소 여부

[ɿ]와 [ʅ]가 음소의 기능을 하는지 우선 살펴보자. 음소를 결정하는 기준으로는 최소대립쌍(minimal pair), 상보적 분포(complementary distribution), 음성적 유사성(phonetic similarity)이 있다. [ɿ]와 [ʅ]는 나타나는 환경이 특정적이기 때문에 최소대립쌍을 이루는지 여부는 다소 논란이 될 수 있다. 다음 예를 보자.

(11) a. 四 si [sɿ]
     b. 士 shi [ʂʅ]

이 두 단어는 모음은 물론 자음까지 상이하므로 이 둘을 최소대립쌍으로 보기에는 무리가 있다. 그러나 이들이 동일한 자음을 지니고 있는데, 모음의 성분에 따라 그 자음의 성격이 바뀐다고 보면 /ɿ/와 /ʅ/는 분명 독립된 음소이다. 반대로 동일한 모음 음소를 가지고 있는데 선행 자음에 따라 그 모음의 성격이 바뀐다고 보면 하나의 음소로 볼 수도 있다.
또 (3)에서 정리한 바와 같이, [ɿ]는 [ts], [tsʰ], [s]에만 나타나고 [ʅ]는 [tʂ], [tʂʰ], [ʂ], [ʐ]에만 나타나기 때문에 이들은 상보적 분포를 이룬다. 게다가 이들과 결합하는 자음은 /i/와는 결합하지 않는다. 물론 표준중국어에서 /i/는 이들 자음 뿐 아니라 /k/, /kʰ/, /x/와도 결합하지 않는다. 어떤 음 x와 y가 상보적 분포를 이루면 x와 y는 각각 별도의 음소가 아니라 하나의 음소로 취급된다. 이런 특징 때문에 [ɥ]와 [ɻ]는 /i/의 변이음으로 볼 수 있다.

그러면 [ɥ], [ɻ] [i]는 어느 정도 음성적 유사성을 지니고 있는지 의문이 생긴다. [ɥ]와 [ɻ]의 발음부위를 살펴보면 [ɥ]는 [ts]와 동일한 위치에서 발음되고 [ɻ] 역시 [tʂ]와 동일한 위치에서 발음된다. [ɥ]는 [i]와 비슷한 조음 위치에 있다고 할 수 있으나 음성적으로는 엄격한 의미에서 유사하다고 할 수 없다. 앞서 4절에서 논의한 바와 같이 [i]보다 조금 뒤 조금 낮은 곳에서 조음되기 때문이다. [ɻ]는 [i]와 비슷한 조음 위치도 아니고 음성적으로도 유사하다고 할 수 없다. 그러나 음성적 유사도의 판단은 다소 주관적이다. 한 언어의 음소를 판단하는 과정에서 소리의 유사성은 보다 폭넓게 해석되기도 한다. 이 세 음은 모두 전설 고모음 구간에 있으므로 서로 비슷하다고 할 수도 있다. 그렇다면 [ɥ], [ɻ], [i]는 각각 독립된 음소로 분석하여도 되고, 하나의 음소로 분석하여도 상관이 없다.

지금까지 논의를 요약하면 [ɥ], [ɻ], [i]는 각각 독립된 음소로 분석될 수도 있고, 하나의 음소로 분석될 수도 있다. 음소 여부의 판단이 [ɥ]와 [ɻ]가 모음인지 자음인지를 판정하는 데 결정적인 요소가 될 수는 없다 하더라도, [i]와 더불어 상보적 분포 관계를 이룬다는 점에서 모음처럼 기능하는 것으로 해석할 수 있다.

5.2 성절 자음의 조건과 음운 체계의 부담

일반적으로 공명도가 높은 자음이 성절 자음이 된다. 비음은 다른 자음에 비하여 공명도가 높으므로 [m̩], [n̩], [ŋ̍]처럼 성절 자음이 될 수 있다.

자음 자체의 유성성이 핵음 자리로 이동하여 음절 전체의 공명성을 확보하는 것으로 이해할 수 있다. 예를 들어 [+voice] [+nasal]의 성질을 지니는 비음이 성절 자음이 되는 기제를 도해하면 다음과 같다.

(12)　　　C　　　　　　　V
　　　　[+nasal]
　　　　[+voice]　　→　　[+voice]

그러나 공명도가 가장 낮은 무성 파열음은 성절 자음이 될 수는 없다. 자음의 공명도의 정도는 다음과 같다.

(13) 파열음 < 파찰음 < 마찰음 < 비음 < 접근음 < 모음

모음은 당연히 음절을 구성할 수 있다. 접근음도 반모음적 성격을 지니므로 문제가 없다. 비음이 성절 자음을 구성하는 것은 여러 언어에서 관찰할 수 있는 일반적인 현상이다. 문제는 파열음과 비음 사이에 있는 파찰음과 마찰음도 과연 성절 자음을 이룰 수 있는가이다. 뚜안무(2005)는 파찰음 두음의 [-voice] [+stop] [+fricative] 자질 가운데, [+fricative] 자질이 핵음 자리로 전파하는 것으로 설명한다.

(14)　　　C　　　　　　　V
　　　　[-voice]
　　　　[+stop]
　　　　[+fricative]　→　　[+fricative]

파찰음과 마찰음은 파열음보다는 약간 높은 공명도를 지니기 때문에 이론적으로 전혀 불가능하다고 할 수는 없다. 마찰음이 파찰음보다 가능성이 약간 더 높을 것이다. 이들이 유성음이면 더욱 그러할 것이다. 따라서 접근음 [ɻ]가 성절 자음이 될 가능성은 있다. 그러나 표준중국어의 마찰음과 파찰음 [ts, tsʰ, s, tʂ, tʂʰ, ʂ]는 모두 무성음이다. [-voice]인 자음은 공명성이 더 낮을 수밖에 없다. 따라서 그 가능성은 높지 않다. 필자는 무성 파찰음이 성절 자음으로 사용되는 언어가 얼마나 있는지 잘 알지 못한다. 설령 있다고 하여도 많지는 않을 것이다.

물론 모든 음절이 반드시 모음 한 개는 반드시 가지고 있어야 한다고 주장하지는 않는다. 성절 자음은 얼마든지 있을 수 있다. 그러나 표준중국어에서 파찰음 및 마찰음 성절 자음을 인정하는 것은 음운 체계에 별도의 부담을 준다. 가장 일반적인 (O)R(R=N+(C))의 음절구조에 별도로 성절 자음 음절을 추가해야 하기 때문이다. 뚜안무(Duanmu)는 2007년 영문 제2판에서 핵음 N은 V 또는 성절 자음 C가 올 수 있다고 규정하고 있지만, 이들 음절을 간단히 자음과 모음의 결합으로 설명하는 것보다 훨씬 복잡한 음운 체계를 제시하는 결과를 초래하고 있다. 따라서 음운론적 관점에서 본다면 이들 음절을 성절 자음으로 보아야 할 특별한 이유는 없는 셈이다.

5.3 방언에서의 [ɿ]와 [ʅ]

표준중국어에서 [ɿ], [ʅ]의 본질이 문제가 되는 근본적인 이유는 이들이 매우 제한된 환경에서 출현하기 때문이고, 다른 일반적인 모음과 음성학적 성격이 다르기 때문이다. 하지만 중국의 방언을 살펴보면 [ɿ]와 [ʅ]의 본질에 대하여 새로운 시사점을 발견할 수 있다. [ɿ]는 다른 유사 모음으로 실현되기도 하고, 다른 자음과도 비교적 자유롭게 결합하기도 한다.

중남부 방언에서는 교설파찰음과 마찰음이 모두 치음으로 발음되기 때문에 [ɿ]는 사용되지 않는다. 다음은 중남부 방언에서 치파찰음 및 치마찰음과 결합하는 모음들을 『汉语方音字汇』에 근거하여 조사한 것이다.

(15) 중남부 방언에서의 [ɿ]의 분포와 변화

		ts+ɿ		tsʰ+ɿ		s+ɿ	
吴语	苏州	ts,z	ɿ	tsh,s	ɿ	s,z	ɿ
	温州	ts,z	ɿ	tsh,s,z	ɿ	s,z	ɿ
湘语	双峰	ts,dz	ɿ	tsh,dz	ɿ	s,dz	ɿ
	长沙	ts	ɿ	ts	ɿ	s,ts	ɿ
粤语	广州	ts	i	tʃ	i, (ɪk)	ʃ,tʃ	i
	阳江	ts	ei	tʃ	ei	tʃ,ɫ	ei
闽南	厦门	ts	u, i	ts,tsh,s	u,i	s,tsh	u,i,ai
	潮州	ts,z	i, e, ɿ	tsh,s	ɿ.i,(ɯŋ)	s,z	i,ɿ
闽北	福州	ts	y,ie,i,ei,øy	tsh,s,ts	y,øy,ie	s,tsh	y,i,ei
	建瓯	ts	u, i, ɛ	tsh,s,ts	u,i	s,ts	u,i
客家	梅县	ts,s	ɿ,i	tsh,s	ɿ, (iuk)	s,tsh	ɿ,i

중남부 방언에서 [ts, tsʰ, s]는 [ɿ]는 물론 [i, y, ɪ, u, e, ei, ɛ, ai, ɪk, iuk]등 다양한 모음과 결합하는 것을 볼 수 있다. 이는 치음 [ts, tsʰ, s]가 설첨모음 [ɿ]이외의 다른 모음과도 자유롭게 결합할 수 있음을 보여준다. 이는 [ɿ]가 다른 모음과 특별히 달리 처리되어야할 이유가 없음을 말해준다.

한편 북방 관화 방언인 산시(山西)방언에서는 [ɿ]가 [ts, tsʰ, s]는 물론

[pʰ, m, n, l, t, z]등 다른 자음과도 결합이 가능함을 보여준다. 다음 자료는 한 페이링(韩沛玲 2009:366)에서의 인용이다.

(16) 산시방언에서 [ʅ]와 결합되는 다양한 성모

例字		偏关	沁县	武乡	文水	离石	祁县	汾阳
止开三	蟹开三开四							
皮并	批滂	pʰʅ	pʰʅ	pʰʅ	pʰʅ	pʰʅ	pʰʅ	pʰʅ
眉明	米明	mʅ	mʅ	mʅ	mʅ	mʅ	mʅ	mʅ
地定	低端	tsʅ	tsʅ	tsʅ	tʅ	tʅ	tʅ	tʅ
尼泥	泥泥	nʅ	mʅ	nzʅ	nzʅ	nʅ	nzʅ	nʅ
离来	丽来	lʅ	ər	l̩	li	li	li	li
此精	妻清	tsʰʅ	tsʰʅ	tsʰʅ	tsʰʅ	tsʰʅ	tsʰʅ	tsʰʅ
致知	制章	tʂʅ	tsʅ	tsʅ	tsʅ	tsər	tsʅ	tsʅ
基见	鸡见	tsʅ	tsʅ	tsʅ	tsʅ	tsʅ	tsʅ	tsʅ
戏晓	系匣	sʅ	sʅ	sʅ	sʅ	sʅ	sʅ	sʅ
衣影		ʅ	zʅ	zʅ	ʅ	zʅ	ʅ	ʅ

위 자료는 두 가지 면에서 정확성에 의문이 든다. 첫째, 우시앙(武乡) 방언에서 离자와 丽자의 [l̩] 기호 밑점의 의미이다. 이 기호가 교설음을 의미하는지, 성절 자음을 뜻하는지 불분명하다. 이 자만 성절 자음으로 읽힐 가능성이 희박하므로, 이는 교설화된 [l]로 이해하는 것이 더 타당해 보인다. 둘째, 친시앤, 우시앙, 리스같은 방언점에서 衣자의 발음이다. 이 지역에서 衣자의 성모는 유성음 [z]로 표기되었는데, 관화방언에서 중고 유성음 성모는 모두 무성음화 되었으므로, [z]의 표기가 과연 정확한지는 다시 확인해 볼 사항이다. 그럼에도 불구하고, 한 페이링의 위 자료는 설 첨 모음 [ʅ]가 [ts, tsʰ, s, tʂ]는 말할 것도 없고, [pʰ, m, n, l, t, z] 등 다양한

자음과 결합할 수 있다는 사실을 보여주는 귀중한 자료이다. 산시 방언은 [ɿ]가 다른 모음과 특별히 달리 처리되어야할 음운론적 이유가 별로 없음을 말해 준다.

5.4 [ɿ]와 [ʅ]의 역사적 유래

표준중국어의 치음 z, c, s와 교설음 zh, ch, sh, r는 음성운일 경우 대개 중고 止섭자들이다. 린 타오와 껑 전성(林·耿 2004:196)이 재구한 중고 止섭자의 음가는 대개 다음과 같다.

(17) 3等   重纽3等   重纽4等
    之韵 ie   支开 iɛ   支开 jɛ
          支合 iuɛ   支合 juɛ
    微开 iəi 脂开 iɪ   脂开 jɪ
    微合 iuəi 脂合 iɯ   脂合 jɯ

이들 모음은 근대음 시기에 와서야 비로소 설첨 모음으로 바뀌게 된다. 왕 리(王力 1997:569)에 따르면 이들 음들이 송나라 때부터 변화를 하게 되는데 일부는 원래의 [i]음을 유지하거나 [j]로 변하면서 현대에 이르렀다. 또 개구 3등자 가운데 [ie]가 [i]로 변한 후, 일부는 [ɿ]으로 변하고 일부는 [ʅ]로 변하였다고 한다. 따라서 원래 모음 [i]에서 [ɿ]와 [ʅ]로 분파했음을 알 수 있다.

6. 맺는말

　이 장은 표준중국어의 치파찰음 및 마찰음과 결합하는 [ɿ]와 교설파찰음 및 마찰음과 결합하는 [ʅ]가 통설처럼 설첨 모음인지, 성절 자음을 이루는 자음 성질의 음인지를 규명하려고 노력하였다. 이 두 음은 표준중국어의 음운체계에서 논란이 되는 음들이다. 음소 설정의 기준에 명확히 부합하지 않으며 특정한 자음과만 결합한다. 이들의 조음 위치는 각각 [ts], [tsʰ], [s]와 [tʂ], [tʂʰ], [ʂ], [ɻ]와 동일하다. 다만 후행 모음 성분이 주로 혓몸을 이용하여 조음하는 일반적인 모음과 달리 혀끝을 주요 조음점으로 삼기 때문에 설첨 모음이라고 불러왔다. 그러나 후행성분을 모음이 아니라 두음에서 확산된 자음성분으로 보는 학자들은 이들을 성절 자음 요소로 분석하고 있다. 자음에서 전파되는 음으로 정의를 하기에는 청각상으로 모음과 같은 음이 들리는 것이 문제이다. 더욱이 공명성이 아주 작은 무성 파찰음까지 성절 자음이 될 수 있는지도 의문이다. 설첨 모음설을 수용하자니 청각상으로 약간의 마찰 성분이 있는 모음처럼 들리기도 한다.

　따라서 이러한 의문을 해소하기 위하여 이 장은 음성 실험과 음운 분석을 시도하였다. 음성실험을 통하여 얻은 [ɿ]와 [ʅ]의 스펙트로그램과 포먼트 정보는 이 두 음이 대체로 모음의 포먼트를 나타내고 고모음과 유사하다는 것을 보여준다. 이들 음이 전설 고모음 [i]와 완전히 같지는 않지만 그래도 비슷한 위치에서 조음된다는 사실을 알 수 있다. 음운론적 분석에서는 이 두 음이 최소대립쌍을 이루지 않으므로 음소적 기능을 수행하는 것으로 보기 어려우며, 두음의 마찰 자질이 핵음으로 전파되어 무성 파찰음과 마찰음이 성절 자음이 되기에는 이들의 공명도가 너무 낮다는 점을 지적하였다. 또 표준중국어와는 달리 중국 방언에서 [ɿ]와 [ʅ]는 다른 유사 모음으로도 실현되기도 하고, 다른 자음과도 자유롭게 결합하기도 하므로, 이들을 다른 모음과 특별히 다른 성분으로 해석해야 할 필요가 없다고 보았다. 성절 자음으로 해석할 경우에 표준중국어의 음운체계를 불필요하게 복잡하게 만드는 부담이 있다는 점도 강조하였다. 끝으로 [ɿ]와 [ʅ]는 역사적으로도 모음 [i]에서 변화하였으므로, 이를 특별히 자음 성분으로 해석할 이유도 희박하다는 점도 지적하였다.

결론적으로 이 연구는 표준중국어의 [ɿ]와 [ʅ]를 뚜안무 싼이나 린 앤후이의 의견처럼 굳이 성절 자음으로 분석해야할 충분한 이유를 발견하지 못하였다. 초보적인 음성학적 실험과 여러 측면의 음운론적 분석을 통하여 내린 최종 결론은 [ɿ]와 [ʅ]를 기존의 이론처럼 설첨 모음으로 보는 것이 더욱 타당하다는 것이다.[7]

---

[7] 이 글의 초고는 『중국언어연구』 37집(엄·김 2011)에 발표되었는데, 음성학 실험 부분과 일부 내용은 김남지와 공동 연구의 결과이다.

제7장 교설음화의 기제

1. 머리말

중국어 음운론에서 빠지지 않고 다루는 주제가 중국에서 儿化라고 부르는 교설음화이다. 한국에서는 과거에 대개 '얼화'라고 통칭되었으나 한자음으로 '아화'라고 불리기도 했다. 필자는 1996년 정 진취앤(C. Cheng 1973)의 *A Synchronic Phonology of Mandarin Chinese*를 한국어로 번역하면서 '권설음화'라는 용어를 처음 사용하였다. 이후 이 명칭은 자연스럽게 한국 학계에 보급되었다. 필자는 이 책을 2002년과 2007년에 수정 출판하였는데, 2007년 개정판을 내면서 권설음화를 '교설음화'로 바꾸었다. 왜냐하면 그 즈음 필자(엄 2007)는 권설음의 문자적 의미와 달리 표준중국어(SC)의 권설음은 실제로 권설(卷舌 혀가 말림)되지 않고 교설(翹舌 혀가 올라감)되기 때문에 교설음으로 부르는 것이 더 정확하다는 주장을 펼치기 시작했기 때문이다. 따라서 권설음화도 교설음화로 바꾸어 부르는 것이 마땅한 일이었다. 그럼에도 불구하고 1996년부터 필자가 사용해온 권설음화라는 용어가 정윤철(2008), 박종한 외(2012) 등에서처럼 이미 널리 사용되고 있는 실정이다.

아무튼 교설음화가 많은 SC 음운론 연구자들에게 매력적인 이유는 다양한 변이형의 존재와 분석 가능성 때문이다. 이러한 다양성은 아마 교설음화가 지역과 화자에 따라 약간씩 다른 데 기인한다. 다양성에도 불구하고 교설음화의 가장 일반적인 형태는 교설 접미사 儿이 어떤 단어와 결합하여 그 단어의 일부분으로 바뀌는 것이다.

(1) hua 花 + er 儿 → huar 花儿 꽃

이 글에서는 교설음화 현상의 본질과 기제를 규명하는 것을 목적으로 한다. 이 글은 1997년 처음 발표된 이래 여러 번 수정되어 재발표되었는데 변화의 본질은 변하지 않았으나 기제가 많이 수정되었다.

중국어의 교설음화 과정을 정 진취앤(2007:41)은 다음과 같이 요약하고 있다.

(2) 음절 경계와 접미사의 모음 및 성조는 탈락된다. 교설 성분의 유음은 앞 음절의 일부가 된다.

(2)는 (3)과 같이 간단한 법칙으로 나타낼 수 있다.

(3) {#, ɤ, Tone} → ø / σ _____ r

교설음화 과정에서 접미사와 결합하는 단어의 운미가 /-i, -n, -ŋ/일 경우 그 운미는 탈락된다. 다음은 정 진취앤(2007:41)에서의 인용이다.

(4) a. /pʰai ɻ/[pʰar] 牌儿 간판
    b. /kɤn ɻ/[kər] 根儿 뿌리
    c. /kaŋ ɻ/[kɑ̃r] 缸儿 항아리

    (4bc)에서 비음 운미가 탈락한 이유를 정(2007:45-46)은 음절구조상의 제약(phonotactic constraint) 때문으로 해석하고 있다.[1] 정(2007:18)이 제시한 중국어 음절구조는 (C)(M)V(V)(C)이다. 여기서 C(consonant)는 자음, M(medial)은 介音, V(vowel)는 모음을 의미한다. 따라서 *[kənr]이나 *[kaŋr]과 같이 주요모음 뒤에 두 개의 자음이 오는 음절은 표준중국어에서는 불가능하다. 그래서 /-n/과 /-ŋ/이 탈락되는 것으로 주장한다. 한편 (4a)의 경우 음성학적 부합성(phonetic compatibility)이 우선 고려의 대상이다. 즉 교설 접미사는 [-back]인 전설 고모음과는 조음학상 조화를 이루기 어렵다. 따라서 정 진취앤은 /i/와 /r/ 사이에 중설 중모음, 즉 슈와(schwa)가 삽입된다고 본다. 즉 *[pʰaiər] 같은 형태가 되는데, 이 역시 음절구조에 위배된다. 주요모음 뒤에 두 개의 모음(활음)이 올 수 없기 때문이다. 한편 牛儿(소) [njour]나 腰儿(허리) [jaor]은 주요모음 뒤에 두 개의 분절음(segments)이 있으나 모음과 자음이므로 정 진취앤의 음절구조에는 정확히 부합한다.

    그러나 정 진취앤의 음절구조는 [njour]과 [jaor]같은 극소수의 교설음화 음절을 수용하기 위한 것으로, 일반적으로 수용되는 표준중국어 음절

---

[1] 張杰는 학회에서 다 같은 비음 운미인데 -n은 완전히 탈락되는 반면 -ŋ은 비음 자질을 선행 모음에 남기고 탈락되는 이유를 -ŋ의 비음성(nasality)이 더 강하기 때문이라고 했다. 양세욱(2001. 9. 20.)은 보다 구체적으로 비강으로 유입되는 기류의 양이 -ŋ>-n>-m 순이고 구강으로 유입되는 기류의 양은 그 역순이기 때문에 -ŋ의 비음 성분이 가장 크다고 했다. 이는 중고 양성자 운미가 중국 방언에서 -m>-n>-ŋ 순으로 탈락되는 것과도 연관이 있어 보인다.

구조와는 차이가 난다. SC 음절구조에 관한 기존 학설은 (C)(M)V(E) (Ending=V/C)이다. 즉 주요모음 뒤에 모음이든 자음이든 오직 한 개의 분절음만 올 수 있다. 그렇다면 牛儿 [njour]이나 腰儿 [jɑor] 같은 음절은 마땅히 비정상적인 것으로 보아야 한다. 그러나 문제는 표준중국어 원어민들이 이들을 잘못된 음절로 생각하지 않는다는 점이다. 따라서 이 글은 교설음화가 음절구조와 밀접한 관계가 없다는 가정 하에서 표준중국어의 교설음화와 음절구조와의 관계를 세밀히 고찰하여 이러한 모순을 해결해 보려고 한다. 이 글에서는 다음 세 가지 사항을 중점 검토하고자 한다.

(5)   a. 교설음화 접미사의 본질
      b. 교설음화 기제(mechanism)
      c. 표준중국어의 음절구조

이 세 가지 연구 주제는 그 동안 학계의 활발한 논쟁 대상이었지만 아직도 논란은 계속되고 있다. 교설음화 접미사 儿의 본질은 도대체 무엇일까? 모음 [ɚ]일까, 자음 [r]일까? 이도 저도 아니면, 모음과 자음이 결합된 [ər]일까? 이에 대한 견해는 학자마다 다른 형편이다. 또 표준중국어 교설음화는 교설 접미사의 추가로 이루어지는 것인가, 아니면 어떤 독립된 분절음의 추가 없이 모음의 교설음화만 일어나는 것일까? 표준중국어의 음절구조는 최근 음운학 이론의 발전과 더불어 여러 가지 학설이 제기되고 있다. 아무튼 앞에 제기한 두 가지 문제는 음절구조와 밀접한 관련이 있으므로, 이 장은 교설음화가 음절구조와 관련하여 이 세 가지 문제에 있어서 어떤 분석이 가장 타당한지를 검토하려고 한다.

2. 자음 운미설의 문제

교설 접미사 儿의 본질에 대한 미국의 과거 학설은 주요모음과 자음 운미의 결합으로 보는 것이다. 예를 들어 정 리앙웨이(鄭良偉 R. Cheng 1966:144), 정 진취앤(C. Cheng 1973:24), 쉬에 펑성(Hsueh 1980:504, 薛凤生 1986:79), 최영애(2000:116-117), Sun(2006) 등이 모두 이러한 견해를 갖고 있다. 이들은 교설 접미사 儿의 기저형을 각각 /er/, /ɤr/, /ir/로 분석했다. 이들의 분석은 외견상 달라 보이지만 본질적으로는 동일하다. 즉 모음과 독립적인 분절 자음 /r/의 결합으로 보는 것이다. 정 리앙웨이(R. Cheng 1966:144)와 쉬에 펑성(薛 1986:11)은 /-r/이 /-n, -ŋ, -i, -u/와 함께 중국어의 운미임을 분명히 밝히고 있다. 나아가 쉬에 펑성(薛 1986:79)은 /-r/이 현대 표준중국어의 운미임은 불변의 사실이 되었다고 강조하고 있다. 한편, 정 진취앤은 /-r/이 운미의 하나라고 분명히 주장하지는 않았지만, 그의 1973년 책을 보면, 그 또한 /-r/을 자음 운미로 간주하고 있음을 쉽게 알 수 있다.

한편 표준중국어의 음절구조에 관한 가장 전통적인 생각은 쉬에 펑성(Hsueh 1980:495)의 주장대로 (C)(M)V(E)이다. 운미는 자음 또는 모음 한 개만 올 수 있다(E=C/V). 이러한 음절구조는 (6a)와 같이 대개 교설음화 음절에 잘 부합하지만, (6b-d) [ɑor], [jɑor], [njour]과 같이 운미가 /-u/인 경우에는 문제가 생긴다. 이 경우 접미사의 운미 /-r/은 결합하는 어근의 운미 /-u/를 대체하지 않고 부가되므로 교설음화된 음절은 두 개의 운미를 갖는 결과가 되고 만다. 이는 분명히 현대 표준중국어의 전통적인 음절구조에 위배된다. 다음은 정 진취앤(2007:47)에서 인용한 예이다.

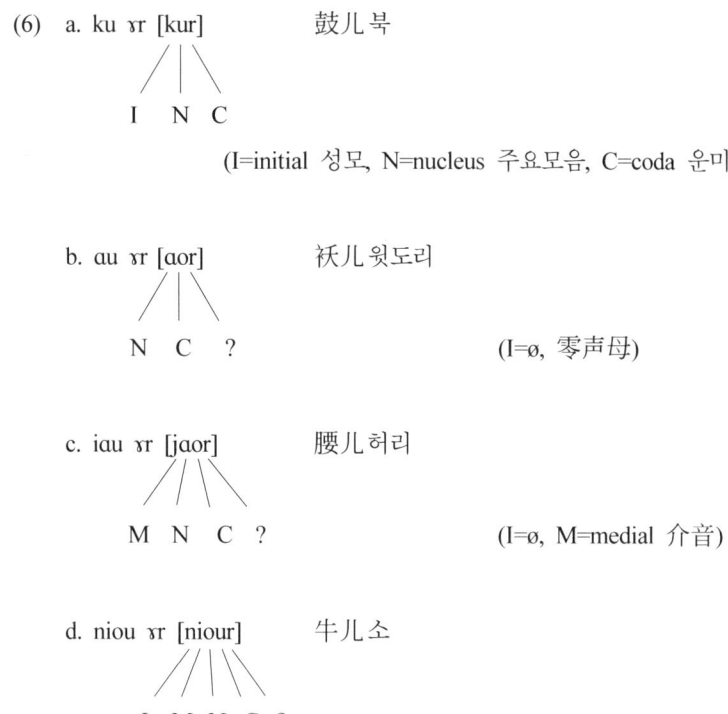

그럼에도 불구하고 이를 잘못된 음절로 생각하는 중국 사람은 아무도 없다. 그 이유는 무엇인가? 음절구조를 달리 보면 문제가 해결될 수 있을까? 정 리앙웨이(R. Cheng 1966:146)가 제시한 (7)의 구조는 일견 복잡해 보이지만 전통적인 (C)(M)V(E) 구조와 다를 바 없다. 따라서 다음에 예시한 바와 같이, 운미 /-u/와 결합된 교설음화 음절구조와 잘 부합하지 않는다.

(7)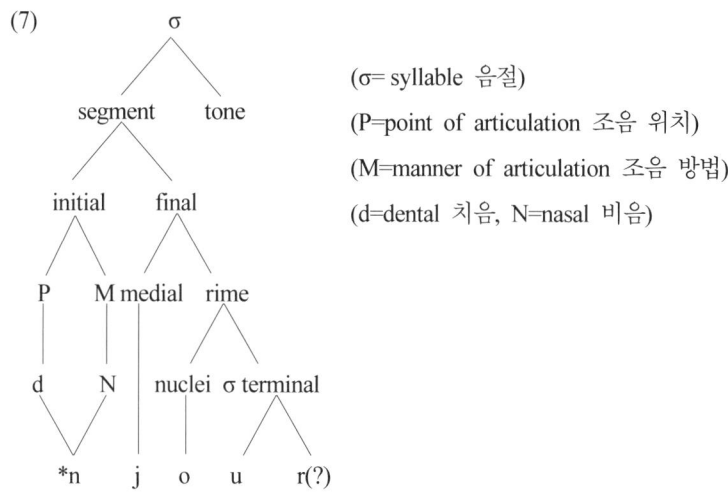

(σ= syllable 음절)
(P=point of articulation 조음 위치)
(M=manner of articulation 조음 방법)
(d=dental 치음, N=nasal 비음)

한편 정 진취앤(2007:18)의 음절구조 (8)은 운미에 모음과 자음이 순차적으로 동시에 올 수 있으므로 위에서 제기한 문제를 해결할 수 있어 보인다.

(8)

声调					
	韵母				
		韵			
				韵尾	
声母 n	介音 j	主要母音 o	母音韵尾 u	子音韵尾 r	

정 진취앤의 위 음절구조는 牛儿 [njour] 같은 음절에 잘 부합한다. 왜냐하면 각 분절음이 순서대로 성모 (n), 개음 (j), 주요모음 (o), 모음 운미 (u) 및 자음 운미 (r)로 음절화(음절로 나누어짐 syllabification)되기 때문이다. 그러나 그의 음절구조는 고대 중국어나 일부 방언의 경우 성립할

수 있을지 몰라도, 현대 표준중국어 음절구조로는 부적절하다.[2] 왜냐하면, 민(閩) 방언에서는 [kiauʔ](厦門)과 같이 모음과 자음 운미가 한 음절에 공존하거나, [tsienʔ](剪)이나 [ŋianʔ](仰)(海南島)과 같이 자음 운미가 두 개 있을 수도 있지만, 표준어에서는 이러한 음절이 /-ur/이외 있을 수 없기 때문이다.[3] 그러므로 정 진취앤의 음절구조 (8)은 받아들이기 곤란하다.

따라서 鸟儿 [njaur], 票儿 [pʰjaur] 등 운미가 두 개인 음절은 중국어의 전통적인 음절구조에 위배된다고 볼 수 있다. 그럼에도 불구하고 이들 음절이 중국인들에게 전혀 문제가 없이 받아들여지는 것은 교설 접미사의 본질에 대한 해석에 문제가 있든지, 아니면 교설음화 과정에 대한 이해가 잘못되었든지, 그것도 아니면 음절구조에 대한 기존 학설에 문제가 있음을 시사한다.[4]

3. 이중 모음설의 문제

한편 우 쫑지(吳宗济 1992)와 리 쓰징(李思敬 1994, 원래 1986)은 교설 접미사를 이중 모음으로 본다. 우 쫑지(吳 1992:92, 182)는 실험 음성학 연구에 근거하여 전통적 분석을 거부하고 儿이 슈와와 고설첨모음 [ɿ]

---

[2] 정 진취앤은 학회 현장에서 (C)(M)V(V)(C)는 현대 중국어는 물론 고대 중국어 및 현대 방언에서 흔히 볼 수 있는 구조이며, /-ur/과 같은 교설음화 음절에도 잘 부합하므로 자신의 음절구조가 타당하다고 계속 주장했다.

[3] 시아먼 방언에서 [ŋĩ kiauʔ kiauʔ]는 대충 硬梆梆(매우 굳고 단단한 모양)에 해당하는 의미이다. 방언 자료는 林과 王(1992:103)에서 인용했다.

[4] Chao(1968:19)는 "운모는 개음, 주요모음, 운미의 세 부분으로 이루어져 있다. 그러나 明儿 miengl '내일'처럼 교설음화 음절의 경우 운미가 두 개일 수도 있다"고 주장한다. 이를 보면 Chao도 /l/ (<-erl)을 교설 접미사의 운미로 처리하고 있음을 알 수 있다.

와 비슷한 모음으로 구성되어 있다고 주장한다. 한편 리 쓰징은 주요모음 [ə]와 운미 [ɻ]로 구성된 음절이라고 확언하고 있다. 그는 자신의 분석 근거를 명확히 밝히지는 않았지만, 그의 주장은 음성학적 분석과 무관해 보이지는 않는다. 아무튼 이들의 분석 또한 이 글이 제기하고 있는 문제를 해결해 주지는 않는다. 리 쓰징(李 1994:109-112)에 따르면, 표준중국어의 교설음화는 다음과 같은 유형이 있다.

(9) a. kua + ɚ   → [kuaɻ]   (香)瓜儿   (참)외
     b. kə + ɚ   → [kɚ]   (唱)歌儿   노래 (부르다)
     c. tɕie + ɚ   → [tɕiɻ]   (台)阶儿   섬돌, 계단
     d. i(ə) + ɚ   → [iɻ]   (树)荫儿   (나무) 그늘
     e. tɕʰy + ɚ   → [tɕʰyɻ]   (有)趣儿   (재미/흥미) 있다
     f. tʂʅ + ɚ   → [tʂɚ]   (树)枝儿   (나무) 가지
     g. tsʰɿ + ɚ   → [tsʰɚ]   (挑)刺儿   가시(를 빼다)
     h. ʂu + (ə)ɚ → [ʂuɻ]   (松)鼠儿   (다람)쥐
     i. niou + (ə)ɚ → [niouɻ] (顶)牛儿   소(뿔로 서로 받다)
     j. pʰiau + (ə)ɚ → [pʰiauɻ] (绑)票儿   표(를 묶다=납치/유괴하다)

리 쓰징(李 1994:111-112)의 분석은 다음과 같이 요약할 수 있다:

(10) a. 어근의 주요모음이 /a/이고 운미가 없으면, 접미사의 슈와는 滑音(glide)이 된다. 예) a + ɚ → aɻ
     b. 어근의 주요모음이 /ə, e, i, y, ʅ, ɣ/이면, 접미사의 슈와는 그대로 남든지 활음이 된다.
     c. 어근의 주요모음이나 운미가 /u/이면, 접미사의 슈와는 탈락하고 교설 성분만 [u]에 병합(merge)된다.

리 쓰징의 이러한 분석에는 몇 가지 문제점이 있다. 첫째, 슈와의 첨자

사용에 일관성이 없다. 생략해야할 것도 있고 주요모음으로 실현되어야 할 것도 있다. 예를 들어 (9a) [kuaᵊŋ]에서 슈와는 불필요하다. 왜냐하면 후 위수(胡裕树 1992:137) 등 대부분의 학자들이 실제 발음을 [kuaɻ]로 보기 때문이다. 설령 리 쓰징의 표음방법을 따라도 [kuaɻ]이지 [kuaᵊŋ]은 아니다. 따라서 (9a) [kuaᵊŋ]에서 슈와는 생략 가능하지만, (9cde) [tɕiᵊŋ], [iᵊŋ], [tɕʰyᵊŋ]에서 슈와는 동일하게 위첨자로 표기되어 있더라도 생략될 수 없다. 이들 음절에서 슈와는 오히려 주요모음 역할을 하고 있다. 그렇다면 (9cde)는 각각 [tɕiəŋ], [iəŋ], [tɕʰyəŋ]로 표음되는 것이 더 적절하다.

리 쓰징은 또 첨자를 어떤 경우에는 분절음으로 사용하고 어떤 경우에는 단순히 음운 자질로 사용하여 혼동을 야기한다. 예를 들어, 첨자 /ᵊ/가 (9cde)에서는 분절음으로 사용되었으나, (9hij)에서는 교설음 자질로 사용되었다.

둘째, (10c)도 보완이 필요하다. 그(李 1994:112)는 [u]를 발음할 때의 혀끝의 위치나 [ɻ]를 발음할 때 혀끝의 위치는 비슷하여 움직일 필요가 없고, 교설 작용이 [u]를 발음함과 동시에 일어난다고 주장한다. 이것이 바로 그가 (9hij)에서 /ɻ/를 첨자 /ʵ/로 표기하여 "교설음의 색채"만 나타낸 이유이다. 그러나 그는 교설 접미사가 왜 /-u/로 끝나는 음절에서만 병합(merge)이 되는지를 명쾌히 설명해야 할 것이다. 왜냐하면 비고모음이나 비전설모음 /-ə, -ɤ, -o, -ɑ/로 끝나는 음절도 교설음화 시 혀끝이 많이 이동하지 않기 때문이다.

종합적으로 리 쓰징(李 1994:130)은 교설 접미사를 /aɻ/, /ɚ/, /aʵ/, /əʵ/, /uʵ/ 등 다섯 가지 음소로 해석하고 있는데, 그의 이러한 해석은 다양한 표면형의 변이형을 적절히 설명할 수 있을지는 몰라도 이들을 각기 개별 음소로 보기에는 무리가 있다. 따라서 그의 분석은 설득력이 약하다.

표준중국어의 음절구조에 대하여, 우 쫑지(吳 1992:127-129)는 기존 학설을 따르고 있다. 교설 접미사의 소리 값에 대한 자신의 분석([ɻ])과 달리, 그(吳 1992:186-190)는 여전히 /-r/을 사용하여 교설음화 음절을 표기하고 있다. 예를 들어 (小)猴儿, (小)鸟儿, (小)球儿를 [xəur], [niaur], [tɕʰiəur]로 각각 표기하고 있다.5 이러한 음절이 표준중국어의 전통적인 음절구조에 부합하지 않음은 앞에서 이미 지적한 바이다. (11)에서 보는 바와 같이, /-r/을 /-ɻ/로 바꾼다 하더라도 마찬가지이다.

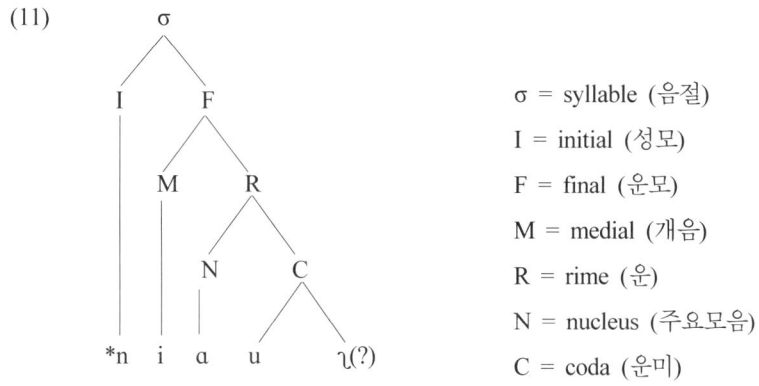

우 쫑지는 표준중국어의 음절구조를 명확하게 제시하지 않고 있다. 그러나 그의 연구의 틀은 일반적으로 전통적인 방법에 의거하고 있으므로, 음절구조 또한 전통적인 구조를 지지하는 것으로 이해할 수 있다. 그렇다면 鸟儿 [niauɻ]을 전통적인 음절구조에 적용하면, 운미가 두 개가 되어 부적절하게 된다.

---

5 각 음절의 성모는 필자가 보완했다.

4. 운 조화설의 문제

뚜안무 싼(端木三 Duanmu 1990:53)은 교설 접미사의 기저형이 기존 학설과는 달리 교설 모음 /r/이라고 주장하였다. 뚜안무(Duanmu 2007: 216)의 제2판에서 간단히 요약하고 있는 그의 초기 규칙은 다음과 같다.

(12) a. 앞 음절의 말음을 [r]로 교체하라.
　　 b. 동반 가능한 자질을 재부가하라.
　　 c. 부가되지 않은 자질은 표면형에 나올 수 없다.

이러한 규칙은 다음과 같은 과정을 도출한다.

(13) | 입력 | 교체 | 재부가 | 표면형 |
|---|---|---|---|
| a | ar | - | ar |
| i | ir | - | ir |
| au | a(u)r | ar^w | ar^w |
| aŋ | a(ŋ)r | ãr | ãr |
| an | a(n)r | - | ar |
| ai | a(i)r | - | ar |

뚜안무의 초기 이론은 [+비음] 자질이 왜 [ŋ]에서는 보존이 되는 반면에 [n]에서는 보존되지 않는지와 [i]를 교설음화 했을 때 왜 [iər]로 되지 않는지를 효과적으로 설명하지 못하는 단점이 있었다. 또 au를 교설음화하면 왜 aur이 되지 않고 ar^{w}가 되는지도 설명이 필요하다. 뚜안무(Duanmu 2000:203)는 나중에 ar^{w}를 au^{r}로 바꾸어 표기하였다. 둘 다 음절구조의 제약을 회피하기 위한 고민의 결과로 보인다. 그(2011 개인 통신)는 단지

표기의 차이에 불과하다고 하지만 일관성이 없다는 지적을 피하기 어렵다. 본질적인 문제는 교설음화 어미를 [r]로 표기하여, 그 본질이 분절음인지 자질인지가 명확하지 않았던 점이다. 그 결과 표면형에 [ar]과 [auʳ]에서처럼 [r] 과 [ʳ]이 다 출현하는 결과를 초래하고 있다.

그러나 뚜안무(2005:326, Duanmu 2007:219)는 자신의 초기 이론을 대폭 수정하여, 기저형 /ɚ/에 기반한 비교적 간략한 교설음화 규칙을 수정 제시하고 있다.

(14) a. [ɚ] 추가: 만약 음성적으로 부합하지 않으면 말음을 [ɚ]로 교체하고, 부합하면 말음에 [ɚ]를 추가하라.
　　 b. 운 조화(Rhyme-Harmony): 운은 [교설]자질에서 서로 다를 수 없다.
　　 c. 중모음(Mid): 핵음의 기정치 높이는 중모음이다.

뚜안무의 새로운 규칙은 기본적으로 왕 즈지에(Wang 1993)의 제안을 따른 것이다. 이 이론을 이 책에서는 운 조화설로 부르고자 한다. 다음은 이 규칙을 SC의 19가지 운에다 단계별로 적용한 결과로 뚜안무(2005:326-327, Duanmu 2007:219-220)에서의 인용이다.

(15) | 기저형 | [ɚ] 부가 | 조화 | 중모음 부가 | 표면형 | 예 |
| --- | --- | --- | --- | --- | --- |
| z | zɚ | (z)ɚ | (z)əɚ | (z)əɚ | tsz/tsəɚ | 字 '글자' |
| ʐ | ʐɚ | (ʐ)ɚ | (ʐ)əɚ | (ʐ)əɚ | tʂʐ/tʂəɚ | 枝 '가지' |
| i | iɚ | (j)ɚ | (j)əɚ | (j)əɚ | tɕi/tɕəɚ | 鸡 '닭' |
| in | iɚ | (j)ɚ | (j)əɚ | (j)əɚ | tɕin/tɕəɚ | 今 '지금' |
| y | yɚ | (ɥ)ɚ | (ɥ)əɚ | (ɥ)əɚ | ɥy/ɕəɚ | 鱼 '물고기' |
| əi | əɚ | - | - | əɚ | pəi/pəɚ | 碑 '비석' |
| ən | əɚ | - | - | əɚ | kən/kəɚ | 根 '뿌리' |

u	uɚ	-	-	uɚ	hu/huɚ	湖 '호수'
o	oɚ	-	-	oɚ	wo/woɚ	窝 '둥지'
e	eɚ	-	-	eɚ	ɥe/ɥeɚ	月 '달'
ɤ	ɤɚ	-	-	ɤɚ	kɤ/kɤɚ	歌 '노래'
a	aɚ	-	-	aɚ	pa/paɚ	把 '손잡이'
ai	aɚ	-	-	aɚ	pʰai/pʰaɚ	牌 '패'
an	aɚ	-	-	aɚ	pʰan/pʰaɚ	盘 '접시'
au	auʳ	-	-	auʳ	tau/tauʳ	刀 '칼'
əu	əuʳ	-	-	əuʳ	kəu/kəuʳ	钩 '갈고리'
əŋ	əŋʳ	-	-	əŋʳ	təŋ/təŋʳ	灯 '등'
aŋ	aŋʳ	-	-	aŋʳ	kaŋ/kaŋʳ	缸 '항아리'
uŋ	uŋʳ	-	-	uŋʳ	kʰuŋ/kʰuŋʳ	空 '틈'

위 표를 보면 핵음이 설첨 모음이거나 고모음인 경우 모음과 [ɚ] 사이에 슈와가 삽입되었다. 또 말음이 i 와 n인 경우 교체가 되었고 다른 경우에는 추가되었다. 그런데 뚜안무(Duanmu 2007:220)는 스스로 다음 세 가지 문제를 지적한다.

(16) a. [uɚ]과 [aɚ]에는 왜 [ə] 삽입이 일어나지 않나?
     b. 교설음화하지 않은 성절 자음 [z̩]와 [ʐ̩]에는 왜 [ə] 삽입이 일어나지 않나?
     c. [əŋʳ aŋʳ uŋʳ]은 다른 연구에서는 왜 [ə̃r ãr ũr]로 표기되는가?

여기에 대한 뚜안무의 대답을 간단히 요약하면 다음과 같다.

(17) a. 슈와 삽입은 핵음의 기정치 높이가 중모음일 때 적용 가능하다. 그런데 핵음 [u]와 [a]는 고모음과 저모음으로 높이가 정해져 있다.

b. [z]와 [ʐ]는 두음 위치에서 [+마찰음]의 자질을 가지는데, 마찰음은 성도의 상당한 수축을 수반한다. 그러나 중모음 또는 [-고모음] 자질은 입이 벌어질 수밖에 없으므로 [마찰음] 자질과는 동반하기 곤란하다.
c. [əŋʳ aŋʳ uŋʳ]은 본질적으로 [ɔ̃ɚ ãɚ ũɚ]또는 [ɔ̃˞ ã˞ ũ˞]과 유사하다.

결론적으로 뚜안무(Duanmu 2007:221)는 SC의 19개 운을 11개 교설음화 운으로 줄여 다음과 같이 제시한다.

(18) 비교설음화 운(19개 운)   교설음화 운(11개 운)
z r əi ən i in yn   ɚɚ 또는 [ɚ:]
u   uɚ
o   oɚ
e   eɚ
ɤ   ɤɚ 또는 [ɤɚ:]
a ai an   aɚ
au   auʳ
əu   əuʳ
əŋ   əŋʳ
aŋ   aŋʳ
uŋ   uŋʳ

뚜안무의 교설음화 운 조화 이론은 초기 이론보다 간결해지고, 또 음절 구조에 위배되지 않는 장점이 있다. 그러나 여전히 몇 가지 개선의 여지를 갖고 있다.

(19) a. [ɚɚ uɚ oɚ aɚ]은 단모음이 아니라 이중 모음처럼 인식될 수 있다.
b. u+ɚ=[uɚ]과 au+ɚ은 [auʳ]에서처럼 동일한 자질이 어떤 때에는 [ɚ]으로

어떤 때에는 [ʳ]로 표기되면 이것이 분절음인지 자질인지 불분명하게 보인다.

5. 새로운 해결 방안

교설음 접미사 儿의 본질이 무엇이든 표준중국어의 음절구조가 어떠하든지 간에 기존의 연구에 공통점이 하나 있다. 그것은 儿이 음절구조의 한 마디(node)를 반드시 차지한다는 사실이다. 다시 말해 흔히 /r/로 표기되는 교설음 요소가 음절의 전부 또는 일부에 부착되는 것으로 보고 있다.[6] 심지어 왕 즈지에(Wang 1993)같이 교설음화 성분을 자질로 명확히 보고 있는 학자도 다음과 같이 자질과 분절음을 섞어 표기한다.

(20) a   ạ
      ə   ə̣
      əi   ə̣r

왕의 체계에서 슈와 밑에 아래 점을 찍은 [ə̣]와 그 뒤에 [r]을 추가한 [ə̣r]의 음성적 차이는 분명하지 않다. 한편 왕 즈지에(王志洁 1997)는 자질 기하학(feature geometry) 이론에 근거하여 표준중국어의 전설 운모(/ɻ̩ ɿ i u ɛ ay əy an ən/)는 교설음화시 운미가 탈락한 다음 [ər] [ar] 등으로 실현되고, 비전설 운모(/a ɤ o u aw əw aŋ əŋ/)는 운미 탈락이나 추가 없이 [ạ] [ọ] [ụ] [ạw] [ə̣w] [ạŋ] 등으로 실현된다고 주장한다.[7] 교설음화 과정

---

[6] 유일한 예외는 (10c)에서 거론한 李의 분석이다.
[7] 비선형음운론(nonlinear phonology)은 음운 요소가 하나의 층위에서 단선적으로

은 아마 왕의 주장대로 운미의 [+/-front] 자질에 따라 다르게 작용할 수도 있을 것이다. 그러나 왕의 주장을 그대로 받아들이기에는 몇 가지 의문이 생긴다. 연구개 비음 운미 /-ŋ/을 어떻게 교설음화할 수 있을까? 연구개 비음 운미는 (4c)처럼 탈락하고 주요모음을 비음화하는 것이 아닌가? 耙儿(/pʰa+er/ 써레)과 牌儿(/pʰai+er/ 간판)의 발음이 정말 [pʰã]와 [pʰãɻ]로 다르게 나타날까?[8] 만약 다르다면, [pʰã]와 [pʰãɻ]의 실제 발음상의 차이는 과연 무엇인가? 이러한 의문은 간단히 풀릴 것 같지 않다. 따라서 현재의 필자는 왕의 분석을 완전히 받아들일 수는 없다.

한편 린 앤후이(2010:281, 285)는 교설음화 기제를 다음과 같이 이원화한다.

(21) a. 저모음, 전설 고모음, 이중 모음, 비음 운미: 복합운 형성
　　　b. 중모음, 후설 고모음: 단순운 형성

복합운을 형성할 경우에는 분절음 [ɻ]이 추가되고, 단순운을 형성할 경우에는 자질 [']이 추가된다는 의미이다. 몇 가지 예를 인용하면 다음과 같다.

(22) a. 画儿 [xwaɻ]　　　鸡儿 [tɕiəɻ]　　　票儿 [pʰjaʊ']
　　　(一)会儿 [xwəɻ]　　官儿 [kwaɻ]

배열되는 것이 아니라 여러 층위를 구성한다고 보았다. 예를 들어 분절음과 성조는 서로 다른 층위에 존재한다고 보는데, 한 층위 안에서의 자질은 단선적으로 존재한다고 보았다. 그러나 자질 기하학은 독립된 층위의 자질은 기능에 따라 서로 다른 계층구조를 이룬다고 본다.

[8] 耙儿(/pʰa+er/ 써레)과 牌儿(/pʰai+er/ 간판)의 발음이 다를 수 있는 가능성은 耙는 [pʰɑ]로 발음되고 牌는 동화 작용에 의해 [pʰai]로 발음되는 경우이다.

b. 歌儿 [kɤ˞]   鼓儿 [ku˞]

그러나 린 앤후이는 이중 모음을 가진 票儿 [pʰjau˞]와 (一)会儿 [xwəɹ]의 [ɹ] 표기가 왜 달라야 하는지, 중모음이나 후설 고모음이 교설음화하면 왜 말음 자리를 차지하지 않고 핵음에 부가되는지 명확히 설명을 하지 않고 있다.

사실 교설음화의 원리에 대한 기존 이론은 교설음화한 음절구조를 어떻게 해석할 것인가에 혼란을 야기한다. 이러한 문제점은 전통주의자들의 儿化의 원리에 대한 해석을 주의 깊게 경청하면 해결할 수 있어 보인다. 중국의 전통주의자들은 儿의 교설음화 요소가 다른 음절에 부가되는 것이 아니라 그 음절의 모음의 성질을 교설음으로 바꿀 뿐이라고 본다. 어떤 음절의 모음의 성격이 교설음으로 바뀌는 것이지, 교설음이라는 독립된 분절음이 추가되는 것이 아니라는 견해이다.

후앙 뽀롱과 랴오 쉬똥(黄伯荣·廖序东 1991:68-70)이나 후 위수(胡裕树 1992: 69) 같은 중국어학자들은 일찍이 儿을 단모음으로 보았다. 이들은 r이 어떤 음절의 운미일 경우 해당 음절의 모음이 교설음화한 것을 나타낼 뿐이라고 본다. 예를 들어 후 위수(胡 1992:137)는 [nar, ɕiar, kuar, pʰor, xuor]에서 r은 각 음절의 운미 같이 보이지만, 실제는 선행 모음이 교설음화된 것을 나타내는 부호에 불과하다고 한다. 나아가 후앙과 랴오(黄·廖 1991:69-70)는 한어병음의 r은 자음 운미를 나타내는 것이 아니고 모음의 교설음적 성질을 나타내는 것이라고 분명히 밝히고 있다. 따라서 전통주의자들의 견해에 따르면 r은 독립된 분절음이 아니므로 음절구조에서 한 자리를 차지할 수가 없다.

후앙과 랴오(黄·廖 1991:69-70, 122), 린(林祥楣 1991:53, 86), 후(胡

1992:69, 137), 쉬(许威汉 1995:165) 등 중국에서 널리 통용되는 SC 교과서들의 儿化, 즉 교설음화에 대한 설명을 종합하면 (23)과 같다.

(23) a. er의 r은 독립적인 분절음으로서의 가치는 없다. 이는 특수한 단모음으로 r은 단지 교설음적 성격을 표시해 줄 뿐이다.
b. 교설 접미사 儿은 결합되는 음절의 운을 교설음화시킨다. 교설음화 과정은 모음의 조음과 동시에 일어난다.

이들의 설명을 보면 교설음화는 교설 분절음이 다른 음절에 추가되어 일어나는 것이 아님을 알 수 있다. 이러한 가정이 맞는다면 이 글에서 시종 제기한 음절구조의 제약 문제가 자연적으로 해결된다. 교설 접미사 儿 er에서 r은 "가짜" 분절음으로 모음의 교설음적 "자질(feature)"을 나타내는 부호에 지나지 않는다.[9] 그렇다면 교설음 자질을 나타내는 가장 정확한 방법은 왕 즈지에처럼 아래 점을 찍는 것보다, 위첨자 ʳ로 표기하는 것이다.[10]

위와 같은 기존 인식을 바탕으로 엄익상(严翼相 2006b:41)은 다음과 같은 교설음화규칙을 제안하였다.

---

[9] 뚜안무와 풀리브랭크(Pulleyblank 개인 담화)도 儿을 자질(feature)로 보면 문제가 간단함에 동의했다.
[10] 표기상의 편의를 위해 마지막 모음 밑에 점을 하나 찍을 수도 있을 것이다. Pullum and Ladusaw(1986:213)에 의하면, 아래 점은 교설음을 나타내는 공식적인 I.P.A. 표기법은 아니다. 그러나 아래 점은 산스크리트로 인도어와 드라비다어를 표기하기 위해 사용된 이래, 교설음을 나타내는데 가장 널리 사용되고 있다. 이러한 방법은 필자의 독립적인 연구에서 먼저 고안되었고, 나중에 왕 즈지에도 유사한 방법을 사용하는 것을 알게 되었다. 필자는 1997년 한글 논문과 2002년 책에서는 아래 점을 사용했으나, 여기서는 아예 위첨자를 사용한다.

(24) a. 교설음 자질 ʳ을 선행하는 음절에 부가한다.
　　　b. 설첨 모음 [ɿ] [ʅ]와 전설 운미 [i]와 [n]은 탈락한다.[11]
　　　c. 탈락한 설첨 모음 자리와 ʳ사이 및 전설 고핵음과 ʳ 사이에 슈와를 삽입한다.

앞서 (15)에서 인용한 뚜안무의 예를 이 규칙에 따라 예시하면 다음과 같다.

(25) 기저형　ʳ부가　전설음탈락　슈와삽입　표면형　예

기저형	ʳ부가	전설음탈락	슈와삽입	표면형		예	
ɿ	ɿʳ	ʳ	əʳ	əʳ	tsɿ/tsəʳ	字	'글자'
ʅ	ʅʳ	ʳ	əʳ	əʳ	tʂʅ/tʂəʳ	枝	'가지'
i	iʳ	-	iəʳ	iəʳ	tɕi/tɕiəʳ	鸡	'닭'
in	inʳ	iʳ	iəʳ	iəʳ	tɕin/tɕiəʳ	今	'지금'
y	yʳ	-	yəʳ	yəʳ	y/yəʳ	鱼	'물고기'
əi	əiʳ	əʳ	-	əʳ	pəi/pəʳ	碑	'비석'
ən	ənʳ	əʳ	-	əʳ	kən/kəʳ	根	'뿌리'
u	uʳ	-	-	uʳ	hu/huʳ	湖	'호수'
o	oʳ	-	-	oʳ	wo/woʳ	窝	'둥지'
e	eʳ	-	-	eʳ	ɥe/ɥeʳ	月	'달'
ɤ	ɤʳ	-	-	ɤʳ	kɤ/kɤʳ	歌	'노래'
a	aʳ	-	-	aʳ	pa/paʳ	把	'손잡이'
ai	aiʳ	aʳ	-	aʳ	pʰai/pʰaʳ	牌	'패'
an	anʳ	aʳ	-	aʳ	pʰan/pʰaʳ	盘	'접시'
au	auʳ	-	-	auʳ	tau/tauʳ	刀	'칼'
əu	əuʳ	-	-	əuʳ	kəu/kəuʳ	钩	'갈고리'

---

[11] 원문에서 전설운미에 [–i, -n]과 함께 [–y]가 포함된 것은 단순 오류이므로 여기서는 삭제한다.

əŋ	əŋʳ	-	-	əŋʳ	təŋ/təŋʳ 灯 '등'
aŋ	aŋʳ	-	-	aŋʳ	kaŋ/kaŋʳ 缸 '항아리'
uŋ	uŋʳ	-	-	uŋʳ	kʰuŋ/kʰuŋʳ 空 '틈'

엄익상의 2006년 규칙은 원하는 표면형을 원만히 유도해 낼 수 있으므로 이 책의 2012년 초판에 그대로 인용되었다. (24b)는 음의 부합성(sound compatibility) 관점에서 이해할 수 있다. 교설음화 자질은 [-front]의 자질을 지니므로 [+front] 자질의 설첨 모음과 전설 운미가 탈락한다고 볼 수 있다. 그렇다면 [+front]인 핵음 [i]와 [y]는 왜 탈락하지 않는지 설명이 곤란하다. 원음의 정체성을 유지하기 위하여 핵음이 보존된다면, 설첨 모음이 핵음인 경우 설첨 모음은 왜 탈락하는가? 또 설첨 모음이 탈락되고 두음만 남은 음절에 교설음화 자질이 부가된 다음 슈와가 삽입되는 (24)번 규칙의 적용 순서는 교설음화가 모음의 성격을 바꾸는 것이라는 점에서 좀 어색하다. 따라서 제2판에서는 (24bc)의 순서를 바꾼 규칙을 제안한다.

(26) a. 儿의 교설음 자질 ʳ을 선행하는 모음에 부가한다.
    b. 설첨 모음 [ɿ] [ʅ]이나 전설 고모음 핵음 [i] [y]와 ʳ 사이에 슈와를 삽입한다.
    c. 설첨 모음과 전설 운미 [i]와 [n]은 탈락한다. 단 운미 [n] 탈락 후 전설 고음 핵음 [i]나 [y]만 남을 경우 (26b)의 슈와 삽입 규칙을 한 번 더 적용한다.

(26b)에서 슈와가 삽입되는 이유는 역시 음의 부합성(sound compatibility)이다. 전설 운미 [i]와 [n]하고 교설음 자질 또한 서로 부합하지 않음에도 불구하고 전설 운미 뒤에는 슈와가 삽입되지 않는 이유는 두 개의 운미를

허용하지 않는 음절 구조의 제약 때문이다. (26c)에서 설첨 모음과 전설 운미가 탈락하는 이유 또한 음의 부합성 때문이다. 새로 제시한 (26)번 규칙에 따라 (15)를 다시 예시하면 다음과 같다.

(27)

기저형	부가	슈와1	탈락	슈와2	표면형	예	
ɿ	ɿʳ	ɿəʳ	əʳ	-	əʳ	tsɿ/tsəʳ	字 '글자'
ʅ	ʅʳ	ʅəʳ	əʳ	-	əʳ	tʂʅ/tʂəʳ	枝 '가지'
i	iʳ	iəʳ	-	-	iəʳ	tɕi/tɕiəʳ	鸡 '닭'
in	inʳ	-	iʳ	iəʳ	iəʳ	tɕin/tɕiəʳ	今 '지금'
y	yʳ	yəʳ	-	-	yəʳ	y/yəʳ	鱼 '물고기'
əi	əiʳ	-	əʳ	-	əʳ	pəi/pəʳ	碑 '비석'
ən	ənʳ	-	əʳ	-	əʳ	kən/kəʳ	根 '뿌리'
u	uʳ	-	-	-	uʳ	hu/huʳ	湖 '호수'
o	oʳ	-	-	-	oʳ	wo/woʳ	窝 '둥지'
e	eʳ	-	-	-	eʳ	ɥe/ɥeʳ	月 '달'
ɤ	ɤʳ	-	-	-	ɤʳ	kɤ/kɤʳ	歌 '노래'
a	aʳ	-	-	-	aʳ	pa/paʳ	把 '손잡이'
ai	aiʳ	-	aʳ	-	aʳ	pʰai/pʰaʳ	牌 '패'
an	anʳ	-	aʳ	-	aʳ	pʰan/pʰaʳ	盘 '접시'
au	auʳ	-	-	-	auʳ	tau/tauʳ	刀 '칼'
əu	əuʳ	-	-	-	əuʳ	kəu/kəuʳ	钩 '갈고리'
əŋ	əŋʳ	-	-	-	əŋʳ	təŋ/təŋʳ	灯 '등'
aŋ	aŋʳ	-	-	-	aŋʳ	kaŋ/kaŋʳ	缸 '항아리'
uŋ	uŋʳ	-	-	-	uŋʳ	kʰuŋ/kʰuŋʳ	空 '틈'

이 책의 앞 장에서 다룬 동화규칙과 활음화규칙을 위 (27)에 같이 적용하면 어떻게 될까? 올바른 표면형을 도출해 내려면, 동화 규칙은 교설음

화규칙 전에 적용하고, 활음화 규칙은 교설음화규칙 뒤에 적용해야 한다. 이러한 순서에 따라 (27)을 이 책의 음소 표기 방법에 따라 기저형에서 표면형까지의 도출 과정을 나타내면 다음과 같다.

(28) 기저형 동화   부가   슈1   탈락   슈2   활음화   표면형   예

기저형	동화	부가	슈1	탈락	슈2	활음화	표면형	예
ɿ	-	ɿʳ	ɿəʳ	əʳ	-	-	əʳ	tsɿ/tsəʳ 字 '글자'
ʅ	-	ʅʳ	ʅəʳ	əʳ	-	-	əʳ	tʂʅ/tʂəʳ 枝 '가지'
i	-	iʳ	iəʳ	-	-	jəʳ	jəʳ	tɕi/tɕjəʳ 鸡 '닭'
in	-	inʳ	-	iʳ	iəʳ	jəʳ	jəʳ	tɕin/tɕjəʳ 今 '지금'
y	-	yʳ	yəʳ	-	-	ɥəʳ	ɥəʳ	y/ɥəʳ 鱼 '물고기'
ɤi	ei	eiʳ	-	eʳ	-	-	*eʳ	pei/pəʳ 碑 '비석'
ɤn	ən	ənʳ	-	əʳ	-	-	əʳ	kən/kəʳ 根 '뿌리'
u	-	uʳ	-	-	-	-	uʳ	hu/huʳ 湖 '호수'
o	-	oʳ	-	-	-	-	oʳ	wo/woʳ 窝 '둥지'
ɤ	e	eʳ	-	-	-	-	eʳ	ɥe/ɥeʳ 月 '달'
ɤ	-	ɤʳ	-	-	-	-	ɤʳ	kɤ/kɤʳ 歌 '노래'
ɑ	-	ɑʳ	-	-	-	-	ɑʳ	pa/pɑʳ 把 '손잡이'
ɑi	ai	aiʳ	-	aʳ	-	-	aʳ	pʰai/pʰaʳ 牌 '패'
ɑn	an	anʳ	-	aʳ	-	-	aʳ	pʰan/pʰaʳ 盘 '접시'
ɑo	ɑo	ɑoʳ	-	-	-	-	ɑoʳ	tau/taoʳ 刀 '칼'
ɤu	ou	ouʳ	-	-	-	-	ouʳ	kou/kouʳ 钩 '갈고리'
ɤŋ	ɤŋ	ɤŋʳ	-	-	-	-	ɤŋʳ	tɤŋ/tɤŋʳ 灯 '등'
ɑŋ	ɑŋ	ɑŋʳ	-	-	-	-	ɑŋʳ	kaŋ/kaŋʳ 缸 '항아리'
uŋ	oŋ	oŋʳ	-	-	-	-	oŋʳ	kʰoŋ/kʰoŋʳ 空 '틈'

위 표는 두 가지 문제를 지니고 있다. 첫째, 전설 중모음 /e/가 교설음화 했을 때의 실제 음과 상치한다. 杯 bēi나 碑 bēi 같은 자를 교설음화하면

제7장 교설음화의 기제 | 203

*[peʳ]이 아니라 [pəʳ]로 발음된다. 이는 아마 전설 중모음도 교설음화 자질과 음성학적 충돌을 일으켜서 탈락되는 것으로 보인다. 그런데 (正)月儿은 중설 중모음이 탈락하여 [ɥəʳ]로 발음되지 않고 [ɥeʳ]로 발음된다.[12] 따라서 중설 중모음이 자음 두음 뒤에 있을 때에만 슈와로 바뀌는 보조 규칙이 필요하다.

(29) e → ə /C(w) ___ ʳ

다음은 이 규칙을 추가로 적용한 예이다.

(30)

기저형	동화	ʳ부가	슈와 탈락	활음화	보조규칙	표면형	예
pɤi	ei	eiʳ	-	eʳ	-	əʳ	pei/pəʳ 碑 '비석'
kuɤi	ei	eiʳ	-	eʳ	-	əʳ	kʷei/kʷəʳ 鬼 '귀신'
yɤ	e	eʳ	-	-	-	eʳ	ɥe/ɥeʳ 月 '달'

둘째, ŋʳ에서 ŋ은 실제 분절음이 아니라 비음 자질로 간주되어야 한다. 따라서 다음과 같은 보조 규칙을 하나 더 설정할 수도 있지만, ŋʳ에서 ŋ은 실제 음이 아니라 비음 자질이라고 기정치를 정해 두면 굳이 규칙을 더 추가할 필요는 없다.

(31) Vŋ → Ṽ / ___ r

(28)의 표면형은 교설음화의 교설 성분을 분절음이 아니라 자질로 보기

---

[12] 뚜안무는 처음에 [ɥeʳ](Duanmu 2000:202)로 표기하였으나 나중에 [ɥeɚ](Duanmu 2007:219)로 바꾸었다. 이는 /r/을 /ɚ/로 바꿔 표기한 것에 불과하고, 본질적으로는 동일하다.

때문에 SC의 어떤 음절구조에도 정확히 부합한다.

(32)   a. 전통적인 음절구조   b. 이 책의 음절구조
       (Chao, Cheng, Hsueh)   (Duanmu, 엄익상)

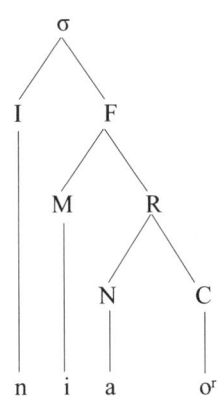
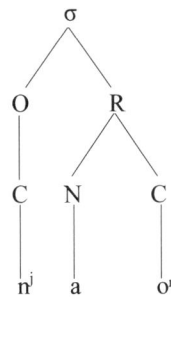

(26)에서 제시한 교설음화의 기제는 소위 儿化는 본질적으로 그 동안 중국어 언어학계에서 사용해 온 "접미사화(suffixation)"라는 용어보다는 "교설음화(retroflexion)"라는 표현이 더욱 적절하다고 생각된다. 어떤 독립적인 분절음이 다른 어근의 꼬리에 가서 붙는 것(attachment)이 아니라, 그 어근 전체에 포개지기(superimposition) 때문이다.

이제 한 가지 의문이 남는다. 교설음화가 음절구조의 제한에 영향을 받지 않는다면, 이와 결합되는 어근의 전설 운미는 왜 탈락할까(Silverman 1997. 5.3. 개인 담화)? 이는 이 장의 1절에서 거론한 음성학적 부합성(phonetic compatibility)으로 밖에 설명할 수 없다. 따라서 교설음화 시 음운 변화의 가장 큰 요인은 음절구조가 아니라 음성학적 부합성이라고 결론지을 수 있겠다. 교설음화의 메커니즘을 이런 각도에서 분석하는 것은 이 글이 분명 처음은 아니다. 그러나 교설 접미사의 본질과 교설

음화 과정에 대한 원리 그리고 음절구조에 대한 다양한 해석 등이 서로 맞물려 야기해 온 여러 가지 이론상의 모순을 간단히 해결할 수 있는 방안을 제시한다는 점에서 이 연구의 의미가 있다.[13]

---

[13] 이 글은 몇 차례 수정을 거쳤다. 1997년 『중국어문학논집』 9집, 2002년 『중국언어학 한국식으로 하기』 제10장, 2006년 『语言研究』 「现代汉语的儿化韵和音节结构」, 2012년 이 책의 초판을 거쳐 현재의 모습으로 완성되었다. 특히 이 장의 핵심 내용인 4-5절은 초기 논문과는 완전히 다르고, 이 책의 초판과도 차이가 있으니 유의 바란다. 이 글의 일부 용어와 음성 표기는 이 책의 음운체계로 전환하지 않고 인용 문헌의 표기 방법을 그대로 둔 곳도 있다. 활음을 접근음 j, ɥ, w로 표기하지 않고 모음 i, y, u로 표기하는 것이 한 예이다.

제8장 성조와 성조변화

1. 성조란 무엇인가

한국어 화자에게 중국어의 언어학적 특징을 물으면 대부분 성조(tone 声调)를 첫 번째로 꼽는다. 한국인 학습자에게 성조는 정말 성가신 표준중국어(SC)의 특징이다. 그들이 자주 접하는 영어, 일본어, 프랑스어, 독일어 가운데 어느 것도 성조 언어가 아니기에 더욱 그러하다. 그러나 세계의 언어를 놓고 보면 성조는 그다지 유별난 것도 아니다. 물론 하이만(Hyman 1992)은 세계 언어 가운데 약 1/3이 성조언어라고 하지만, 크리스탈(Crystal 1997)은 반 이상이 성조언어라고 한다. 성조 언어 전문 연구자인 입(Yip 2002:1)은 세계 언어의 약 60-70%를 성조 언어로 보고 있다. 사실 아시아, 아프리카, 중미 지역의 많은 언어들이 성조 언어이다. 이들 언어권 화자에게 중국어의 성조는 별로 유별난 특질일 수 없다.

성조란 과연 무엇인가? 한국어는 성조 언어가 아닌가? 우선 다음 대화를 보자.

(1) A₁: 누굴 제일 좋아해?
　　B₁: 비.
　　A₂: 비?
　　B₂: 응, 비!

두 사람의 대화 중에 B₁, B₂의 [비]와 A₂ [비]의 높낮이는 분명히 다르다. B₁,₂는 하강조이고 A₂는 상승조이다. 전자는 SC의 4성하고 비슷하고, 후자는 2성하고 비슷하다. 그러면 이건 성조가 아닐까? 대답은 "아니다"이다. 단어의 높낮이의 변화가 의미 변별 기능을 할 때 이를 성조라고 한다. 그런데 (1)에서 '비'는 엄격한 의미에서 단어의 변화가 아니라 문장 억양(intonation)의 변화이다. 일반적으로 평서문의 끝은 하강하고, 의문문의 끝은 상승한다. 따라서 "비."와 "비?"의 높낮이 차이는 성조가 아니라 억양이다. 음높이 변화 유형이 구나 문장 층위에서 의미의 변화를 나타나는 것을 억양이라고 하고, 단어의 층위에서 의미 변별 기능을 하는 것을 성조라고 한다.

SC의 성조는 음절구조 안에서 어디를 차지할까? 전통적인 분석은 음절의 길이와 성조의 길이를 같은 것으로 보아, 음절구조의 최상단에 성조를 배치하였다.[1] 성조를 한 음절의 성모와 운모에 다 걸쳐있는 자질로 인식하였다. 그러나 성조가 실제 연계하는 단위는 음절이 아니라, 운모 또는 운이나 모라(mora)일 수 있다. 운모(final)란 한 음절에서 자음 두음인 성모(initial)를 제외한 부분이고, 운(rhyme)이란 성모(두음)와 개음(활음)을 제외한 나머지 부분이다. 모라란 운율 무게 단위(prosodic weight unit)로 중음절(heavy syllable)은 두 개의 모라를 갖고, 경음절(light syllable)은 한

---

[1] 이 책 제3장의 (8)번 도표를 참조하라.

개를 갖는다. 중음절이란 장모음, 이중 모음, 또는 비음 말음을 동반한 모음으로 강세가 있는 음절이다. 경음절이란 슈와같이 짧은 모음을 가진 비강세 음절이다. 뚜안무는 중음절은 (C)VX구조를 가지므로 온음절(full syllable)이라고 하고, 경음절은 (C)V구조를 가지므로 약음절(weak syllable)이라고도 한다. 성조가 연계되는 단위를 성조 연계 단위(TBU: tone bearing unit)라고 한다. SC의 TBU가 이 가운데 과연 무엇인지는 아직 분명하지 않다.

성조는 높낮이의 변화가 없는 수평조(level tone)와 오르내림이 있는 굴곡조(contour tone)로 나눈다. 수평조는 고조, 중조, 저조가 있을 수 있고, 굴곡조는 오름조, 내림조, 오르내림조, 내리오름조가 있을 수 있다.

(2) 성조의 분류
    수평조: 고조, 중조, 저조
    굴곡조: 오름조, 내림조, 오르내림조, 내리오름조

이러한 성조의 종류가 한 언어에서 모두 사용되는 경우는 거의 없다. 성조 체계가 복잡할수록 의미 변별 기능은 떨어지기 때문이다.

2. SC의 기저 성조

2.1 기저 성조의 종류

SC의 성조는 하나의 수평조와 세 개의 굴곡조가 음소적 기능을 한다. 음소적 기능을 하는 성조를 성조소(toneme) 또는 음소적 성조(phonemic tone)라고 한다. SC에서는 고조의 수평조와 오름조, 내림조, 내리오름조의 굴곡조가 음소적 기능을 한다. 성조값(tonal value 调值)을 달리 하면 의미가 완전히 바뀌기 때문이다. 다음은 가장 전형적인 SC 성조소의 예이다.

(3) 妈 mā 엄마
麻 má 마, 삼베
马 mǎ 말
骂 mà 욕하다

그러면 경성(neutral tone)은 음소적 성조가 아닌가? 경성도 다음과 같은 단어에서 의미 변별 기능을 한다.

(4)   원래 성조   경성
东西   dōngxī   동과 서   dōngxi   물건
兄弟   xiōngdì   형과 동생   xiōngdi   동생, buddy, 젊은이
老子   Lǎozǐ   라오쯔(노자)   lǎozi   아버지
庄子   Zhuāngzǐ   주앙쯔(장자)   zhuāngzi   촌락
孙子   Sūnzǐ   손자(병법)   sūnzi   손자
多少   duōshǎo   많고 적음   duōshao   얼마, 몇
大意   dàyì   대의   dàyi   부주의하다
等等   děngděng   등등   děngdeng   조금 기다리다

그러나 위와 같은 예는 매우 한정되어 있다. 실제 중국 대륙에서는 경성으로 읽히는 단어들이 대만에서는 비경성자로 읽히기도 한다.

(5) 　　　중국 대륙　대만
　学生　　xuésheng　xuéshēng
　小姐　　xiǎojie　　xiǎojiě
　妈妈　　māma　　　māmā
　爸爸　　bàba　　　bàbà
　弟弟　　dìdi　　　 dìdì

위 예들은 경성이 음소적 기능을 하지 못한다는 사실을 말해준다. 실제 중국 대륙에서도 위 단어들을 비경성자로 발음한다고 해서 다른 의미로 바뀌는 것은 아니다. 경성은 뻬이징 지역 SC에서 특히 많이 사용된다. 따라서 경성은 SC의 음소적 성조에서 제외된다.[2]

경성을 음소적 성조로 보지 않는 또 다른 이유는 경성자는 대부분 원래 성조를 가지고 있기 때문이다. SC에서 가장 많이 쓰이는 경성자인 다음 한자들은 다른 단어에서는 원래 성조를 유지하고 있다. 따라서 경성은 원래 1-4성에서 파생된 것으로 보인다.

(6) 的 de　　目的 mùdì
　　了 le　　了解 liǎojiě
　　子 zi　　儿子 érzǐ
　　头 tou　 头发 tóufa

그러나 원래부터 경성인 한자도 있다. 문장 어미로 사용되는 다음 한자들은 음소적 성조에서 파생된 것이 아니라 원래부터 경성자이다.

---

[2] 앞으로 다룰 반3성, 반4성 등도 음소적 성조가 아님은 마찬가지이다.

(7) 吗 ma 의문 조사
    嘛 ma 서술 어조사
    么 me 지시/의문 어조사
    吧 ba 청유/짐작 어조사
    呢 ne 감탄/의문 어조사
    啊 a   감탄 어조사

그러나 원래부터 경성인 한자는 전체 55,000자가 넘는 한자 가운데 대여섯 자 정도에 불과하다. 따라서 SC의 기저 성조를 이루는 음소적 성조는 모두 네 가지로 본다. 성조의 종류를 중국어로 调类라고 한다.

SC의 성조를 나타내는 방법은 여러 가지가 있다. 다음은 SC의 성조를 나타내는 방법을 린 앤후이(2010:147)에서 인용한 것이다.

(8)   1성   2성   3성   4성
         높은수평조   높오름조   낮내리오름조   높내림조
  a.   ma₁   ma₂   ma₃   ma₄
  b.   mā   má   mǎ   mà
  c.   ma˥   ma˧˥   ma˨˩˦   ma˥˩
  d.   ma₅₅   ma₃₅   ma₂₁₄   ma₅₁
  e.   maHH   maMH   maLH(LL)   maHL
  f.   maHH   maLH   maLL   maHL

(8b)는 한어병음방안에서 사용하는 방법이고, (8c)는 보다 구체적인 성조값을 기술해야 할 필요가 있는 방언 조사 보고서나 연구서에서 주로 사용한다. 성조값은 보다 일반적인 용어로 음높이 값(pitch value)이라고도 한다. (8ad)는 (8bc)처럼 시각적으로 나타내기 불편할 때, 인쇄나 필기

의 편의를 위해 사용하는 방법이다. (8ef)는 음운론에서 주로 사용하는 방법으로 성조의 자질을 고조, 중조, 저조 세 가지를 사용하면 (8e)처럼 나타낼 수 있고, 고조와 저조 두 가지만 사용하면 (8f)처럼 나타낸다.

기본 성조를 인용 성조(citation tone)라고도 한다. 이는 다른 성조와 결합하여 원래 성조값이 달라지기 전 단독으로 인용되었을 때의 성조를 말한다. 즉 고유의 성조값을 지닌 상태의 성조를 뜻한다. SC의 기본 성조는 흔히 자오 위앤런이 제안한 소위 5도제로 소개되고 있다.

(9)

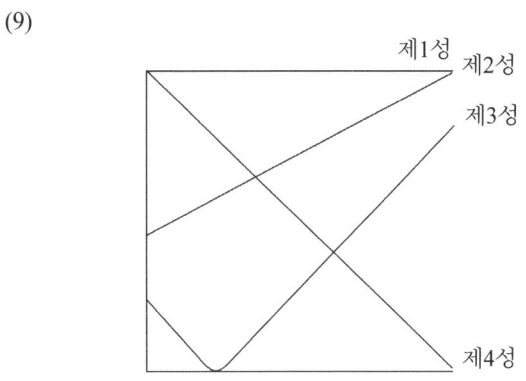

위 도표에서 가장 낮은 선이 1도이고 가장 높은 선이 5도이다. 여기서 말하는 1-5도는 절대치가 아니라 개인마다 다른 상대적 높이이다. 즉 어떤 사람의 자연스러운 발화 범위 안에서 가장 낮은 음이 1이고 가장 높은 음이 5이다. 따라서 1성이 55이기 때문에 시작점이 어느 정도 높아야, 하강조인 4성을 제대로 발음할 수 있다. 1성의 출발점이 높지 않으면 4성의 종결점인 1까지 발음하기가 쉽지 않다.

일부 한국어 화자는 2성과 3성을 잘 구별하지 못하는 경우가 있다. 물론 3성이 소위 반3성으로 읽히면 문제가 없다. 2성은 높오름조이고 반3성은 낮내림조이기 때문에 쉽게 구분이 된다. 그러나 인용 성조일 경우 구분이 다소 어려울 수도 있다. 2성의 도입 부분에도 약간의 하강 부분이 있기 때문이다. 송현선(2003:480, 483)의 실험음성학적 연구 결과는 2성과 3성의 내리오름조로서의 미세한 음높이 변화의 차이를 다음과 같이 보고하고 있다.3

(10)

	시작점	전환점	끝점	하강폭	상승폭	하강시간	상승시간
2성	12.6(st)	11.5	18.8	1.1	7.3	25(ms)	213(ms)
3성	11.9	7.7	13.1	4.2	5.4	133(ms)	179(ms)

2.2 기저 성조의 음높이 값

그러면 네 가지 기조 성조의 정확한 음높이 값은 무엇일까? 일반적인 인식은 다음과 같다.

(11)　1성　55
　　　2성　35
　　　3성　214
　　　4성　51

1, 2, 4성의 성조값은 의문의 여지가 없다. 문제는 3성이다. 3성은 쉽게 성조변화(줄여서 变调 tone sandhi)를 하는데, 3성 앞에서는 2성으로 바뀌고 나머지 성조 앞에서는 반3성으로 변한다. 반3성이란 21정도의 성조값을 지니는 낮내림조를 말한다. 3성이 원래의 성조값인 내리오름조로 읽히

---

[3] 아래 표에서 시간의 단위는 1/100초인 millisecond(ms)이고 나머지는 semitone(st)이다. 스 펑(石锋 2009:68-69)도 유사한 현상에 대하여 자세히 보고하고 있다.

는 경우는 인용 성조로 사용되거나 문장 끝에서만 가능하다. 따라서 3성의 기저 성조값을 214가 아니라 21로 보아야 한다는 주장도 최근 지속적으로 제기되고 있다. 인용 성조의 성조값을 기저치로 잡아야 할 것 같지만, 주로 실현되는 성조값을 기저치로 본다고 문제가 될 것은 없다. 성조 변화의 메커니즘을 설명하기가 더 간단하기 때문이다. 이에 대한 자세한 논의는 조금 뒤로 미루고 SC 네 개 기저 성조의 음높이 값을 일단 다음과 같이 정한다.

(12)　1성　55
　　　2성　35
　　　3성　21
　　　4성　51

이를 음운론적 관점에서 고조는 H 저조는 L의 두 가지 자질로 나타내면 SC 성조의 대칭적 특성이 아주 명확히 드러난다.

(13)　1성　55　HH　높수평조
　　　2성　35　LH　오름조
　　　3성　21　LL　낮수평조
　　　4성　51　HL　내림조

위와 같은 분류는 권영실(2011:110)의 주장과 같이 실험 음성학적 연구 결과에도 부합하고, 지도와 학습 면에서도 편리한 장점이 있다. (13)의 분류를 근거로 하면 SC에는 수평조와 굴곡조가 각각 두 개씩이라고 말할 수 있다. 그런데 3성의 성조값을 214로 보면 위와 같이 아주 명쾌한 대칭적 체계 도출이 불가능하다. 예를 들어 214를 LLH로 나타내면 다른 성조는 두 개의 자질을 가지는데, 3성만 왜 세 개의 자질을 부여하는지에 대한 설명이 곤란하다. SC의 성조는 두 개의 모라를 가지고 있어서 모라당 하나의 자질을 부여할 수 있다. 반면에 경성은 한 개의 모라를 가지므로 하나의 자질만 부여할 수 있다. 따라서 LLH같이 세 개의 자질을 부여하는 것은 불가능하다. 그러면 214의 21을 하나의 L로 보고 3성을 LH로 정하면 2성과 충돌한다. 이런 충돌을 피하기 위해, 고조와 저조에 중조 자질을 하나 더 추가하여 2성을 MH로 바꿀 수 있다.

(14) 1성 55 HH 높수평조
　　　2성 35 MH 높오름조
　　　3성 214 LH 낮오름조
　　　4성 51 HL 내림조

이러한 분석은 성조의 자질을 세 개나 사용한다는 점에서 (13)보다 덜 경제적이고, 그 결과도 (13)만큼 대칭적이지도 않다. 내림조는 하나인데, 오름조는 두 개다. 낮오름조와 높오름조의 구분은 높수평조와 낮수평조만큼 명확하지 않을 수 있다. 이것이 3성의 기저 성조값을 21로 보는 이유이다. 따라서 이 책에서는 SC 기저 성조의 성조값을 (13)과 같이 정한다.

3. 성조의 변화

SC의 성조는 인접한 성조에 따라 다른 성조로 변하는 경우가 있다. 이를 성조변화 또는 간단히 변조(tone sandhi)라고 한다. 3성 변조를 제외한 나머지 변조는 극히 제한된 조건에서만 일어난다.

(15) a. 1성 변조: T1 → T4, T2   一天, 一个
     b. 2성 변조: T2 → T1   东南风
     c. 3성 변조: T3 → T2   很好
     d. 4성 변조: T4 → T2   不对

3.1 1성 변조

1성 변조는 一, 七, 八 세 자에 한정된다. 이들은 인용 성조일 경우 1성으로 읽히지만, 1, 2, 3성 앞에서는 4성으로 변하고, 4성 앞에서는 2성으로 변한다. 우선 一자의 예를 보자.

(16)   一   一天   一年   一起   一次
       yī   yìtiān   yìnián   yìqǐ   yícì
       T1   T4T1   T4T2   T4T3   T2T4

위 변화는 매우 규칙적이다. 그러나 다음 단어에서 一자의 성조는 전혀 변하지 않는다.

(17)   一月   一日
       yīyuè   yīrì
       T1T4   T1T4

一个月에서 一자는 2성으로 변하지만, 一月一日에서 一자는 왜 변하지 않을까? 이는 서수(序數)이기 때문이다. 一月一日은 표면상 서수로 보이지 않지만, 의미상으로는 첫달 첫날이라는 서수로 사용되었다. 다음과 같이 서수로 사용된 一자는 당연히 변조를 하지 않는다.

(18)　第一课　　第一章　　第一次
　　　 diyīkè　　dìyīzhāng　dìyīcì
　　　 T4T1T4　 T4T1T1　　T4T1T4

한편 七과 八은 1, 2, 3성 앞에서는 변하지 않는다. 다만 4성 앞에서 2성으로 변할 수 있지만 이 또한 화자에 따라 선택적이다. 요즘에는 노년층을 제외하고 거의 변조하지 않는 경향이다.

(19)　七天　　七件　　八天　　八件
　　　 qītiān　 qíjiàn　 bātiān　 bájiàn
　　　 T1T1　 T2T4　 T1T1　 T2T4

3.2 2성 변조

다른 변조와는 달리 2성 변조는 3음절 단어나 구에서 2성자가 가운데 있을 때 일어난다. 변화 조건은 첫 음절이 1 또는 2성이고, 셋째 음절은 경성이 아니어야 한다.[4]

(20) a.　东南风　T1 T2 T1　→　T1 T1 T1
　　 b.　葱油饼　T1 T2 T3　→　T1 T1 T3
　　 c.　分水岭　T1 T3 T3　→　T1 T2 T3　→　T1 T1 T3

---

[4] (20ad)는 정 진취앤(2007:76), (20bc)는 린 앤후이(2010:159)에서의 인용이다.

    d. 寒暑表　T2 T3 T3　→　T2 T2 T3　→　　T2 T1 T3
    e. 还没有　T2 T2 T3　→　T2 T1 T3

이러한 변화는 비형식적인 상황에서 비교적 빠른 발화에서 일어날 수 있는데, HH LH XX 또는 LH LH XX에서 둘째 음절의 L 자질이 앞뒤의 H 자질에 동화된 결과이다(이옥주 2013:475-502). 이는 물론 모든 화자에게 반드시 발생하는 일반적인 변화는 아니므로, 비원어민이 의식적으로 이렇게 발음할 필요는 없다. 이 밖에 2성자가 다른 성조로 바뀌는 다른 경우는 없다.

3.3 4성 변조

4성 변조 또한 매우 제한된 범위에서 발생한다. 4성 변조는 오직 不자가 또 다른 4성 앞에서만 일어난다. 이는 이화현상(dissimilation 異化)이다. 不자는 1, 2, 3성 앞에서는 원래의 성조인 4성자의 고유 성조값을 유지한다.

(21) a. 不高　T4 T1
      b. 不行　T4 T2
      c. 不好　T4 T3
      d. 不大　T4 T4　→　T2 T4

한편 4성은 다른 4성 앞에서 51의 성조값이 53으로 바뀔 수 있다. 이는 일반적인 발화 심리를 반영한 변화로 여러 음절로 구성된 단어에서 끝음절을 제외한 음절은 빨리 발음하게 되므로 길이가 조금씩 짧아진다. 4성을 가장 낮은 높이까지 완전히 내리기 전에 중간쯤 높이에서 바로 다음 음절을 발음하기 때문이다. 예를 들면 다음과 같다.

(22) a. 电话 51 51 → 53 51 전화
     b. 大会 51 51 → 53 51 대회
     c. 扩大 51 51 → 53 51 확대(하다)
     d. 变化 51 51 → 53 51 변화(하다)

이런 변화는 변조라기보다 린 앤후이(2010:298-299)처럼 성조 축약(reduction)으로 보는 것이 옳다. 51이 53으로 변하는 것은 다른 기저 성조로 변하는 것이 아니기 때문이다.

3.4 3성 변조

SC 변조의 하이라이트는 3성 변조이다. 3성은 다른 3성 앞에서 2성으로 변한다. 이런 변화는 기본적으로 모든 3성자에 다 적용되므로, 발생의 범위 면에서 앞서 소개한 1, 2, 4성 변조와는 차원이 다르다. 따라서 SC의 성조변화는 대개 3성 변조를 의미하는 경우가 많다. 3성 변조에 관하여, 왕과 리(Wang and Li 1967)는 매우 흥미로운 실험 결과를 보고하고 있다. 원래 2성+3성으로 결합된 단어와 3성+3성으로 구성되었지만 앞의 3성이 2성으로 변조되어 동일하게 발음되는 다음과 같은 단어 130조를 골라 원어민에게 읽혀 그 의미를 물어보았다.

(23) T2+T3   T3+T3
      埋马   买马
      骑马   起码
      坟场   粉厂

정 진취앤(2007:73-75)에서 재인용한 이 연구의 실험 결과는 정답률이 최저 49.2%에서 최고 54.2%에 그쳤다는 것이다. 이 수치는 반은 맞고 반은 틀리다는 의미이므로 원래부터 2성인 단어와 3성이 2성으로 바뀐 단어의 성조를 원어민도 구별해 낼 수 없다는 뜻이다. 따라서 3성 앞의 3성은 2성으로 바뀐다고 보면 된다. 이를 규칙으로 나타내면 다음과 같다.

(24) 3성 변조 규칙
     LL → LH / ___ LL

인접한 LL LL가 LH LL로 바뀌는 것은 이화현상이다.

3성 변조가 아주 강력하고 광범위하게 일어나는 규칙임에도 불구하고, 3성자로 구성된 일부 단어에서는 변조가 일어나지 않는다.

(25)   姐姐 T3 T3 → T3 H
     奶奶 T3 T3 → T3 H
     姥姥 T3 T3 → T3 H
     嫂嫂 T3 T3 → T3 H

위 단어들의 첫째 음절은 모두 낮수평조로 발음되고 둘째 음절만 약간 높은 경성으로 변한다. 이들 단어에는 왜 3성 변조가 일어나지 않을까? 이에 대해 정 진취앤(2007:79-80)은 비교적 명쾌한 대답을 제공한다. 3성 변조는 두 개의 다른 형태소가 결합된 단어에서 일어나지 동일한 형태소가 단순히 반복된 중첩어에서는 일어나지 않는다는 것이다. 즉 두 개의 형태소가 결합하여 새로운 의미를 나타내는 小姐는 3성 변조 규칙이 적용되지만, 하나의 형태소가 단순 중첩된 姐姐에는 적용되지 않는다고 본다. 그러면 走走는 단순 중첩어인가, 형태소 복합어인가? 보기에는 단순 중첩어로 보이지만, 走走는 실제 2성+3성으로 읽힌다. 그 이유는 走走는 走一走를 줄인 말로 실제 走자를 하나만 썼을 때와 의미가 다르기 때문이다.

(26)　走　　T3　　　　　　　가다, 걷다
　　　　走走　T3 T3 → T2 T3　좀 걷다

따라서 정 진취앤의 분석을 따르면 (24) 3성 변조 규칙은 다음과 같이 약간 수정되어야 한다.

(27)　3성 변조 규칙
　　　　LL → LH / ___ # LL (#=단어 경계)

3.5 3성 변조의 발생 범위

만약 3성자가 세 개 이상 연속해 있는 구나 문장에서의 변조는 어떻게 될까? 다수의 3성자가 연속된 경우 3성 변조의 발생 범위와 규칙에 대해서는 아직 만족할 만한 해석이 없다. 정 진취앤(2007:83-91)은 비교적 명쾌한 분석을 제시하고 있지만, 3성 변조가 그의 설명과 같이 기계적인 변화를 하는지는 여전히 의문이다. 그의 주장을 요약하면 다음과 같다.

(28) a. 문장 구조의 낮은 층위부터 순차적으로 적용하지만, 발화의 속도와 상황에 따라 문장 구조와 상관없이 동시에 적용될 수도 있다.
　　　b. 구나 문장의 맨 앞 또는 맨 뒤에 연속된 3성자가 출현할 수 없다.

다음은 정 진취앤(2007:89)에서 인용한 연속된 3성자로 구성된 예문이다.

(29) 老 李 买 好 酒 (就回家了。)
　　　　　이형이 술을 사고 나서 (곧 집으로 돌아갔다.)
　a. 기저형　[T3 T3][[T3 T3][T3]]
　b. 3성변조 1차 적용-제약 위반
　　　　*[T2 T3][[T2 T3][T3]]
　c. 3성변조 2차 적용
　　　　[T2 T3][T2 T2 T3]
　d. 3성변조 3차 적용
　　　　[T2 T2 T2 T2 T3]

문장 구조에 따라 하위 단위부터 3성 변조가 일어난다고 가정하면 위 예문은 우선 2-3-2-3-3성으로 읽혀야 한다. 그러나 이는 출현 불가능한 성조 유형이다. 왜냐하면 문장 맨 끝에 3성자가 연속해 있기 때문이다. 따라서 3성 변조 규칙을 한 번 더 적용하여 2-3-2-2-3성 구조로 읽어야 실제 발음에 부합한다. 정 진취앤의 (28b)는 올바른 표면형을 도출해 내기 위해서 필요한 제약이겠지만, 연속된 3성자의 출현이 (30b)처럼 문장의 중간에서는 허용이 되지만, (29b)처럼 처음이나 끝에서는 왜 불가능한지 논리적으로 설명할 수 없는 단점이 있다
　정 진취앤(2007:88)의 또 다른 예문을 보자.

(30)　　　　　老 李 买 好 酒。
　　　　　　　이형이 좋은 술을 사다.
　　a. 기저형　　[T3 T3][[T3 T3]]
　　b. 3성변조 1차 적용
　　　　　　　[T2 T3][[T3][T2 T3]]
　　c. 3성변조 2차 적용
　　　　　　　[T2 T3][T2 T2 T3]
　　d. 3성변조 3차 적용
　　　　　　　[T2 T2 T2 T2 T3]

정 진취앤은 (30)을 2-2-3-2-3성으로도 발음이 가능하다고 하는데, 이는 문장 구조를 뛰어 넘는 변조이기에 비원어민이 이해하기가 쉽지 않다. 마치 [[老李]买]가 하나의 문법 구조를 이루어 [好酒]와 결합하는 것처럼 보이기 때문이다. 3성 변조 규칙을 통사 구조에 따라 단계적으로 적용해서는 해결이 안 되는 예는 또 있다. 다음 예문은 린 앤후이(2010:317)에서의 인용이다. 이를 정 진취앤의 방법대로 분석하면 다음과 같은 성조 유형을 도출해 낼 수 있다.

(31)　a. [我 [打 [老 鼠]]]。　　　b. [[[哪 种] 狗] 好]?
　　　　T3　T3　T3　T3　　　　　T3　T3　T3　T3
　　　*T3　T3　T2　T3　　　　　*T2　T3　T3　T3
　　　　T3　T2　T2　T3　　　　　*T2　T2　T3　T3
　　　　T2　T2　T2　T3　　　　　T2　T2　T2　T3

그런데 린 앤후이가 제시한 표면형은 두 문장 공히 2-3-2-3성이다. 이는 이들의 통사 구조를 [[AB][CD]]형으로 파괴하지 않고서는 도출해 내기가 어려운 유형이다. 따라서 정 진취앤은 (28a)에서처럼 3성 변조 규칙은 통사 구조와 상관없이 일어날 수 있다고 주장한다. 그래야만 (29d)와 (30d)에서 3차 적용 시에 주어 [T2 T3]의 둘째 음절 T3이 바로 뒤의 술부의 첫 음절이 이미 T2로 바뀌었음에도 불구하고, T2로 변할 수 있게 된다. 또 구나 문장 전체를 하나의 음운 단위로 보아 맨 끝에 3성자가 하나만 있어도 앞에 있는 3성자를 모두 2성으로 변조할 수 있기 때문이다. 그러나 통사 구조를 뛰어넘는 변조 유형은 SC 변조에 대한 직관적 판단 능력이 부족한 비원어민에게는 이해하기 힘든 설명이다.

이런 점에서 린 앤후이는 음보의 개념을 도입하여 조금 더 진보된 분석을 제시하고 있다. 음보(foot)란 운율 위계상의 한 단위로 모라(μ)는 음절(σ)을 구성하고 음절은 다시 음보를 구성한다. 린 앤후이(2010:311)에서 인용한 운율의 위계 순서와 음운 단어의 구조는 다음과 같다.

  (32) a. 운율 위계
    발화(utterance)
    억양구(intonation phrase)
    음운구(phonological phrase)
    음운 단어(phonological word)
    음보(foot)
    음절(syllable)
    모라(mora)

b. 음운 단어

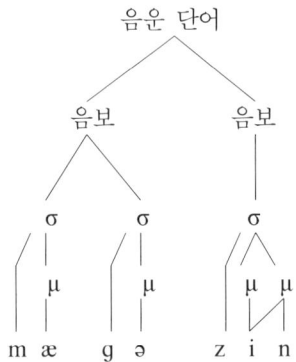

영어 단어 magazine을 예로 들면, (maga)가 하나의 음보를 구성하고 (zine)이 또 다른 음보를 구성하는데, 제1강세는 두 번째 음보에 오고, 제2강세는 첫 번째 음보의 첫 음절에 온다. 린 앤후이(2010:315-316)의 3성 변조 적용을 위한 SC 음보 구성 원칙은 다음과 같다.

(33) a. 왼쪽에서 오른쪽으로 2음절 음보를 구성한다.
　　 b. 음보화하지 않은 자유 음절은 인접한 음보로 통합한다.
　　 c. 이 음보 구성 과정은 단어의 경우 작은 범위로부터 큰 범위로 순차적으로 우선 적용한다.
　　 d. 이 음보 구성 과정은 구나 문장의 경우 구의 가장 작은 범위에 먼저 적용한 다음 왼쪽에서 오른쪽으로 전체 구와 문장에 적용한다.[5]

모두 3성자로 구성된 米老鼠好를 린 앤후이의 제안대로 음보를 구성하여 3성 변조를 설명하면 다음과 같다.

---

[5] 린 앤후이는 원서에서 명사구를 단어(word)로 구와 문장을 구(phrase)로 표현하고 있으니 혼동하지 않기를 바란다.

(34)　　[[米 [老 鼠]] 好]
    a.　　T3　T3　T3　T3
    b.　　T3　(T2 T3)　T3　　　2음절 음보
    c.　　(T3　T2 T3)　T3　　　단어 결합
    d.　　(T3　T2　T2　T3)　　　구 결합

첫 단계인 (34b)에서는 최하위 2음절 단어 층위의 음보에서 3성 변조가 일어난다. 그 다음 주부에서 자유 음절로 남아있던 米자와 한 음보로 통합되나, 老자가 이미 T2로 바뀌었으므로 변조는 일어나지 않는다. 마지막 단계에서 술부인 好자와 하나의 음보를 이루어, 鼠자마저 T2로 바뀌게 된다. 최종 표면형은 3-2-2-3성이 된다.

일견 쉽게 설명이 되는 듯하지만, 음보를 정확히 구성하고 확대해 나가는 일이 쉬워 보이지만은 않는다. 빠른 발화에서는 (34)에 T2 T2 T2 T3 유형이 하나 더 추가되어야 한다. 물론 린 앤후이(2010:320)도 평상시 빠른 발화에서는 3성 앞에서 이미 변조된 2성도 앞에 있는 3성을 2성으로 바꿀 수 있다는 점을 인정하고 있다. 가장 빠른 발화에서는 가운데 음절에 2성 변조가 일어나 T2 T1 T1 T3로도 변할 수 있다.

다음 문장을 (33)에서 제시한 린 앤후이의 규칙에 따라 음보로 묶어 보자.

(35)　　[[[哪 种] 狗] 好]
    a.　　T3　T3　T3　T3
    b.　　(T2　T3)　T3　T3
    c.　　(T2　T3)(T3　T3)
    d.　　(T2　T3)(T2　T3)

우선 분석해야할 발화가 단어인지 문장인지를 판단해야 한다. (35)는 구 또는 문장이므로 (33d)가 적용된다. 哪种이 가장 작은 범위로 우선 음보를 구성하고, 그다음 오른 쪽에 남아 있는 狗好가 음보를 구성한다. 즉 (T2 T3) (T2 T3)로 음보를 구성해야 정상 성조 유형인 2-3-2-3을 도출할 수 있다. 이는 [[[哪种]狗]好]의 통사 구조와 (哪种)(狗好)의 음보 구성은 상관이 없음을 말해준다.

다음은 린 앤후이(2010:318)에서의 인용이다.

(36) a.　[[*lǎo biǎo*] [*hěn hǎo*]]
　　　　老 表 很 好　　　　　　　오래된 시계가 좋다
　　　　T3 T3 T3 T3
　　　　(**T2** T3) T3 T3　　　　　단어: 2음절 음보, 변조 적용
　　　　(**T2** T3) (**T2** T3)　　　구:　 2음절 음보, 변조 적용
　　b.　[*wǒ* [*dǎ* [*lǎoshǔ*]]]
　　　　我 打 老 鼠　　　　　　　나는 쥐를 때린다
　　　　T3 T3 T3 T3
　　　　T3 T3 (**T2** T3)　　　　　단어: 2음절 음보, 변조 적용
　　　　(**T2** T3) (**T2** T3)　　　구:　 2음절 음보, 변조 적용
　　c.　[[[*něi zhǒng*] *gǒu*] *hǎo*]
　　　　哪 种 狗 好　　　　　　　어느 종류의 개가 좋아요?
　　　　T3 T3 T3 T3
　　　　(**T2** T3) T3 T3　　　　　구:　 2음절 음보, 변조 적용
　　　　(T2 T3) (**T2** T3)　　　　구:　 2음절 음보, 변조 적용

위 예를 보면 문장의 경우 문장 구조와 상관없이 최하 단위의 단어를 음보로 묶고 나머지 2음절을 왼쪽부터 음보로 묶어야 한다.

한편 동일한 성조 유형을 가진 문장도 서로 다른 변조 유형을 가질 수 있음을 보여주는 린 앤후이(2010:323-324)의 다음 예를 조금 더 검토해 보자.

(37) a. 나-원하다-사다-펜
　　　 나는 펜을 사고 싶다
　　　 [wǒ [xiǎng [mǎi bǐ]]]
　　　 我 想 买 笔
　　　 T3 T3 T3 T3
　→　 **T2** T3 **T2** T3
　또는 **T2 T2 T2** T3
　　　*T3 **T2 T2** T3

b. 작다-암컷-호랑이
　　작은 암호랑이
　　[xiǎo [mǔ [lǎohǔ]]]
　　小 母 老 虎
　　T3 T3 T3 T3
　→　**T2** T3 **T2** T3
　또는 T3 **T2 T2** T3
　또는 **T2 T2 T2** T3

c. 나-원하다-사다-꽃
　　나는 꽃을 사고 싶다
　　[wǒ [xiǎng [mǎi huā]]]
　　我 想 买 花
　　T3 T3 T3 T1
　→　**T2** T3 T3 T1
　　T2 T2 T3 T1

d. 작다-암컷-멧돼지
　　작은 암멧돼지
　　[xiǎo [mǔ [yězhū]]]
　　小 母 野 猪
　　T3 T3 T3 T1
　→　T3 **T2** T3 T1
　또는 **T2 T2** T3 T1
　　***T2** T3 T3 T1

(37ab)와 (37cd)는 서로 동일한 기저 성조를 가지고 있지만, 성조 변화 결과는 다르다. 그 이유는 (37ac)가 문장인 반면에 (37bd)는 명사구이기 때문이다.

린 앤후이(2010:324)는 단어의 경우 음보 구성은 작은 범위에서 큰 범위로 순차적으로 적용되고, 문장의 경우 가장 낮은 범위에서 2음절 음보를 구성한 다음 왼쪽에서 오른쪽으로 음보를 구성해 간다고 한다. 다음은 (37)의 음보화 과정의 차이를 보여주는 린 앤후이(2010:325)의 설명이다. (38b)는 원서에는 누락된 것을 필자가 보충한 것이다.

(38)
  a. [wǒ [xiǎng [mǎi bǐ]]]
     我想买笔   나는 펜을 사고 싶다
     T3 T3 T3 T3   단어: 변조 없음
     T3 T3 (**T2** T3) 구: 가장 작은 범위에 대해 2음절 음보 구성, 변조 적용
→ (**T2** T3) (**T2** T3) 구: 나머지 음절에 대해 2음절 음보 구성, 변조 적용
    빠른 발화의 선택적 적용
     (T3 T3 T3 T3)   빠른 발화에서 하나의 운율 범위 구성
     (**T2 T2 T2** T3)   왼쪽에서 오른쪽으로 변조 적용

  b. [xiǎo [mǔ [lǎohǔ]]]
     小母老虎   작은 암호랑이
     T3 T3 T3 T3   단어: 적용 없음
     T3 T3 (**T2** T3) 단어: 2음절 음보, 변조 적용
→   T3 (**T2 T2** T3)   단어: 결합, 변조 적용
또는 (**T2** T3 **T2** T3) 단어: 결합, 변조 없음
    빠른 발화의 선택적 적용
     (T3 T3 T3 T3)   빠른 발화에서 하나의 운율 범위 구성
     (**T2 T2 T2** T3)   왼쪽에서 오른쪽으로 변조 적용

c. [wǒ [xiǎng [mǎi huā]]]

我想买花 　　　　나는 꽃을 사고 싶다

T3 T3 T3 T1 　　단어: 적용 없음

T3 T3 (T3 T1) 　구: 가장 작은 범위에 대해 2음절 음보 구성, 변조 없음

→ (T2 T3)(T3 T1) 　구: 나머지 범위에 대해 2음절 음보 구성, 변조 적용

상이한 운율 범위에서 인접한 두 개의 T3사이에서 나타나는 선택적 규칙(28b)

(T2 **T2**) (T3 T1)

d. [xiǎo [mǔ [yězhū]]]

小母野猪 　　　　작은 암멧돼지

T3 T3 T3 T1

T3 T3 (T3 T1) 　단어: 2음절 음보, 변조 없음

T3 (**T2** T3 T1) 　단어: 결합, 변조 적용

→ (T3 T2 T3 T1) 　단어: 결합, 변조 없음

빠른 발화의 선택적 적용

(T3 T3 T3 T1) 　빠른 발화에서 하나의 운율 범위 구성

(**T2 T2** T3 T1) 　왼쪽에서 오른쪽으로 변조 적용

이상 린 앤후이가 Chen(2000)과 Shih(1986, 1997)에 근거하여 분석한 3성 변조 과정을 요약하였다. 음보를 이용한 분석 방법은 정 진취앤의 방법보다 변조의 음운론적 근거를 보여주고, 다양한 비규칙적 변화도 언어학적 해석을 시도했다는 점에서 보다 진전된 방법으로 평가할 수 있다. 그러나 음보 분석도 다양한 음보 묶기 원칙으로 인하여 3성 변조를 간단명료하게 설명하지는 못한다는 점에서 여전히 아쉬움이 있다. 따라서 3성 변조의 기제는 여전히 매력적인 연구 대상이다.

제9장 경성과 운율

1. 경성의 음높이 값

경성은 음소적 성조는 아니나, 극소수의 단어에서 의미 변별 기능을 한다. 또 의미 변별까지는 아니더라도 대만보다 중국 대륙 중국어에서 훨씬 많이 사용되는 경향은 이미 앞에서 지적하였다. 그러면 경성은 그냥 가볍고 약하게만 살짝 발음하면 될까? 경성에도 높낮이 변화와 길이가 있을까? 있다면 그 성조값은 무엇일까? 경성의 높낮이 값은 절대적인 것이 아니라 상대적인 것으로 알려져 있다. 앞 음절의 높낮이와 상관이 있다고 본다. 우선 다음의 예를 천천히 발음해 보고 경성의 높이에 어떤 변화가 있는지 느껴보자.

(1) a. 他的   HH T0
    b. 白的   LH T0
    c. 我的   LL T0
    d. 绿的   HL T0

H 자질이 있는 성조 뒤에서는 대체로 내림조로, L 자질만 있는 성조 뒤에서는 오름조로 읽히는 것을 느낄 수 있다면 청각 변별력이 상당히 정확하다. 경성의 성조값에 대하여 자오 위앤런(Chao 1948:27)의 설명이 가장 많이 인용되어 왔다.

(2) a. T1 + T0 = 55 + 2
    b. T2 + T0 = 35 + 3
    c. T3 + T0 = 21 + 4
    d. T4 + T0 = 51 + 1

그러면 경성은 높이만 있고 길이는 없는 것일까? 소리가 나려면 길이가 전혀 없을 수는 없다. 정 진취앤(2007:94-95)에서 재인용한 자똥꾸오(札東果 Zadoenko 1958)의 실험 음성학 실험 결과는 경성의 길이가 비경성의 1/3 정도에 불과함을 보여준다.[1]

(3) 단위: 1/40초   단어   첫째   둘째
                             전체   음절   음절

    a. (i) [tuŋ¹ɕi¹]   东西   44   20   24   동과 서
       (ii) [tuŋ¹ɕi]   东西   25   15   10   물건
    b. (i) [ʂən¹xuo²] 生活   50   23   27   생활
       (ii) [ʂən¹xuo]   生活   25   15   10   생계

---

[1] 원전은 다음과 같다. 札东果 1958 「汉语弱读音节和轻声的实验研究」『中国语文』78:581-587, Dreher, John and Pao-ch'en Lee. 1966. "Instrumental Investigation of Single and Paired Mandarin Tonemes." Douglas Advanced Research Laboratory. 위 자료에서 비경성 단어의 평균 길이는 21.25(첫째 음절)+26.25(둘째 음절)=47.50 단위이고 경성 단어의 평균 길이는 15.0(첫째 음절)+9.38(둘째 음절)=24.38단위이다. 단위는 역시 1/40초이다.

c. (i) [tuo¹ʂau³]	多少	52	17	35	많고 적음
(ii) [tuo¹ʂau]	多少	24	14	10	얼마
d. (i) [ɕyəŋ¹ti⁴]	兄弟	44	25	19	형제
(ii) [ɕyəŋ¹ti]	兄弟	23.5	16	7.5	동생

경성도 약간의 길이가 있다면, 경성은 수평조일까 굴곡조일까? 자오 위앤런의 보고는 수평조를 암시하지만 실제 실험 음성학의 연구 결과는 이와 다르다. 다음 역시 정 진취앤(2007:96)에서 재인용한 Dreher and Lee(1966)의 연구 결과이다.

(4) a. 1성 뒤   41
    b. 2성 뒤   31
    c. 3성 뒤   23
    d. 4성 뒤   21

(4)의 음높이 값은 (2) 자오의 높이 값과 완전히 일치하지는 않는다. 따라서 경성의 정확한 음높이 값을 일일이 외워 발음하려고 하는 노력은 학습자 입장에서는 불필요하다. 다만 1, 2, 4성 뒤에서는 낮내림조로 3성 뒤에서는 오름조로 자연스럽게 발음하면 된다. 경성의 높이 변화는 전체적으로 이화작용이다. H 자질이 전혀 없는 LL 뒤에서만 H로 변하기 때문이다.

(5) a. HH + L = HH + L
    b. LH + L = LH + L
    c. LL + L = LL + H
    d. HL + L = HL + L

2. 경성의 변화 조건

경성은 왜 생겨났을까? 리앙 레이(梁磊 2008:70-71)는 경성의 형성 원인에 관한 기존 이론을 다음 네 가지로 요약하고 있다.

(6) a. 고대 단음절 언어가 현대로 오면서 2음절 또는 다음절 언어로 바뀌면서 불필요한 형태소는 비강세 음절이 되었다.
   b. 되도록 쉽게 발음하려고 하는 것은 인류 공통 현상이다.
   c. 경음절의 출현이 경성 형성의 중요한 원인이다.
   d. 뻬이징 말의 경음과 교설음화(儿化)는 만주어의 영향을 받았다.

비원어민에게 경성의 형성 원인보다 더욱 절실한 것은 어떤 경우에 경성으로 발음해야 하는지에 대한 정보이다. SC에서 과연 어떤 단어가 경성이 되는가? 이는 비원어민에게 상당히 도전적인 질문이다. 경성으로 읽어야 될 한자를 비경성자로 읽는다고 해서 대부분의 경우 의사 전달에 장애가 되지는 않지만, 정확한 SC를 구사하고자 하는 비원어민은 어떤 경우에 경성으로 발음해야 할지 정확히 알고 싶다. 이 문제에 대하여 정 진취앤(2007:98)은 비강세 음절이라는 해답을 제시하였다. 강세가 있는 음절은 1-4성의 고유 성조를 유지하고, 강세가 없는 음절은 경성이 된다는 것이다. 이는 다음 두 가지 질문을 야기한다.

(7) a. SC에도 강세가 있는가?
   b. 어떤 음절이 비강세 음절이 되나?

대부분의 독자들은 중국어 단어를 공부하면서 성조는 열심히 외웠어도 강세 위치를 배운 적은 없을 것이다. 그러나 영어 학습에서 단어의 강세 위치는 많이 강조되어 왔다.

(8) a. 'address 주소   add'ress 연설하다, 라고 부르다
     b. 'report 보고서   re'port 보고하다
     c. 'desert 사막   de'sert 버리다
     d. 'export 수출   ex'port 수출하다

SC의 강세에 대해서 별로 거론이 되지 않았던 이유는 영어와 달리 강세의 위치가 의미 변별을 하지 않기 때문이다. 강세 대신에 성조라는 운율 자질이 더 강력한 의미 변별 기능을 하는 언어이기 때문이기도 하다. 그렇다고 더 강력한 SC에 강세가 전혀 없는 것은 아니다. SC 강세 위치는 대개 어말로 알려져 있는데, 이는 자오 위앤런(Chao 1948)으로부터 비롯된다. 그의 SC 강세 이론은 약-강 구조이다. 만약 3 음절 이상 단어에서는 중-약-약-강의 구조를 가지는데, 두 번째 음절이 특히 약하다는 주장도 쉬 스롱(徐世榮 1958)에 의해 제기되었다.[2] 아래 예에서 숫자는 제1, 제2, 제3, 제4 강세를 의미한다.

(9)   汉   语   拼   音
         2   3   3   1
   또는   2   4   3   1

위 주장대로라면 가운데 두 음절 또는 둘째 음절이 비강세 음절이니까 경성으로 읽어야 한다. 그러나 실제로 汉语拼音에서 语와 拼은 경성자

---

[2] 정 진취앤(2007:99)의 재인용인데, 원전은 『普通话语音讲话』(北京)이다.

가 아니다. 위 주장에 부합하는 예로 정 진취앤(2007:107)은 다음 두 가지 예를 들고 있으나, (10b)의 두 번째 음절은 『现代汉语词典』 등 일반 사전에 1성으로 적혀있다.

(10) a. 慌里慌张 허둥지둥 T1 T0 T1 T1
　　 b. 乱七八糟 엉망진창 T4 T1 T1 T1

이 이론의 결정적인 모순은 SC 어휘의 절대 다수를 차지하는 2음절 단어의 강세 구조를 약-강으로 보면 첫째 음절이 비강세이니까 경성이 되어야 한다. 그러나 2음절어에서 첫음절이 경성인 단어는 존재하지 않는 다. 따라서 정 진취앤의 경성 규칙은 그 전제부터 설득력을 잃고 있다. 아무튼 그의 강세 이론은 다음 두 가지로 요약된다.

(11) a. 표면 구조에서 비강세 음절이 경성이 되는 형태소가 있다.
　　 b. 나머지는 어휘에 경성 자질을 명시해야 한다.

그가 말하는 표면 구조에서 비강세가 되어 경성으로 변하는 음절의 예는 문법적으로 어느 정도 예측 가능한 다음 몇 가지이다.

(12) a. 조사 了, 吗
　　 b. 접미사 (我)们, (桌)子
　　 c. 위치사 (地)上, (地)下, (屋)里
　　 d. 방향 동사 (走)来, (走)去
　　 e. 형용사, 수사, 양사를 제외한 중첩 형태소 人人, 妹妹, 走走
　　 f. 동사 뒤 대명사 (打)他, (请)你
　　 g. 일부 결과동사복합어의 보어 (做)成, (捉)住

이 리스트야 좀 더 길게 만들 수 있겠지만, 아무리 나열을 해도 경성으로 변하는 경우를 문법적으로 완벽하게 설명할 방법이 없다. 완전히 똑같은 단어가 경성 또는 비경성으로 읽힘으로써 의미가 완전히 달라지는 경우를 제8장 도입 부분에서 자료 (4)로 제시한 것을 상기해 보라.

(13)　　　원래 성조　　　　　　경성

东西	dōngxī	동과 서	dōngxi	물건
兄弟	xiōngdì	형과 동생	xiōngdi	동생, buddy, 젊은이
老子	Lǎozǐ	노자	lǎozi	아버지
庄子	Zhuāngzǐ	장자	zhuāngzi	촌락
孙子	Sūnzǐ	손자(병법)	sūnzi	손자
多少	duōshǎo	많고 적음	duōshao	얼마, 몇
大意	dàyì	대의	dàyi	부주의하다
等等	děngděng	등등	děngdeng	조금 기다리다

이 밖에도 동일한 문법 구조를 지니고 있으나, 어떤 경우에는 경성으로 다른 경우에는 비경성으로 읽히는 예들을 정 진취앤(2007:102-103)은 더 제시하고 있다. 그 중에 몇 개만 인용한다.

(14)　　　비경성　　　경성
a.　图画　　　眼睛
b.　奇怪　　　和平[3]
c.　考虑　　　报告
d.　大小　　　是非
e.　老板　　　老虎

---

[3] (14b-e)의 오른쪽 단어들은 『现代汉语词典』(2002年 增补本)에 모두 비경성자로 표기되어 있다.

이들의 형태소 구조는 다음과 같은데, 경성의 여부와 상관없이 각각 동일한 구조를 가지고 있다. 아래에서 N은 명사(noun), A는 형용사(adjective), V는 동사(verb)를 나타낸다.

(15) a. [N N]N   [N N]N
    b. [A A]A   [A A]A
    c. [V V]V   [V V]V
    d. [A A]N   [A A]N
    e. [A N]N   [A N]N

따라서 정 진취앤(2007:101-102)은 수백 단어는 문법적으로 설명할 방법이 없으므로, 어휘 단계에서 [+경성] 자질을 부여할 수밖에 없다고 주장한다. 이는 결국 경성을 포함한 단어는 개별적으로 외울 수밖에 없다는 뜻이다. 그렇다고 무작정 외우기에는 학습의 부담이 너무 크다. 어떤 경우에 경성으로 변하는지에 대한 명쾌한 설명은 아직은 불가능한 상태이지만, 치앤 요우용([钱有用] 2010:63-64)이 어떤 경우에 경성이 되지 않는지를 분석한 내용은 참고할 만하다.

(16) a. 뜻이 온전한 음절
    b. 강세 음절
    c. 글말 어휘
    d. 사용 빈도가 낮은 입말 어휘
    e. 남방 방언에서 유래된 어휘

전달 정보가 약한 음절이 경음절이 되기 쉽다. 비강세 음절이 경성이 된다는 사실은 정 진취앤이 이미 지적하였다. 경성은 입말에서 주로 사용되므로 글말 어휘는 경성이 되지 않는다. 사용 빈도가 높을수록 경성이 되기 쉽다. 빈도가 낮은 단어를 경성으로 발음하면 의사소통에 지장을 주기 때문이다. 경성은 북방 방언 중에 뻬이징 말에 특히 두드러지고, 남방 방언에는 거의 사용되지 않는다. 따라서 남방 방언에서 유래된 단어 중에 경성자가 있을 수 없다.

3. 강세

세계 언어의 강세 구조는 강-약이 아니면, 약-강 구조이다. 강-약 구조로 좌측 음보에 강세가 있는 경우를 트로키(trochee)라고 하고, 약강 구조로 우측 음보에 강세가 있는 것을 아이앰(iamb)이라고 한다.

(17) a. trochee 강-약
     b. iamb   약-강

현대 영어는 대체로 강-약 구조이다. 천 위앤취앤과 왕 스위앤(Chen and Wang 1975)에 따르면 16세기 초반의 초기 근대영어까지는 약-강 구조였으나 16세기 중후반부터 강-약 구조로 바뀌기 시작했다고 한다.[4]

한국어의 강세 유형은 방언에 따라 다르고, 같은 방언에서도 단어 유형에 따라 달라지는 등 비교적 복잡하다. 엄마, 아빠, 언니, 오빠, 고모, 이모

---

[4] 예를 들어 outlaw, rebel, record 등은 이미 변화한 예들이고, mistake, dislike, report는 아직도 강세가 첫째 음절로 바뀌지 않는 예이다. 이러한 음 변화 과정이 어휘확산이론의 형성에 어떤 기여를 하였는지는 엄익상(2005b:315)을 참조하라.

등 친족어는 서울말은 약-강구조이고, 경상도말은 강-약 구조이다. 가수의 경우 대구-경북말은 강-약구조이고, 부산-경남말은 약-강 구조이다. 대구에서 경북고를 줄여 '경고(강-약)라고 하고, 부산에서는 경남고를 줄여 경'고(약-강)이라고 한다. 부산에서 '경고(강-약)는 警告의 의미이다. 이호영(1996:199)은 표준한국어의 강세 규칙을 다음과 같이 제시하고 있다.

(18) a. 첫음절에 강세 부여
    2 음절어: '학교, '학생, '사람, '방송, '봉사, '사랑, '사자
    3 음절어: '학생증, '방송국, '미용사, '사다리, '개구리
    4 음절어: '분명하다, '뻘개지다, '뒤따르다
  b. 3 음절 이상으로 구성된 단어의 첫 음절이 약음절이면, 둘째 음절에 강세가 부과되기도 한다.
    3 음절어: 자'동차, 사'랑방, 개'구리, 사'다리
    4 음절어: 무'자격자, 고'속도로, 아'람드리, 아'름다운
  c. 어휘화가 덜된 복합어에는 구성 형태소의 수에 따라 둘 이상의 강세가 부과된다.
    '세계'대전, '문학'이론, '문화재'보호법, '교원'자격증, '자연'보호'현장

(18a)에서 첫음절이 온음절(CVC)이든 약음절(CV)이든 상관없이 강-약 구조를 이루는 것으로 설명하고 있지만, 실제 엄마와 오빠 등 적지 않은 단어는 약-강으로 발음한다. 또 (18b)의 경우 둘째 음절에 강세 부과되기도 한다는 말은 안 되기도 한다는 뜻이어서, 한국어의 강세 규칙이 아직 명쾌히 정리되지 않은 느낌이다.

SC 강세에 관한 기존 이론은 약-강 구조임은 앞에서 이미 언급하였다. 그러나 과연 약-강 구조인가에 대한 의문이 최근에 제기되었다. 2음절 단어를 떼어 놓고 읽으면 두 번째 음절이 길어지고 강세가 올 수밖에 없다는

지적이다. 이는 마치 4성이 다른 4성 앞에서 51로 실현되지 못하고 53으로 실현되는 이유와 같다. 이런 문제점에 착안한 뚜안무 싼(2003, Duanmu 2000)은 SC의 기본 강세 구조를 영어와 같은 강-약으로 보았다. 개별 단어 층위가 아닌 문장 층위에서 단어의 강세를 보면 그럴듯한 주장이다. 그러나 뚜안무(Duanmu 2007:141)에서 재인용한 쉬 스룽(徐 1982)은 상용 이음절어 또는 복합어 2만 개를 조사하여 다음과 같은 통계를 제시하였다.

(19) 유형   단어수   비중
    a. (H́L)   1,500   7.5%   (X=강세 위치)
    b. (H́H)   4,500   22.5%
    c. H(H́Ø)   14,000   70.0%
    합계   20,000   100%

이 통계는 SC 2음절어의 강세는 3:7의 비율로 강-약 구조보다 약-강 구조가 훨씬 많음을 보여준다. Hoa(1983:187)의 연구 결과도 SC가 약-강의 구조임을 여실히 보여준다. 아래에서 강세의 강약순서는 1-2-3-x이다.

(20) 2-1   约但   Jordan
    2-x-1   马克思   Marx
    2-x-x-1   赫鲁晓夫   Khrushchev
    2-x-3-x-1   来可呀为可   Reykjavic

따라서 SC의 단어 강세는 자오 위앤런이 제시한 이론인 약-강 구조에서 크게 벗어나지 않는다고 볼 수 있다.

    그런데 뚜안무(Duanmu 2007:141-143)는 SC의 2음절 단어 강세가 둘째 음절에 있더라도, 공박자의 개념을 도입하여 여전히 현대 영어와 같은 강-약 구조로 해석한다. 예를 들어, 첫 음절에 강세가 있는 단어는 (HH)구조로 보고, 앞 H에 강세를 둔다. 둘째 음절에 강세가 있는 단어는 첫 음절을 자유 음보로 두고 둘째 음절 뒤에 가상적인 공박자를 설정하여, 둘째 음절과 공박자를 하나의 음보로 묶는다. 그러면 H(HØ) 구조가 되어 음보 내에서는 여전히 강-약의 구조를 유지하는 것으로 해석한다. 다음은 뚜안무가 묶은 (20)의 음보이다.

(21) a. 2-1   约但   Jordan   H(HØ)
       b. 2-x-1   马克思   Marx   (HH)(HØ)
       c. 2-x-x-1   赫鲁晓夫   Khrushchev (HH)H(HØ)
       d. 2-x-3-x-1 来可呀为可   Reykjavic   (HH)(HH)(HØ)

    (21bd)처럼 음보를 왼쪽에서 묶어갈 때 끝에 한 음절이 남으면 맨 끝에 공박자를 설정하여 하나의 음보를 추가할 수 있을 것이다. 그러나 (21ac)의 경우 왜 공박자를 설정해야 하는지 명확하지 않다. 그냥 (HH)나 (HH)(HH)로 음보를 묶을 수 없는지 궁금하다. 마치 뒷 음절에 강세가 있기 때문에 부득이 공박자의 개념을 도입하여 인위적으로 강-약 구조를 유지하게 하는 것이 아닌지 의문이다. 아무튼 (21)에서 강세가 있는 부분을 X로 나타내면 강세의 위치는 더욱 명확해진다. 가장 상위에 있는 X가 제1강세가 있는 위치이다.

(22)

							X
a.	2-1	约但	Jordan				H(HØ)
							X
						X	X
b.	2-x-1	马克思	Marx			(HH)	(HØ)
							X
					X		X
c.	2-x-x-1	赫鲁晓夫	Khrushchev		(HH)	H	(HØ)
							X
				X			X
				X	X		X
d.	2-x-3-x-1	来可呀为可	Reykjavic	(HH)	(HH)		(HØ)

한편 뚜안무 쌴(Duanmu 2007:146)은 구 강세를 단어 강세와 구분하여 설명한다. 구 강세 이론으로 그는 비핵강세(Non-head Stress) 규칙을 제시하고 있다.

(23) 비핵 강세 규칙

[X XP] 또는 [XP X] 문법 구조에서 X는 통사적 핵이고 XP가 비핵일 때, XP에 강세가 주어진다.

문장의 비핵에 강세가 주어지기 때문에 문장의 핵이 경성이 될 것이다. 문장 성분 중에 무엇이 핵이고 무엇이 비핵이냐 하면, 보조 정보를 전달하는 것이 핵이고 핵심 정보를 전달하는 것이 비핵이다. 예를 들어, 동목구조에서 동사가 중심어이고 목적어가 보조어이다. 따라서 강세는 비핵인 목적어에 있다. 수식구조에서 피수식어가 중심어이고 수식어가 보조어이다. 따라서 강세는 비핵인 수식어에 있다. 비핵이 강세를 지니는 이유는 그의 정보강세원칙(Information Stress Principle)과 일맥상통한다. 정보강세원칙이란 구에서 정보를 많이 지니는 단어에 강세가 놓인다는 것인데, 비핵이 바로 정보를 많이 지니는 문장 성분이다.

(24)　　　　　　　[X　　　XP]
　통사　　　　　　핵　　　비핵
　가짓수　　　　　적다　　많다
　예측 가능성　　　높다　　낮다
　정보량　　　　　적다　　많다
　강세　　　　　　적다　　많다

정보의 초점에 강세가 주어진다는 원칙은 쉽게 수용할 수 있다. 다음은 Hoa(1983:102)에서 뚜안무(Duanmu 2007:148)가 인용한 예이다.

(25) a. 구　　　　　b. 복합어
　　　怪人　　　　　　 怪人
　　　남을 나무라다　　이상한 사람
　　　H(HØ)　　　　　(HH)
　　　2-1　　　　　　 1-2

동사+목적어로 구성된 (25a)에서 강세는 비핵인 목적어에 있다. 그러나 (25b)는 소수 유형인 강-약 구조이다. 수식어+비수식어 구조에서 수식어가 비핵이기 때문이다. 그러면 비핵강세는 다음과 같은 복합어 단어에서는 왜 적용되지 않을까? 다음과 그 다음 단어들은 뚜안무에서 인용한 예이다.

(26) 火车　汽车　黄河　香山
　　　H(HØ)　H(HØ)　H(HØ)　H(HØ)
　　　2-1　　2-1　　2-1　　2-1

이들은 모두 주요 정보는 1음절에 있는데도 불구하고, 강세는 2음절에 있는 약-강 구조이다. 흥미로운 사실은 다음 몇 가지 반례이다.

(27) 辽河　淮河　黄山　天山
　　　(HH)　(HH)　(HH)　(HH)
　　　1-2　　1-2　　1-2　　1-2

(27)번 예는 뚜안무의 비핵강세 이론을 지지하는 예들이다. 동일한 통사 구조를 지닌 단어에서 강세의 위치가 어떻게 다를 수 있는가? 뚜안무(Duanmu 2007:149-150)의 대답은 사용 빈도의 차이이다. 사용 빈도가 높은 2음절 복합어는 단어처럼 강세가 처리되고, 사용 빈도가 낮은 복합어에만 비핵강세규칙이 적용된다고 주장한다. 그의 주장은 (26)과 (27)의 차이를 적절히 해석하고 있다.

그러나 린 앤후이(2010:341)는 SC에서 강세를 나타내는 가장 중요한 음성적 지표인 기본주파수(F0)가 성조에 이미 사용되어 강세를 나타내는 데 자유롭게 사용될 수 없으므로 중음절(heavy syllable)의 강세 위치를 정확히 판단하기 어렵다고 한다. 이는 사실 뚜안무(Duanmu 2000:144)의 분석에 근거한 설명인데, SC 강세의 위치도 정설이 아직 완전히 확립되지는 않은 상태이다.

4. 억양

성조와 억양은 음높이 변화로 의미를 구분한다는 점에서 비슷하다. 그러나 성조는 단어 층위에서의 변화이고, 억양은 문장 층위에서의 변화라는 점이 다르다. SC의 리듬이나 억양에 관한 연구는 다른 언어에 비하여 상대적으로 미진한 단계이다. 자오 위앤런(Chao 1968:40-44)의 초기 연구는 다음 몇 가지 기본 사항을 제시한다.

(28) a. 긴 문장의 끝은 약간 내려가는 경향이 있다.
  b. 복문의 앞에 있는 구나 절은 주절보다 약간 높다.
  c. 단순의문문이나 단순명령문은 끝으로 갈수록 약간 올라간다.

한편 린 앤후이(2010:344-352)는 최근 연구를 종합하여 다음 몇 가지 현상을 추가로 보고하고 있다.

(29) a. 발화 전반에 걸쳐 음높이는 점진적으로 하강한다. 발화의 앞쪽에 있는 1성의 높이가 뒤에 있는 1성의 높이보다 상대적으로 높다.
  b. 의문문의 시작 음높이가 서술문보다 높고, 전반적인 음높이 또한 의문문이 서술문보다 높다.
  c. 경성은 억양의 영향을 더욱 많이 받는다.

정 치우위(鄭秋豫 2010)는 한 문장에 여러 1성자가 있을 때 뒤로 갈수록 음높이가 점점 낮아지는 실험 결과를 통해 (29a)가 사실임을 보여준다. 의문문의 시작과 전반적인 높이가 서술문보다 높은 현상을 린 앤후이(2010:347-348)는 선 샤오난(Shen 1989:26-27)을 약간 수정한 다음 도해를 통하여 시각적으로 잘 보여준다.

(30)
   a. 유형 I   서술문
                     他明天来。 *tā míngtiān lái*. 그는 내일 온다
                     중 → 중고 → 저
   b. 유형 II   문장 끝의 음높이가 높은 의문문
                     他明天来吗? *tā míngtiān láima*? 그가 내일 옵니까?
                     중고 → 고 → 고/중고
   c. 유형 III   문장 끝의 음높이가 낮은 의문문
                     谁明天来? *shéi míngtiān lái*? 누가 내일 옵니까?
                     중고 → 고 → 저

   d.

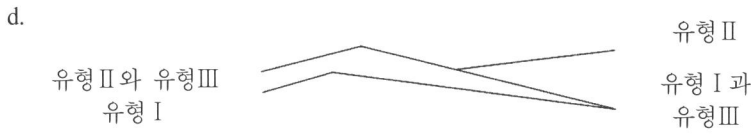

경성이 억양의 영향을 더 많이 받는 이유는 경성자 자신이 고유의 성조 값을 지니는 것이 아니라 선행하는 음소의 성조에 따라 정해지기 때문이다. 선 샤오난(Shen 1989:40-41)은 경성의 음높이 특징을 다음 세 가지로 요약하고 있다.

(31) a. 의문조사 吗는 선행하는 음절의 성조와 상관없이 항상 높은 음높이로 끝난다.[5]

---

[5] 이옥주(2009, Lee 2005)는 SC의 의문 억양이 의문조사 吗에서 발음되는 높은 음높이보다 의문정보를 담은 운율 단위에서 나타나는 음높이 상승과 음역의 확대로 실현된다고 본다.

b. 서술문에서 경성의 높이도 뒤로 가면서 점점 낮아진다.
c. 경성이 두 개 이상 연속할 때 첫 번째 경성은 억양과 선행하는 성조에 의해 결정되지만, 두 번째 이하 경성은 억양에 의해서만 결정된다.

린 앤후이(2010:352)에서 인용한 다음 예문은 경성이 연속해서 출현할 경우 성조와 억양 간의 상호 작용을 잘 보여 준다.

(32) 55⁶   35   3   2   1
    Tā   lái   le   mei   you?
    他   来   了   没   有?
    그   오다   완료   부정   있다
    그가 왔습니까?

5. 리듬

리듬도 억양 못지않게 중요하다. 아무리 발음과 억양이 원어민에 가깝다고 하더라도, 리듬이 원어민의 그것과 다르면 어색하게 들린다. TV에서 한국어를 매우 정확하고 유창하게 구사하는 외국인들을 많이 보지만, 금방 외국인이라는 것을 소리만 들어도 알 수 있는 것은 대개 그들의 리듬이 한국인 발화의 리듬과 다르기 때문이다. SC 입말의 리듬에 대한 연구는 국내는 물론 외국에서도 정말 미흡한 단계이다.

국내에서는 최근 끊어 읽기에 관한 연구결과가 몇 가지 보고되었다. 흥미로운 사실은, 예측 가능한 결론이지만, 한국어의 발화 습관이 중국어

---

[6] 원서와 역서에는 他의 성조값이 44로 되어 있다.

를 읽을 때에도 반영된다는 것이다. 예를 들어 중국인은 주어 뒤에 짧은 휴지를 두는 반면 한국인은 동사 뒤에 둔다. 한국어는 주격 조사까지 발음하고 휴지를 두기 때문이다. A와 B를 병렬하는 연합 구조에서 중국인은 접속사 앞에서 쉬는 반면에 한국인은 접속사 뒤에서 쉰다.

(33) a. 我们的盼望 | 是韩国的统一。
　　 b. 我们的盼望是 | 韩国的统一。
　　 c. 妈妈 | 和同志们 | 去年 | 又上了山。[7]
　　 d. 妈妈和 | 同志们 | 去年又上了山。

(33ac)는 중국인의 끊어 읽기 습관이고, (33bd)는 한국인의 습관이다. 이는 한국어는 조사를 앞 단어와 붙여 읽기 때문이다.

(34) a. 우리의 소원은 | 한국의 통일이다.
　　 b. 엄마와 | 동지들은 | 작년에 또 산에 갔다.

끊어 읽기는 또 화제의 지속이나 전환과 같은 담화 구조(discourse structure)와도 관련이 있다.[8] 원어민처럼 유창한 중국어를 구사하기 위해서는 자음과 모음 같은 분절음은 물론 성조, 강세, 억양, 리듬 같은 초분절 자질인 운율에도 신경을 써야 한다. SC의 운율은 중국어 음운론의 향후 핵심 연구 과제 중 하나이다.

---

[7] 이 예문은 엄익상 외(2011:259)가 집필한 박용진의 읽기 지도 부분에서 인용하였다.
[8] 이옥주(Lee 2012)는 SC에서 발화체 간의 휴지(pause) 및 휴지 전 음절의 시작점과 휴지 뒤 음절의 시작점 간격의 정도(SOI: syllable onset interval)는 맥락적 담화구조를 나타내는 음향적 표지 기능을 하는 것으로 본다.

제10장 중국 방언의 분포와 특징

중국어의 특징으로 방언이 매우 발달한 언어라는 점을 빼놓을 수 없다. 제1장에서 중국어의 유형론적 특징을 논의할 때 다양한 방언의 발달이 빠진 이유는 언어유형론에서 방언적 요소가 별로 거론되지 않기 때문이다. 그렇다고 중국어의 다양한 방언이 중국어의 큰 특징이라는 사실에는 변함이 없다. 수천 년의 세월 동안 인구 면에서 지구상의 가장 큰 거대 국가로 발달한 중국은 넓은 지역만큼이나 방언도 다양하다. 방언의 차이는 상대적으로 멀리 떨어져 있는 지역에서 생긴 것만은 아니다. 아주 가까운 지역 내에서도 의사소통에 어려움이 있을 정도로 차이가 많이 나는 경우도 있다.[1] 따라서 중국 방언은 학자에 따라 다양하게 분류되고 있다. 이 장에서는 방언의 표준 분류와 그 방언의 분포 지역 및 음운 특징을 간단히 소개하려고 한다. 이 책이 비록 표준중국어 음운론과 그를 응용한 관련 주제를 주로 다루지만, 중국 방언에 대한 기본적인 이해는 중국어를 학습하거나 다양한 지역의 중국 사람들과 대화하는 데 매우 유용하다.

---

[1] 중국 방언이 얼마나 다양한지 그리고 그들은 어떻게 의사소통을 하는지는 2006년 5월 23일에 방영한 MBC-TV 『심야스페셜』 「13억 중국인 그들의 대화법」이 잘 소개하고 있다.

방언 말투가 강한 중국어를 구사하는 사람이 정확한 표준중국어를 구사하는 사람보다 수백 배 많기 때문이다. 따라서 방언음에 대한 기본적인 이해는 정확한 표준음과 구분할 수 있는 청음 능력을 향상시켜 줄 뿐만 아니라, 다양한 지역의 중국 사람들과의 의사소통 능력도 향상시켜 주기 때문에 필수적이다. 아울러 중국방언과 한국한자음과의 관계도 간단히 소개하여 중국 방언 연구가 우리 언어생활에 어떤 의미를 지니는지도 탐구해 볼 작정이다.

1. 방언의 분류

중국의 방언을 가장 큰 단위로 분류한 것을 대방언이라고 한다. 대방언을 다시 여러 단계로 세분해 나갈 수 있지만 이 책에서는 대방언의 특징만 간단히 소개할 것이다. 서로 의사소통이 불가능한 방언끼리 한 방언으로 묶어도 7-10개의 대방언으로 분류할 수 있다. 이는 서울말 화자가 함경도 방언이나 제주도 방언을 잘 못 알아듣는 것과는 비교가 안 된다. 거의 한국어와 일본어의 차이 정도이다. 그럼에도 불구하고 중국의 방언이 독립된 개별 언어(language)로 간주되지 않는 이유는 두 가지를 들 수 있다.

첫째 서면어의 경우 방언적 차이가 적어 어떤 방언 지역 화자 간에도 서로 필담으로 의사소통을 하는 데에는 지장이 없다. 중국어의 서면어가 동질감을 유지해 온 이유는 두 가지 정도 생각할 수 있다. 한자라는 동일 서사체계를 사용해온 점과 과거제도의 유지가 그것이다. 한자의 음은 지역마다 다를 지라도, 한자의 형태와 뜻은 거의 일치하였다. 한자의 자형과 자의가 동일하게 유지되는 데는 과거 과거제도가 큰 기여를 하였을 것으로 생각된다. 이것이 중국에서 오랜 세월동안 공통어(koine)를 형성하여 유지할 수 있었던 원인이기도 하다.

둘째는 중국의 다양한 방언 화자들 스스로 다른 언어로 인식하지 않는다는 점이다. 대부분의 중국인들은 이러한 언어적 차이를 방언의 차이로 인식하고 있다. 이를 통하여 국가적 정체성이나 일체감을 확보할 수도 있을 것이다. 이러한 인식 때문인지 문자적 동질성 때문인지 중국인들은 다른 지역의 방언을 외국인보다는 더 쉽게 습득할 수 있어 보인다.

중국의 저명한 언어학자 리 룽(李荣 1987)이 책임 편집한 『중국언어지도(中国语言地图)』는 중국 방언을 10 가지로 분류하였다.

(1) a. 官话方言   f. 湘方言
    b. 晋方言   g. 闽方言
    c. 吴方言   h. 粤方言
    d. 徽方言   i. 平方言
    e. 赣方言   j. 客家方言

그러나 보통 (1bdi)를 제외하고 7 가지 대방언으로 나누는 것이 더 일반적이다. 중국 방언 연구의 기본 자료집인 北京大学이 편찬한 『汉语方音字汇』(1989)와 『汉语方言词汇』(1995)도 이 분류를 따르고 있다. 또 중국 대학에서 널리 사용되는 후앙 뽀롱과 랴오 쉬똥(黄伯荣·廖序东 1991:5-9)의 『现代汉语』를 비롯한 대부분의 "现代汉语 (우리의 대학국어 같은 과목)" 교재도 이 분류를 따르고 있다. 최근에 나온 리 샤오판과 시앙 멍삥(李小凡·项梦氷 2009)의 방언학 기본 교재도 예외는 아니다. 미국에서 중국어언어학개론의 교과서로 널리 사용되고 있는 노먼(1996:269, Norman 1988:181)과 영어로 저술된 유일한 중국 방언학 전문

서적인 앤 미앤(Yan 2006)도 기본적으로는 마찬가지이다.

7대방언설이 가장 널리 퍼지게 된 유래는 사실 위앤 지아후아(袁家骅 등 1960, 1980)의 『汉语方言概要』이다. 이 책은 중국 방언학의 표준 참고서(standard handbook)로 평가받고 있는데, 이 책에서 위앤 지아후아는 중국 방언을 다음과 같이 분류하고 있다.

(2) a. 北方方言   e. 客家方言
    b. 吳方言   f. 粵方言
    c. 湘方言   g. 閩方言
    d. 贛方言

위앤 지아후아는 방언 형성 시기를 비교적 자세히 밝히고 있다. 상고시기에 우방언, 시앙방언, 웨방언이 형성되었으며, 중고시기에 커지아 및 민방언이 형성되었고, 그 이후에 깐방언과 북방방언이 형성된 것으로 기술하고 있다. 문제는 위앤 지아후아도 자신의 분류 근거를 명확히 밝히고 있지 않다는 점이다. 위앤 지아후아(袁 1980:22)를 보면 언어적 특징에 근거하여 방언 형성과 발전의 역사를 고려하고 지리적 요인을 감안했음을 짐작할 수 있다.[2] 그가 말하는 언어적 특징은 음운학적 특징은 물론 어휘 및 문법의 특징까지 포함한다.

위앤 지아후아의 북방방언은 리 롱의 관화방언을 말한다. 북방방언은 서남관화를 포함할 뿐만 아니라 북방관화와도 혼동하기 쉬우므로 관화방언이라고 하는 것이 바람직하다. 따라서 위앤 지아후아와 리 롱의 분류 차이는 결국 다음 세 방언이다.

---

[2] 方言分类主要是根据语言特点, 尽可能考虑到方言形成和发展的历史, 这里面也包括地理因素。

(3) a. 晉方言　산시(山西)성 일대
    b. 徽方言　안후이(安徽)성 남부 黃山 이남
    c. 平方言　꾸앙시(广西)성 서남 난닝(南宁) 일대

　이 세 방언을 기존의 7대 방언으로 분류하면, (3a)는 서북관화, (3b)는 지앙화이관화, (3c)는 웨방언에 속한다. 산시성의 진방언은 관화방언 가운데 다른 방언과 가장 차이가 많이 나는 것은 사실이다. 그러나 엄익상(2004b:188-190)의 계량적 연구 결과는 진방언을 굳이 대방언으로 분류해야할 만큼 그 차이가 큰 것은 아니고 관화방언의 차방언 정도로 보는 것이 더 타당하다고 본다. 이지은·강병규(2014:284)의 통계적 분석 연구도 진방언과 핑방언은 대방언으로 분류할 필요가 없다고 본다. 따라서 이 책에서는 다소 보수적인 분류 기준을 따라 기존의 7대방언설을 따른다.
　중국 방언을 일곱 가지 대방언으로 나누는 것은 띵 빵신(丁邦新 1998:171-172)이 제안한 중국 방언을 합리적으로 분류하기 위한 기준에도 부합한다. 그가 제안한 분류 기준은 다음 여섯 가지이다.

(4) a. 중고 유성음 성모
    b. 중고 입성 운미 (-p, -t, -k)
    c. 중고 知계 (t̺-, t̺ʰ-, ŋ-) 성모
    d. 중고 비음 성모(马, 理, 晚 등) 상성자의 양평으로의 변화
    e. 중고 見계 (k-, kʰ-, x-) 성모의 구개음화 (tɕ-, tɕʰ-, ɕ-)
    f. 중고 성조의 변화

　띵 빵신의 위 여섯 가지 조건은 중국어의 역사적 음운 변화에 기초한 것인데, 앞 세 가지는 대방언을 분류하는 기본조건(4a-c)이고, 뒤 세 가지

는 차방언을 분류하기 위한 보충조건(4d-f)이다. 중국어 음운사에서 차지하는 비중이 상대적으로 더 높은 변화를 기본조건으로 보고 있다. 아무튼 그가 제시하는 조건에 따라 중국방언을 분류하면 결국 다음 일곱 가지로 나뉜다. 7대 방언으로 나누기 위해 인위적으로 선정한 조건이 아니냐는 논란이 전혀 없을 수는 없지만, 그래도 그의 조건대로 분류하면 각 방언의 음운 특징이 분명히 드러난다.

(5)   官话   吴   湘   赣   客   闽   粤
    a. -vd+as   +vd+as   +vd-as   -vd+as   -vd+as   -vd-as   -vd+as
       -vd-as   -vd-as   -vd-as
    b. ø/ʔ   ʔ   ø   ʔ/ʔt/ptk   ptk   ø/ʔ/ptk(ʔ)   ptk
    c. -   -   -   -   -   +   -
    d. -   -   -   -   +   -   -
    e. +   +   +   +   -   -   -
    f. 4   7-8   4-6   5-7   5-6   7-8   7이상

7대 방언 가운데 가장 대표적인 방언은 북방방언이라고도 부르는 관화방언이다. 전국토의 80% 지역에 사는 70% 인구가 구사하는 방언이다. 관화방언은 다시 네 가지 차방언(次方言)으로 나누어진다.

(6) a. 北方관화: 北京 天津 河北 河南 山东 辽宁 吉林 黑龙江 内蒙古
    b. 西北관화: 山西 陕西 甘肃 宁夏 青海 内蒙古 서부
    c. 西南관화: 重庆 四川 云南 贵州 湖北
    d. 江淮관화: 江苏 安徽 (长江以北 淮河以南), 南京 일대

대방언을 다시 나눈 것을 차방언이라고 하고, 차방언을 다시 세분한

것을 차차방언이라고 한다. (6a-c)는 이름으로도 분포 지역을 대충 짐작할 수 있다. 관화방언이 동북은 물론 서북과 서남 지역까지 중국 전역에 걸쳐 매우 광범위하게 분포되어 있는 이유는 근대에 들어와 지속적으로 추진된 한족의 이주 정책 때문이다.

북방관화는 뻬이징, 허뻬이, 허난, 산똥, 그리고 동북 지역의 랴오닝, 지린, 헤이룽지앙과 네이멍구지역을 포괄한다. 사실상 가장 정확한 표준 중국어를 구사하는 지역이다. 그럼에도 불구하고 뻬이징에서 티앤진에만 가도 미세한 방언의 차이를 느낄 수 있다. 랴오닝은 말할 필요도 없다. r[ɻ]을 발음하지 않거나 [l]로 발음한다. 동북지역은 대개 교설음을 발음하지 않는다. 뽀하이(渤海)만 연안의 랴오똥(辽东)반도와 쟈오똥(胶东)반도에서는 [tɕ, tɕʰ, ɕ]를 [c, cʰ, ç]로 발음한다.

서북관화인 산시성 타이위앤(太原)말은 리 롱(李荣 1987)이 대방언의 하나인 진(晋)방언으로 따로 분류했을 만큼 다른 관화 방언과 차이가 난다. 산시(陕西) 중남부와 깐쑤 동부에서는 [tʂ, tʂʰ, ʂ, ɻ]가 [u]와 결합할 때 [pf, pfʰ, f, v]로 발음한다. 예를 들어 시안(西安)에서는 猪 zhū, 除 chú, 书 shū, 如 rú를 [pfu, pfʰu, fu, vu]로 발음한다.

서남관화도 한국 사람이 바로 알아듣기는 쉽지 않다. 대부분의 지역에서 [n]과 [l]을 구분하지 않는다. 또 교설음을 치음으로, 말음 [ŋ]을 [n]으로 발음한다.

지앙화이관화는 안후이와 지앙쑤 두 성의 창지앙(长江)이북 화이허(淮河)이남 지역에서 사용된다. 난징은 창지앙 이남이지만 이 일대도 포함된다. 이 지역에서는 [n]과 [l], [ts, tsʰ, s]와 [tʂ, tʂʰ, ʂ] 그리고 말음 [n]과 [ŋ]을 잘 구분하지 않는다(이상 관화방언 음운특징 詹伯慧 1981:94-99 근거).[3]

이렇게 보면 중국 현지에 가서 표준중국어를 배울만한 곳이 정말 제한적이라고 생각할 수 있다. 그러나 역설적으로 매우 정확한 표준중국어를 구사하는 사람은 극히 일부이고 대부분 넓은 의미의 표준적인 '보통화'를 구사하기 때문에 중국 방언에 대한 약간의 기본 지식은 대부분의 중국 사람들의 '보통화'을 쉽게 알아듣는 데 도움이 된다.

한편 차방언을 구분할 때 대방언부터 大区-区-片-小片-点의 5 단계로 구분하기도 한다. 방언점은 결국 가장 작은 방언 단위를 말한다. 예를 들어 인천에서 가장 가까운 도시인 산똥성 웨이하이(威海)시는 하나의 방언점이다. 산똥말은 관화방언 중 북방관화에 속한다. 산똥방언의 권위자인 치앤 쩡이(钱曾怡 2001:23)는 산똥방언을 동구와 서구로 우선 나누고, 동구는 다시 똥라이편(东莱片)과 똥웨이편(东潍片)으로 나눈다. 그렇다면 웨이하이 방언은 다음과 같이 규정될 수 있다.

(7) 관화방언-북방방언-산똥방언-동구-똥라이편-웨이하이점

이러한 방언의 구분은 절대적인 것은 아니고 학자마다 다소 차이가 날 수 있다. 그러나 대체로 구-편-점의 순으로 점점 세분해 나간다.

2. 방언의 분포

이제 대방언의 분포 지역을 알아보자. 위앤 지아후아의 분류에서 (2a)

---

3 난징의 5성급 호텔인 Grand Hotel을 현지 사람들은 古南都饭店이라고 부른다. r/l과 n을 잘 구분하지 못하는 난징방언과 난징이 옛 남송의 수도였던 점을 감안할 때 절묘한 번역이다.

북방방언은 그 하위 분류인 북방관화와 혼동하기 쉽다. 따라서 북방방언을 관화방언으로 바꾸어 다시 인용하고, 각 대방언의 주요 사용 지역을 명시한다. 관화방언 지역은 (6)에서 이미 설명하였으므로 생략한다.

(8) a. 官话方言(70%) : 其他
    b. 吴方言(8.4%) : 浙江
    c. 湘方言(5%) : 湖南
    d. 赣方言(2.4%) : 江西
    e. 客家方言(4%) : 江西之南, 福建之西, 广东之北
    f. 粤方言(5%) : 广东
    g. 闽方言(4.2%) : 福建, 台湾

방언 이름 뒤에 표시한 %는 후앙 징후(黄景湖 1987:44-45)에 삽입된 표에 근거한 것으로 한족 중에 차지하는 대략적인 화자 수의 비율이다. 어떤 자료는 깐방언 화자를 3%로 보는 것도 있다. 따라서 이 수치는 개략적인 것으로 참고하기 바란다. 7대 방언 중에 관화방언만 여러 성에 걸쳐 광범위하게 사용되고, 나머지 방언들은 대개 하나의 성에서 주로 사용된다. 유일한 예외가 커지아 방언이다. 커지아말 화자들은 지앙시, 푸지앤, 꾸앙똥 세 성이 만나는 지역에 집단적으로 거주하고 있다. 위에 명시한 지역은 각 방언 화자가 집단적으로 거주하는 지역을 표시한 것이지 절대적인 것은 아니다. 민방언같은 경우 하이난(海南)섬에서도 널리 사용된다.

이제 다음에 제시한 중국방언지도 (9)에서 각 방언의 근거지를 찾아 서로 다른 색깔로 표시해 보자. 지도 (10)은 방언의 분포지역을 좀 더 명확하게 구분해 준다. 다만 관화방언 중 북방관화와 서북관화를 합쳐 하나로 분류하였다. 지도 (11)은 리 롱(李荣 等 1987)의 10대 방언 분류에 따른

지도이다.

(9) 중국방언지도 1 (Yan 2006:4 인용)

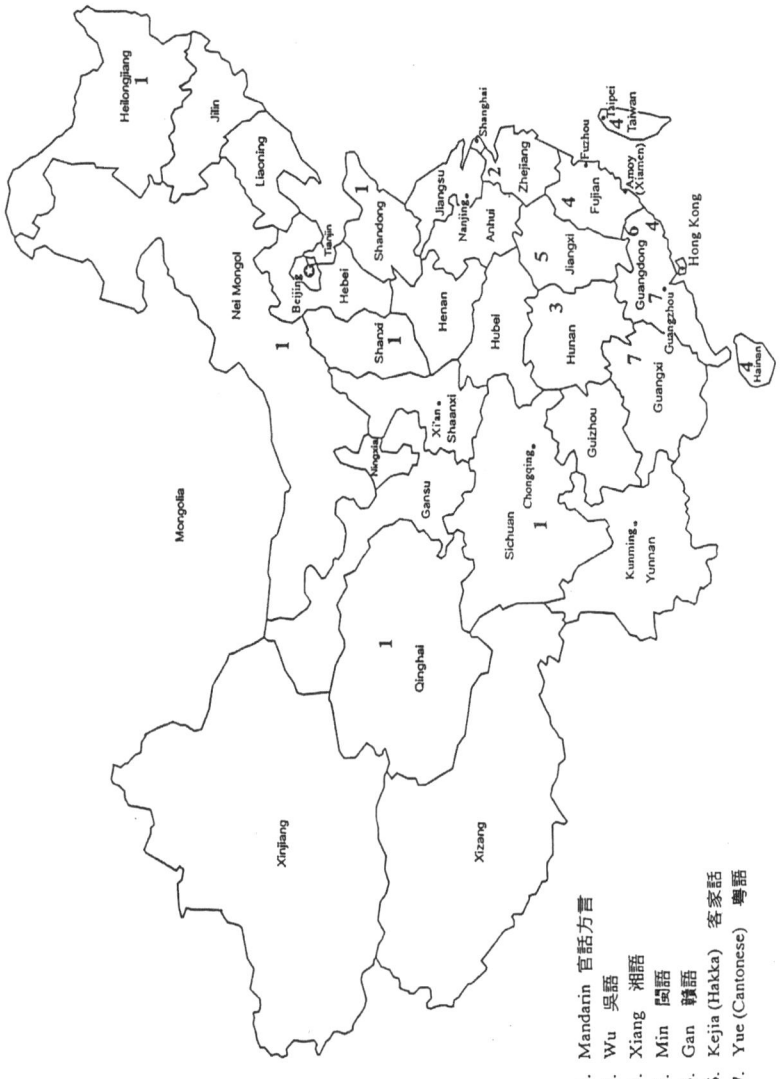

1. Mandarin 官話方言
2. Wu 吳語
3. Xiang 湘語
4. Min 閩語
5. Gan 贛語
6. Kejia (Hakka) 客家話
7. Yue (Cantonese) 粵語

(10) 중국방언지도 2

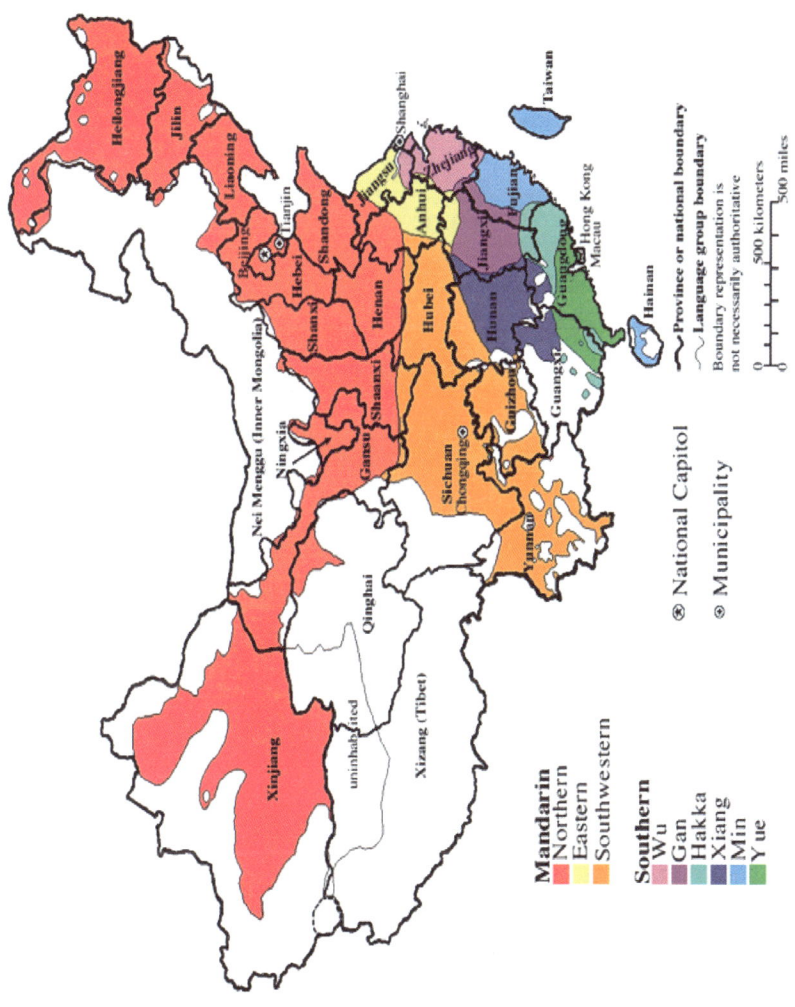

제10장 중국 방언의 분포와 특징 | 263

(11) 중국방언지도 3 (李荣 等 1987)

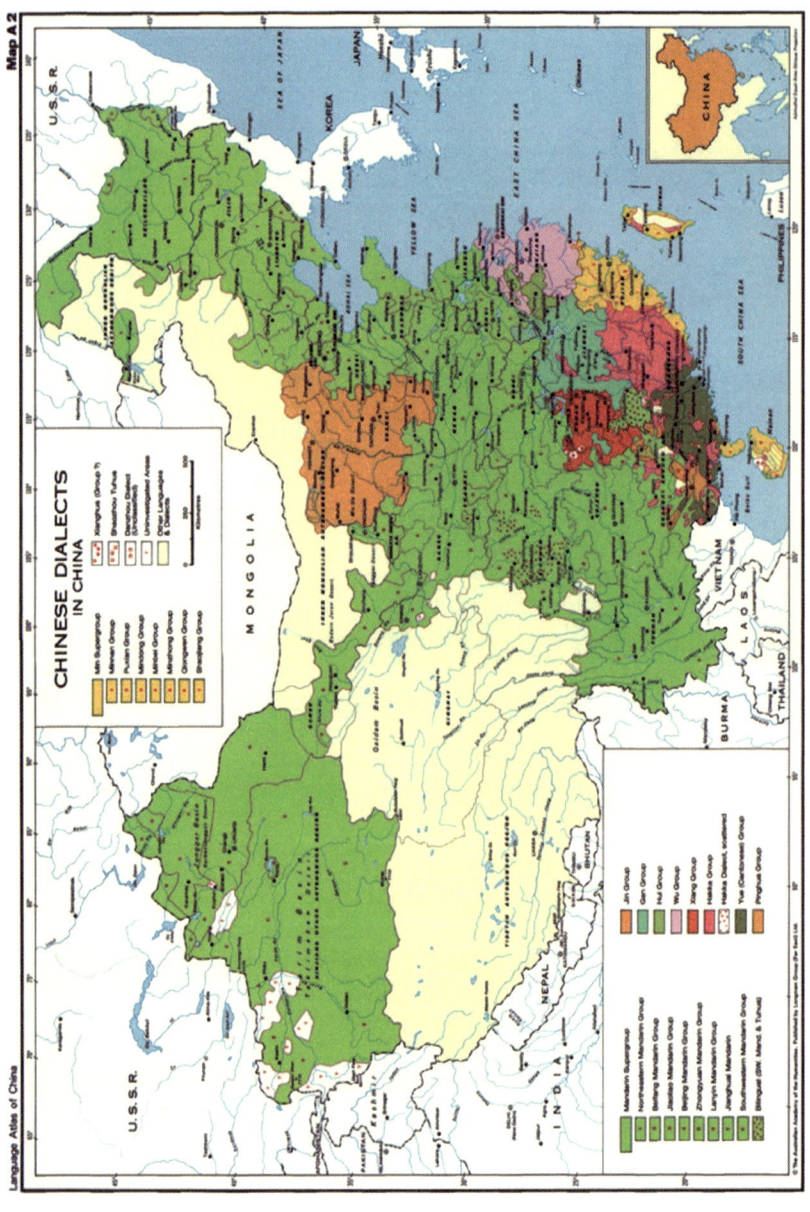

3. 방언의 음운 특징

각 대방언 음운의 특징은 후앙 징후(黃景湖 1987:44-45)의 표를 중심으로 설명보다 자료 중심으로 제시하겠다. 일부 자료는 호우 징이(侯精一 2002)와 앤 미앤(Yan 2006) 등 최근 자료를 참고하여 약간 수정하였다. 다음 표에서 +는 조건에서 명시한 변화가 발생했다는 뜻이고 -는 아직 그런 변화가 일어나지 않았다는 의미이다.

3.1 성모의 특징

성모를 비교하기 위한 주요 조건은 다음과 같다.

(12) 성모 비교 조건
  a. 영성모를 포함한 대표 방언 성모 숫자
  b. 중고 중국어 유성음 성모 무성음화
  c. [f]와 [x] 구분
  d. [n]과 [l] 구분
  e. 치음과 교설음 구분
  f. 중고 연구개파열음 경구개마찰음화 (k- > tɕ- / ____ i, y)
  g. 중고 ŋ-성모 소실(영성모화)

(13) 성모 특징 비교

	성모수	무성음화	f : x	n : l	교설음	k>tɕ	ŋ-소실
官话	21	+	+	+/-	+/-	+	+
吴	35	-	+	+	-	+/-	-
老湘	23	-	-	- (n)	+	+	-
新湘	23	+	+	- (n)	-	+	-

	성모수	무성음화	f : x	n : l	교설음	k>tɕ	ŋ-소실
贛	19	+	+/-	- (l)	-	+	-
客	18	+	+/-	+	-	-	-(ŋ-/ɲ-)
粵	18	+	-	+	-	-	-
閩東	15	+	-	-	-	-	-
閩南	15	+	-	- (l)	-	-	-

　시앙 방언은 수앙펑(双峰) 지역의 구방언지구와 창사(長沙) 일대의 신방언구로 나누어 표기하였다. 민방언지역도 푸조우(福州) 중심의 민동지역과 시아먼(厦门) 일대의 민남지역으로 나누었다. 우방언의 성모가 특히 많은 것이 눈에 띈다. 그런데 성모 부분에서 가장 주목할 사항은 중고 중국어 시기의 몇 가지 특징이 현대 방언에 얼마나 남아있는지의 여부이다. 중고 시기 유성음 성모는 대부분의 방언에서 무성음화하였지만, 우방언 전체와 구 시앙방언에 아직 남아 있다. 유성음이 무성음으로 변하기는 쉬워도 그 반대는 쉽지 않다. 따라서 우방언과 수앙펑방언은 중고 및 그보다도 더 이른 상고 시기에 중국어 성모에 유성 자음이 있었다는 좋은 증거가 되고 있다. 적지 않은 방언이 [f]~[x], [n]~[l]을 구분하지 못한다. 중국에서 나온 중국어 교재를 보면 이에 대한 연습 문제가 많이 나오는 이유가 바로 여기에 있다. 한국어 화자에게 [n]과 [l]은 전혀 문제가 되지 않는다. 한국어에 비록 [f]가 없기는 하지만, 이를 [p]와 혼동할 수는 있어도 [x]와 혼동하는 일은 거의 없다. 커지아, 웨, 민 등 남방 방언에는 [k]가 [tɕ]로 변하는 구개음화가 일어나지 않았으나, 중북부 지역에서는 대부분 바뀌었다. 반대로 교설음의 사용과 중고 [ŋ-] 성모가 영성모로 바뀐 것은 관화방언의 특징이다.

3.2 운모의 특징

중국 방언의 운모를 비교하기 위한 주요 조건은 다음과 같다.

(14) 운모 비교 조건
　　a. 대표방언의 단모음 수
　　b. [-n]과 [-ŋ] 구분
　　c. 중고 [-m] 운미 소실
　　d. 교설음화 운모 존재
　　e. 활음 [ɥ]의 존재

(15)

	단모음	-n~-ŋ	-m> -n, -ŋ, 0	교설운모	-ɥ-
官话	7	+/-	+	+	+
吴	11	- (ŋ)	+	-	+
湘	7	-	+	-	+
赣	7	+	+	-	+
客	6	+	-	-	-
粤	8	+	-	-	+
闽东	7	-	+	-	+
闽南	11	+	-	-	-

우방언의 운모 또한 상대적으로 많은 편이다. 지앙화이관화에 인접한 우방언과 시앙방언, 푸조우 일대의 민동방언에서 말음 [-n]과 [-ŋ]을 잘 구분하지 못한다. 민남어 지역으로 간주되는 대만에서도 이를 구분하지 못하는 화자들이 있다. 중고 비음 운미 [-m]은 북부와 중부 방언에서는 [-n] 또는 비음화 자질로 바뀌었거나 완전 탈락하였다. 한편 푸조우(福州) 방언에서는 [-ŋ]으로 바뀌었지만, 민남, 커지아, 웨 등 대부분의 남부 방언

에는 비교적 잘 보존되어 있다. 이 점에서 중고시기 비음 운미 [-m, -n, -ŋ]을 아직도 잘 보존하고 있는 한국 한자음과 유사하다.

3.3 성조의 특징

다음 네 가지 조건을 기준으로 대방언의 성조 체계를 비교해 보자.

(16) 성조 비교 조건
    a. 성조종류(调类) 수
    b. 입성 자음 운미 소실
    c. 경성의 존재
    d. 변조의 발생

(17)

	성조종류	입성운미	경성	변조
官话	4	+/- (-ʔ)	+/-	+
吳	7	- (-ʔ)	+	+
湘	5老/6新	+/(-)		
赣	6	-(-t -k)	+	+
客	6	-		
粤	9	-		+
闽东	7	- (-ʔ)		+
闽南	7	-	+	+

성조 종류가 가장 많은 방언은 웨방언이다. 최대 9개다. 중고 입성운미 [-p, -t, -k]는 완전히 소실된 곳과 전혀 소실되지 않은 곳, 그리고 변화 과정 중에 있는 곳으로 나누어진다.

(18) 중고 입성 운미 소실 상황
 a. 완전 소실 : 북방관화, 서북관화, 서남관화, 구 시앙방언
 b. -ʔ로 변화 : 지앙화이관화, 우방언, 민동방언
 c. 완전 보존 : 커지아방언, 웨방언, 민남방언

한국 한자음도 중고 중국어의 말음 [-p, -t, -k]를 [-p, -l, -k]의 형태로 거의 완벽하게 보존하고 있으므로 (18c)에 속한다. 合格日[합격일] 세 자가 다 중고 입성자의 예이다. 비음 및 파열음 말음만 보아서는 한국 한자음은 중국의 남방 방언과 매우 유사해 보인다. 왜 그런지, 한국 한자음과 중국 방언과의 관계는 과연 무엇인지는 다음 절에서 생각해 보자.

4. 한국 한자음과의 관계

중국어를 조금 공부하다 보면 중국어 발음이 한국 한자음과 유사한 경우가 많다는 것을 알게 된다.

(19) a. 大韩民国   Dahan minguo   대한민국
 b. 汉阳大学   Hanyang daxue   한양대학
 c. 图书馆   tushuguan   도서관
 d. 南山公园   Nanshan gongyuan   남산공원
 e. 东大门运动场 Dongdamen Yundongchang 동대문운동장
 d. 有名选手   youming xuanshou   유명 선수

왜 그럴까? 이유는 간단하다. 한국 한자음은 중국 음에서 유래되었기

때문이다. 그러면 왜 표준중국어와 똑같지 않을까? 어떤 한자들은 발음의 유사성을 찾기가 쉽지 않다.

(20) a. 仁川　　Renchuan　　인천
　　 b. 大邱　　Daqiu　　　 대구
　　 c. 大田　　Datian　　　대전
　　 d. 瑞草　　Ruicao　　　서초
　　 e. 天安　　Tian'an　　 천안
　　 f. 北京　　Beijing　　 북경
　　 g. 天津　　Tianjin　　 천진
　　 h. 重庆　　Chongqing　 중경
　　 i. 成都　　Chengdu　　 성도
　　 j. 武汉　　Wuhan　　 무한

그 이유는 이러하다. 한국 한자음은 아주 오래 전 중국 음에서 유래하였고, 한국 한자음이 지금의 체계와 비슷한 상태로 정착한 이후에도 조금씩 변화를 겪었기 때문이다. 표준중국어를 포함한 중국의 모든 방언도 과거의 어느 시기에 중국의 공통어(koine)에서 분파한 다음 제각각 서로 다른 속도로 변화를 거치면서 오늘의 모습으로 정착하였다. 중고음을 기준으로 볼 때 (20aceg)의 仁, 田, 天자는 그 이후 중국 음은 바뀌지 않았는데 한국 한자음이 오히려 변화하여 중국 음과 달라졌다. (20bdfhij)의 邱, 瑞, 京, 庆, 成, 武자는 한국 한자음은 변하지 않았는데 중국 음만 바뀐 결과이다. 이 책의 제1장에서 소개한 아주 이른 시기의 중국어 기본 어순이 SOV였는데 나중에 SVO로 바뀌었다는 학설을 기억한다면 언어는 끊임없이 변하고 있음을 알 수 있다. 사실 문법적 변화보다 음의 변화가 더 쉽게 일어나고, 음의 변화보다 어휘의 변화가 더 쉽게 일어난다. 아무튼 한국 한자음은 본질적으로 중국의 방언과 똑같은 성격을 지니고 있음을 알 수 있다.

그렇다면 한자는 언제 어디서 고대 한국에 전래되었을까? 현재 한국 한자음은 중국의 어느 방언과 가장 유사할까? 또 한자어 단어는 어느 방언 어휘와 가장 유사할지 등 한자음에 관한 우리의 호기심은 꼬리에 꼬리를 문다. 이러한 질문은 하나하나 쉽게 대답할 수 없는 커다란 연구 주제이지만 여기에 관한 필자(엄익상 2008b)의 최근 연구 결과를 이 절에서 간단히 소개한다.

4.1 한자의 전래 시기와 정착 시기

한자가 언제 고대 한국에 전해졌는지에 대한 언어학적 증거를 찾기란 매우 어려운 상황이다. 국어학계에서는 보통 대규모 언어 접촉이 일어났을 것으로 추정되는 역사적 사실로 그 연대를 가늠하고 있다. 기원 전 1세기 한사군의 설치시기를 그때로 보고 있다. 그런데 필자는 기원 전 2세기 위만조선을 한자의 수용 시기로 본다. 한사군이나 위만조선은 중국인들이 토착 정권을 무너뜨리고 세운 것이기 때문에 어떤 식으로든 의사소통이 이루어졌을 것으로 추정할 수 있다.

기원 전 1-2세기는 중국 상고음 시기이다. 기원 후 2세기 즉 한나라 말기까지의 중국어를 상고음이라고 한다. 6-7세기 당나라 시기의 음을 중고음이라고 하고, 14세기 원나라 시기의 중국어를 근대음 또는 고대관화라고 한다. 현대관화는 20세기 이후 중국어를 지칭한다.

(21) 중국어의 시기 구분
　　a. 상고음 (Old Chinese) : 2세기 이전
　　b. 중고음 (Middle Chinese) : 6-7세기 전후
　　c. 근대음 (Old Mandarin) : 14세기 이후
　　d. 현대음 (Modern Mandarin) : 20세기 이후

기원 전 2세기경에 한자를 받아 들였다면 중국 상고음 시기이다. 그러면 한국 한자음은 2,000여 년 전 중국 음을 그대로 간직하고 있거나 적어도 그것을 기준으로 변해 왔을까? 사실은 그렇지 않다. 상고음보다 오히려 중고음에 더 가깝다. 왜 그럴까?

일부 논란이 있기는 하나, 중국의 방언도 상고음을 주로 반영하고 있는 방언은 없다. 모두 중고음에서 얼마나 멀어졌는지를 따질 수 있을 뿐이다. 중국 방언 중에 가장 이른 시기의 음을 많이 보존하고 있는 방언은 민남 방언의 구두음(白读)이다. 구두음이란 말할 때의 한자음을 가리킨다. 책을 읽을 때의 발음인 독서음(文读)과 대비되는 용어이다. 아무튼 민남방언의 구두음만 중고 이전의 중국어 흔적을 일부 보존하고 있다. 이러한 현상은 얼핏 보면 앞서 1절에서 언급한 위앤 지아후아의 중국 방언 형성 시기와 모순이 되는 것 같다.

(22) 중국 방언 형성 시기 (袁家骅등 1960, 1980)
　　a. 상고시기 : 吳 湘 粤
　　b. 중고시기 : 客 闽
　　c. 중고이후 : 赣 官话

그러면 고대 중국의 공통어에서 가장 이른 시기에 분파한 것으로 알려

진 우 방언을 비롯하여 시앙, 웨 방언에 상고음의 흔적은 다 어디로 갔을까? 어찌하여 이보다 더 늦게 형성된 민남 방언에 오히려 더 오래된 흔적이 남아있을까?

대답은 역시 방언음의 변화이다. 언어는 살아 있는 생물체와 같이 끊임없이 변한다. 정치, 경제, 사회, 문화의 중심지일수록 더 빨리 변하는 특성이 있다. 이는 패션이 서울 강남에서 강북을 건너가는 데 일 년, 강북에서 부산이나 광주까지 전해지는 데 다시 일 년이 걸린다는 어느 백화점의 조사 결과와도 유사하다. 중심지에 사는 사람일수록 변화에 민감한 반면, 변방으로 갈수록 보존에 민감하다. 경상도 방언이 서울 방언보다 더 이른 시기의 한국어를 반영하고 있다고 생각하면 된다. 그런 점에서 뻬이징을 중심으로 한 북방관화가 고대 중국어의 관점에서 보면 가장 많이 변한 방언이고, 경제의 중심지였던 쩌지앙 지역의 우방언이 그다음쯤 될 것이다. 따라서 바로 이런 이유 때문에 현대 우 방언이 민남방언보다 오히려 더 늦은 시기의 중국 음을 반영하고 있다.

한일 한자음도 중심지 이론으로 이해할 수 있다. 중국 북방을 중심으로 보면 일본이 한국보다 더 먼 거리에 있다. 그러므로 한국 한자음의 변화가 일본 한자음보다 더 활발했던 편이다.

아무튼 한국 한자음의 전래 시기는 늦은 상고음 시기라고 하더라도, 정착 시기는 중고음 시기이다. 필자는 현대 한국어와 현대 한국 한자음이 통일신라의 언어에 바탕하고 있다고 생각한다. 다양한 중국 상고 방언음의 특징을 지녔던 것으로 추정되는 고대 한자음은 신라가 통일을 하면서 중국 중고음으로 전환하여 정착하게 되었다. 이러한 견해는 현대 한국어 형성에 관한 이기문(1998:102-103)의 학설과 일맥상통한다. 신라의 삼국 통일로 말미암아 삼국의 언어도 신라어로 통일되었다는 것이 그의 주장이다. 그것이 고려와 조선을 거쳐 현대 한국어로 발전했다는 것이다. 이 과정에서 고구려어와 백제어의 흔적은 많이 사라지게 되었다. 신라는 통일 과정에서 당나라 군대와 연합하게 되었고, 통일 이후 많은 불승과 유학생들이 당나라를 오가게 된다. 신라가 왕성한 해상 활동을 벌이게 된 것도 당나라 이후이다. 따라서 통일신라에 당나라 시기의 중국어가 정착하게 된 것으로 이해할 수 있다. 이 때 중국어가 바로 중고음이다. 한국 한자음이 구체적으로 중고음의 어느 시점을 이야기 하는 것은 아직 쉽지가 않다. 대체로 8세기설이 유력하게 제기되고 있지만, 이를 중심으로 여러 층이 혼재해 있다고 보는 것이 더 타당하게 보인다.

4.2 한자의 전래 경로

고대 삼국 가운데 지정학적으로 유리한 위치에 있었던 고구려가 북방 중국과 가장 먼저 교류를 했을 것이다. 고구려는 북위(北魏) 등 중국 북방 국가와 교류를 통하여 북방 방언을 수용했을 것이다. 고구려와 경쟁 관계에 있었던 백제는 고구려에 의해 중국으로 출입할 수 있는 육로가 차단되었으므로 부득이 해양을 통해 중국 남방과 교류를 집중했었다. 중국의 역사 기록을 보면 백제는 東晋이래 중국 북조보다 남조의 여러 국가와 교류를 했었다. 東晋의 수도는 지금 난징(南京) 지역인 지앤캉(建康)이었다. 이후 오랜 세월 동안 지앤캉은 중국 남조의 중심 도시로서 성장하였다. 그러면 중국 사서에 동진과 백제가 서로 조공을 했었다는 기록이 처음 나오는 372년 이 지역의 중국어는 과연 어떤 방언이었을까? 고구려와 동진의 사신은 말은 한 마디도 하지 않고 필담만 서로 나누었을까? 대부분 필담으로 의사소통을 하였을 수도 있지만, 당시 중국어를 구사할 수 있던 사람이 전혀 없었다는 것은 상상하기 어렵다. 또 필담이 가능하려면 한자는 물론 한문에 대한 소양이 상당해야 하는데, 한자의 형과 뜻만 알고 한문을 익힌다는 것은 불가능한 가설이다. 반드시 독음이 있었을 것이다. 그러면 어떻게 읽었을까가 문제이다. 난징은 지금은 지앙화이(江淮) 관화 방언 지역이다. 그러나 그 당시는 우방언의 중심지였다. 이러한 사실에 근거하여 엄익상(严 2011a, 严 2014)은 백제 사람들이 고대 우방언을 수용하였을 것으로 추정한다.

그런데 매우 재미있는 현상은 현대 한국 한자음은 우방언보다 민, 웨, 커지아 등 남방 방언과 훨씬 더 가깝다는 사실이다. 엄익상은 최근 한국 한자음과 중국 방언과의 관계에 관한 일련의 연구를 수행하였다. 그는 한국 한자음과 가장 가까운 중국 방언을 찾아내는 데 집중하였는데, 그의 연구 결과를 요약하면 다음과 같다.

(23) 기준　　　　　가장 가까운 중국 방언
　　 a. 백제한자음　민남(閩南)방언
　　 b. 의사소통도　꾸앙조우(广州) 웨(粵)방언
　　 c. 음유사도　　메이시앤(梅县) 커지아(客家)방언
　　 d. 어휘유사도　창사(长沙) 시앙(湘)방언, 관화(官话)방언

현재 주어진 여건에서 가장 과학적인 방법으로 분석한 결과임에도 불구하고 기준에 따라 다양한 결과를 보여준다. 문제는 이러한 현상을 어떻게 해석하는가이다. 엄익상(严 2011a)의 해석은 이러하다.

(24) a. 지금의 민방언은 과거 우방언이었다.
　　 b. 한자음은 구어가 아니기 때문에 의사소통도는 별로 중요하지 않다.
　　 c. 커지아방언과 직접 교류의 결과라기보다 두 방언의 음의 변화 단계가 유사한 지점에 있다.

d. 시앙방언보다, 전반적으로 고루 우세하게 나타나는 관화방언과 더 유사하다.

위 네 가지 해석 가운데 직접적인 언어 접촉의 결과로 보는 것은 (24a)와 (24d)이다. 백제는 동진 등 여러 남조 국가와의 직접 교류를 통하여 남방 중국어 방언음을 광범위하게 받아들였다. 그 당시 백제가 교류했던 중국 남방 지역은 우방언 지역이었으므로 우방언을 수용했을 것으로 추정된다. 그럼에도 불구하고 현대 민방언과 더 유사한 것은 그 당시 우방언을 사용하던 화자의 일부가 민 지역으로 이주해 가서 당시 우방언을 사용했기 때문으로 추정된다. 이러한 가설은 미국의 Norman(1983), 대만의 띵 빵신(丁邦新 1988), 중국의 리 루룽(李如龙 2001) 같은 학자들에 의해 제기되었으나, 대만의 장 꾸앙위(张光宇 1996), 중국의 왕 푸탕(王福堂 1999) 같은 학자들은 부정해 왔다. 부정의 이유는 당시 민 지역으로 이주한 사람들이 우 지역의 토착민이 아니라 중원지역에서 이주해 간 사람들이 우 지역의 토호들과 경제적 이익이 상충되어 다시 남하한 사람들이라는 것이었다. 그러므로 그들이 사용한 방언은 당시 우방언이 아닌 중원 방언으로 보아야 타당하다는 것이 그들의 주장이다. 만약 이들의 반박 이유가 성립되려면 두 가지 문제가 해결되어야 한다.

(25) a. 중원 방언은 우방언보다도 더 변화가 진행되었을 텐데, 민방언이 왜 우방언보다도 오래된 음을 보존하고 있을까?
b. 백제는 우방언과 접촉했는데, 현재 민방언과 더 유사한 이유는 무엇인가?

중심지 가설을 완전히 부정하지 않고서는 (25a)를 설명할 방법이 없다. 현재의 민방언과 과거 우방언과의 관계를 인정하지 않고서는 (25b)를 설명할 방법 또한 없다. 그렇다면 엄익상(严 2014)의 주장처럼 현재의 민방언이 고대 우방언의 특성을 많이 보존하고 있다고 보는 학설이 더욱 타당하다.

한편 (24d)와 관련하여 한국 한자어 어휘는 창사방언을 제외하고 여러 관화방언과 가장 가깝다는 사실은 신라 통일 이후 북방관화와 끊임없는 접촉을 통해 대량의 관화방언 어휘를 수용하였음을 말해 준다. 이 결론은 다음과 같은 역사언어학의 일반 이론으로 뒷받침할 수 있다.

(26) a. 어휘의 변화는 음의 변화보다 쉽게 일어난다.
b. 음의 변화가 어휘의 변화보다 보수적이다.

한국어와 한국 한자음과 관련한 여러 가지 의문에 대한 해결의 실마리를 중국 방언에서 찾을 수도 있다는 점에서 중국어 방언 연구는 한국인 연구자에게 특별한 의미가 있다.

제11장 중국어 외래어를 원지음으로 표기해야 할 이유

1. 두 가지 표기원칙

중국과의 교류가 늘어나면서 중국어에서 유래된 외래어가 심심찮게 언론에 보도되고 있다. 자세히 관찰해 보면 재미있는 현상을 발견할 수 있다.

(1) a. 小皇帝　　소황제
　　b. 九零後　　주링허우[1]
　　c. 普洱茶　　보이차
　　d. 乌龙茶　　우롱차
　　e. 周润发　　주윤발
　　f. 章子怡　　장쯔이
　　g. 游客　　　유커, 요우커
　　h. 恐韩症　　공한증

---

[1] 이 글의 중국 음표기는 별도로 달리 명시한 경우를 제외하고 통용음 또는 정부안에 따라 논의를 진행한다. (1g)의 '요우커'는 엄익상안에 따른 표기이다.

(1ab)는 중국의 신세대를 사회문화적 관점에서 지칭하는 용어이다. 그런데 (1a) 소황제는 한자음으로 통용되고 있으나, (1b) 주링허우는 중국 원지음으로 보도되고 있다. (1cd)는 모두 국내에서 유행하는 중국 차이다. 그런데 (1c) 보이차는 한자음으로 통용되지만, (1d) 우롱차는 중국 원지음으로 정착되었다. (1ef) 또한 마찬가지이다. 이들은 『와호장룡』(卧虎藏龙)이라는 영화에서 공연(共演)한 주연 배우이다. 그런데 (1e) 주윤발은 한자음으로 알려져 있고, (1f) 장쯔이는 중국 음으로 알려져 있다. (1g)는 중국음이나 (1h)는 한자음이다. (1)과 관련하여 우리의 문자생활에는 어떤 원칙이 있는 것일까? 위에 열거한 예는 어떤 원칙보다 편의에 따라 한자음 또는 중국 음을 적당히 선택하여 쓰는 것이 우리의 현실임을 보여준다.

그러나 중국어에서 유래한 외래어를 한글로 표기할 때 기준이 되는 외래어표기법은 1986년에 이미 제정되었고, 1997년부터 주요언론에서 사용하고 있다. 지금은 많은 언론 매체에서 중국의 인명과 지명을 중국 원지음으로 표기하고 있다. 문제는 학계이다. 학계에서는 학자 개인의 선택에 따라 중국의 인명과 지명이 한자음 또는 중국 원지음으로 달리 표기되고 있다. 이러한 현상은 중국을 연구하는 중국학계에서 특히 두드러진다. 사실 중국어를 잘 모르는 사람들이 중국의 인명과 지명을 중국 원지음으로 표기하는 일은 번거로울 것이다. 일일이 전문가에게 확인해야 한다. 따라서 이들에게는 한자음 표기가 더 편리할 것이다. 그러나 중국어를 잘 아는 일부 학자마저 중국 원지음 표기를 거부하고 있는 이유는 무엇일까? 이 글은 중국의 인명과 지명을 한자음으로 표기해야 한다는 주장의 부당성을 지적하고, 원지음 표기를 해야 할 이유를 제시하는 것을 목적으로 한다.

2. 한자음 표기원칙

중국어 외래어는 물론 중국의 인명과 지명을 한자음으로 표기할 것을 주장하는 학자들의 논리를 정리하면 대체로 다음과 같다.

(2) a. 중국어를 모르는 사람에게 혼동을 야기하고 불편을 준다.
    b. 한국은 중국과 함께 같은 한자문화권에 속하므로 한자를 쓰고 한자음으로 읽어야 한다.
    c. 중국은 한국의 인명과 지명을 중국 음으로 읽는데, 한국만 중국의 인명과 지명을 중국 음으로 읽어 주는 것은 민족 자존심과 주체성을 훼손하는 일이다.
    d. 중국 동포도 중국 인명과 지명을 한자음으로 읽는다.
    e. 한국 한자음도 결국 중국 고대음에 근거하고 있으므로 한자음으로 발음하는 것 또한 중국 음으로 읽는 것과 마찬가지이다.
    f. 미국과 유럽에서도 자기 식으로 읽지 반드시 원지음과 똑같게 부르지는 않는다.
    g. 중국, 대만, 일본, 미국, 북경, 상해, 태평양 등도 다 원지음으로 바꾸어야 하나?
    h. 공자와 맹자도 중국 음으로 읽어야 하나?

위에 제시한 여덟 가지 이유는 모두 나름대로 일리가 있다. (2ab)는 한자음 표기가 더 편리하다는 사실을 전제로 하고 있고, (2cd)는 중국과의 상호 형평성 문제를 지적하고 있다. (2ef)는 원지음 표기를 주장하는 학자들이 반드시 극복해야할 논리이다. 또 (2gh)는 실제 원지음으로 표기할 때 부딪히는 여러 가지 어려움 가운데 일부분이다. 아무튼 위 주장은 다음 세 가지로 요약할 수 있다.

(3) a. 한자음표기가 더 편리하다.
    b. 중국은 한국의 인명과 지명을 중국 음으로 읽는데, 우리만 그들의 인명과 지명을 중국 음으로 읽을 필요가 없다.
    c. 원지음으로 표기해 봐야 정확히 표기할 수도 없고 한자음도 결국 중국 음이다.

다음 절에서 위에 열거한 이유들의 타당성을 하나하나 엄밀히 검증할 것이다.

3. 한자음 표기의 문제점

중국어 외래어 한글 표기를 위해 위에 열거한 그 어떤 이유보다 우선 고려해야 할 근본적인 문제는 다음 두 가지이다. 첫째, 한글 글쓰기의 일관성 문제이다. 즉 우리는 중국어권을 제외한 세상 모든 언어권의 인명과 지명을 원지음 또는 원지음과 유사한 영어권 음을 한글로 표기를 하고 있다. 그런데 유독 중국어권만 한자음으로 표기하는 것은 내용과 형식에 있어서 일관성이 중시되어야 할 과학적 글쓰기에서 수용하기 곤란한 예외이다. 아무리 좋은 내용이라 하더라도 일관성이 없는 형식에 담아내는 글은 설득력이 강할 수 없다. 논리적 내용 구성과 전개에 방해가 되기 때문이다. 한자음 표기를 주장하는 학자들에게 필자는 묻고 싶다. 이미 중국 원지음으로 정착된 다음 외래어까지 한자음으로 읽어야 하는지를.

(4) a. 시진핑   b. 리커창
    c. 홍콩   d. 하얼빈

e. 자장면　　f. 탕수육
g. 유산슬　　h. 우롱차

만약 그렇지 않다면 중국어 외래어 표기에 관한 이중 잣대를 인정하자는 주장에 불과하다. 만약 위에 제시한 외래어마저 다음과 같이 한자음으로 읽어야 한다고 주장한다면, 다음 절에서 필자가 지적할 문제점에 대하여 논리적인 반박이 필요하다.

(5)　a. 습근평　　b. 이극강
　　c. 향항　　　d. 합이빈
　　e. 작장면　　f. 탕초육 또는 당초육
　　g. 유삼사(아)　h. 오룡차

시진핑을 습근평으로 읽거나, 홍콩과 하얼빈을 향항이나 합이빈으로 읽는다면 새로운 혼란을 야기할 것이다. 한국어 화자에게 너무나 익숙한 자장면/짜장면, 탕수육, 유산슬, 라조기 등을 작장면, 탕초육, 유삼사, 날초계로 불러야 한다면, 이는 엄청난 저항을 초래할 것이다.

둘째는 보다 현실적인 문제이다. 중국의 인명과 지명을 한자음으로 표기한다면 한국어 화자끼리만 의미가 통할 것이다. 한자음 표기는 곧 세계화 시대에 한국의 고립을 의미한다. 세계인과의 대화는 말할 것도 없고 중국인과의 대화도 불가능하다. 세계 어느 인접 국가에서도 유래를 찾아볼 수 없을 정도로 발전한 한중 양국 간의 빈번한 인적 교류를 생각하면 중국음 표기는 필연적이다. 만약 한자음 표기 원칙을 채택하면 많은 언중은 중국음을 추가로 익혀야하는 부담을 안게 된다.

바로 이런 이유 때문에 필자는 우리가 아무리 한자에 익숙하고 한자문화권에 속해있다고 하더라도, 필자는 중국의 인명과 지명을 중국 원지음으로 쓰고 읽어야 한다고 주장한다. 왜냐하면 한자문화권에 속하는 일본을 포함하여 다른 모든 언어권의 고유명사 표기도 우리는 원지음 주의를 적용하기 때문이다. 오랫동안 한자음 표기를 고집해온 북한도 2011년 원지음으로 표기로 전격 전환하였으나, 북중 관계가 기대에 못 미치자 2012년부터 다시 한자음으로 표기하고 있다. 원지음 표기야말로 글로벌시대에 우리의 정체성을 확실히 하는 일이기도 한다. 이러한 대원칙에 아직 공감하거나 동의하지 못하는 독자를 위하여 위에서 제시한 반대 이유의 타당성을 하나하나 검토해 보기로 하자.

3.1 한자음표기는 정말 편리한가?

원지음표기를 반대하는 가장 큰 이유는 아마 (2a)에서 지적한 불편하다는 점일 것이다. 중국어를 모르는 사람에게 원지음표기는 당연히 불편할 수 있다. 한자음표기를 주장하는 자들이 불편하게 생각하는 가장 큰 이유는 한글로 원지음을 표기했을 때 한자가 무엇인지 잘 알 수 없다는 점이다. 그러나 대부분의 사람들은 중국의 인명과 지명을 원지음으로 들었을 때 한자가 무엇인지 전혀 궁금해 하지 않는다. 예를 들어 현재 중국과 대만의 정치지도자들은 원지음이 더 친숙하다.

(6) a. 시진핑   习近平
    b. 후진타오   胡锦涛
    c. 차이잉원   蔡英文
    d. 마잉주   马英九

이들 이름을 한자음으로 적거나 발음하면 조선시대 호위대장인지 무슨 칼 이름인지 또 전형적인 바보 캐릭터를 말하는지 보통사람들은 잘 알 수 없게 되었다.

(7) a. 습근평
    b. 호금도
    c. 채영문
    d. 마영구

이제 시진핑(习近平)이나 리커창(李克强)을 습근평이나 이극강으로 부르는 사람은 아무도 없다. 중국어를 모르는 사람은 시주석과 리총리의 이름이 바로 근평과 극강인지조차 알지 못한다. 그럼에도 불구하고 일상 생활에 불편을 느끼는 사람은 거의 없다. 이는 중국어 고유명사의 원지음 표기가 잘 정착되어 가고 있음을 의미한다. 아울러 한국이 여전히 한자문화권에 속해 있음에도 불구하고, 한자의 속박으로부터 이미 상당히 벗어났음을 시사한다.

아울러 한글이 소리글자로서의 역할을 충실히 수행하고 있음을 보여준다. 사실 미국 대통령 도날드 트럼프(Donald Trump)의 이름을 영어로 어떻게 쓰는지 궁금해 하는 사람은 별로 없다. 독일 메르켈(Merkel) 총리 이름이 언론에 심심찮게 오르내리지만, 그 철자를 몰라도 일상 언어생활에 전혀 불편이 없는 것도 같은 이치이다. 서양 인명이어서 그런가? 그건 아니다. 일본 수상 아베 신조를 한자로 安倍晋三으로 쓴다는 것을 아는 한국 사람이 과연 얼마나 될까? 너무나 자주 바뀌기 때문이기도 하지만, 일본 수상 이름을 한자로 쓰고 한자음으로 읽는 사람은 거의 없다. 시진핑도 마찬가지이다. 그냥 한글로 시진핑으로 쓰지 그의 이름을 한자로 정확히 쓸 줄 모른다고 창피해 하는 지식인은 별로 없다. 이제 대부분의 한국 사람들은 어느 나라 사람이든 그들의 이름을 소리로 기억하지 문자로 기억하지 않는다.

결론적으로 대부분의 사람들에게 중국어 원지음표기는 실제 중국 어문학자들의 염려만큼 그렇게 불편하지 않다. 오히려 한자음으로 중국의 인명과 지명을 익힌 사람들이 중국에 갔을 때 더욱 불편할 것이다. 중국에 가서 한자음으로 길을 묻고 어떤 사람 이름을 대봐야 그를 찾아낼 방법이 없기 때문이다. 또 앞서 예 (4-5)에서 지적한 바와 같이, 이미 중국 원지음으로 정착한 인명, 지명, 음식명을 한자음으로 고쳐 부르는 것 또한 어색하기 짝이 없다. 또 다음 예 (8-10)에서 지적하겠지만, 적어도 수천 개의 어려운 한자를 다 알아야 중국과 일본의 인명과 지명을 한자음으로 읽을 수 있다. 이것 또한 언중에게 중국 음을 익히는 것 이상으로 과도한 부담을 준다. 따라서 한자음으로 읽는 것이 훨씬 더 편하다는 주장은 설득력이 없다.

3.2 한자문화권의 의미와 한계

(2b)의 지적처럼 중국의 인명과 지명을 한자음으로 쓸 것을 주장하는 사람들이 있다. 한국은 한자문화권이므로 한자의 사용이 자연스럽다고 주장한다. 한국은 분명 한자문화권에 속한다. 과거 수천 년 동안 한자를 써 왔고 지금도 일상생활에서 사용하고 있다. 그러나 문자로서의 한글의 한자의존도는 일본 가나(假名)의 한자의존도에 비하여 현격히 낮아졌다. 즉 일본어 문장에서 한자는 필수적으로 사용되고 있지만, 한글 문장에서 한자는 이미 급속히 사라져가고 있다. 과거 한국과 일본과 함께 대표적인

한자 문화권에 속했던 베트남은 수백 년 전 프랑스의 통치와 함께 한자문화권에서 이탈하였다. 현재 한국사회도 한글전용세대가 절대 다수를 차지함에 따라 문자로서의 한자의 역할은 이미 상당히 축소되었다. 이는 문자로서의 한글의 기능이 상대적으로 강화되었음을 의미한다. 이는 매우 중요한 의미를 지니는데, 모든 외래어를 한글로 훌륭히 적어낼 수 있을 때 문자로서의 한글의 기능은 한층 더 완전해지기 때문이다.

이런 관점에서 볼 때 2007년 10월 22일 한자교육추진총연합회가 주최한 학술회의(『조선일보』 2007년 10월 23일 A23면 보도)에서 제기된 중국 인명과 지명의 한자음표기 주장은 매우 위험하고 염려스럽다. 이는 한글전용정책을 포기하고 과거 국한문혼용정책으로 되돌아가려는 시도로 보이기 때문이다. 교육부는 2017년부터 교과서에 한자를 병기하는 방안을 실제 고려하고 있다. 절대 다수 국민이 한글전용세대임을 망각한 정책이다. 한·중·일을 막론하고 한자로 쓸 수 있는 인명과 지명은 모두 한국 한자음으로 읽어야 한다는 이들의 주장은 시대의 흐름을 거스르는 일일 뿐만 아니라, 한글의 우수한 문자 기능을 훼손시키는 행위이다. 이들은 한자 인명과 지명을 한자음으로 표기하더라도 의미전달이 잘 안 된다는 사실을 간과하고 있다. 한자로 써야만 비로소 의미 전달이 될 것이다. 그러나 얼마나 많은 사람들이 아래 지명을 한국 한자로 쓰고 읽을 수 있을까?

(8) a. 札幌　　b. 横浜
　　c. 新舄　　d. 茨城
　　e. 贛州　　f. 萨嘎
　　g. 淄博　　h. 郝寨(砦)

이들 일본과 중국의 지명을 한자음으로 읽으면 다음과 같다.

(9) a. 찰황   b. 횡빈
     c. 신석   d. 차성
     e. 감주   f. 살알
     g. 치박   h. 학채

위 지명이 아래 도시를 나타낸다는 사실을 아는 한국 사람은 많지 않을 것이다.

(10) a. 삿뽀로   b. 요코하마
     c. 니이가타 d. 이바라키
     e. 깐조우   f. 싸까
     g. 쯔뽀   h. 하오자이

한자교육추진총연합회의 진태하 같은 한학자들이 정말 주장하고 싶었던 것은 한자음표기가 아니라 한자표기였을 것이다. 한·중·일의 인명을 모두 한자로 쓰고 한자음으로 읽으려면 1800여자의 교육용 한자만으로는 부족하다. 그보다 훨씬 많은 한자의 음과 뜻을 외워야 한다. 이는 한글전용정책과 상반된다. 또 한국인의 정체성 문제와도 관련이 있다. 누가 한국인인지 누가 중국인인지 알 수 가 없다. 한국에도 安山에 사는 金美가 있고, 중국에도 安山(河北, 山東)에 사는 金美가 있으니, 누가 누구인지 어떻게 구분하나? 서울에도 城東이 있고, 중국 河北省에도 城東이 있다. 따라서 『조선일보』 2007년 10월 26일자 이덕일 舍廊과 2012년 3월 27일자 김태익 칼럼의 한자음 표기 동조 칼럼은 신중하지 못한 여론 조성 시도였다. 이후 별다른 후속 여론이 형성되지 못하고 이 논의는 다행히 물밑으로 가라앉았다.

아무튼 한자문화권이라는 사실 자체가 중국의 인명과 지명을 한자로 표기해야 할 정당성을 담보하지 않는 결정적인 이유는 동일 한자문화권인 일본의 인명과 지명을 일본 원지음으로 쓰고 읽기 때문이다. 우리가 일본의 인명과 지명을 원지음으로 읽는 것은 일본 한자는 음독도 하지만 훈독도 하므로 어떻게 읽어야 할지 알기 어려워서가 아니다. 그렇기 때문에 음독이든 훈독이든 상관없이 일괄적으로 한자음으로 읽으면 오히려 더 간단할 것이다. 과거에는 실제 모두 한자음으로 읽었다. 안중근 의사가 저격한 자를 이토 히로부미가 아니라 이등박문(伊藤博文)으로 가르쳤다. 우리가 외래어를 원지음에 근거하여 음독을 하는 이유는 그것을 외래어 표기법의 원칙으로 삼았기 때문이다. 과거 한자문화권이었던 월남의 호지명(胡志明)시를 베트남의 호치민시라고 하는 것도 같은 이치이다. 그러므로 중국의 인명과 지명을 한자음으로 표기하는 것은 글쓰기의 일관성을 심각하게 훼손하는 일인 동시에 한글쓰기의 정신마저 훼손하는 일이다.

3.3 왜 우리만 중국 원지음으로 표기해야 하나?

일본은 한국의 인명과 지명을 원지음주의에 입각하여 한국식으로 발음해 주니까, 상호주의에 입각하여 일본의 인명과 지명을 일본 음으로 쓰고 읽는 것은 받아들일 수 있다.[2] 그러나 (2c)의 지적처럼 중국은 한국의 인명과 지명을 자기들 발음대로 부르는데, 왜 우리만 그들의 인명과 지명을

---

[2] 물론 일본은 중국의 인명과 지명은 일본 한자음으로 읽는다. 이런 점에서 일본의 어문정책은 일관성이 부족하다.

중국식으로 읽어주어야 하느냐고 반문할 것이다. 우리는 중국 사람을 대우해 주기 위하여 중국 원지음으로 읽어주는 것이 아니다. 중국인을 위하여 그렇게 읽는 것은 더더욱 아니다. 우리가 그렇게 읽는 가장 큰 이유는 우리 자신을 위해서이다. 우리 스스로의 원칙을 지키기 위해서이다.

중국인은 사실 한국뿐만 아니라 세계 모든 나라의 고유명사를 자기식대로 쓰고 발음한다. 중국어는 표의문자로 표음기능보다는 표의기능이 강한 문자이기 때문이다. 따라서 그동안 외래어는 주로 의역을 해왔으나, 최근 외국 인명과 지명은 주로 음역을 하고 있다. 다만 의역이든 음역이든 한자로 쓸 수 있는 외국의 인명과 지명은 모두 중국 음으로 읽고 있는데, 이는 그들의 문자적 특성과 편의성을 중시한 결과이다.

(11) a. 문재인　　文在寅　　Wen Zaiyin
　　　b. Obama　　奥巴马　　Aobama
　　　c. Oxford　　牛津　　　Niujin
　　　d. London　　伦敦　　　Lundun

따라서 중국 사람들이 어떻게 읽든 우리는 우리의 원칙대로 읽으면 된다. 나중에 더 불편할 쪽은 오히려 중국 사람들일 것이다. 한국어는 못하지만 영어가 능통한 중국인이 한국에 와서, (12a)처럼 물으면 진해(镇海)에 사는 어떤 중국 사람을 찾는 것으로 오해받을 것이다.

(12) a. Do you know how I can find Mr. *Lu Wuxuan* living in *Jinhai*?
　　　b. Do you know how I can get to Mr. *No Muhyeon*'s village in *Kimhae*?

그러므로 (12b)처럼 한국 음으로 물어야 김해(金海) 봉하마을을 찾아

갈 수 있을 것이다. 이러한 이중 기억의 부담은 외래어 표기가 현지 원지음과 다를 때 그 언어 사용자가 부담해야 할 몫이다. 중국인들도 이러한 불편을 심각하게 자각하거나 어문정책의 일관성을 중시할 때 비로소 원지음주의 표기 원칙을 채택할 것이다.

필자는 중국인의 어문정책과 상관없이 우리만 중국의 인명과 지명을 원지음으로 읽는 것이 사대주의적 태도거나 주체성의 훼손이라고 생각하지 않는다. 한국과 중국의 인명과 지명을 서로 구분하지 않고 모두 한자음으로 읽는 것이 오히려 한국과 중국을 구분하지 않는 것이므로 우리의 정체성을 모호하게 한다고 생각한다.

(2d)의 지적 또한 문제가 되지 않는다. 중국의 한국계 동포들이 어떻게 쓰고 읽는가 하는 문제는 그들 스스로 결정할 문제이다. 교류가 빈번한 한국은 물론 지리적으로 인접한 북한도 한 때 원지음으로 표기했던 점을 감안하면 그들의 언어 정책은 앞으로 바뀔 가능성이 있다.

3.4 한자음도 중국 음으로 보아야 하나?

한국 한자음과 중국 현대음은 서로 비슷하여 쉽게 추측할 수 있는 단어가 많다. 그 이유는 한국 한자음은 대체로 과거 수·당대 중국어인 중고음(Middle Chinese)에 근거하고 있기 때문이다. 다음은 한자음과 중국 음이 서로 유사한 경우이다.

(13) a. 汉阳　　Hanyang　　한양
　　 b. 光州　　Guangzhou　광주
　　 c. 釜山　　Fusan　　　 부산

그러나 한자음이 중국 현대음과 현저히 다른 경우도 많다.

(14) a. 瑞草　Ruicao　　서초
　　 b. 大邱　Daqiu　　 대구
　　 c. 大田　Datian　　대전
　　 d. 仁川　Renchuan　인천

(14a-d)에서 두 자 중에 한자는 발음이 서로 비슷하나 다른 한자는 전혀 다르다. 瑞, 邱, 田, 仁자의 한자음이 중국 음과 현저히 다른 이유는 고대 한국어가 중국 음을 받아들인 이후 두 언어에서 일어난 음의 변화 때문이다. 즉 (14ab)의 瑞자와 邱자는 한국 한자음 형성 이후 중국어에서 발생한 변화의 결과이고, (14cd)의 田자와 仁자는 한국어에서 자생적으로 발생한 변화의 결과이다.[3] 마찬가지 이유에서 중국 지명을 한자음으로 읽어도 중국 원지음과 차이가 많이 난다.

(15) a. 천진　　天津　　 Tianjin
　　 b. 중경　　重庆　　 Chongqing
　　 c. 납살　　拉萨　　 Lasa
　　 d. 합이빈　哈尔滨　 Harbin

따라서 (2e)에서 제기한 한자음이 중국 음에 근거하고 있다는 주장 자체는 부정할 수 없으나, 현대 중국 음과 유사하다는 주장에는 동의할 수 없다. 또 한자음이 중국 고대 음에서 유래하였다고 해서, 한자음이 중국의

---

[3] 이런 역사적 음운변화에 대한 구체적인 설명은 이 글의 성격에 맞지 않으므로 여기서는 생략한다.

방언처럼 구어로 사용되거나, 한자음으로 현대중국의 백화문장을 읽어서 중국인과 의사소통이 되는 것도 아니다. 현대 한국 한자음은 적어도 1400년 이전의 중국 음에 근거하고 있기 때문이다. 따라서 한자음도 중국 음이라는 주장은 역사적으로는 맞는 이야기이지만 중국 현대음과의 유사성을 감안하면 억지가 있는 학설이다. 한자음은 과거 중국 음에 근거하고 있지만 수천 년 적어도 천 몇 백 년 세월을 거치는 동안 한국어화한 한국 음이기도 하다.

3.5 관용음의 인정 범위

(2f)에서 제기한 미국과 유럽에서도 자기 식으로 읽지 반드시 현지 원지음과 똑같게 부르지는 않는다는 사실에 근거하여 우리도 한자음으로 표기하는 것이 타당하다는 주장은 재고의 여지가 있다. 예를 들어 벨기에를 영어로는 벨지움, 프랑스어로는 벨지끄라고 하고, 독일에서는 벨기언이라고 한다. 또 스페인을 현지에서는 에스빠냐라고 하는데, 우리가 스페인이라고 부르는 이유는 영어로 스페인이기 때문이다. 따라서 엄밀히 말하면 원지음주의가 파괴되었다는 지적을 받을 수 있다.

그러나 에스빠냐를 스페인이라고 부르는 것 또한 외래어표기법에 따른 결과이다. 외래어표기법의 인명, 지명 표기의 원칙 제3항에 의하면, 원지음이 아닌 제3국의 음이 통용되고 있으면 그 관용음을 따르도록 하고 있다. 서양의 지명이 원지음이 아니라 영어 음을 기준으로 표기되는 곳은 그것이 관용음이라고 인정되었기 때문이다.

따라서 (2g)에서 지적한 중국, 대만, 일본, 미국이나 북경, 상해, 태평양도 다 원지음으로 바꾸어야 하는가 하는 질문 또한 성립하지 않는다. 모두 관용어로 이미 굳어져 버렸기 때문이다. 관용어의 수용은 중국어외래어

표기법 인명, 지명 표기의 원칙 제4항에 분명히 규정하고 있다.[4]

이 문제는 (2h)와 관련되어 있다. 공자와 맹자도 원지음으로 표기해야 하는 지에 대한 의문이다. 일관성 원칙을 준수하자면 당연히 원지음으로 표기해야할 것이다. 그러나 정부가 제정한 표기법은 근대 이전과 현대의 인물을 구분하여 현대인만 원지음으로 표기하도록 규정하고 있다. 따라서 공자와 맹자는 당연히 그대로 사용하면 된다. 이백과 두보도 마찬가지이다.[5]

4. 원지음표기를 해야 할 이유

지금까지 이 글의 (2)번에서 제시한 중국의 인명과 지명을 한자음으로 표기해야 할 여덟 가지 이유가 타당성이 없음을 지적하였다. 따라서 (3)에서 요약한 한자음 표기론자들의 주장은 다음과 같은 이유에서 부정된다.

(16) a. 한자음표기가 반드시 편리한 것은 아니다. 한자병기로 발전할 경우 일반 대중은 수많은 한자를 학습해야 하는 부담이 늘어난다.[6]
    b. 한국의 언어문자 정책이 중국의 그것과 동일해야 할 이유는 없으므로

---

[4] 엄익상표기법(2002)은 관용어의 범위가 애매하기 때문에 국명을 제외한 모든 지명의 원지음표기를 규정하고 있다.
[5] 엄익상표기법(2002)은 과거와 현재인의 구분이 애매하다는 이유로 모든 인명의 원지음표기를 규정하고 있다.
[6] 양세욱(2009.4.30 개인대담)은 중국의 인명은 원지음으로 표기하더라도 지명은 한자음으로 표기할 경우 형태소로서 의미 전달 기능을 어느 정도 담당할 수 있는 장점이 있음을 지적했다. 현행 표기법의 지명 표기 세칙은 원지음 뒤에 산, 강, 호수, 바다 등을 부기하도록 규정하고 있으므로 의사 전달에 문제가 없다. 특히 동일 표기법에 두 가지 원칙을 적용하는 것은 번거롭다.

한국의 표기 원칙이 중국과 다를 수 있다.
c. 한국 한자음은 1400년 전의 중국 중고음에 근거하여 형성된 것이므로 현대 중국 음과는 차이가 현저하여, 한자음도 중국 음을 표기한 것이라는 주장은 설득력이 약하다.

이보다 더욱 중요한 이유는 글쓰기의 일관성 유지와 문자로서의 한글의 기능을 강화하기 위한 것이다. 또 한국의 인명과 지명을 중국의 그것과 구분되게 표기하는 것은 한국인의 문화적 정체성을 확보할 수 있다는 점에서 매우 중요하다. 중국의 인명 지명을 원지음으로 읽어야 할 중요한 이유가 하나 더 있다. 한자음으로 발음하면 의사소통은 남북한 사람들에게만 국한된다. 중국인도 일본인도 [북경]과 [습근평]을 알아들을 수 없다. 한중 수교 이래 중국과의 교류는 엄청난 속도로 늘어나고 있다. 중국 문제를 중국인들하고만 논의하는 것은 아니다. 글로벌시대에 세계 사람들과 중국에 대해 이야기해야 할 시대에 살고 있다. 북한과 일본을 제외한 세계 모든 사람들이 중국의 인명과 지명을 중국인들의 발음대로 부르고 있다. 따라서 [베이징]과 [시진핑]이라고 말하면 수십억의 지구인과 통할 수 있다. 한자음을 고집하면 한자 학습에 대한 부담은 차치하고라도, 추가로 중국 음까지 익혀야 하는 학습 부담을 준다. 중국 음을 모르고서는 중국인은 물론 세계 대부분의 사람들과 중국에 대하여 이야기할 수 없기 때문이다.

(17) a. 세계 모든 언어권의 인명과 지명을 포함한 외래어는 원지음주의 원칙을 적용하고 있는데 중국어 외래어만 원지음이 아닌 한국한자음으로 표기하는 것은 글쓰기의 일관성 원칙을 파괴하는 것이다.
b. 한자음 표기는 한글전용정책의 정신에 위배되고 문자로서의 한글의

기능을 약화시킨다.
c. 한국의 인명과 지명은 한국식으로 중국의 인명과 지명은 중국식으로 읽는 것이 한국인의 문화적 정체성을 확보하는 일이다.
d. 한자음으로 읽으면 한국어 화자끼리만 의사소통이 되지만, 원지음으로 읽으면 중국인을 포함하여 전 세계인과 의사소통이 가능하다.

이제 다음 사람 이름을 한자음으로 읽어서 이상하게 느끼거나, 중국음이 더 자연스럽게 느껴지면 원지음표기가 우리의 언어생활에 이미 연착륙하고 있다는 증거이다.

(18) a. 습근평　习近平　시진핑
　　 b. 채영문　蔡英文　차이잉원
　　 c. 장자이　章子怡　장쯔이
　　 d. 진개가　陈凯歌　첸카이거

이제 남은 문제는 어떻게 표기하는가 하는 문제이다. 최영애-김용옥안(1985)은 변별력이 뛰어나다는 장점이 있고, 현행 정부안(1986)은 간결하다는 장점이 있다. 1996년에 처음 제안되고 2002년에 수정된 엄익상안(1996, 2002)안은 이들의 장점을 겸비하도록 고안되었다. 기존의 표기법이 너무 간결하거나 또는 반대로 너무 복잡하여 전혀 중국어 같지 않은 단점을 해결하였다. 특히 편의성과 보급률을 제고하기 위하여 한어병음을 기계적으로 전환할 수 있도록 고안한 점이 엄익상안의 가장 큰 특징이다. 위 (18)번을 엄익상표기법으로 전환하면 다음과 같다.

(19) a. 习近平　시 진핑

b. 蔡英文　차이 잉원
c. 章子怡　장 쯔이
d. 陈凯歌　천 카이꺼

　　엄익상 이후에도 여러 명의 학자들이 기존 표기법에 대한 다양한 견해와 새로운 표기법을 제안하였다. 원지음표기에 동조하는 사람이 늘어나는 것은 바람직하지만, 저마다 자신의 이름을 건 표기법을 사용한다면 학계의 혼란만 초래할 뿐이다. 이제 기존에 제시된 방안 가운데 가장 합리적이고 사용이 간편한 것을 선택하여 널리 보급하거나, 그것이 어려우면 여러 방안을 종합하여 하나의 통일안을 만드는 일이 시급해 보인다. 그 길이 국제화시기에 우리의 정체성을 지키고 한글 글쓰기의 원칙을 지키는 길이기 때문이다. 중국어 외래어 표기법에 대한 자세한 논의는 필자의 관련 논문(엄 1996, 2002, 2003a, 2004ac, 2008c, 2009ab, 2012) 등을 참조하기 바란다.[7]

---

[7] 이 글은 원래『중국어문학논집』56호(엄 2009b)에 발표된 것을 수정 보완한 것이다.

제12장 중국어 외래어 표기법 원칙과 세칙

1. 무엇이 문제인가

중국은 2004년 미국을 제치고 한국의 최대 교역국으로 등장하였다. 2010년에는 일본을 제치고 세계 제2위의 경제 대국에 등극하여, 미국과 자웅을 겨루고 있다. 2014년 한중 무역 규모는 약 2,334억 달러로 한미 (1,156억 달러), 한일(860억 달러) 간의 무역액을 합한 것보다 많다.[1] 중국 입장에서 한국은 미국, 일본에 이은 제3위 교역 대상국이다. 한국의 외국 유학생 가운데 중국 학생이 가장 많고, 중국의 유학생 가운데는 한국 학생이 가장 많다. 2015년 두 나라 사이의 인적 교류는 1,000만 명이 넘었다. 한국과 중국의 교류가 활발해지자 중국어 외래어가 급속히 밀려들고 있다. 이들은 인명과 지명은 물론 식음료, 사회정치 등 거의 전 분야에 걸쳐있다.

---

[1] 한국무역협회 K-stat(http://stat.kita.net/stat/kts/ctr/CtrTotalImpExpList.screen)참조.

(1) a. 우롱차(乌龙茶)[2]
    b. 마오타이(茅台), 우량예(五粮液)
    c. 바링허후(八零后), 지우링허우(九零后)
    d. 장쯔이(章子怡), 탕웨이(汤唯), 쯔위(周子瑜)
    e. 요우커(游客)

그런데 재미있는 사실은 이들이 꼭 중국어 원음으로 수입되는 것은 아니라는 점이다. 한자문화권이라는 이유 때문에 사실 더 많은 외래어가 한자음으로 통용된다.

(2) a. 보이차(普洱茶)
    b. 수정방(水井坊), 공부가주(孔府家酒), 죽엽청주(竹叶清酒), 소흥주(绍兴酒)
    c. 소황제(小皇帝), 공한증(恐韩症)
    d. 주윤발(周润发), 양조위(梁朝伟)

'우롱차'는 중국 음으로 '보이차'는 한자음으로 정착된 특별한 이유가 있을까? 영화 『와호장룡(卧虎藏龙)』(2000)이나 『색계(色戒)』 (2007)의 두 주인공 이름이 한 명은 중국 음으로 다른 한 명은 한자음으로 소개되는 것이 중국어 외래어 표기에 관한 우리의 현주소이다. 사실 외래어 원지음 표기 원칙에 대하여 저항이 가장 큰 언어가 중국어이다. 오랜 세월 동안 한자음으로 읽어 왔으므로 한자음으로 표기하는 것이 편하다는 이유에서이다. 표기 방법을 고민할 필요가 없어 편리하다는 점은 인정한다.

그러나 한자음 표기는 고도의 편의성에도 불구하고 글쓰기에 있어서

---

[2] 이 장의 중국음 표기는 정부안 또는 널리 사용되는 예를 따른다.

편의성보다 더 중요한 원칙을 위반한다. 그것은 일관성이다. 한글에서 외래어 표기는 원지음주의 원칙을 택하고 있다. 한자문화권인 일본의 인명과 지명 또한 예외일 수 없다. 그럼에도 불구하고 중국의 인명과 지명만은 한자음으로 불러야한다는 것은 일관성을 심각히 훼손하는 일이다. 한자음도 본래 중국 음에 근거했기 때문에 이 원칙에서 벗어나지 않는다는 주장은 본질적으로는 맞다고 할 수 있다. 하지만 늦어도 천 몇 백 년 전에 형성되어 한국어 음운체계 안에 이미 완전히 녹아있고, 현재 중국 음과는 대부분 상당히 거리가 있는 한자음을 원지음이라고 보는 것은 무리이다.

다행히 1997년부터 KBS와 『조선일보』 등 대형 언론 매체에서 중국의 인명과 지명을 원지음으로 표기하면서 중국어 외래어도 원지음으로 정착해가고 있는 상황이다. 이제 중국 대륙과 대만의 정치 지도자를 한자음으로 부르는 사람은 거의 없다.

(3) a. 习近平   Xi Jinping   시진핑   ?습근평
    b. 李克强   Li Keqiang   리커창   ?이극강
    c. 马英九   Ma Yingjiu   마잉주   ?마영구
    d. 蔡英文   Cai Yingwen   차이잉원   ?채영문

그럼에도 불구하고 관련 학계는 정작 중국어 외래어 표기법에 관하여 아직도 논쟁을 계속하고 있다. 편리한 한자음을 두고 왜 원지음으로 굳이 표기해야 하는가에 대한 논란도 있지만, 논쟁의 핵심은 어떻게 표기할 것인가이다. 중국어 외래어 표기법은 1985년 최영애·김용옥(김용옥 1985) 부부에 의해 처음 제안되었고, 이듬해인 1986년 이와는 전혀 다른 정부안이 발표되었다. 이후 엄익상(1996)이 최·김안과 정부안의 단점을 획기적으로 개선한 제3의 표기법을 발표하기까지 10년 동안 이에 대한 논의는

거의 없었다. 그러나 1997년 대형 언론사에서 중국의 인명과 지명 표기에 관하여 원지음주의를 채택하면서, 학계의 논의가 활발해지기 시작했다. 그동안 심소희(1999), 전광진(1999), 정원기(1999), 김영만(2000), 김태성(2000), 맹주억(2000), 임동석(2000), 배재석(2002), 장호득(2003), 최금단(2003), 정희원(2004), 김희성(2007), 도혜숙·배은한·장호득(2007), 강혜근(2008), 배은한(2008), 서미령(2008), 신아사(2008), 박영록(2011) 등 수많은 학자들이 이 주제에 대한 연구에 가세했다. 필자 또한 2002년에 수정안을 발표한 이래 지금까지 여러 차례 학술 발표와 논문(엄익상 2002, 2003a, 2004ac, 2005b, 2008c, 2009ab, 2012)을 통하여 현행 정부안의 문제점을 지적하고 개선방안을 제시하여 왔다. 최근에는 박승준(2012), 조주현(2012) 등 언론계에서조차 현행 표기법의 수정을 요구하고 있다.

정부에서 제정한 표기법이 있는데 학계와 언론계의 논란이 끊이지 않는 이유는 무엇일까? 가장 큰 이유는 현행 표기법의 몇 가지 원칙과 세칙의 비현실성과 애매모호함 때문이다. 따라서 이 장은 정부에서 제정한 현행 중국어 외래어 표기 원칙과 세칙의 문제점을 지적하고 그 개정을 촉구하고자 한다.

2. 대원칙의 문제

외래어표기법 제1장 표기의 원칙은 모든 언어에 적용되는 대원칙인데 다음 다섯 가지 항목을 규정하고 있다.

(4) 제1항 외래어는 국어의 현용 24자모만으로 적는다.

제2항 외래어의 1음운은 원칙적으로 1기호로 적는다.
제3항 받침에는 'ㄱ, ㄴ, ㄹ, ㅁ, ㅂ, ㅅ, ㅇ'만을 쓴다.
제4항 파열음 표기에는 된소리를 쓰지 않는 것을 원칙으로 한다.
제5항 이미 굳어진 외래어는 관용을 존중하되, 그 범위와 용례는 따로 정한다.

표기법의 이러한 원칙 가운데, 제1항은 반드시 지켜야할 기본 전제조건이다. 제2항은 가능하면 지켜야 할 원칙이나, 현대중국어와 현대한국어는 1음운 1기호 대응 원칙이 근본적으로 불가능하다. 따라서 현행 표기법은 p-와 f-, r-과 l- 등에서 이 원칙을 피해가고 있다. 제3항은 한국어의 음운 체계를 감안할 때 당연히 수용해야 한다.

문제는 제4항 된소리 억제 조항과 제5항 관용어 인정 조항이다. 중국어 자음의 기본음이 된소리이기 때문에 이를 예사소리로 표기하면 중국어적 특성이 사라진다. 또 이미 굳어진 관용어의 범위가 애매할 수 있다는 점도 문제이다. 관용의 범위가 불분명할 뿐만 아니라, 모든 용례를 따로 규정으로 만드는 일도 간단하지 않은 작업이다. 외래어 표기법의 관용의 문제는 여기서 뿐만 아니라 인명·지명 표기 원칙 및 세칙에서도 계속 제기된다. 따라서 관용어를 인정하지 않든지, 아니면 최소화하여야 할 것이다. 이 문제는 조금 있다가 다시 논의될 것이다.

결국 외래어 표기법의 대원칙 가운데 중국어 표기에 가장 문제가 되는 것은 제4항이다. 사실 파열음 표기에 된소리를 쓰지 않도록 규정한 것은 언어순화의 이유에서 이겠지만, 중국어 표기에 있어서 이는 한글의 표음 기능을 크게 제약하는 규정이다. 한글 자모로 세계의 많은 언어에서 유래된 외래어를 표기하고자 한다면 현행 자모를 최대한 활용하여도 모자랄 것이다. 특히 제2항의 1음운 1기호 원칙을 고려하면 된소리 사용을 굳이 억제할 필요가 없다. 외래어 표기의 목적이 해당 외국어의 정확한 표음은 물론 아니다. 그러나 표기했을 때 원음과 유사하지 않다면 굳이 중국 현대음으로 표기해야할 이유가 없다. 그냥 한자음으로 표기해 온 관행에 혼란만 야기하고 중국어를 잘 모르는 대부분의 화자에게 기억 부담과 불편만 지울 뿐이다. 바로 이 이유 때문에 중국어의 한글 표기는 제4항의 제약으로부터 자유로워야 한다. 다음 중국 지명의 현행 표기법은 (5)와 같다.

(5) a. 北京　Beijing　　베이징
　　b. 大连　Dalian　　다롄
　　c. 广东　Guangdong　광둥
　　d. 延边　Yanbian　　옌볜

중국어 파열음 b, d, g(한어병음 표기)는 한글 자모 중에 ㅃ, ㄸ, ㄲ에 가장 가깝다는 실험 음성학적 연구(전광진 1999, 최금단 2002ab, 2003, 2004a, 맹주억·권영실 2007ab)를 굳이 인용하지 않더라도, 중국어의 b, d, g는 한글의 ㅃ, ㄸ, ㄲ와 가장 가깝다는 사실은 청각적으로 쉽게 인지할 수 있다. 순수 우리말에는 파열음의 된소리가 자연스럽게 사용되고 있으며, 현행 중국어 표기법에서도 파찰음과 마찰음에서의 된소리는 인정하고 있다.

(6) a. 뻐꾸기
　　b. 딸기
　　c. 깔때기
　　d. 早禾　Zaohe　　짜오허
　　e. 四川　Sichuan　쓰촨

따라서 한국어의 된소리와 유사한 자음을 많이 사용하는 중국어를 한글로 표기하는 데 있어서 된소리 사용을 억제하는 것은 바람직하지 않다. 이에 대한 보다 전문적인 논의는 다음 장으로 미루고, (5)번의 지명을 엄익상(2002, 2005b)안처럼 표기하면 훨씬 더 원지음에 가깝게 들린다.

(7)   정부안   엄익상안
   a. 北京   Beijing   베이징   뻬이징
   b. 大连   Dalian   다롄   따리앤
   c. 广东   Guangdong   광둥   꾸앙똥
   d. 延边   Yanbian   옌볜   얜뻬앤

3. 중국어 표기법 세칙의 문제

중국어 표기법에는 다음과 같은 세칙이 추가되어 있다.

(8) 제1항 성조는 구별하여 적지 아니한다.
    제2항 'ㅈ, ㅉ, ㅊ'으로 표기되는 자음(ㄗ, ㄘ, ㄙ, ㄓ, ㅕ, ㄕ) 뒤의 'ㅑ, ㅖ, ㅛ, ㅠ' 음은 'ㅏ, ㅔ, ㅗ, ㅜ'로 적는다.

정부안 세칙 제1항은 현실적으로 수용할 수밖에 없다. 만약 성조를 꼭 나타내어야 한다면 위첨자로 표기할 수밖에 없을 것이다. 그러나 현행 중국어 로마자표기법인 한어병음방안도 필요시 성조 표기는 생략할 수 있으므로 성조를 표기하지 않는 것은 큰 문제가 되지는 않는다.
   세칙 가운데 가장 큰 문제는 제2항이다. 앞서 지적한 ㅈ, ㅉ, ㅊ 자음이

ㅑ, ㅖ, ㅛ, ㅠ같은 이중 모음과 결합할 때 단모음 ㅏ, ㅔ, ㅗ, ㅜ로 바꾸라는 규정이다. 중국어를 중국어답게 발음하려면 개음 i, u, y를 정확히 발음해야 한다. 그러나 현행 표기법은 일부 음절의 개음 i를 무시하고 있다. 예를 들어, 江澤民(Jiang Zemin)을 장쩌민으로 표기하는데, 江, 姜, 蔣씨의 Jiang과 张, 章씨의 Zhang을 모두 '장'으로 표기하므로 서로 구분이 되지 않는다.

(9) 江澤民　Jiang Zemin　　장쩌민
　　蔣介石　Jiang Jieshi　　장제스
　　姜育恒　Jiang Yuheng　장위헝
　　张国荣　Zhang Guorong　장궈룽
　　章炳麟　Zhang Binglin　장빙린

전자와 후자의 차이는 개음(介音) i의 유무이다. 이러한 차이를 고려하면 전자는 '지앙' 또는 '쟝' 정도로 표기되어야 한다. 그러나 정부안에서 '지앙'은 간략화 원칙 때문에 제외되었고, '쟝'은 '장'과 청각적으로 구별이 잘 안 된다는 이유에서 배제되었다. 한국어에서 ㅈ이나 ㅊ이 이중 모음과 결합하지 않는 것은 사실이나, 일상생활에서 전혀 사용되지 않는 것은 아니다. 예를 들어, 커피 전문점 '쟈뎅'도 있고, 장수 스낵 '죠리퐁'과 얼음과자 '죠스바'도 있다. 과거 롯데칠성음료는 '주스'로 해태음료는 '쥬스'로 표기하였으나, 나중에 해태도 '주스'로 바꾸었다. 외래어표기법은 물론 주스이다. 한국어에서 ㅈ과 ㅊ은 '야, 요, 유'와는 결합하지 않지만 '여'와는 결합이 가능하다.

(10) 가져가다

만져보다
해가 졌다
힐러리가 졌다

설령 한국어에서 '쟈, 죠, 쥬'가 잘 쓰이지 않는다하더라도, 최대한 변별성과 유사성을 확보해야할 외래어 한글표기법에서까지 이들 음절의 사용을 금지하는 것은 불필요하다. 실제 정부안에서도 다음과 같은 이중모음은 한국어에서는 전혀 사용되지 않지만 현행 중국어 표기법은 이들을 포함하고 있다.

(11)　biao 뱌오　　diao 댜오　　liao 랴오　　miao 먀오
　　　 bie 볘　　　die 뎨　　　　　　　　　 mie 몌　　 nie 녜
　　　 bian 볜　　 dian 뎬　　 lian 롄　　　 mian 몐　 nian 녠
　　　　　　　　　diu 듀　　　　　　　　　　miu 뮤

따라서 엄익상안(2002)처럼 zha, cha와 jia, qia의 차이를 적절히 반영하는 방안이 변별력 확보 면에서 훨씬 더 효율적이다.[3]

(12)　　　　　　　　　　　　　정부안　　　　엄익상안
　　 江澤民　　Jiang Zemin　　장쩌민　　　　지앙 쩌민
　　 蔣介石　　Jiang Jieshi　　 장제스　　　　지앙 지에스
　　 姜育恒　　Jiang Yuheng　 장위헝　　　　지앙 위헝
　　 張国榮　　Zhang Guorong　장궈룽　　　　장 꾸오롱
　　 章炳麟　　Zhang Binglin　 장빙린　　　　장 삥린

---

[3] 최금단(2004b)의 음성학적 연구 또한 현행 정부안의 표기세칙 제2항이 비합리적임을 지적하고 있다.

4. 인명·지명 표기 원칙의 문제

정부안에는 (4)에 열거한 대원칙말고도 외국의 인명과 지명을 표기하는데 필요한 몇 가지 원칙을 제4장 인명, 지명 표기 원칙에서 더 설정하고 있다.

(13) 제1절 표기 원칙
제1항 외국의 인명, 지명의 표기는 제1장, 제2장, 제3장의 규정을 따르는 것을 원칙으로 한다.
제2항 제3장에 포함되어 있지 않은 언어권의 인명, 지명은 원지음을 따르는 것을 원칙으로 한다.
제3항 원지음이 아닌 제3국의 발음으로 통용되고 있는 것은 관용을 따른다.
제4항 고유 명사의 번역명이 통용되는 경우 관용을 따른다.

제4장 제1절 제1항에서 언급한 제1-3장의 내용은 각각 표기 원칙(제1장), 표기 일람표(제2장), 표기 세칙(제3장)이다. 표기 원칙과 세칙의 문제점은 앞에서 이미 지적하였다. 제2장의 표기 일람표는 각 언어별 한글 대조표를 말하는데, 중국어의 경우 주음부호/한어병음과 한글 대조표를 지칭한다. 제2항은 문제가 없다. 제3-4항은 관용음을 인정하는 조항이다. 원지음 원칙을 철저하게 적용하면 이태리는 이딸리아로 스페인은 에스빠냐로 불러야 할 것이다. 그러나 우리는 세계에서 그보다 더 보편적으로 통용되고 있는 영어식 명칭인 이태리와 스페인으로 부르고 있다. 영어식 명칭을 관용음으로 인정한 결과이다. 또 제4항은 미국, 일본, 중국, 대만, 대서양, 태평양 등 한자식 번역 지명에 대한 근거를 제공하는 조항으로 이 역시 유효하다.

문제는 제2절의 중국과 일본의 인명과 지명 표기에 관한 원칙이다. 우선 이 원칙을 인용하면 다음과 같다.

(14) 제2절 동양의 인명, 지명 표기
　　제1항 중국 인명은 과거인과 현대인을 구분하여 과거인은 종전의 한자음대로 표기하고, 현대인은 원칙적으로 중국어 표기법에 따라 표기하되, 필요한 경우 한자를 병기한다.
　　제2항 중국의 역사 지명으로서 현재 쓰이지 않는 것은 우리 한자음대로 하고, 현재 지명과 동일한 것은 중국어 표기법에 따라 표기하되, 필요한 경우 한자를 병기한다.
　　제3항 일본의 인명과 지명은 과거와 현대의 구분 없이 일본어 표기법에 따라 표기하는 것을 원칙으로 하되, 필요한 경우 한자를 병기한다.
　　제4항 중국 및 일본의 지명 가운데 한국 한자음으로 읽는 관용이 있는 것은 이를 허용한다. 상하이, 상해; 타이완 대만; 황허, 황하; 도쿄. 동경

우선 제1항은 과거 인명과 현대 인명을 구분하여 전자는 한자음으로 후자는 원지음으로 표기하도록 하고 있다. 문제는 과거와 현재의 구분을 어떻게 할 것인가이다. 학계에서 중국 근대와 현대는 대체로 1911년 10월 10일 신해혁명을 기준으로 한다. 그렇다면 1911년 전후로 활동한 인물의 경우 어떻게 할 것인가가 문제가 된다. 예를 들어 19세기 말부터 20세기 초까지 살다간 魯迅(1881-1936)의 경우를 보자. 1918년 5월에 발표된 「광인일기(狂人日记)」와 1919년 4월에 발표된 「공을기(孔乙己)」는 노신의 작품이고, 1921년에 발표된 「아큐정전(阿Q正传)」은 루 쉰의 작품이라고 말해야 하는가? 이러한 문제는 루 쉰에게만 해당되는 것은 아니다. 이 시대를 살다간 梁启超(1873-1929)이나 胡适(1891-1962) 등 여러

사람에게 문제가 된다. 신해혁명은 오늘날 근대와 현대를 가르는 의미가 있을지는 몰라도, 앞으로 몇 백 년이 지나면 새로운 기준이 필요할지도 모른다. 오늘날 우리의 기준은 수백 년 뒤에 독자들에게 혼란만 줄 것이다. 또 일본인의 경우 수백 년 전 인물도 일본 음으로 읽고 있다. 풍신수길(丰臣秀吉)이 아니라 도요토미 히데요시로 쓴다. 글쓰기에 있어서 일관성의 파괴이다.

제2항도 문제가 되기는 마찬가지이다. 이미 사라진 역사적 지명인지, 과거부터 현재까지 줄곧 사용되고 있는 지명인지 중국사를 전공한 학자가 아니고서는 판단하기가 쉽지 않다. 그 많은 중국 지명을 일일이 확인하는 일도 만만치 않을 것이다. 현재 시안으로 불리는 西安이 과거에 長安이었고, 현재 난징(南京)이 과거에는 建康, 金陵으로 불렸다는 사실 정도를 아는 일반인도 많지 않을 것이다. 또 과거를 기술하는 문장에서 현재와 다른 지명을 사용한 곳은 한자음으로 쓰고 동일한 곳은 원지음으로 쓰면, 과거 음과 현재 음이 혼용되어 어색한 문장이 있을 수 있다. '과거에 장안에는 미인이 많았고, 카이펑에는 호걸이 많았다'라든지 '뤄양에서 태어나 건강에서 벼슬을 했다'는 물론 '아버지는 금릉에서 아들은 난징에서 태어났지만 출생지는 사실 동일하다'와 같은 문장은 아무래도 어색하다.

그러므로 중국의 인명과 지명도 제3항에서 일본의 인명과 지명을 구분하지 않는 것처럼 신·구에 대한 구분이 없어져야 한다. 규정은 간단할수록 좋다.

제4항의 문제점은 관용의 범위가 애매하다는 점이다. 물론 북경, 상해, 대만 정도야 누구나 관용 명칭으로 인정하겠지만, 더 나아가면 애매해진다. 한중수교 이후 교류가 늘어난 威海, 烟台, 青岛를 위해, 연대, 청도로 관용적으로 부른다고 인정해야 할 것인가 말아야할 것인가?4 이 지역을

자주 드나드는 사람의 어감과 중국 山東지역과 전혀 교류가 없는 사람이 느끼는 관용어의 범위는 확연히 다를 수 있다.

따라서 필자는 인명과 지명 표기 원칙의 제2절 동양의 인명과 지명 표기원칙은 혼란만 가중시키는 조항이라고 생각한다. 중국의 인명과 지명은 시간 차이와 관용의 범위를 무시하고 일본의 인명과 지명처럼 원지음으로 표기하도록 개정해야 한다고 생각한다. 엄익상안(2002)은 중국의 인명과 지명을 일본의 인명과 지명을 표기하는 원칙과 동일하게 시간의 차이를 구분하지 않고 원지음으로 표기한다.

(15)
		정부안	엄익상안
长安	Chang'an	장안	창안
洛阳	Luoyang	뤄양	루오양
白居易	Bai Juyi	백거이	빠이 쥐이
邓小平	Deng Xiaoping	덩샤오핑	떵 샤오핑

5. 바다 · 섬 · 강 · 산 등의 표기 세칙의 문제

중국의 지명을 원음으로 표기하는 일은 실제 이상의 규칙만으로는 부족하다. 여러 가지 경우가 많기 때문이다. 정부안이 정하고 있는 세칙은 다음과 같다.

(16) 제3절 바다, 섬, 강, 산 등의 표기세칙

---

[4] 烟台를 '연태'로 부르는 경우가 많으나, 번체자로 봉화대의 뜻인 煙臺로 쓰므로 '연대'로 발음해야 맞다.

제1항 '해', '섬', '강', '산' 등이 외래어에 붙을 때에는 띄어 쓰고, 우리말에 붙을 때에는 붙여 쓴다.
제2항 바다는 '해(海)'로 통일한다.
제3항 우리나라를 제외하고 섬은 모두 '섬'으로 통일한다
제4항 한자 사용 지역(일본, 중국)의 지명이 하나의 한자로 되어 있을 경우, '강', '산', '호', '섬' 등은 겹쳐 적는다
제5항 지명이 산맥, 산, 강 등의 뜻이 들어 있는 것은 '산맥', '산', '강' 등을 겹쳐 적는다.

바다, 섬, 강, 산에 관한 정부안 세칙은 모든 언어권에 공히 적용되는 것이다. 중국의 경우라 하여 특별히 예외로 처리해야할 필요가 있는 조항은 없어 보인다. 다만 산의 경우 중국 음 산과 한국어 산을 겹쳐 적어야 하므로 중복되는 기분이다.

(17) a. 泰山　타이산 산
　　　b. 黄山　황산 산

그렇다고 중국어표기법만 산을 하나 생략하게 할 수는 없는 노릇이다. 따라서 일단 규정을 따를 수밖에 없다.
한편 엄익상(2002:128)은 다음과 같은 세칙을 제시하였다.

(18) a. 성조는 표시하지 않는다. 다만 성모 b, d, g, z, s가 경성일 경우 예사소리 ㅂ, ㄷ, ㄱ, ㅈ, ㅅ으로 표기한다. (예, 爸爸 빠바)
　　　b. 성모 f, ch, r을 p, c, l과 꼭 구분해야 할 경우 해당 음절에 밑줄을 치거나 (필기시), 진하게 (인쇄시) 표기할 수 있다. (예, 沈从文 선 총원, 선 총원, 선 총원)

    c. 산, 강, 호수, 섬의 이름은 중국 음 전체를 한글로 표기하고, 산, 강, 호, 섬을 부기한다. (예, 泰山 타이산 산, 黄河 후앙허 강, 海南岛 하이난따오 섬)
    d. 중국어 고유 명사가 처음 나오는 곳에는 한글로 중국 음을 표기하고 괄호 속에 한자를 병기한다. (예, 앤 미앤(严棉)은 재미 중국어 언어학자이다.)

한글표기법이 아무리 완전하여도 한글로만 표기하면 독자들은 무슨 한자인지 판단하기 어려울 것이다. 따라서 한 문장에서 처음 등장할 때 반드시 중국 음 뒤에 괄호를 치고 한자를 병기할 것을 권한다. 예를 들어, '쉬선(许慎)은『설문해자(说文解字)』를 편찬했다'는 식으로 처리하라.

(18)의 세칙은 상당히 자세한 듯하지만, 실제 원음표기를 하다보면 이것만으로는 부족하다. 따라서 필자(엄 2003a, 2008c)에서 다음과 같은 세칙을 추가하였다.

(19) a. 인명은 시기를 구분하지 않고 성과 이름을 한 칸 띄어 중국 음을 한글로 표기한다. (李白 리 빠이)
    b. 지명은 현재 통용 여부와 관계없이 중국 음을 한글로 표기한다 (长安 창안)
    c. 관용어 범위는 중국과 대만만 인정하고 省과 도시는 크기에 상관없이 중국 음을 한글로 표기한다. (吉林 지린, 北京 뻬이징, 青岛 칭따오)
    d. 대학, 회사 등은 고유 명칭 부분만 중국 음을 한글로 표기한다. (南京大学 난징대학교, 欧亚集团 오우야그룹)
    e. 산, 강, 호수, 섬은 전체를 중국 음으로 읽고 산, 강, 호, 섬을 부기한다. (泰山 타이산 산, 黄河 후앙허 강, 海南岛 하이난따오 섬)
    f. 소수민족 지명도 중국 음을 기준으로 한다.

  g. 성조는 무시한다.

 (19a)에서 성과 이름 사이에 한 칸 띄우게 한 것은 한어병음 표기법을 따라서 이다. 현행 정부안처럼 성과 이름을 붙여 쓰면, 중국어를 잘 모르는 사람의 경우 어디까지가 성이고 어디부터가 이름인지 쉽게 알 수가 없다. (19bc)는 정부안에서 관용의 이름으로 애매하게 규정되어 있는 것을 명확히 한 것이다. (19df)는 정부안에는 없는 규정이다.

 한편 규정이 아무리 자세해도 실제 표기를 하다 보면 또 다른 문제에 부딪히기 마련이다. 필자가 독자로부터 받았던 질문 가운데 명확히 해 둘 것은 다음 두 가지이다. 조대의 표기와 책 제목이다. 중국의 조대는 주나라, 진나라, 한나라, 당나라, 송나라, 명나라, 청나라처럼 이미 관용어로서의 지위를 확고히 차지하고 있다. 그리고 이는 당시 국가의 명칭이기도 했다. 따라서 이를 조우나라, 친나라, 탕나라, 쏭나라, 밍나라, 칭나라로 바꿀 이유가 없다. 또 외국 책이나 문학 작품의 제목은 번역이 원칙이다. 그러므로 중국의 경우 번역 또는 한자음으로 처리하는 것이 옳을 것이다.

 (20) a. 조대는 한자음으로 표기한다. (淸 청대, 청나라)
    b. 서명은 번역 또는 한자음으로 표기한다. (『论语』『논어』)

6. 맺는말

 정부가 제정한 현행 중국어 외래어 표기법은 음절수가 짧고 표현이 간단하다는 점이 가장 큰 장점이다. 그러나 본문에서 지적한 바와 같이, 간결한 표기와 외래어표기법의 대원칙을 중시하다보니 중국어 원음과 너무 다르게 들리는 음절 표기가 많다는 것이 가장 큰 단점이다. 대표적인 것이 중국어의 된소리를 한글의 예사소리로 표기하는 것이다. 그리고 중국어에서 개음이라고 하는 활음 [j]가 ㅈ, ㅉ, ㅊ과 결합할 때 활음의 존재를 무시하는 것도 한글표기법이 중국어 원음과 멀어지게 하는 주요 요인임을 지적하였다. 외래어의 한글 표기가 해당 언어의 원음과 어느 정도 괴리가 있는 것은 당연하다. 외래어표기법은 체계적인 표기에 그 목적이 있지 해당 외국어의 정확한 표음을 목적으로 하고 있지 않기 때문이다. 그러나 외래어의 한글표기가 해당 외국어 학습자에게 직접 또는 간접적으로 큰 영향을 미치는 것도 사실이다. 따라서 한글표기가 체계적이면서도 원음과 같거나 유사할 수 있다면 그것이 최선의 방안일 것이다.

　필자는 현행 정부안이 모음에 있어서 유사성은 차치하고라도 체계성마저 튼실하지 않은 점에 대해 이 글에서는 논의를 하지 않았다. 논의의 초점을 흐리게 하고 싶지 않아서이다. 외래어표기법은 원지음과 꼭 같지 않아도 된다. 백번 맞는 말이다. 그러나 한글에서 한 가지 자모로 나타낼 수 있는 중국어의 음소를 두 가지로 표기할 필요는 없다. 이는 (4)번의 대원칙 제2항 1음운 1기호 원칙을 위반하는 일이다. 예를 들어 'bo, dong, guo, lou'를 각각 '보, 둥, 궈, 러우'로 표기하니 한어병음의 모음 o가 ㅗ, ㅜ, ㅓ 세 모음으로 다르게 표기된다.

　한어병음은 음소기호로서 실제 음은 학자에 따라 약간 이견이 있을 수 있다. 그러나 이들은 분명 하나의 음소로 처리될 수 있고, 한글도 음성문자가 아닌 음소문자이므로 모음 ㅗ로 통일해서 표기하는 것에 이론적인 결함이 있을 수 없다. 이를 여러 가지로 표기하는 것은 혼란만 가져다 줄 뿐이다.

표기법과 실제 음과의 차이는 엄익상(2009a)의 논문을 수정 보완한 제13장에서 자세히 다룰 것이다. 아무튼 간결성만 강조된 나머지 유사성은 물론 체계성마저 훼손된 현행 정부안은 이제 하루라도 빨리 개선방안을 모색해야 할 것이다.

이 글은 개정 작업을 더 늦출 수 없는 이유를 외래어 한글표기법에 관한 애매한 세칙에서도 찾고 있다. 아울러 정부안의 세칙만으로는 해결될 수 없는 여러 가지 문제점들을 이글은 조목조목 지적하였다. 간결하고, 체계적이면서 원음과도 유사한 중국어 외래어 표기법에 관한 연구가 이미 상당히 진척되어 있다. 한어병음을 한글로 쉽게 전환할 수 있는 표기법이 학계에 이미 제시되어 보급되고 있다. 로마자한글표기법이나 외래어 한글표기법이란 어떻게 바꾸어도 문제가 있어서 세상사람 모두를 만족시킬 방안은 없다고 생각하면 이 글을 비롯한 중국어 한글표기법에 관한 수많은 논의는 무의미하다. 그러나 보다 나은 방안으로 개정할 수 있다면 정부안이 완전히 정착하기 전에 또 더 많은 개선안이 중구난방(众口难防)으로 쏟아져 나오기 전에 하루 빨리 개정되어야 한다. 중국어 외래어 표기법에 관한 최선의 방안은 생각보다 그리 멀리 있지 않다. 학계는 물론 일반 사회에서 정부안을 대신하여 많이 사용되는 방안이 있기 때문이다.[5]

---

[5] 이 장은 원래 『새국어생활』 18.4(엄 2008c):33-51에 수록 논문을 수정 보완하였다.

제12장 부록

(1) 최영애-김용옥 표기법 (1985)

성모			운모					
음의 분류	한어병음자모	한글	음의 분류	한어병음자모	한글	음의 분류	한어병음자모	한글
양순음	b p m	ㅃ ㅍ ㅁ	단모음	a o e ê yi(i) wu(u) yu(ü)	아/ㅏ 워 어 이(ㅣ) 우(ㅜ)/ㅜ 우 위(ㅟ)	결합운모 (齊齒)	yan(ian) yin(in) yang(iang) ying(ing) yong(iong)	옌(ㅣ엔) 인(ㅣㄴ) 양(ㅣ앙) 잉(ㅣㅇ) 용(ㅣ옹)
순치음	f	ㅎ							
치음	d t n l	ㄸ ㅌ ㄴ ㄹ	모음+활음	ai ei ao ou	아이 에이/게이 아오 어우/거우	결합운모 (合口)	wa(ua) wo(uo) wai(uai) wei(ui) wan(uan) wen(un) wang(uang) weng	와(ㅜ아) 워(ㅜ어) 와이(ㅘ이) 웨이(ㅔ이) 완(ㅜ안) 원(ㅜㄴ) 왕(ㅜ앙) 웡
연구개음	g k h	ㄲ ㅋ ㅎ
치조경구개음	j q x	ㅈ ㅊ ㅅ
교설음	zh ch sh r	ㅈ[즈] ㅊ[츠] ㅇ[으] ㅅ[스] ㄹ[르] [으]	비음말음운모	an en ang eng ong	안/ㅏㄴ 언/ㅓㄴ 앙/ㅏㅇ 엉/ㅓㅇ 옹	결합운모 (撮口)	yue(ue) yuan(uan) yun(un)	위에(ㅟ에) 위앤(ㅟ앤) 윈(ㅟㄴ)
			권설운모	er(r)	얼			
치음	z c s	ㅉ[쯔] ㅊ[츠] ㅆ[쓰]	결합운모 (齊齒)	ya(ia) ye(ie) yao(iao) you(iu)	야(ㅣ아) 예(ㅣ에) 야오(ㅑ오) 여우(ㅣ우)	[ ]는 단독 발음 시 표기 ( )는 자음 선행 시 표기 / 뒤는 h와 결합 시 표기		

(2) 정부 표기법 (1986)

성모			운모					
음의 분류	한어 병음 자모	한글	음의 분류	한어 병음 자모	한글	음의 분류	한어 병음 자모	한글
양순음	b p m	ㅂ ㅍ ㅁ	단모음	a o e ê	아 오 어 에	결합운모 (齊齒)	yan(ian) yin(in) yang(iang) ying(ing) yong(iong)	옌(ㅖㄴ) 인(ㅣㄴ) 양(ㅑㅇ) 잉(ㅣㅇ) 융(ㅠㅇ)
순치음	f	ㅍ						
치음	d t n l	ㄷ ㅌ ㄴ ㄹ		yi(i) wu(u) yu(ü)	이(ㅣ) 우(ㅜ) 위(ㅟ)	결합운모 (合口)	wa(ua) wo(uo) wai(uai) wei(ui) wan(uan) wen(un) wang(uang) weng	와(ㅘ) 워(ㅝ) 와이(ㅘ이) 웨이(ㅜ이) 완(ㅝㄴ) 원(ㅜㄴ) 왕(ㅘㅇ) 웡
연구개음	g k h	ㄱ ㅋ ㅎ	모음+활음	ai ei ao ou	아이 에이 아오 어우			
치조경구개음	j q x	ㅈ ㅊ ㅅ						
교설음	zh ch sh r	즈[즈] 츠[츠] 스[스] 르[르]	비음말운모	an en ang eng ong	안 언 앙 엉 웅	결합운모 (撮口)	yue(ue) yuan(uan) yun(un)	웨(ㅞ) 위안(ㅟ안) 윈(ㅟㄴ)
			권설운모	er(r)	얼			
치음	z c s	쯔[쯔] 츠[츠] 쓰[쓰]	결합운모(齊齒)	ya(ia) yo ye(ie) yai yao(iao) you(iu)	야(ㅑ) 요 예(ㅖ) 야이 야오(ㅑ오) 유(ㅠ)	[ ]는 단독 발음 시 표기 ( )는 자음 선행 시 표기		

(3) 엄익상 표기법 (2002)

성모			운모					
음의 분류	한어병음자모	한글	음의 분류	한어병음자모	한글	음의 분류	한어병음자모	한글
양순음	b p m	ㅃ/ㅂ ㅍ ㅁ	단운모	-i a o e ê yi(i) wu(u) yu(ü)	ㅡ 아 오 어 에 이(ㅣ) 우(ㅜ) 위(ㅟ)	결합운모 (齊齒)	yan(ian) yin(in) yang(iang) ying(ing) yong(iong)	얜(ㅣ앤) 인(ㅣㄴ) 양(ㅣ앙) 잉(ㅣㅇ) 용(ㅣ옹)
순치음	f	ㅍ				결합운모 (合口)	wa(ua) wo(uo) wai(uai) wei(ui) wan(uan) wen(un) wang(uang) weng	와(ㅜ아) 워(ㅜ오) 와이(ㅗ이) 웨이(ㅜ이) 완(ㅜ안) 원(ㅜㄴ) 왕(ㅜ앙) 웡
치음	d t n l	ㄸ/ㄷ ㅌ ㄴ ㄹ	운모	ai ei ao ou	아이 에이 아오 오우			
연구개음	g k h	ㄲ/ㄱ ㅋ ㅎ						
치조경구개음	j q x	ㅈ ㅊ ㅅ						
교설음	zh ch sh r	ㅈ[즈] ㅊ[츠] ㅅ[스] ㄹ[르]	비말음운모	an en ang eng ong	안 언 앙 엉 옹	결합운모 (撮口)	yue(ue) yuan(uan) yun(un)	웨(ㅜ에) 위앤(ㅜ앤) 윈(ㅜㄴ)
			권설운모	er(r)	얼			
치음	z c s	ㅉ[쯔]/즈 ㅊ[츠]/츠 ㅆ[쓰]/스	결합운모 (齊齒)	ya(ia) yo ye(ie) yao(iao) you(iu)	야(ㅣ아) 요 예(ㅣ에) 야오(ㅑ오) 요우(ㅣ우)	[ ]는 단독 발음 시 표기 ( )는 자음 선행 시 표기		

제12장 중국어 외래어 표기법 원칙과 세칙 | 319

제13장 중국어 외래어 표기법 발음 괴리의 문제

1. 문제의 출발

1.1 원지음주의의 정착

언론에서 중국의 인명과 지명을 원음으로 표기한지 이미 이십 년이 넘었다. 그동안 외래어 표기법의 하나로 정부가 1986년에 제정한 중국어표기법은 한국 사회에 급속히 보급되고 있다. 다음과 같이 적거나 발음하면 무엇을 말하는지 보통사람들은 잘 알 수 없을 정도로 중국어 원지음 읽기는 정착해가고 있다.

(1) a. 습근평 b. 호금도
  c. 장자이 d. 탕유

이들은 한자음보다 아래와 같은 중국 원지음으로 더 알려져 있기 때문이다.

(2) a. 시 진핑　　b. 후 진타오
　　c. 장 쯔이　　d. 탕 웨이

중국어 인명과 지명의 원음 표기는 아직도 부정론자들이 있기는 하지만 이미 정착 단계에 접어들었다고 할 수 있다. 한글 창제도 불가하다고 상소한 자가 있었고, 경부고속도로나 고속철도 건설 시에도 한국 실정에는 맞지 않는다고 목을 놓아 외치던 자들이 있었다. 가까이는 청계고가도로 철거 때도 반대 논리가 있었다. 무슨 일이든지 쟁점이 있기 마련이다. 중요한 것은 마음을 열고 두 주장의 장단점을 잘 살핀 다음 더 타당한 방안을 수용하는 자세이다. 이 글은 현행 중국어 외래어 표기법이 현실음과 얼마나 다른지를 지적하여 향후 정책 결정에 도움을 주고자 한다. 물론 외래어 표기법은 정확한 발음 표기법이 아님을 인정한다. 그러나 현행 표기법보다 훨씬 더 체계적이고 편리하며 발음 또한 유사한 방법으로 수정할 수 있다면 그것마저 마다할 필요는 없을 것이다.

1.2 외래어 표기법과 원지음의 본질적 차이

Orange를 한글로 어떻게 표기해야 할까?

(3) a. 오렌지　　b. 오륀지
　　c. 오랜지　　d. 오린쥐
　　e. 아오린쥐　f. 오우린지

이밖에도 더 있겠지만 어떻게 표기하더라도 영어와 똑같을 수는 없다. 한글은 영어의 발음을 표기하기 위하여 고안된 기호가 아니기 때문이다. 그러므로 원음과 유사하면서 편리하고 체계적인 방법으로 제정된 규칙에 따라 일관성 있게 사용하면 된다. 외국어의 한글 표기법은 엄밀히 말해 외국어의 정확한 발음을 한글로 표기하고자 제정된 것이 아니다. 외래어를 한글로 표기하기 위하여 제정된 것이므로, 해당 외국어의 실제 발음과 똑같아야 할 필요는 없다. 사실 한글은 세상의 모든 언어의 음을 정확히 전사해 낼 수 있는 기능은 없다. 영어의 f는 물론 v, b, d, g, z 등의 유성음조차도 정확히 전사할 수 없다. 또 영어의 경우 사용지역이 워낙 광범위하므로 어디를 표준발음으로 잡을지도 문제이다. 중국어의 f와 zh, ch, sh, r 같은 교설음 또한 한글로는 표음할 방법이 없다.

그렇다고 현재 사용하지 않는 자모를 개발할 필요가 있을까? 맹주억(2000) 등은 한글표기법의 용도를 언어학적 전사나 발음 지도에까지 확대하여 현재 통용되지 않는 자모까지 사용하도록 규정하고 있다. 이는 정부가 정한 외래어표기법 제1장 제1항에서 현행 자모만 사용하라는 규정에 정확히 위배된다. 이는 또 한글의 과학성과 표음기능을 과대평가한 결과이거나 한글이 음소문자이지 음성문자는 아니라는 점을 간과한 결과이다. 한글로 세상의 모든 언어의 소리를 정확히 적는 것은 실현 불가능한 일이다. 한글로 외국어를 표음하면 부정확한 발음을 익히게 할 뿐이다.

그러므로 외래어 표기법이란 원음과 똑같으면 좋지만 만약 똑같을 수 없다면 비슷하기만 하면 된다. 문제는 비슷하다고 느끼는 정도는 다분히 주관적이라는 데 있다. 그리고 편의성이나 체계성 등 비언어적인 원칙과 발음의 유사성이라는 언어적인 원칙이 충돌할 때 어느 쪽을 선택할지도 문제이다. 표기법을 제정하는 데 있어서 이러한 기술적인 문제를 무시한다면, 일반인의 입장에서는 표기법이 원음과 유사하면 유사할수록 좋다. 그래야만 해당 외국어를 배울 때 낱말 하나라도 더 쉽게 익힐 수 있고 또 정확히 발음하는 데에도 도움이 될 것이다.[1]

정부에서 중국어 외래어 표기법을 제정한 이유는 중국어의 발음을 한글로 정확히 표음하기 위해서는 결코 아니다. 중국의 인명과 지명을 한자음이 아니라 원음으로 적는 이유 또한 중국어의 정확한 독음을 한글로 전달하기 위해서가 아님을 앞에서 이미 지적하였다. 그것은 국제음성기호에 맡겨야 할 사항이다. 다른 모든 언어권의 인명과 지명은 현지 음으로 표기하는 것이 원칙인데, 유독 중국어권의 경우만 한국 한자음으로 표기하는 것은 일관성이 없기 때문에 원음표기를 해야 한다는 점도 이미 밝혔다. 그러나 되도록 중국 음과 동일하거나 유사하면 가장 이상적일 것이다. 그런 점에서 현행 중국어 표기법은 현실음과 거리가 멀다.

1.3 표기법 수정 이유

중국어 한글표기법은 최영애·김용옥(1985)에 의해 처음 제안되었다. 소위 C-K 시스템으로 명명된 이 표기법은 뛰어난 변별성에도 불구하고 보급에 성공하지 못하였다. 변별성의 확보가 음의 유사성을 담보로 이루어 졌기 때문이다. 이듬해인 1986년에 간결성이 강조된 정부안이 발표되었으나, 거의 주목을 받지 못하였다. 한자음 독음 전통이 워낙 강했기 때문이기도 하고, 간결성을 추구한 나머지 음의 유사성 확보에 역시 실패하고 있기 때문이다. 이러한 현실에서 엄익상은 1996년에 음의 유사성을

---

[1] 2008-9년 세간의 엄청난 비판을 받은 이명박 정부의 이경숙 정권인수위원장의 "오륀지 발음 표기 제안"은 외래어 표기법의 본질을 간과한 견해이기는 하나 공감할 수 있다.

최대한 고려한 엄익상표기법을 내놓았고, 2002년에는 유사성과 편의성을 최대한 고려한 수정안을 발표하였다.

그런데 1997년부터 대형 언론 매체에서 정부안을 본격적으로 사용하기 시작하였다. 정부안이 채택된 것은 표기법 자체 기능의 수월성 때문이 아니라 정부안이 지니는 공신력 때문이었다. 그러나 정부안은 언론계의 확산에도 불구하고, 전문가 집단인 중국학계에서는 대체로 외면되어 왔다. 사실 2000년 전후로 중국어 한글표기법에 관한 학계의 관심은 증가하기 시작하여 그동안 수많은 논문이 발표되었는데, 최근에도 많은 논문들이 쏟아져 나오고 있다.[2] 이렇게 많은 논문이 나오는 이유는 정부안에 문제가 많기 때문이다. 그런데 이들 가운데 대다수는 기존 표기법의 수정에 불과한 것들도 많다. 전면적으로 새로운 체계의 방안이 아니라 기존 표기법을 여기저기 약간 수정한 다음 자신의 표기법으로 명명한 경우도 있다. 저마다 자신의 이름을 걸고 자기만의 표기법을 사용한다면, 혼란만 가중시킬 뿐이다. 이는 학계의 힘을 모아 정부안을 수정하는 데 결코 도움이 되지 않는다.

엄익상(2008a)은 현행 정부안을 수정해야 할 이유로 다음 세 가지를 들었다.

(4) a. 비현실적인 발음표기
　　b. 중국어 교육과 학습에 역기능
　　c. 불분명한 원칙과 세칙

---

[2] 그동안 심소희(1999), 전광진(1999), 정원기(1999), 김영만(2000), 김태성(2000), 맹주억(2000), 임동석(2000), 배재석(2002), 장호득(2003), 정희원(2004), 김희성(2007), 도혜숙·배은한·장호득(2007), 강혜근(2008), 배은한(2008), 서미령(2008), 신아사(2008), 박영록(2011) 등 수많은 학자들이 이 주제에 대한 논문을 발표했다.

이 가운데 가장 중요한 것은 (4a)와 (4c)일 것이다. (4c)는 앞 장에서 이미 다루었으므로, 이제 (4a)의 문제를 집중적으로 다루고자 한다. 그동안 필자(엄 1996, 2002, 2003a, 2004ac, 2005b)는 사실 2002년 수정안을 발표한 이래 몇 차례 이 주제에 관한 글들을 발표해 왔다. 그럼에도 불구하고 최근 이 문제를 다시 다루게 된 것은 일부 학회에서의 기획과 초청도 있었지만,[3] 외래어 표기법을 관장하는 국립국어원의 태도 변화에 기인한다. 국립국어원은 자신의 기관지인 『새국어생활』 2008년 겨울호에서 현행 외래어 표기법에 대한 반성이라는 주제를 특집으로 다루었다. 여기서 필자는 (4c)에 해당하는 현행 중국어 외래어 표기법의 원칙과 세칙의 여러 가지 문제점을 집중적으로 다루었다. 국립국어원 기관지에서 이런 주제를 다룬다는 것 자체가 표기법은 어떻게 바꾸어도 문제가 있기 마련이라던 과거의 태도와는 큰 변화라고 할 수 있다. 사실 국립국어원은 2005년 12월 28일에 러시아어 외래어 표기법을 원지 현실음에 맞게 수정하였다. 다음과 같은 예들이 좀 더 러시아어 발음에 유사하게 바뀌었다.

(5) a. 도스토예프스키 → 도스토옙스키
    b. 차이코프스키 → 차이콥스키
    c. 보드카 → 봇카

국립국어원의 이러한 태도변화는 중국어 표기법 수정도 가능할 수 있

---

[3] 2008년 상반기에는 두 개의 전국규모 학회에서 이 문제를 다루었는데, 하나는 중국어문학연구회이고 다른 하나는 중국인문학회이다. 중국어문학연구회(5월 24일 경원대학교)에서는 필자는 어떻게 바꾸어야 할까를 다루었고, 중국인문학회(6월 14일 전남대학교 여수캠퍼스)에서는 왜 중국 원지음으로 표기해야 하는가를 중점적으로 다루었다. 중국어문학연구회는 2009년 상반기에도 이 주제에 관한 학술회의를 다시 개최하였다.

음을 시사한다. 외래어의 원지음을 현용 한글 자모만으로도 체계적이면 서도 정확하게 표기할 수 있다면, 이미 정해진 방안이 있다는 이유 때문에 그 방법을 애써 외면할 필요는 없다. 체계성을 유지하면서도 얼마든지 현실음을 충실히 반영하는 방법으로 쉽게 개선할 수 있다. 그래야만 중국인은 물론 세계인과의 의사소통에 도움이 될 것이다. 따라서 이 장은 정부안의 문제점에 대한 인식을 확산시키고, 주무부서인 국립국어원으로 하여금 표기법 개정을 촉구하려는 의도로 집필되었다.

2. 자음의 괴리 문제

2.1 된소리(경음)와 예사소리(평음)

현행 정부안은 상대적으로 간결하다는 장점에도 불구하고, 지나친 간결화로 중국어 원음과 차이가 많이 난다는 단점이 있다. 정부안의 가장 큰 단점은 ㄲ, ㄸ, ㅃ 등 된소리를 ㅂ, ㄷ, ㄱ 등 예사소리로 표기하는 것이다. 예를 들어 보자.

(6) a. 北京   Beijing   베이징
    b. 大连   Dalian   다롄
    c. 广东   Guangdong   광둥

이는 된소리의 사용을 최대한 억제하라는 정부의 외래어 한글표기법의 기본 원칙에 충실한 결과이다. 물론 다른 언어의 한글표기법에도 동일한 원칙이 적용된다. p, t, k를 러시아어나 프랑스어에서 된소리로 나더라도 영어처럼 거센소리(격음)로 표기하도록 하고 있다.

(7) a. Paris 빠리 → 파리
    b. Tchaikovsky 치꼽스끼 → 차이콥스키
    c. Putin 뿌찐 → 푸틴

세계의 수많은 언어를 다 아는 사람은 없다. 세계의 언어를 모두 로마자로 표기한다고 하더라도 읽는 방법은 각기 다를 수 있다. 다를 수밖에 없는 것이 현실이다. 그렇다면 굳이 동일 철자 동일 표기 원칙을 모든 언어권에 일률적으로 적용할 필요가 있을까? 어차피 한 필자가 한 편의 글에서 다룰 수 있는 인명과 지명의 언어별 종류는 대개 제한되어 있다. 그렇다면 각 언어별 특성을 존중하는 것이 하나의 원칙을 모든 언어권에 적용하는 것보다 효율적이다.

어문 정책이 된소리를 되도록 피하도록 규정하는 것은 이해가 간다.[4] 예를 들어, 과대표(科代表), 헌법(憲法), 대권(大權), 효과(效果)같은 한자어에서 첫 음절 또는 둘째 음절이 된소리로 읽히는 것을 규제하는 것은 일리가 있다. 그러나 한국어 파열음에 된소리는 이미 널리 사용되고 있다.

(8) a. 깡통   e. 땅끝
    b. 똥통   f. 똑똑이
    c. 콩깍지   g. 뽕짝
    d. 짬뽕   h. 깡패

---

[4] 이하 이 절 끝까지의 논의는 엄익상(2009a)의 해당 부분과 본질적으로 거의 동일하다.

'깡통'을 '강동'으로, '땅끝 마을'을 '당글 마을'로 말할 수는 없다. 된소리나 거센소리가 언중의 심성을 얼마나 거칠게 하는지, 또 한국어를 얼마나 훼손하는지 알 수 없지만, 고도의 변별력이 요구되는 외래어 표기에 있어서 된소리를 피하라는 규정은 불필요하다. 어차피 정부안도 거센소리는 물론 ㅉ, ㅆ 같은 된소리를 이미 사용하고 있다.

(9) a. 蓬萊　　Penglai　　펑라이
　　b. 天安门　Tiananmen　톈안먼
　　c. 开封　　Kaifeng　　카이펑
　　d. 重庆　　Chongqing　충칭
　　e. 早禾　　Zaohe　　　짜오허
　　f. 四川　　Sichuan　　쓰촨

따라서 한국어의 된소리와 유사한 자음을 많이 사용하는 중국어를 한글로 표기하는 데 있어서 된소리 사용을 억제하는 것은 바람직하지 않다. 마치 '짜장면'을 '자장면'으로 규정하면서, '짬뽕'은 '잠봉'으로 고치지 않는 모순과도 같다. 뒤늦게나마 2011년에 와서 '짜장면'도 표준어로 인정하게 된 것은 그나마 다행이다. 중국어 파열음 b, d, g는 한글 자모 중에 ㅃ, ㄸ, ㄲ에 가장 가깝다는 음성학적 연구(전광진 1999, 최금단 2002a)를 굳이 인용하지 않더라도, 중국어의 b, d, g는 한글의 ㅃ, ㄸ, ㄲ와 가장 가깝다는 사실은 청각적으로 쉽게 판단할 수 있다. 大哥를 '다거'로 읽는 것보다 '따꺼'로 읽어 보면 선택이 훨씬 쉬울 것이다. 丹东을 정부안대로 표기하면 '단둥'이다. 그러나 실제 발음은 '딴똥'에 훨씬 가깝다. 한 음절에서 자음 폐쇄가 해지된 순간부터 모음부분의 성대진동이 일어나기까지의 시간을 성대진동 시작시간(VOT: voice onset time)이라고 하는데,

VOT는 유기음이 무기음보다 길고, 무성음은 유성음보다 길다. 맹주억·권영실(2007ab)의 음성학 실험에 의하면 중국어 b, d의 VOT는 한국어의 된소리와 가장 유사하다고 보고하고 있다. 중국어 원어민인 최금단(2002b, 2003, 2004a)은 일련의 음성학적 연구를 통해 중국어의 b, d, g가 한국어의 ㅂ, ㄷ, ㄱ보다 ㅃ, ㄸ, ㄲ에 훨씬 더 가깝다고 주장한다. 따라서 중국어의 b, d, g를 한글 ㅃ, ㄸ, ㄲ으로 표기하는 것은 문제가 없다.

다만 된소리가 2, 3성에서보다 1, 4성에서 상대적으로 더욱 분명히 나타나는 경향이 있다. 맹주억·권영실(2007ab)은 음높이에 있어서 한국어의 된소리는 중국어의 1, 4성과 유사하고, 예사소리는 2, 3성과 유사하다고 한다. 이들은 음세기에 있어서 4성은 된소리로, 저조인 3성이 예사소리와 유사한 음향적 특징을 지닌다고 한다. 그러나 b, d, g는 각각 성조와 상관없이 분명히 하나의 음소이므로 이러한 일부 음성학적 차이를 감안하여 도혜숙 등(2007)처럼 표기방법을 된소리(1, 4성)와 예사소리(2, 3성)로 달리할 필요까지는 없다. 그들은 李宝贝(Lǐ Bǎobèi)라는 가상적인 이름을 [리 바오뻬이]로 쓰도록 규정하고 있다. 성조에 따라 bǎo의 b는 'ㅂ'으로 bèi의 b는 'ㅃ'으로 표기하는 것은 너무 번거롭다. 중국어에서조차 구분하지 않고 하나의 음소 /p/로 보는 음이기 때문이다.

2.2 기타

현행 정부안은 다음 몇 가지 자음군을 서로 구분하지 못한다.

(10) a. p와 f   예) pa 파   fa 파
      b. c와 ch   예) ca 차   cha 차

c. ji, qi, xi와 zha, cha, sha   예) ji 지, qi 치, xi 시 zha 자, cha 차,
                                            sha 사
           d. l과 r   예) lan 란, ran 란

　엄익상안도 이 네 세트의 표기법에서는 정부안과 기본적으로 동일하다. 다만 세칙으로 굳이 구분이 필요할 경우 f, zh, ch, sh, r을 성모로 한 음절 아래에 밑줄을 긋거나 그 음절을 진하게 인쇄하도록 규정하고 있다.

2.2.1 p와 f

　정부안과는 달리 최영애·김용옥은 (10a) pa와 fa를 '파'와 '화'로 구분한다. f를 ㅎ으로 표기할 경우 h와 충돌한다. 이를 회피하기 위하여 모음을 서로 다르게 운용하고 있다.

　(11) a.　pa　파　　fa　화　　ha　하
　　　 b.　pan　판　 fan　환　　han　한
　　　 c.　pang　팡　fang　황　 hang　항
　　　 d.　pei　페이　fei　훼이　hei　헤이
　　　 e.　pen　편　 fen　훤　　hen　헌
　　　 f.　peng　펑　feng　횡　 heng　헝
　　　 g.　po　풔　　fo　훠　　 *
　　　 h.　pou　퍼우　fou　훠우　hou　허우
　　　 i.　pu　푸　　fu　후우　　hu　후

　최·김안은 위 세 세트의 음을 완벽하게 구분하고 있기는 하지만, 몇 가지 질문을 하지 않을 수 없다. (11a) fa가 '화'라면 hua는 어떻게 표기할까? (11b) fan과 (11c) fang이 '환'과 '황'이라면 huan, huang과 어떻게 구분할

까? (11d) fei를 '훼이'로 쓰면, hui는 어떻게하나? 최영애·김용옥은 이들 역시 모음으로 구분하고 있다.

(12) a. fa 화 hua 후아
b. fan 환 huan 후안
c. fang 황 huang 후앙
d. fei 훼이 hui 후에이

(11i)는 다시 의문을 남긴다. (11i) fu와 hu는 둘 다 모음이 하나인데, fu는 이음절 '후우'로 표기되고 hu는 일음절 '후'로 표기된다. (12d)에서 fei는 이음절 '훼이'로, hui는 삼음절 '후에이'로 표기된다. Hui의 핵음이 e이고 서로 달리 표기할 수 있다는 점에서 좋은 아이디어이지만, 꼭 그렇게 구분해야 할 충분한 이유는 없다. Hui '후에이'와 hei '헤이'는 개음의 유무에 따라 음절의 길이가 유의미한 변화를 보이지 않기 때문이다.

도혜숙 등(2007)은 f 표기를 ㅎ 대신에 ㅍ으로 하고 있으나 결합하는 모음은 최영애·김용옥안과 정확히 일치한다. 즉 fa, fan, fang, fei, fen, feng, fo, fou는 '퐈, 퐌, 퐝, 풰이, 풴, 펑, 풔, 풔으, 푸우'로 표기하는데, 이들 음절은 한글표기에 전혀 사용되지 않는 조합이다. 이 점에서는 이들의 방안이 기존안보다 나은지 의문이다.

2.2.2 c와 ch

(10b) ca와 cha는 정부안과 엄익상안에서는 구분되지 않는다. 그러나 최영애·김용옥안은 '차'와 '츠아'로 구분하고 있다. 변별력은 확보하고 있지만, cha가 '츠아'가 되어야 할 언어학적 이유는 없다. 한편 도혜숙 등

(2007)도 ca와 cha를 구분하여 전자는 '차'로 후자는 '챠'로 표기하고 있다. 도혜숙 등은 교설음과 결합하는 모음을 이중모음으로 만들어 치음성모와 구분하고 있다. 몇 가지 예를 들면 다음과 같다.

(13) 도·배·장안 최·김안
 a. 山上战争 shanshang zhanzheng 샨샹 잔졍 산상 잔정
 b. 周润发 Zhou Runfa 져우 르운화 저우 르운화
 c. 知识 zhishi 즈으스으 즈스

(13a)에서 보듯이 zha, cha, sha를 '쟈, 챠, 샤'로 표기하는 것은 음절을 늘리지 않는다는 점에서 분명 좋은 아이디어이다. 그러나 굳이 어색하게 이중모음을 사용하지 않아도 문제가 되지 않는다. 치마찰음 성모 san, sang, zan, zeng과는 어차피 성모에서 구분이 되기 때문이다. 이들 치음은 '싼, 쌍, 짠, 쩡'으로 표기되기 때문이다. 또 같은 교설음인 zhi, chi, shi, ri에서는 이중모음을 운용하여 구분할 수가 없다. 따라서 결국에는 최영애·김용옥처럼 음절을 늘리는 방법으로 구분을 하고 있다. 그렇다면 동일한 성격의 자음을 전혀 다른 두 가지 이상의 방법으로 표기하는 것은 혼동만 초래할 따름이므로 기존의 표기법을 크게 개선했다고 할 수 없다.

2.2.3 j, q, x와 zh, ch, sh

(10c)는 크게 문제가 되지 않는다. 모음이 서로 다르기 때문이다. 경구개 파찰음 j, q, x는 모음 i나 y 또는 활음 j나 ɥ하고만 결합하고, 교설 파찰음 zh, ch, sh는 이를 제외한 모음 또는 활음과 결합한다. 한어병음에서 교설음은 모음 i와 결합할 수 있으나, 이 때 i의 실제 음가는 [i]가 아니

다. 따라서 이들은 서로 상보적 분포(complementary distribution) 관계에 있다.

(14) ji   지   zhi   즈
     qi   치   chi   츠
     xi   시   shi   스

2.2.4 l과 r

(10d)에서 보는 바와 같이 정부안과 엄익상안은 l과 r의 구분하지 않는다. 한편 최영애·김용옥 및 도혜숙 등은 lan은 '란'으로 ran은 '르안'으로 표기한다. 이들은 또 lang과 rang도 같은 방법으로 구별을 한다. lang은 '랑'이고 rang은 '르앙'이다. 최·김안은 적어도 교설음을 표기하는 방법에 있어서 음절을 늘리는 방법 한 가지만을 일관성 있게 유지하고 있으나, 도혜숙 등은 앞서 2.2.2절에서 지적한 바와 같이, 음절을 늘이지 않고 이중모음으로 만드는 방법과 음절을 늘리는 방법 두 가지를 편의에 따라 채택하고 있어서 일관성이 없다. 만약 도혜숙 등(2007)이 ran과 rang을 '롼'과 '량'으로 표기한다면 적어도 이런 지적에서는 자유로울 수 있을 것이다.

3. 모음의 괴리 문제

3.1 주요모음 o의 음가

모음 중에 가장 문제가 되는 것은 o이다. o는 다음 음절에서 주요모음으로 사용된다.

(15) a. 순음 + o
  bo, po, mo, fo   보, 포, 모, 포
 b. o + ng
  cong, dong, gong, nong, song, zhong 충 둥 궁 눙 쑹 중
 c. u + o
  cuo, duo, guo, nuo, ruo, zuo 춰, 둬, 궈, 눠, 뤄, 줘
 d. o + u
  chou, dou, fou, hou, lou, mou 처우, 더우, 퍼우, 허우, 러우, 머우
 e. a + o
  chao, dao, pao, hao, lao, mao 차오, 다오, 파오, 하오, 라오, 마오

똑같은 o가 ㅗ, ㅜ, ㅓ 세 가지 모음으로 표기되고 있다. 물론 한어병음은 한글과 마찬가지로 음성기호가 아닌 음소기호이다. 따라서 하나의 음 o가 실제 여러 가지 음으로 발음될 수 있다. (15a-e)의 경우 음성학자들이 말하는 o의 실제음가는 다음과 같다.

(16) a. o : [ʊɔ](林焘·王理嘉 1992:48)～[o](林焘·王理嘉 1992:48)
  ～[ɔ](吴宗济 1992:85)
 b. ong : [u](林焘·王理嘉 1992:114)～[ʊ](吴宗济 1992:123)
  ～[o](严翼相 2008:20)
 c. uo : [uo](林焘·王理嘉 1992:112)～[uɔ](北京大学 2003b:69)
 d. ou : [əu](徐世荣 1980:184)～[ou](台湾师大 2003:179, 197)
 e. ao : [ɑu]～ [ɑʊ](北京大学 2003b:69)

이렇게 보면 한어병음 o의 음가는 [ʊɔ] [o] [ɔ] [u] [ʊ] [ə] 등 모두 여섯

가지나 된다. 이들은 모두 후설 고모음, 중모음 또는 애매모음인데, 그 조음 위치는 대강 다음과 같다.

(17) 전설 중설 후설
고모음   u
              ʊ
중모음   ə   o
              ɔ

음운론적 관점에서 보면 (15a)의 기저형을 /uo/로 보아야 한다는 것은 앞서 제5장에서 언급하였다. 그러나 순자음이 원순모음과 결합할 때 자연스럽게 발생할 수 있는 과도음 [ʊ]의 약화 현상을 감안하면 굳이 [우오]로 발음할 필요는 없다. 또 (16a)의 [o]와 [ɔ]는 한국어의 [오]와 가깝다. 따라서 정부안의 표기는 충분히 수용 가능하다. 반면 최영애·김용옥(1985)안은 이를 [ㅝ]모음으로 표기하고 있다. 이는 과도음의 존재를 반영한 것이다. 최-김은 bo, po, mo, fo를 '뿨, 풔, 뭐, 풔'로 표기하고, duo, guo, suo, zhuo처럼 분명히 uo로 표기하는 음절도 '뚸어, 꾸어, 쑤어, 주어'로 표기한다. 여기서 /o/의 음가는 비원순음이 아니라 원순음이다. 따라서 '뿌오, 푸오, 무오, 후오' 또는 '뚜오, 꾸오, 쑤오, 주오'로 표기하는 것이 원음에 더 가깝다. 따라서 필자는 (15a) /o/와 (15c) /uo/의 기저형이 같다고 하더라도, 한어병음 표기의 차이를 존중하여 (15a)의 경우 과도음의 존재는 무시하는 것이 한글표기법을 위하여 더 좋은 선택이라고 생각한다.

(15b) ong의 모음은 기저형이 /u/라고 제5장에서 설명하였다. 이 모음의 실제 음가가 후설 고모음 [u]인지, [ʊ]인지, 아니면 [o]인지의 선택은 간략전사와 정밀전사의 차이에 달려있다. 그렇다면 dong을 [둥] 또는 [동]으로

표기하는 것은 둘 다 수용 가능하다 할 수 있다. 그러나 필자는 ong의 o음을 [u]로 인식하는 것은 역사적이고 관념적인 표준음에 불과하다고 생각한다. 실제 자세히 들어보면 [u]보다는 [o]에 가깝다. 남방인은 [o], 북방인은 [u]에 가깝다는 관찰도 있다. 중국의 음성학자들은 [u]와 [o]의 중간음이라고 주장할 것이다. 그것이 바로 [ʊ]인데, 이는 비원순음이므로 원순음으로 나타내기에는 부정확한 기호라는 점은 앞서 제5장에서 언급하였다. 다음 단어의 중국인 발음을 자세히 들어 보자.

(18)   정부안   최·김안   엄익상안
   a. 东西   dongxi   둥시   똥시   똥시
   b. 恭喜   gongxi   궁시   꽁시   꽁시
   c. 隆重   longzhong   룽중   롱종   롱종
   d. 恐龙   konglong   쿵룽   콩롱   콩롱
   e. 丹东   Dandong   단둥   딴똥   딴똥
   f. 黑龙江 Heilongjiang 헤이룽장   헤이롱지앙 헤이롱지앙

한국인의 91.7%가 [웅]이 아니라 [옹]으로 인지한다는 연구도 있다(孟柱亿 2008). 물론 한국인의 청각 인지가 중국 음의 정확한 음가를 판별하는 것은 아니지만, [우]와 [오]가 음소로서 분명히 변별 가능한 한국인의 청각 판단이, [우]와 [오]의 경계가 불분명한 중국인의 청각 판단보다 정확할 것이다. 그러므로 (15b)는 [ㅜㆁ]이 아니라 [ㅗㆁ]으로 표기하는 것이 더 현실적이다.

(15c) uo를 [ㅝ]로 표기하는 것은 명백한 오류이다. (18c)에서 보는 바와 같이 uo는 중국어 음성·운운학자들이 모두 긴장음 [o] 또는 이완음 [ɔ]로 보고 있다. 어느 경우든지 후설 중모음으로 둘 다 원순음이다. 이것을

[ㅗ]가 아닌 [ㅓ]로 표기한다는 것은 o의 원순성을 부정하는 것이다. uo의 o가 비원순음이라고 주장하는 중국학자는 거의 없다. 따라서 정부안이나 최·김안에서 uo를 [워] 또는 [우어]로 표기하는 것은 반드시 재고되어야 한다. 다음 예를 읽어보면 이들 표기법이 현실음과 얼마나 거리가 먼지 알 수 있다.

(19)   　　　　　　　정부안　　최·김안　　엄익상안
　　a. 夺火　Duohuo　　뒤훠　　뚜어후어　　뚜오후오
　　b. 火锅　huoguo　　훠궈　　후어꾸어　　후오꾸오
　　c. 左州　Zuozhou　쬐저우　쭈어저우　　쭈오조우
　　d. 国泰　Guotai　　궈타이　꾸어타이　　꾸오타이
　　e. 洛阳　Luoyang　뤄양　　루어양　　　루오양

(15d) ou는 약간 논란이 될 수 있다. ou의 o를 애매모음 즉 슈와로 보는 학자도 있기 때문이다. 슈와 [ə]와 [o]는 둘 다 중모음이다. 그런데 전자는 중설모음이고 후자는 후설모음이다. 이보다 더 현저한 차이는 전자는 비원순음이고 후자는 원순음인 것이다. 중국의 음성학자들은 ou의 o는 엄밀히 말하면 [ə]와 [o]의 중간이라고 한다. 우 쫑지(吳 1992:106)가 그렇고, 뻬이징대학(北京大學 2003b:69), 린과 왕(林·王 1992:111)이 그러하다. 문제는 그 중간 음이 원순인지 비원순인지에 따라 [어]로 볼 것인지 [오]로 볼 것인지를 결정하면 된다.

표준중국어 음운론에 관한 최신 연구 자료를 보면 ou의 o는 원순 후설음의 성격을 띠는 것이 자연스럽다. 왜냐하면 표준중국어에서 두 개의 모음이 인접할 경우 후설성(backness)과 원순성(roundness)에서 역행동화가 일어난다. 이러한 관찰은 정 진취앤(Cheng 1973:18, 정 2007:30), 뚜안

무(Duanmu 2000:40, 73, 2005, 2007), 린 앤후이(Lin 2007)에서 계속 보고되고 있다. 따라서 ou는 뒤에 오는 운미 u의 영향으로 [əu]가 아니라 [ou]로 발음된다. 그렇다면 한글표기도 정부안이나 최·김안의 [어우]보다 엄익상안의 [오우]가 더 타당하다.

(20)   정부안   최·김안   엄익상안
  a. 欧洲   Ouzhou   어우저우   어우저우   오우조우
  b. 陡沟   Dougou   더우거우   떠우꺼우   또우꼬우
  c. 朋友   pengyou   펑유   펑여우   펑요우
  d. 幽州   Youzhou   유저우   여우저우   요우조우

이제 (20a-d)를 다시 보면 공통적으로 실현될 수 있는 음이 있다. 그것은 바로 원순후설중모음 [o]이다. 따라서 한어병음으로 주요모음이 o인 음의 음가는 모두 [o]로 보아 한글표기법에서 [오]로 표기하는 것이 실제 음에도 가깝고 일관성이 있어서 기억하기에도 편리하다.

3.2 ian과 üan의 주요모음 a의 음가

모음에 있어서 또 다른 문제는 정부안에서 ian은 '옌'으로 표기하나 üan은 '위안'으로 표기하는 점이다. 최·김안에서도 이를 '이엔'과 '위앤'으로 주요모음을 서로 달리 표기한다.

(21)   정부안   최·김안   엄익상안
  a. 大连   Dalian   다롄   따리엔   따리앤
  b. 缅甸   Miandian   몐뎬   미엔띠엔   미앤띠앤

c. 太原　　Taiyuan　　　타이위안　　타이위앤　　타이위앤
d. 淵泉　　Yuanquan　　위안취안　　위앤취앤　　위앤취앤

이 두 음의 차이는 개음에 있다. 전자는 비원순 전설 고모음(unrounded high front vowel)이고 후자는 원순 전설 고모음(rounded high front vowel)이다. 원순성에서만 차이가 난다는 말이다. 그럼에도 불구하고 과거 자오 위앤런(Chao 1968), 정 진취앤(Cheng 1973), 쉬 스룽(徐 1980:33, 183)같은 학자들은 이 두 음절에서 a의 음가가 서로 다른 것으로 보기도 했다. 자오와 정은 [ɛ]와 [a]로 분석했고, 쉬는 [æ]와 [ɐ]로 보았다. 그러나 푸 마오지(傅 1956), 린 앤후이(Lin 1989, 2007)는 두 경우 모두 전설 중저모음 [ɛ]로 보고 있다. 뚜안무(2003:59, 2005:57)에 의하면, 저모음은 폐음절에서 전설성이 미명세(underspecification)된다고 한다. 즉 높이나 원순성에서의 변화는 없지만, 전설성은 인접 음에 따라 변한다는 것이다. 그렇다면 ian과 uan에서 a의 환경은 전설성에서 동일하므로 같은 모음으로 발음된다고 보아야 한다. 그러므로 ian의 a모음이 전설 중저모음 [ɛ]이라면, üan의 a도 [ɛ]이다. 물론 린 앤후이(2010)의 지적대로 üan에서의 전설 저모음의 상향은 화자에 따라 다소 선택적일 수 있다. 그러나 일부 화자의 발음을 존중하여 동일한 환경의 음을 각각 다르게 표기하는 것은 비경제적이다. 그러므로 이들 둘 다 엄익상안에서 처럼 '이앤'과 '위앤'으로 표기하는 것이 더 타당하다.

3.3 운미 o의 음가

한어병음의 o는 주요모음은 물론 운미로도 사용된다. 단독으로는 감탄사 o(喔, 噢, 哦)에서 사용되고, 연구개 비음 운미와 결합하여 –ong(东,

龙) 음절을 구성한다. ao와 iao에서 o는 운미이다. 정부안은 -ao와 -iao를 각각 '아오'와 '야오'로 표기한다. 최영애·김용옥안 및 엄익상안도 동일하다.

(22) | | | 정부안 | 최·김안 | 엄익상안 |
|---|---|---|---|---|
| a. | 青岛 Qingdao | 칭다오 | 칭따오 | 칭따오 |
| b. | 报告 baogao | 바오가오 | 빠오까오 | 빠오까오 |
| c. | 辽宁 Liaoning | 랴오닝 | 랴오닝 | 랴오닝 |
| d. | 苗瑶 MiaoYao | 먀오야오 | 먀오야오 | 먀오야오 |
| e. | 丹东 Dandong | 단둥 | 딴뚱 | 딴뚱 |
| f. | 黑龙江 Heilongjiang | 헤이룽장 | 헤이룽지앙 | 헤이룽지앙 |

문제는 정부안이 ao와 iao에서 o의 음가와 ong에서의 o의 음가를 달리 보는 데 있다. 뻬이징대학(北京大学 2003b:69)에 의하면 이들을 정밀전사하면 공히 [u]와 [o]의 중간 음인 [ʊ]이다. 따라서 (22ac) 青岛와 辽宁이 '칭다오'와 '랴오닝'이라면, (22ef)의 丹东과 黑龙江도 당연히 '단동'과 '헤이룽장'이 되어야 한다. 반대로 丹东과 黑龙江이 '단둥'과 '헤이룽장'이라면, 青岛와 辽宁도 '칭다우'와 '랴우닝'이라고 해야 일관성이 있을 것이다. 따라서 ao와 iao 음의 정부안을 기준으로 ong의 o 모음 음가를 [ㅜ]에서 [ㅗ]로 바로 잡아야 한다.

4. 맺는말

이 글은 외래어 표기법으로서의 중국어 한글 표기법이 원지음과의 유사성보다는 표기법 기제 자체의 체계성이 더욱 중요하다는 점을 인정하고 논의를 진행하였다. 외래어 표기법은 외국어의 발음표기법이 아니라는 점은 논의의 중요한 기본 전제이다. 다만, 현행 정부안이 원지음과 너무나도 차이가 나는 점을 무시하고 현행 표기법을 계속 준수해야 하는지에 대한 의문을 제기하고, 기제 자체의 체계성을 훼손시키지 않는 범위 내에서 약간의 수정으로 현실음에 훨씬 가깝게 표기할 수 있다면 그것이 최선이라고 주장하였다. 그런 점에서 자음과 모음부분에서 수정을 고려해야할 사항들을 중점적으로 논의하였다.

자음에 있어서 가장 큰 문제는 중국어의 된소리(경음)를 예사소리(평음)으로 표기하는 것이라고 주장하였다. 또 정부안에서 구분을 하지 않고 있는 자음군에 대하여 수정 가능성을 검토해 보았으나, 만족할 만한 대안을 찾지를 못하였다. 본문 (10)번에서 지적한 자음 세트를 체계적으로 구분해낼 수 있는 방안은 결국 좀 더 많은 고민과 논의가 필요한 것으로 판단된다. 만족할 만한 해결책이 나오기 전에는 현행안을 준용하거나, (23)에 제시한 엄익상안처럼 꼭 필요할 경우 밑줄(필기 시) 또는 진하게 (인쇄 시) 처리하는 세칙을 적용하는 방법을 고려해볼 만하다.

(23) a. p와 f   예) pa 파 fa <u>파</u> 파
     b. c와 ch   예) ca 차 cha <u>차</u> 차
     c. ji, qi, xi와 zha, cha, sha   예) ji 지, qi 치, xi 시
                        zha <u>자</u> 자, cha <u>차</u> 차, sha <u>사</u> 사
     d. l과 r   예) lan 란, ran <u>란</u> 란

모음에 있어서 가장 큰 문제는 한어병음 o의 음가이다. 하나의 음소가 여러 가지 음으로 발음될 수는 있지만, 그런 비변별적 음의 차이까지 표기법에 반영할 필요는 전혀 없다. 어차피 한글 자모도 음성적 기호가 아니라

음소적 기호에 불과하기 때문이다. 따라서 (15)에서 보는 바와 같이 정부 안이 o를 다양한 음가로 표기하는 것보다, (24)에 제시한 엄익상안처럼 모음 'ㅗ' 하나로 일관되게 표기하는 것이 훨씬 더 체계적이고 효율적이다.

(24) a. 순음 + o
    bo, po, mo, fo 뽀, 포, 모, 포
b. o + ng
    cong dong gong nong song zhong 총, 똥, 꽁, 농, 쏭, 종
c. u + o
    cuo, duo, guo, nuo, ruo, zuo 추오, 뚜오, 꾸오, 누오, 루오, 쭈오
d. o + u
    chou, dou, fou, hou, lou, mou 초우, 또우, 포우, 호우, 로우, 모우
e. a + o
    chao, dao, pao, hao, lao, mao 차오, 따오, 파오, 하오, 라오, 마오

필자는 한어병음 o는 한글 모음 ㅗ로, 한어병음 u는 한글 ㅜ로 표기하는 것이 음성학적으로도 타당성이 있고, 일관성도 있으며, 훨씬 간단하고 편리하다고 주장하였다.

자음과 모음에 있어서 이런 정도의 수정만이라도 가해진다면 현행 중국어 외래어 표기법은 훨씬 더 원지음에 가깝게 들릴 것이다. 이는 현재 기하급수적으로 늘어나는 중국어 학습 인구를 감안하면, 개정 작업은 더 늦출 수가 없다. 중국어 학습자에게 현행 한글 표기법은 적지 않은 장애가 되기 때문이다. 러시아어 표기법이 최근에 개정된 전례가 있으므로, 중국어 표기법 개정 작업도 하루 빨리 진행되기를 학계의 이름으로 강력히 촉구한다.[5]

---

[5] 이 장은 『중국어문학논집』 54호(엄 2009a)에 처음 발표한 논문을 수정한 것이다.

제14장 한·중 로마자표기법의 국제 표준 문제

1. 머리말

2000년에 개정된 현행 한국어 로마자표기법은 지난 10여 년 동안 국내 민간 부문에서는 아직도 미흡하나, 공공 부문에서는 상당히 보급되어 이미 정착 단계에 있다. 2010년 한글학회의 대규모 조사에 따르면 현행 로마자표기법의 평가지수는 46.89%로 평가되었다. 종합적인 수용도로 이해할 수 있는 이 지수는 높지도 낮지도 않은 수치이다. 그런데 2009년 국가경쟁력강화위원회에서 조사한 유럽과 미국 지역의 수용도는 20-22%에 머물고 있다. 해외에서는 아직도 맥퀸-라이샤워(McCune-Reischauer)법을 많이 사용하고 있기 때문이다.

이 장은 현행 한국어 로마자표기법이 제정된 지 10여 년이 지나도 해외 보급률이 저조한 이유를 분석하고, 현행 표기법이 세계의 표준으로 널리 보급되기 위하여 해결해야할 과제를 국제적 시각에서 제시하는 것을 목적으로 한다. 아울러 국제사회가 백년이 넘는 세월 동안 서구에서 사용된

웨이드-자일즈(Wade-Giles)법 대신에 중국 정부가 제정한 한어병음방안을 채택하게 된 배경을 분석하여, 현행 한국어 로마자표기법의 보급과 정착에 도움을 주려고 한다.

현행 한국어 로마자표기법이 세계의 표준으로 널리 받아들여지기 위해서는 몇 가지 해결해야 할 사항이 있다. 이 장은 현행 표기법의 문제점을 지적하고, 이를 어떻게 해결할 수 있는지 중국의 경우와 비교하여 모색할 것이다. 현재 사용하고 있는 로마자표기법은 2000년에 국내 학자들에 의해 개발되었다. 그동안 유관 기관의 적극적인 노력으로 현행 표기법은 비록 민간 부문에서는 아직도 미흡하나, 공공 부문에서는 이미 상당히 보급된 단계이다. 문제는 현행 표기법의 유럽 및 미국 지역 수용률이 매우 저조하다는 점이다. 외국에서는 아직도 1937년에 발표된 맥퀸-라이샤워(McCune-Reischauer)법(이후 MR로 약칭)을 주로 사용하고 있다. 이는 미국인 교육선교사의 아들로 평양에서 태어난 조지 맥퀸(George McCune 1908-1948)이 당시 최고 권위의 국어학자였던 최현배, 정인섭, 김선기 등의 자문을 받아 만든 것을 미국인 선교사의 아들로 토쿄에서 태어나 나중에 일본대사와 하버드대학 일본사 교수를 역임한 에드윈 라이샤워(Edwin O. Reischauer 1910-1990)가 수정을 한 것이다. 맥퀸은 나중에 UC 버클리에서 한국사 교수를 역임했다.

한편 중국은 1958년부터 한어병음방안을 지속적으로 사용해왔다. 그러나 영미권에서는 19세기 후반부터 사용해 온 웨이드-자일즈(Wade-Giles)법을 계속 사용해왔다. 그런데 2000년에 와서 미국 의회도서관(LOC)은 오랜 전통을 깨고 한어병음방안을 채택하기에 이르렀다. 미국의회도서관이 채택하는 로마자표기법은 특별한 의미를 지닌다. 영미권 국가의 도서목록 방법의 표준을 제시하기 때문이다. 도서관의 목록 방법은 학계, 언론계 및 문화계에 종사하는 전문가들에게 직접적인 영향을 미친다. 따라서 이 장은 현행 로마자표기법이 세계로 보급되는 데 가장 큰 걸림돌이 무엇인지를 지적하고, 한국도 현행 로마자표기법을 오랫동안 사용하면 세계의 표준으로 정착될 수 있을지를 중국의 로마자표기법의 경우와 비교하여 판단하려고 한다.

2. 현행 한국어 로마자표기법의 문제

해방 이후 부산의 로마자 표기는 Pusan과 Busan 사이에서 두 번이나 왔다 갔다 했다. 부산을 과거처럼 Pusan으로 표기해야 할지 아니면 요즘처럼 Busan으로 표기해야 맞는지는 어떤 표기법을 사용하느냐에 달려있다. 어떤 표기법이든 한 가지 정해서 오래 사용하는 것이 제일 좋겠지만, 현행표기법 자체에 문제가 있어, 국제 사회에 널리 보급되는 데 장애가 된다면 빠른 시간 안에 그 문제를 해결하는 것이 좋다.

(1) 독도이사부길 1→69
    Dokdo Leesabu-gil

2011년 6월 행자부 장관이 독도에도 도로지명을 부여한 것을 기념하여 이사부길 표지판 앞에서 찍은 사진이 보도되었다. 흥미로운 것은 Dokdo Leesabu-gil이라는 영문표기였다. 우선 신라 장수 이사부는 李斯夫가 아니라 异斯夫로 쓰므로 Isabu로 표기해야 맞다.[1] 사실 전 국민이 소중히

---

[1] 신라 내물왕 4대 손으로 성은 金씨이다. 지금의 울릉도인 우산국을 신라 땅으로

여기는 Dokdo는 사실 외국에서 Tokto로 더 알려져 있다. 미국지명위원회(US Board on Geographic Names)의 웹사이트(http://geonames.usgs.gov)에 Tokto는 있어도 Dokdo는 없다는 사실이 최근 언론에 알려지기도 했다. 미국은 물론 세계 지명 표기의 표준화 작업을 하는 미국지명위원회는 Busan, Jeju, Incheon이 아니라, Pusan, Cheju, Inch'ŏn을 공식 표기로 인정하고 있다.

사실 현행 표기법은 성씨 표기에 관한 규정이 유보된 상태이다. 성씨 표기법과 띄어쓰기 규정을 유보한 채 2000년에 서둘러 개정된 현행 로마자표기법은 지금도 이에 관한 규정이 없이 통용되고 있다. 신경숙의 소설 『엄마를 부탁해』가 미국과 유럽에서도 주목을 받았는데, 미의회도서관(Library of Congress, http://www.loc.gov)에서 그의 이름을 정부안에 따라 Sin Gyeongsuk으로 검색해도 찾을 수가 없다. 책 제목으로 Eommareul butakhae라고 쳐도 소용이 없기는 마찬가지이다. 맥퀸-라이샤워(MR) 표기법에 따라 Sin, Kyŏng-suk의 Ŏmma rŭl put'ak hae로 목록화되어 있기 때문이다. 물론 부가기호 없이 Sin, Kyong-suk의 Omma rul putak hae로도 검색이 가능하다. 고은의 시를 한글로 읽고 싶어 하는 사람이 외국의 도서관에서 정부안을 따라 Go Eun으로 백번 검색해봐야 그의 시집을 찾을 수가 없다. Ko Ŭn으로 표기하기 때문이다. 고은 또한 여러 가지로 표기될 수 있다. 이 경우 해외에서는 서로 다른 인물로 이해될 수 있다. 이러고도 한국 작가 중에 노벨상 수상자가 나오기를 기대하는 것은 문제가 있다.

한국 정부는 지난 10여 년 동안 현행 로마자표기법 사용을 강력하게 추진해 왔다. 국내 공공부문에서는 많이 보급이 된 것 같으나, 2010년 한글학회와 현대경제연구원이 국내에 거주하는 내외국인을 상대로 조사한

만든 장수이다.

결과에 의하면 현행 표기법에 대한 종합 평가 지수는 46.89%에 머물고 있다. 100%을 가장 이상적인 지수로 보았을 때 그 절반인 50%에도 못 미치는 수치이다. 한편 2009년 국가경쟁력강화위원회에서 외국 거주 외국인을 상대로 조사한 결과에 따르면 유럽과 미국 지역에서의 현행 표기법의 수용률은 20-22% 정도에 불과하다. 현행 표기법을 사용한 지 10년이 지나도 국내 평가 지수는 약 47%, 해외 보급률 또한 20-22%정도에 머물고 있다는 것은 현행 표기법이 국제 표준이 되기에 심각한 문제가 있음을 시사한다.

그러면 현행 표기법의 해외 보급률이 이렇게 낮은 이유는 무엇일까? 일반 대중들은 어차피 적혀진 표기법을 읽는 주체로 머무는 경우가 많다. 로마자표기법을 가장 생산적으로 사용하는 주체는 외국의 동아시아 도서관과 한국학 관련 학자이다. 현행 표기법이 국제 표준이 되려면 결국 해외 한국학 학자들과 도서관에서 많이 사용해야 한다. 그런데 영미권의 모든 도서관과 대부분의 한국 관련 해외 학자들이 아직도 미의회도서관에서 사용하고 있는 MR표기법을 계속 사용하고 있는 이유는 한국의 현행 표기법이 다음과 같은 결정적인 결함을 지니고 있기 때문이다.

2.1 성씨 표기 규정 미비

현행 로마자표기법의 결정적인 문제점은 성을 표기할 규정이 없다는 점이다. 이는 심각한 결점인데, 로마자 표기의 가장 기본적인 기능인 인명과 지명을 제대로 표기할 수 없기 때문이다. 현행 로마자표기법으로 김, 이, 박, 최는 Gim, I, Bak, Choe로 표기해야 한다. 국립국어원의 2007년 조사에 따르면 이렇게 표기하는 사람이 각각 0.6%, 0.0%, 1.8%, 6.5%에 불과하다. 대한민국에 이들 네 성씨를 가진 사람이 전체 인구의 절반에 가까운 49.6%인데, 정부안대로 표기하는 사람이 거의 없다는 뜻이다. 또 강, 노, 신, 손씨는 영어 어감이 좋지 않다는 이유로 Gang, No, Sin, Son으로 잘 쓰지 않는다. 또 오와 우씨도 O와 U로 표기하는 것에 대해 거부감이 있다. 국립국어원(정희원)이 2009년 발표한 성씨표기 제2차 시안에는 모든 성씨의 표기를 기존 표기법을 따르도록 규정하고 있다. 다만 두 가지 예외를 제안하고 있는데, 하나는 이, 오, 아, 우씨를 Yi, Oh, Ah, Wu로 적는 것이고, 다른 하나는 ㄱ으로 시작하는 성씨는 G 대신 K로 표기하는 것이다. 절대 다수의 김, 고, 구, 강씨 등이 Gim, Go, Gu, Gang이 아니라 Kim(99.3%), Ko, Ku, Kang으로 쓰는 것을 현실을 인정해 주는 규정이다. 그런데 이씨의 98.5%가 Lee로 표기하고 있고, 박씨의 95.9%가 Park로 표기하고 있는 현실을 무시하고, 사용자가 2%도 안 되는 Yi(1%)와 Bak(1.8%)으로 쓸 것을 규정하면 왜 김씨는 Gim으로 규정하지 않고 관습 표기인 Kim을 인정하느냐는 항의가 있을 것이다. 사실 성씨 표기 방안은 현행 로마자표기법의 가장 큰 걸림돌이다. 현행 표기법의 큰 원칙을 따르는 것이 마땅한데, 그러자니 대다수 국민의 표기 방법과 달라서 국민적 지지를 받기가 어렵다. 그렇다고 국민의 관습을 존중하자니, 기존 표기법과 달라지는 모순을 감수해야 한다. 그래서인지 성씨 표기 2차 시안은 공청회까지 거쳤으나, 아직 최종안이 발표되지는 않고 있다. 다만 2011년에 로마자표기법의 주무 부서인 문화관광체육부 국어정책과는 성씨 표기 방안에 대한 연구를 진행한 것으로 알려져 있으나, 최종안 발표는 아직 유보된 상태이다.

2.2 띄어쓰기 규정 미비

두 번째 문제는 띄어쓰기 규정이 없는 점이다. 그렇다 보니 긴 이름도 그냥 붙여 쓰는 게 현실이다. 남한산성입구역에는 Namhansanseong이라고 표기되어 있는데, 이렇게 긴 단어를 외국인이 쉽게 읽을 수 있겠는가? 또 해외 도서관에서 남한산성을 그렇게 쳐봐야 검색이 안 된다. Namhan과 Sansŏng을 띄어 쓰고 있기 때문이다. 유럽으로 진출한 한류를 소개하는 TV 보도에서 유럽의 중년 남자가 소녀시대 티셔츠를 입고 있는 것을 보았다. So Nyeo Si Dae로 쓰여 있었다. 모두 붙여 쓰는 것도 문제이지만, 한 음절씩 떼어 쓰는 것도 문제이다. 이 역시 표준이 없기 때문에 빚어진 결과이다. 신경숙의 소설 『엄마를 부탁해』를 검색하려고 Eommareul-butakhae라고 치면 검색이 안 된다. 중간에 한 칸을 띄어 Eommareul butakhae라고 쳐도 마찬가지이다. MR의 띄어쓰기 규정에 따라 Ŏmma rŭl put'ak hae라고 입력해야 검색이 가능하다. 물론 ŏ와 ŭ의 부가기호를 표시해도 당연히 검색이 가능하다. 따라서 띄어쓰기에 관한 명확한 규정이 없는 현행 로마자표기법을 해외 도서관이 채택할 가능성은 거의 없다. 따라서 해외 한국학 학자들도 사용이 저조할 수밖에 없다.

2.3 MR의 오랜 전통과 정부안의 낮은 신뢰도

세 번째 문제는 결국 앞에서 지적한 두 가지 문제와 직결된다. 불완전한 표기방법이라 하더라도 한국에서 사용하는 방법을 채택하고 싶은 기관이나 개인이 있을 것이다. 그들 입장에서도 한국의 안과 밖에서 벌어지는 표기법의 혼란을 마냥 방치하는 것을 원하지 않기 때문이다. 그럼에도 불구하고 한국 정부안을 쉽게 채택하지 않는 이유는 오랜 MR의 전통 때문이다. MR은 1937년 발표된 이래, 전 세계적으로 가장 널리 사용되어 왔다. 그 결과 MR을 사용한 영문 자료가 전 세계에 걸쳐 이미 많이 축적되어 있다. 사정이 이러하다 보니 한국에 관한 전문 서적은 물론 지도나 관광안내서 등도 대개 이 방법으로 인명과 지명을 표기해 오고 있다. 2000년 한국 정부가 새로운 안을 발표한 이래, 연구비 지원 등을 통한 한국 정부의 강력한 노력으로 일부 학술 서적이 현행 표기법을 채택하기도 하였으나, 학계에서는 아직도 MR법 사용자가 절대 다수이다. 다만 일반인을 대상으로 한 인쇄물에서는 일부 정부안을 사용하고 있다. 2009년 국가경쟁력강화위원회의 해외 실태 조사에 의하면 미국에서는 75:25, 유럽에서는 77:23의 비율로 아직 MR 사용자가 절대적으로 많은 실정이다. 이렇듯 복수의 로마자표기법이 사용되다 보니 동일 지명과 인명이 두 가지 이상으로 알려지게 되어 극히 혼란스러운 지경에 이르렀다. 한국의 주요 도시로 Pusan과 Busan이 동시에 거명되기도 하고, Pusan International Film Festival이 Busan에서 열린다고 홍보하는 지경에 이르렀다. 결국 2010년부터 공식 명칭을 Busan International Film Festival로 바꾸어 사용하고 있다.[2] 한국을 처음 찾는 외국인들은 그들이 입국해야 하는 공항이 Incheon인지 Inchon인지 헷갈려하고, Cheju를 가려는데 왜 Jeju행 표를 주느냐고 다시 확인하는 실정이다. 또 호주 NSW대학의 한국학 교수인 이반(Evon 2009:78)의 지적대로 해외에서 한국 관련 논문과 서적을 검색어로 검색하는 데도 불편하다. 하나의 단어를 두 가지 방법으로 검색을 해야 관련 자료를 다 확인할 수 있기 때문이다.

한국도 사실 1948년 정부 수립부터 1959년까지와 1984년부터 2000년

---

[2] 그러나 부산대학교는 여전히 Pusan National University이고, 부산교육대학교는 Busan National University of Education이다.

까지 MR에 기초한 표기법을 채택하여 사용하여 왔다. 이 기간 동안 국내외 명칭 표기법이 같아서 위와 같은 혼란 없이 88올림픽 같은 국가적 행사를 무사히 치를 수 있었다. 그러나 59년부터 84년까지 소위 교육부표기법이라는 자체적으로 개발한 표기법을 사용해 왔고, 2000년부터 다시 새로운 표기법을 제정하여 사용하고 있다. 로마자표기법에 관한 한국 정부의 잦은 정책 변경은 외국 기관 및 개인으로 하여금 한국의 로마자표기법에 관한 신뢰를 쌓는 데 심각한 저해 요소로 작용하고 있다. 한국 정부는 과거 평균 15년을 주기로 로마자표기법을 변경해 왔기 때문에 현행 정부안을 쉽게 수용할 수가 없다는 점을 브리티쉬 컬럼비아대학 동아시아학과장인 로스 킹(Ross King)같은 여러 해외 학자들이 지적하고 있다. 70년 넘게 사용해온 MR을 버리고 언제 또 바뀔지 모르는 표기법을 선뜻 선택하기란 쉽지 않을 것이다. 로마자표기법의 개정은 한국 정부의 관련 정책 담당자들에게 매우 곤혹스러운 과제이다. 성씨 규정과 띄어쓰기 규정은 어떻게든 보완할 수 있겠지만, 어쨌든 현행 표기법을 다시 개정해야 한다는 사실은 정책적 부담이 아닐 수 없다.

3. 문제점의 해결 방안

로마자표기법의 잦은 변경에 대한 부담 때문에 현행 표기법을 그대로 사용한다면, 언젠가는 세계의 표준으로 받아들여질까? 그럴 가능성이 없는 것은 아니지만, 앞서 지적한 성씨표기와 띄어쓰기 규정 미비라는 결정적인 두 가지 문제 때문에 해외 보급은 매우 더디게 진행될 수밖에 없다. 그렇다면 마지막 개정이라고 생각하고 개정을 하는 것이 현실적으로 최선의 방법이다.

바꾼 지 이제 겨우 십여 년밖에 안 되었는데 또 바꾸느냐는 국내외 비난은 더욱 근본적인 문제점을 해결하기 위하여 그 필요성을 적극적인 자세로 설득해야 한다. MR도 부가기호의 사용이 결정적인 단점이다. 과거와 달리 컴퓨터로 간단히 표기할 수 있기는 하지만, 부가기호가 없는 것이 있는 것보다 훨씬 더 편리함은 부정할 수가 없다. 따라서 MR도 수정할 필요성에서 자유롭지 않다. 한국 국내와 해외의 표기법이 다른 현실은 한국인도 불편하지만, 외국인은 더 불편하다. 그렇다면 한국어 로마자표기법의 개선 문제는 국내 문제가 아니라 국제 문제이다. 국내외 전문가들이 같이 모여 수정 방안을 논의하는 것이 바람직하다. 현행 정부안의 단점과 MR의 단점을 보완하고 이들의 장점만을 살리는 제3의 표기법 제정이 필요하다. 그래야만 재개정에 대한 명분과 원활한 해외 보급이라는 두 가지 목표를 원만히 달성할 수 있다. 어차피 현행 표기법과 MR의 결정적인 차이는 상호 보완적인 다음 몇 가지밖에 안된다.

(2)   현행 표기법   MR
  ㄱ ㄷ ㅂ ㅈ   g d b j   k/g t/d p/b ch/j
  ㅋ ㅌ ㅍ ㅊ   k t p ch   k' t' p' ch'
  ㅓ   eo   ŏ
  ㅡ   eu   ŭ

자음 표기의 장단점은 서로 논란의 여지가 있다. 음성학적 정확성 면에서는 MR이 우세하지만, 편의성 면에서는 현행 정부안이 우세하다. 현행 표기법의 문제점으로 그동안 가장 많이 지적되어 온 것은 모음 ㅓ와 ㅡ를 eo와 eu로 표기할 경우 이음절로 읽혀 부정확하다는 점이다. MR은 앞서 지적한 바와 같이 아포스트로피와 반달점 같은 부가기호의 사용이 복잡하고 불편하다는 점이 가장 큰 단점이다. 그렇다면 이런 문제점을 집중적으로 연구하여 개선한다면 합의점을 쉽게 도출할 수 있다. 한국의 입장에서는 결국 현행 표기법을 약간 수정하는 작업이 될 것이고, 외국에서는 MR을 수정하는 것이 될 것이다. 국내외 관련 전문가들이 공동으로 연구하여 수정한 표기법이라면 국내외에서 쉽게 수용될 수 있다.

4. 개정 반대 논리와 반론

국내와 국외에서 한국어의 로마자표기법이 각각 다르게 사용되고 있는 현실을 방치할 수 없는 상황임에도 불구하고 개정을 반대하는 여론도 있다. 이들의 주장은 크게 두 가지로 요약된다.

(3) 가. 현행 표기법이 개정된 지 10여 년밖에 되지 않았으므로 해외 보급률이 아직 기대만큼 높지 않더라도 지속적으로 사용하면 보급률은 오를 것이다. 중국어 로마자표기법도 중국이 제정한 한어병음방안이 웨이드-자일즈법을 결국 대체하였다.
나. 다시 개정하면 혼란스럽고 경제적인 비용도 많이 든다.

자주 바꾸는 것보다 한 가지 표기법을 지속적으로 사용하는 것은 매우 중요하다. 어차피 이상적인 표기법이란 있을 수 없기 때문에 더욱 그러하다. 그러나 표기법의 기본 기능인 인명, 지명 및 서명 표기를 정확히 할 수 있는 규정이 미비된 표기법이 세계의 표준이 되도록 기다리는 일은 어리석다. 중국은 로마자표기법에 관한 한 우리에게 분명한 시사점을 던져 준다. 그러나 중국의 경우는 한국과 다른 점이 많다.

4.1 중국어 로마자표기법의 경우

중국어 로마자표기법은 서구에서 100년 넘게 사용해 오던 웨이드-자일즈(Wade-Giles)법을 밀어내고, 최근에는 1958년 중국정부가 제정한 한어병음방안을 전 세계적으로 사용하고 있다. 한어병음방안은 조우 요우꾸앙(周有光)이라는 학자에 의해 처음 고안되었다. 1982년에 국제표준화기구(ISO)에 등록되었으며, 1986년 UN에서 중국어의 표준 표기 방법으로 인정받았다. 그러나 미국의회도서관과 학계에서 공식적으로 사용하기까지는 더 많은 세월이 걸렸다. 과거 오랜 세월 동안 주로 웨이드-자일즈표기법을 주로 사용하여 왔기 때문이다.

웨이드-자일즈표기법을 처음 고안한 사람은 영국 주중대사와 캠브리지대학 중국학 교수를 역임한 토머스 웨이드(Thomas Francis Wade 1818-1895)이다. 그가 1867년 출판한 중국어 교재에 처음으로 사용된 웨이드법은 1912년 자일즈 부자에 의해 수정되었다. 아버지 허버트 자일즈(Herbert Allen Giles 1845-1935)는 중국 주재 영국 외교관이었고, 아들 라이오넬 자일즈(Lionel Giles 1875-1958) 영국박물관 학예사였다. 한어병음방안과 비교하여 웨이드-자일즈표기법의 가장 두드러진 외형적 특징은 부가기호의 사용이다. 무성무기음 p, t, k, ch에 대응하는 유기음을 아포스트로피를 사용하여 p', t', k', ch'로 표기한다. 모음에는 부가기호가 세 가지나 사용된다. 활음 [ɥ]를 동반하는 경우 움라우트를 사용하여 ü, yü, yüe, yüan, yün, lü, nü, hsün과 같이 나타낸다. 한어병음에서는 lü와 nü에서만 이 부호를 사용하고, 나머지 음절에서는 모두 생략한다. 또 전통적으로 설첨 전모음이라고 부르는 [ɿ]모음은 ŭ로, 교설음과 결합하는 설첨 후 모음인 [ʅ]는 ê로 표기한다. 예를 들어, 한어병음의 zi, ci, si는 tsŭ, ts'ŭ, szŭ로, zhi, chi, shi, ri는 chê, ch'ê, shê, jê로 표기한다. 또 ê는 en, eng, er같은 음절의 슈와를 표기하는 데에도 사용된다. 따라서 한어병음의 en, eng, er은 ên, êng, êrh로 표기된다. 부가기호의 사용은 유럽 언어에서는 자연스러운 현상으로, 뒷날 한글 표기법인 맥퀸-라이샤워체계에도 영향을 주었다. 아무튼 얼핏 보아도 웨이드-자일즈법은 한어병음방안보다 복잡해 보인다. 그럼에도 불구하고 서구의 도서관과 중국학 학자들이 한어병음이 발표된 이후에도 지속적으로 웨이드-자일즈법을 사용해 온 이유는 아마 다음 두 가지로 볼 수 있다. 첫째는 오랜 전통 때문이다. 한어병음은 중국 내에서는 1958년부터 공식적으로 사용되었다고 하더라도 20세기 중국이 세계무대에 본격적으로 등장한 시기는 1970년대 말 문화대혁명이 끝나고 부터이다. 또 다른 이유는 Q나 X같은 한어병음의 철자가 서구인의 발음 습관에 잘 맞지 않아 발음의 유사도 면에서 웨이드-자일즈법보다 못하다는 인상을 주었기 때문이다.

그런데 70년대 말과 80년대 초 국제사회에 중국이 본격적으로 재등장하면서 ISO와 UN에서 한어병음을 공식 채택하게 되었다. 이를 계기로 한어병음을 사용하는 학자와 간행물들은 조금씩 늘어나기 시작했다. 그럼에도 불구하고 구미의 도서관은 90년대 말까지 여전히 웨이드-자일즈법을 사용해 오다가 2000년 10월 미의회도서관이 한어병음으로 공식 전환하면서부터 한어병음으로 목록화하기 시작했다. 지금은 기본적으로 한어병음으로 대부분 검색이 되지만, 아직 전환 작업이 완료되지 않은 오래된 자료는 아직도 웨이드-자일즈법으로만 검색이 된다. 이로써 백수십 년간 이어져 오던 웨이드-자일즈표기법이 역사의 뒷무대로 서서히 사라지게 되었다.

한편 대만은 과거 웨이드-자일즈법을 오래 동안 써오다가 천 수이삐앤

(陈水扁)의 민진당 정부(2000-2008년) 아래에서 한 때 자체적으로 통음병음방안을 만들어 사용했다. 그러나 국민당의 마 잉지우(马英九) 정부(2008-2016)는 2009년 기존의 통음병음을 폐기하고 한어병음을 공식 채택하였다. 싱가포르는 그 전부터 이미 한어병음을 채택해 왔으므로, 한어병음방안은 전중화권은 물론 세계의 표준중국어의 로마자표기법이 되었다.

4.2 중국과 한국의 차이

이러한 극적인 변화는 한국에게도 시사하는 바가 있다. 북한에서는 또 다른 체계를 사용하고 있지만, 한국의 현행 표기법이 세계 표준이 될 가능성을 검토해 보게 하기 때문이다. 그러면 현행 표기법이 과연 세계의 표준이 될 가능성이 있을까? 버클리 캘리포니아대학 한국학연구소장인 던컨(Duncan)은 이에 대해 매우 부정적이다(엄익상 2009c:29). 한국의 경우는 중국과 너무 다르다는 것이다. 13억이 넘는 인구가 50년이 넘는 세월 동안 일률적으로 사용해 온 경우와 성명의 표기는 개인의 자유라며 일반 국민은 물론 대통령까지 거의 모두 자유롭게 표기해 온 국가와 비교가 될 수 있을까? 자기 집 영문 주소는 물론 성까지도 식구마다 다르게 표기할 수 있는 곳이 한국이다. 한 사람의 표기가 서로 다른 경우도 허다하다. 엄마의 신용카드에 찍힌 성과 은행 잔고증명서의 성이 달라서 딸이 유학 갈 대학의 재정보증을 해줄 수 없는 경우도 있다. 우리 스스로도 잘 지키지 않고, 수시로 바뀌는 표기법을 외국에서 뭘 믿고 쓰겠는가? 새로 태어나거나 처음 여권을 만드는 사람부터라도 국가에서 제정한 방법으로 로마자 표기를 하도록 강제해야 30여 년 세월이 지나면 표기법이 정착될 것이다. 그런 강제 규정이 없이는 앞으로 수십 년이 지나도 규정은 규정으로만 남고 사람들은 여전히 제 마음대로 영문 이름을 표기할 것이다.

또 남가주대학 한국도서관장인 조이 킴(Kim)은 한국의 현행 표기법 자체의 문제점 때문에라도 도서관에서 사용하기 불가능하다는 견해를 피력하고 있다(엄익상 2009c:29, 33). 그가 지적하는 것은 표기법의 일관성 부족과, 자의적인 규정 및 띄어쓰기 규정 미비 등이다. 엄익상(2009c:34-37)은 2009년 미국의회도서관 정책 및 표준국장인 바바라 틸레트(Tillett) 박사와 서면 인터뷰를 통하여 그들의 공식 입장을 문의하였다. 그의 공식 답변은 현재로서는 MR을 계속 사용할 것이라는 것이다. 미의회도서관은 2009년에 미국 아시아도서관평의회 및 미국도서관협회와 공동 작업 끝에 MR을 약간 수정하였다고 한다. 또 한국학 학자들과 공동으로 한국어온라인사전과 한글로마자 전환 데이터베이스도 개발하였으므로 앞으로도 MR을 계속 사용할 것이라는 게 그들의 공식 입장이다. 향후 한국에서 현재 사용하고 있는 표기법의 사용자가 전 세계적으로 증가했을 때 표기법의 전환을 고려해 볼 수 있을 것이라고도 하였지만, 이는 외교적 수사로 해석된다. 왜냐하면 이미 목록화된 자료를 자동으로 전환하는 기술이 확보되었을 때를 전제로 하고 있기 때문이다. 그런데 일대일 전환이 비교적 용이한 중국어의 경우와 달리, 한국어의 경우 전환 기술의 확보가 쉽지 않을 것임을 지적하기도 했다. 한국어의 변수가 중국어보다 훨씬 더 많기 때문이다.

4.3 재개정 비용의 문제

한 국가의 로마자표기법이 15년을 평균 주기로 자꾸 바뀌는 것은 결코 바람직하지 않다. 다시 바꾸게 되면 표지판 등의 교체비용으로 엄청난 비용이 발생할 것이다. 한글학회와 현대경제연구원(2010:242-243)이 예측한 비용은 약 2,932억원이다.3 이는 교통, 관광, 공공기관 등 각종 안내판과 영어 교과서 교체비 및 새 표기법 홍보비 등을 포함한 비용이다. 그러나 그 비용을 아끼려고 그냥 두게 되면, 나중에 더 큰 비용을 치르게 될 것이다. 한국과 외국의 괴리는 점점 더 벌어질 것이고, 갈수록 외국의 자료와 관례를 바꾸는 일은 더 어려워질 것이다. 한국의 마지막 왕조가 Chosŏn이라고 배운 외국인들에게 이제는 Joseon으로 표기해야 맞다는 사실을 일일이 가르쳐주는 데 얼마나 많은 시간과 비용이 들까? 세계인에게 한국 국내에서 사용하는 표기법을 가르치고 보급하는 일이 현실적으로 가능하기나 한 일일까? 한국의 가장 큰 섬을 Cheju로 알고 있는 외국인에게 세계7대경관인 Jeju에 투표를 하라고 하면 또 다른 섬으로 생각하지는 않았을까? Koryŏ 청자를 보기 위해 한국을 찾은 외국인이 Koryŏ 청자는 없고 Goryeo 청자만 전시하기에 그냥 발길을 돌린다면 유무형의 국익 손실을 어떻게 계산할 수 있을까? 이반(Evon 2009:82)은 중국학과 일본학을 전공하는 학생들과 달리 한국학을 전공하고자 하는 학생들은 한글의 로마자표기법 때문에 진입 장벽을 느끼고 있다고 지적하였다. 로마자표기법을 내국인에게 교육할 수 있지만, 수많은 나라의 외국인에게 직접 교육할 방법은 사실 없다. 따라서 국내외 표기법의 차이로 오는 혼란을 극복하는 데 드는 비용은 천문학적이다. 따라서 외국의 표기를 다 바꾸는 데 드는 비용이나, 외국인 교육에 드는 비용, 국내외 사용법의 차이에서 발생하는 유무형의 손실까지 다 계산하면 현행표기법을 그대로 유지하는 데 따른 손실 비용도 개정하는 데 드는 비용 이상으로 발생한다. 따라서

---

3 이는 서울 동자동의 20-30층 빌딩 한 채, 호날두 같은 세계 정상급 축구선수의 이적료, 또는 고흐의 「마차와 기차가 있는 풍경」의 값어치와 비슷하다.

한글학회와 현대경제연구원(2010:248)은 이상적인 표기법으로 개정했을 때의 직접적인 편익은 8,889억-2조 9,472억으로 추정하고 있다. 편익이 비용보다 5,957억-2억 6,540억 정도 많다.

5. 성씨 규정 수정 방향

그렇다면 현행 로마자표기법은 수정 작업을 시작해야 함이 마땅하다. 당국은 로마자표기법의 장기 숙제인 성씨 표기 규정에 대하여 여전히 발표를 미루고 있다. 재개정에 대한 여론의 비난을 피해갈 수 있고, 이 선에서 로마자표기법에 대한 논의를 종결지을 수 있다고 생각하기 때문이다. 띄어쓰기 규정은 어차피 일반 사용자들은 성씨만큼 절실한 필요성은 느끼지 못하기 때문이다. 필요하다면 미국 의회도서관에서 세밀하게 정비해둔 MR의 띄어쓰기 규정을 그대로 사용해도 된다. 이 경우 현행 표기법의 규정도 MR만큼이나 복잡해질 수 있지만, 하루 빨리 해결해야 할 과제이다. 그러나 성씨와 띄어쓰기 규정을 제정한다고 해서 현행 표기법 해외 보급률이 급속히 높아질 수 있을지는 의문이다. 좀 더 근본적이고 복잡한 문제를 고려해야 하기 때문이다.

현재 일부 알려진 바로는 문화관광체육부의 성씨 표기 방안 연구 결과는 사용 인구가 많은 성씨의 경우 관례를 인정하거나 관습적 표기와 규범 표기를 괄호를 이용하여 병기하는 것이다. 물론 아직 확정 공표되지는 않은 상태이지만, 이런 방안은 근본적인 해결 방법이 될 수 없다. 로마자표기법을 더욱 복잡하게만 만들 뿐이기 때문이다. 그런 점에서 국립국어원의 예외를 최소화한 2009년 시안보다 오히려 후퇴한 방안이다. 어문

규정은 원칙을 정하는 것이지, 언중의 사용 실태를 조사하여 어디까지 인정을 해주고 어디부터는 원칙을 따르게 정하는 것이 아니다. 인구가 많은 성씨만 관용적 표기를 인정해준다면 이는 인권의 문제와 연관된다. 김, 이, 박, 최, 정씨 등 대성(大姓)은 써오던 대로 쓰게 하고, 인구가 많지 않은 대부분의 성은 국가가 정한 규정을 따르라고 하는 법이 있을 수 있는가? 인구가 적으면 성씨 표기도 제 마음대로 못하는가라는 항의가 쏟아질 것이다. 따라서 현행 로마자표기법의 제3장 제4항 2조 "성의 표기는 따로 정한다"는 조항은 삭제되는 것이 마땅하다. 2000년에 개정 작업을 한 표기법대로 성을 표기할 경우, 일반적으로 많이 사용되는 대중적 표기와 현저한 차이가 있어서 이 조항을 신설한 것 같으나, 이는 처음부터 필요 없는 조항이었다. 왜냐하면 세계 어떤 로마자표기법도 지명용과 인명용의 구분이 있거나 성과 이름의 표기법을 달리하는 경우는 없기 때문이다. 다음은 5대 성씨의 가장 대중적인 표기와 로마자표기법 간의 대조표이다.[4]

(4)
	가장 대중적인 표기		정부안	MR
김	Kim	99.3%	Gim	Kim
이	Lee	98.5%	I	Yi
박	Park	95.9%	Bak	Pak
최	Choi	93.1%	Choe	Ch'oe
정	Jung	48.6%	Jeong	Chŏng

따라서 주무 기관은 성씨 규정을 따로 만들 것이 아니라 "성의 표기는

---

[4] 국립국어원(2009)의 성씨 로마자 표기 방안 마련을 위한 토론회 자료집을 참조했으며, 정부안은 성씨 표기 규정이 없으므로 일반적인 기준에 의거하였다.

따로 정한다"는 조항을 삭제하는 것이 바람직하다. 인구가 많은 대성과 함께 현행 규정대로 적었을 때 영어로 어색하거나 부정적인 의미를 주는 다음 성씨를 포함하여 20-30개 성씨를 정해진 로마자표기법과 달리 적는 예외를 인정하는 것은 표기법의 기본 기능 자체를 마비시키는 규정이다.

(5) 현행 안 기피 성씨의 예
반　Ban　강　Gang
안　An　고　Go
이　I　노　No
오　O　신　Sin
우　U　아　A

불가피하게 현실적인 표기를 인정하는 경우라도 해당 인구수에 근거하기보다 하나의 철자로만 표기되는 성씨 I, O, U, A 등은 Yi, Oh, Wu, Ah처럼 두 자로 적게 하는 것처럼 언어 체계적인 예외만 인정해야 할 것이다.

6. 자음의 수정 방향

로마자표기법의 주목적은 현지 문자를 못 읽는 사람의 의사소통을 돕는 것이지, 현지어의 정확한 발음을 표시하는 것은 아니다. 따라서 이론적으로는 한국어의 어두 자음을 b, d, g로 적든지, p, t, k로 적든지 큰 상관이 없다. 그러나 현지발음과의 유사도가 높은 표기법이 그렇지 않는 표기법보다는 효용성이 높다는 점 또한 부정할 수 없다. 그러므로 발음의 유사도 또는 예측가능성은 로마자표기법에 있어서 여전히 중요한 요건이다.

그러면 과연 부산을 Busan으로 표기하는 것이 정확할까, 아니면 Pusan

으로 표기하는 것이 한국어에 더 가까울까? 현행 표기법대로 적으면 Busan이 되고, MR로 적으면 Pusan이 된다. 이는 단순히 부산의 문제에만 그치지 않는다. 대구, 대전, 광주, 경주, 김포, 제주 등 수없이 많은 지명의 문제이다. 현행 표기법은 이들의 어두 무성무기 자음을 b, d, g, j로 적으나, MR은 p, t, k, ch로 적는다. 전자와 후자의 결정적인 차이는 유성성이다. 성대의 진동 여부에 따라 유성음과 무성음을 구분한다. 한국어의 어두 자음은 무성음이기 때문에 부산, 대구, 대전, 광주, 경주, 김포, 제주는 모두 무성음으로 시작한다. 따라서 Pusan, Taegu, Taejon, Kwangju, Kyongju, Kimpo, Cheju로 표기하는 것이 더 정확하다. 물론 이들 두음의 P-, T-, K-를 B-, D-, G-로 바꾼다고 해서 영어 화자들이 진한 유성음으로 읽지는 않을 수 있다. 영어 단어에서 두음의 유성성은 흔히 약화되기 때문이다. 그러나 일본어 화자는 단어 안에서의 위치와 상관없이 유무성음을 정확히 분별하여 사용한다. 따라서 외국인에게 부산, 대구, 경주를 들려주고 로마자로 표기하라고 하면 일본인 모두와 대부분의 영어 화자들은 P-, T-, K-로 표기할 것이다. 이들은 한국어의 두음이 유성음이 아니라 무성음이라는 것을 쉽게 인식할 수 있기 때문이다. 일본인들은 부산을 Busan이라고 쓰고 Pusan으로 읽는 것이 매우 어색하다고 생각한다. 앞서 인용한 이반(Evon 2009)은 한국어를 배우는 영어권 학생들이 한국어의 정확한 발음을 익히는 데 장애가 된다고까지 하였다.

이러한 사실은 실험음성학적 분석으로도 쉽게 입증된다. 국가경쟁력강화위원회 보고서에 수록된 조태홍(엄 2009c:43-52)의 음성 분석 결과와 이보다 큰 규모로 진행된 한글학회와 현대경제연구원 보고서에 수록된 이석재(2010:341-355)의 음성 실험 결과에 따르면, 어두 자음의 성대진동 시작시간인 VOT 값이 p, t, k로 적었을 때가 b, d, g로 적었을 때보다 한국 현실음에 훨씬 가깝게 발음된다.[5] 일반적으로 머리 자음이 유성음이면 무성음보다 VOT가 짧고, 무기음이면 유기음보다 VOT가 더 짧다.

현행 정부표기법이 한국어의 평음을 b, d, g로 표기하는 이유는 p, t, k를 유기음에 사용하기 위해서이다. MR은 한국어의 유기음을 p', t', k'로 표기하고 있다. 이석재의 음성학적 분석은 ㅍ, ㅌ, ㅋ같은 어두 유기음의 경우 정부안 p, t, k와 MR의 p', t', k' 사이에 음향적으로 큰 차이가 없음을 지적하고 있다. 김포를 Kimpo로 적을 경우, 김포가 아니라 [킴포]로 발음한다고 우려하는 사람도 있다. 그러나 부산이 [푸산]처럼 들리고, 김포가 [킴포]처럼 들린다고 해서, 이를 오해할 한국인은 없다. 한국에는 푸산도 없고 킴포도 없다. 포항, 포천, 파주, 태안, 태백은 있지만, 보항, 보전, 바주, 대안, 대백은 없다. 한국의 인명과 지명에 ㅋ ㅌ ㅍ는 ㄱ ㄷ ㅂ에 비하여 훨씬 적게 사용되기 때문에, 이들 자모의 발음을 다소 잘못한다고 해서 혼동을 야기하지는 않는다. 다만 ㅈ과 ㅊ이 혼동될 수 있는 경우로 대전과 대천, 정주와 청주 등 약간의 예가 있을 뿐이다. 이 경우 더 큰 행정단위와 같이 사용하면 실생활에서 혼동은 거의 없앨 수 있다. 월래이븐(Walraven 2009:66)의 지적처럼 동음이의어와 동일 지명은 어떤 언어에도 존재하는 일반적인 현상이다.

이러한 주장에 대해 이호영(2010)은 다음 두 가지 반론을 제기한다. 첫째, 자음의 차이는 VOT뿐만 아니라 긴장성(tension)까지 고려하여야 한다는 것이다. 둘째, 어두 자음을 유성음으로 읽더라도 한국어 화자는 유성성을 잘 인식하지 못한다는 점이다. 오히려 무성음으로 표기했을 때 유기음으로 잘못 인식할 수 있다는 점이다.

---

[5] VOT란 Voice Onset Time을 줄인 말로 머리 자음의 폐쇄가 풀린 시점부터 모음의 진동이 시작하기까지의 시간을 말한다.

그러나 무기음을 유기음으로 발음한다고 해서 의사소통에 큰 지장을 주지 않는다. 우리는 이미 외국인의 그러한 발음 특성에 익숙해 있기 때문이다. 성씨 Kim과 Park을 [킴]이나 [팔크]로 발음해도 다 제대로 알아듣는다.6 [푸산]이나 [킴포]로 발음해도 부산과 김포로 알아듣기는 마찬가지이다. 로마자표기법의 1차 사용자는 내국인이 아니라 외국인이기 때문에 그들이 어떻게 인지하고 발음하느냐가 더 중요하다.

7. 모음의 수정 방향

발음의 정확성 면에서 두 표기법 간의 더 심각한 차이는 모음에서 드러난다. 현행 표기법과 MR은 사실 대부분의 모음 표기가 동일하다. 결정적인 차이는 모음 '어'와 '으'의 표기방법이다. '어'를 정부안은 eo로 표기하지만, MR안은 ŏ로 표기한다. '으'는 정부안으로는 eu이고, MR안은 ŭ이다. 정부안은 편의성 면에서 우세하고, MR은 발음의 정확성면에서 우세하다. 현행 표기법으로 정읍은 Jeongeup으로, 음성은 Eumseong으로 적는다. 이들을 [정읍]과 [음성]처럼 발음하는 외국인들은 드물다. 이들은 한 음절에 모음이 두 개씩이므로 대개 [제옹에업]이나 [에움세옹]으로 발음한다. 이들을 MR로 표기하면 Chŏngŭp과 Ŭmsŏng이 된다. 이들 모음 위의 반달 점을 없애고 Chongup과 Umsong으로 표기하더라도 [정읍]과 [음성]에 가깝게 들린다. 이석재(2010)는 포먼트 분포의 특징과 모음 길이 면에서 MR표기법이 정부안보다 한국어에 훨씬 더 가깝다는 음성학적 분

---

6 Yuna Kim, Roy Kim, Sam Kim을 [킴]으로 발음하고 Seri Pak, Chanho Park, Jisung Park을 [팩]이나 [팔크]로 발음해도 김씨와 박씨로 알아듣는다.

석 결과를 제시하고 있다. 조태홍(2009)은 정부안의 정확도가 48.5%에 그치는 반면, MR의 정확도는 87%에 이른다고 보고하고 있다. 따라서 자음과 모음 모두 현행 표기법보다 MR의 발음 유사도가 더 높다고 할 수 있다.

물론 모음 '어'와 '으'를 MR처럼 ŏ와 ŭ로 표기할 경우, o와 u로 표기해야 하는 '오'와 '우'와 구분이 잘 안 되는 문제도 있다. 이는 주공급자인 한국인의 입장에서는 얼마든지 제기할 수 있는 문제이다. 그러나 경주를 Kyongju [공주]로 발음한다고 해서 잘 못 알아들을 확률과 Gyeongju [자이에옹주]로 발음했을 때 잘못 알아들을 확률을 비교해야 한다. 금천을 Kumchon [굼촌]이라고 할 때보다 Geumcheon [제움체온]으로 발음할 때 잘못 알아들을 확률이 훨씬 높다.

8. 국제적 시각에서 문제 접근

로마자표기법의 1차 공급자는 한국인이지만 1차 수요자는 외국인이다. 한국어 로마자 표기는 한국인은 물론 외국인의 편의를 위하여 사용한다. 그런데 이 중 과연 누구에게 더 절실히 필요한가? 한국인인가 외국인인가? 일반 한국 사람은 언제 로마자 표기가 필요할까? 여권 신청 시, 이름이나 주소를 영문으로 써야 할 때, 외국인에게 길을 안내할 때 말고는 별로 쓸 일이 없을 것이다. 한국 사람은 한글과 로마자가 병기되어 있을 경우 한글을 보지 로마자 표기를 보지 않는다. 반면에 한국어를 모르는 일반 외국인은 로마자로 표기된 인명, 지명, 일반 명사 등에 전적으로 의존하여 의사소통을 할 수밖에 없다. 그렇다면 로마자표기법을 선택할 때 누구를 먼저 고려해야 할지 자명해진다. 현행 표기법은 주공급자인 한국인에게 편리한 방법이다. 그러나 주수요자인 외국인에게는 불편하다. 공급자의 편의를 위해 수요자의 편의를 희생하는 것이 옳은 일인가? 우리는 현재 외국인에게 한국의 인명과 지명의 로마자 표기가 실제 현지 발음과 다른 데서 오는 혼동을 감수하도록 강요하고 있다.

 2000년 개정 당시 해외 한국학 학자 및 국내외 여러 언어학자들의 반대에도 불구하고 정부가 개정을 강행한 가장 큰 이유는 두 가지로 요약된다. MR은 서양인이 한국어의 특성을 왜곡하여 만든 것이고, 부가기호가 사용하기에 불편하다는 점이다. 이는 당시 개정 주무 기관인 국립국어연구원 심재기 원장의 조선일보 칼럼(2000.9.15)에서도 명시되어 있다.

 MR에서 유기 자음을 나타내는 ' 표시는 타자기 시절에도 문제가 없었다. MR의 또 다른 부가기호인 모음 위 ˘ 표시는 컴퓨터의 발달로 입력이 쉬워졌다. Ctrl+F10만 치면 라틴 확장 문자표에서 ŏ나 ŭ를 쉽게 고를 수 있다. 또 흔글이든 워드든 상관없이 수정 모드에서 Ctrl+Shift+6를 누른 다음 o나 u를 치면 대체형으로 사용할 수 있는 ô나 û가 쉽게 생성된다. MR의 편의성 제고를 위하여 고려할 만한 훌륭한 개선안이다. 그럼에도 불구하고, 부가기호는 분명 번거롭기는 하다. 그러므로 법령이나 학술서 등 아주 정밀하게 기술해야 하는 경우를 제외하고 일상생활에서는 부가기호를 생략해도 문제가 되지 않는다. 이 경우 정주와 청주, 신촌과 신천이 구분이 되지 않는다고 염려한다. 둘 다 Chongju와 Sinchon으로 표기되기 때문이다. 그러나 강남에도 신사동이 있고, 강북에도 신사동이 있다. 경기도에도 현리가 있고, 강원도에도 있다. Bloomington은 미국 인디애나주에도 있고 바로 인접한 일리노이주에도 있다. 이렇듯 동일한 지명이나 동음이의어는 세계 어느 국가나 언어에도 존재하는 일반적인 현상이다.

따라서 경기도 광주와 전라도 광주로 구분하듯, 강남 Sinchon과 강북 Sinchon으로 구분하여 사용하면 된다.

맥퀸은 앞에서 소개한 바와 같이 평양에서 태어나 이 땅에서 자랐고 로마자표기법을 고안할 당시 최현배, 정인섭, 김선기 등 저명 국어학자의 도움을 받았다. 이런 연고로 영국의 한국학자인 그래이슨(Grayson)은 MR법을 최, 정, 김의 머리글자를 따서 CCK법이라고 부를 것을 제안하기도 했다(엄익상 2009c:30-31). 한국은 2차 대전 이후 건국된 국가 중에 가장 성공한 나라로 성장하였다. 한국인의 손으로 만든 것이 세계 표준이 되는 것은 뿌듯한 일이다. 그러나 아무리 한국과 관련된 일이라도 세계의 표준을 한국인의 손으로 만들지 않았다고 거부할 일도 아니다. 국기 태권도가 호구의 표준이 바뀌는 바람에 요즘 국가대표 선수들이 고전하고 있다는 소식은 더 많은 나라가 선택한 세계표준을 한국도 따를 수밖에 없음을 말해준다. 한국은 이제 서양인의 손에서 만들어진 한국 관련 세계 표준을 받아들일 수 있을 만큼 성숙한 나라로 성장하였다.

9. 맺는말

한국의 언어 정책은 이제 국제적 시각으로 접근해야 한다. 세계를 무대로 활동하는 한글 세대에서 우리만 편하자고 북경의 습근평으로 불러봐야 한반도 밖에서는 아무도 알아듣지 못한다. 세계인은 모두 뻬이징의 후 진타오 또는 이와 비슷하게 부르기 때문이다. 외래어표기법도 국제적 관점에서 판단해야 한다. 한국인의 편의만 생각하고 한국에서만 주로 통하는 로마자표기법을 고집하는 것은 주사용자의 편의를 무시하고 공급자의 편의만 생각하는 것이다. 현행 로마자표기법을 세계인이 모두 사용하는 그날까지 수십 년, 수백 년을 기다려야 할 것인지, 더 늦기 전에 세계의 표준을 만들어 사용함으로써 국제적 혼동과 손실을 하루 빨리 종식시켜야 할지 그 선택은 너무나 자명하다. 국가 경제도 어려운데 바꾼 지 얼마 되지도 않는 로마자표기법을 또 바꾸느냐는 비난이 분명히 있을 것이다. 그러나 표지판과 안내문 교체에 드는 비용보다 더 중요한 것은 한국과 외국의 표기법의 차이에서 오는 유무형의 손실이 더 크다는 점이다. 한국과 외국의 표기법이 통일되었을 때 누릴 수 있는 경제적, 안보적, 문화적 국가 이익이 얼마나 큰지 생각할 때이다. 세월이 지나면 지날수록 국내외 차이는 더 벌어질 것이고, 혼란은 더욱 가중될 것이다. 일이십 년이 지난 다음 현행 표기법의 여전히 낮은 해외 보급률 때문에 바꾸고자 한다면 그때 치러야 할 비용은 지금보다 훨씬 많을 것이다.

MR의 부가기호는 부차적인 문제로 얼마든지 개선할 수 있다. 국내외 로마자표기법이 같아지면 국가 간 연합 군사 작전, 한글의 세계표준화기구 등록, 국제경찰업무공조 등 여러 분야에서 국가 경쟁력이 강화될 것이다. 또 언어, 문학, 영화, K-Pop 등 한국 문화의 급속한 확산으로 국가 이미지 향상에 도움이 될 것이다. 이문열, 신경숙, 김연아, 박지성, 추신수, 손흥민, 소녀시대, 동방신기, 제국의 아이들, 방탄소년단이 세계를 무대로 활동을 할 때, 그들의 이름이 여러 가지 방법으로 표기되어서야 어찌 세계적인 파워 브랜드로 성장하겠는가?

결론적으로 MR과 현행 정부안을 통합한 표기법으로 전환을 하면 국제 사회에서 쉽게 수용이 될 것이다. 로마자표기법의 수정 작업은 정부의 위임을 받은 국내외 학계, 도서관, 문화계 등의 관련 전문가들이 모여 공동으로 진행해야 한다. 북한의 학자들도 당연히 참여해야 한다. 발음의 정확도 면에서 현행 정부안은 모음이 취약하고 MR은 부가기호의 사용이 배제 또는 절제되어야 한다. 따라서 이 두 안을 놓고 전문가들이 국내외에서 공동으로 사용할 수 있는 표기법을 도출해 낸 다음 남북한은 물론 미국 의회도서관을 비롯한 해외 도서관과 학계에서 적극적으로 사용하면, 한국어 로마자표기법은 손쉽게 정착할 수 있다. 국제표준기구 ISO에 등록은 물론, 다시는 한국어 로마자표기법을 개정할 필요가 없도록 작업이 진행되어야 한다.

만약 어떤 이유에서든 현행 표기법을 지속적으로 사용하여 세계의 표준이 되도록 노력하겠다는 방침이면, 장구한 시간이 걸릴 것임을 각오해야 한다. 이 경우에라도 적어도 다음 세 가지는 반드시 해결해야 한다.

(6) 가. 성씨표기에 대한 예외 규정을 삭제하라.
　　나. 띄어쓰기 규정을 제정하라.
　　다. 로마자표기법 준수를 적극적으로 권장하라.

인명의 표기와 성씨의 표기 방법이 다른 로마자표기법은 세상에 없다. 성과 이름의 표기 방법이 다른 것은 더더욱 말이 안 된다. 로마자표기법의 가장 기본적인 용도가 인명과 지명의 표기인데, 로마자표기법과 다른 수십 개의 성씨 표기를 예외적으로 인정하는 것은 일상 사용자에게 엄청난 기억 부담을 요구하는 불편한 방안이다. 따라서 예외를 전혀 인정하지 않든지 극소수의 예외만 인정하는 방향으로 규정이 정해져야 한다.

띄어쓰기 규정이 없이는 구미 도서관에서 현행 표기법을 채택할 수 없다. 띄어쓰기 규정은 사실 굉장히 다양한 변수를 고려해야 하므로 MR의 띄어쓰기 규정을 보완한 미의회도서관의 규정을 참고할 수 있을 것이다.

이 경우 현행 표기법은 MR 못지않게 복잡한 표기법이 될 것이다. 그러나 이는 어쩔 수 없다. 주로 전문가들이 사용하기 때문에 크게 문제가 되지 않는다.

통합 수정이든 단독 보완이든 로마자표기법이 정비되면 시행 단계에서 정부가 유념해야 할 사항이 하나 있다. 개인의 이름과 주소 등을 로마자로 표기할 때 표기법을 강제로 쓰게 할 수 없다면 적어도 가장 많은 인구가 가장 적극적으로 사용할 수 있게 요구해야 한다. 사업상 또는 직업상 부득이 기존에 써 오던 방법을 변경할 수 없는 성인의 경우 예외를 인정해 준다고 하더라도, 새로 여권을 발급받는 사람부터라도 국가에서 규정한 표기법을 사용하도록 강제해야 한다. 그래야 한 세대가 지난 다음에부터라도 대부분의 사람들이 통일된 표기법을 사용하여 정착이 될 것이다. 고령화로 두 세대의 시간이 걸릴 수도 있다. 그러나 내국인도 잘 사용하지 않는 로마자표기법을 외국인이 일률적으로 사용해주기를 바라는 것은 지나친 기대이다. 이것이 중국의 로마자표기법이 새로운 국제 표준으로 인정받게 된 사례에서 얻을 수 있는 참 교훈이다.[7]

---

[7] 현행표기법에 대한 찬반 의견은 2011년 7월 4일자 『조선일보』 A21면의 이홍식과 엄익상의 기고문과 엄익상(2011b)를 참조하라. 한글로마자표기법에 관한 국어학회의 토론회(2011.7.7.) 전체 실황은 http://imnews.imbc.com에서 "'부산'은 Busan인가 Pusan인가"를 검색하여 볼 수 있다.

제15장 首尔 : 서울의 새 중국어 이름

1. 머리말

이명박(2005) 서울특별시장은 2005년 1월 19일 내외신기자회견에서 서울의 중국어 지명을 汉城[漢城한청]에서 首尔[소우얼]로 바꾼다고 선언하였다. 서울특별시(이하 서울시)는 전문가들의 심의와 각계의 의견을 수렴하여, 국제사회의 표준화된 관행에 따라 서울과 발음이 유사한 首尔로 확정한다고 발표하였다. 이 글은 서울의 중국어 지명을 왜 바꾸어야 했는지, 그리고 어떻게 바꾸게 되었는지와 변경 반대 논리를 우선 검토할 것이다. 그러나 이 글의 주된 목적은 지명 변경의 타당성을 검증하고 서울의 새로운 중국어 지명으로 최종 선정된 首尔의 적합성을 언어학적 측면에서 규명하는 것이다.

서울의 중국어 지명 변경 작업은 한중 양국의 여러 지식인은 물론 일본 등 인접 국가의 중국학자들도 지대한 관심을 보여 온 사안이다. 학자뿐만 아니라 한중 양국의 일반인 및 전 세계 중국어 화자도 관심을 가져온 문제이다. 그러므로 이 글은 학술 논문의 서술 방식을 되도록 지양하고, 비전공 학자나 일반인도 쉽게 이해할 수 있도록 평이한 방법으로 서술하였다.

2. 왜 바꾸었나

보도 자료에 따르면, 서울시가 서울의 중국어 명칭을 바꾼 주된 이유는 汉城이 서울과 음이 달라 실제 생활에서 혼란을 야기하여 각계에서 개선을 요구했기 때문이다. 그러면 중국인은 서울을 왜 汉城이라고 쓰고, [한청]이라고 불러왔을까? 한성은 조선시대 서울의 공식 명칭이다. 조선조에도 구어로는 고려시대 명칭인 汉阳(漢陽)으로 불렀다. 한성은 일제시대(1910년)에 와서 京城으로 바뀌었다가, 해방 이듬해인 1946년부터 순수 한국말인 서울로 부르게 되었다. 그러니까 한성이라는 말을 쓰지 않은 지 이미 100년 가까이 되었고, 서울이라는 지명을 사용한 지도 벌써 60년이 넘었다. 이런 변화를 겪는 동안 중국 사람들은 여전히 서울을 汉城으로 불러왔다. 그 결과 실생활에서 여러 가지 혼란이 야기되었다. 가장 흔히 드는 예가 서울대학교와 한성대학교이다. 서울대학교를 중국어로 번역하면 汉城大学이 되기 때문에, 두 대학의 중국어 명칭이 동일해진다. 이러한 혼란은 서울고와 汉城高, 서울신문과 汉城日报 등 여러 단위에서 발생 가능하다(엄익상 2005c 참조).

중국어권을 제외한 모든 나라에서 서울을 서울 또는 서울에 가깝게 부른다. 한국의 인명도 마찬가지이다. 유독 중국어권에서만 자기들 독음으로 한국과 일본의 인명과 지명을 부른다. 일본은 한자문화권이기는 하지만 중국어권은 아니다. 따라서 일본은 한국과 중국의 인명과 지명을 한자로 쓰지만 카타카나를 병기하여 현지 음으로 읽고 있다. 이러한 원칙은 한국에서도 존중되고 있다. 일본의 인명 지명은 일찍부터 현지 음으로 읽고 있다. 중국의 인명과 지명도 요즘에는 현지 음으로 읽고 있다. 문제는 중국이다. 상호주의가 지켜지지 않기 때문이다.

한편 汉城이 서울과 의미가 같은 것도 아니다. 국어학자들은 '서울'이 시블 > 셔블 > 셔불 > 셔울에서 유래된 말로 '도읍'을 의미하는 순수 한국어로 본다.[1] 한성의 의미는 문자적으로 '한족(汉族)의 마을' 정도로 해석된다. 시안(西安) 공항 부근과 쉬조우(徐州) 시내에 汉城이라는 지명이 실제로 사용되고 있다. 물론 서울이 가지는 도시 이미지 때문에 중국인에게 汉城은 '한족의 마을'보다는 대한민국의 수도로서의 이미지를 전달할 것이다. 실제로 중국의 어느 네티즌은 신화논단에서 汉城의 汉이 중국인에게 한나라나 한족의 이미지를 전달하지 않는다고 주장한다. 그러나 汉자와 중국을 분리하여 생각하기는 어렵다. 그러므로 '한나라 또는 한족의 도시'라는 해석에서 완전히 자유로울 수는 없다.

어떤 언어권에서 다른 언어권의 인명과 지명을 어떻게 부르는가 하는 것은 어떤 언어권 사람들이 스스로 결정할 문제이다. 중국이 한국의 인명과 지명을 어떻게 부르는가 하는 것은 물론 중국 사람들이 결정할 문제이다. 그러나 상대 국가가 타당한 사유가 있을 경우 얼마든지 요구할 수 있고 또 상대방의 입장을 존중해 줄 수도 있다. 국가 간 상호 의사 존중의 예는 얼마든지 있다. 버마가 미얀마로 바뀐 것처럼 국가 명을 완전히 바꾼 예는 말할 필요도 없다. 월맹과 월남이 사라지고 베트남으로 쓰고 있다.

---

[1] '셔블'이 새로운 벌판이라는 의미의 '새 벌'과 연관이 있을 수 있다. 중국의 역사음운학자인 정장 상팡(郑张尚芳)은 2011년 8월 北京语言大学에서 열린 제8차 중국지역문화와 언어 국제심포지움(CRCL-8)에서 '서울'이 首邑의 상고음에서 유래하였을 가능성을 제기하였다. 순수 우리말 지명이 중국식 한자어 지명으로 바뀌기는 했지만 그 반대의 경우는 없으므로, 서울과 首邑은 우연의 일치이다.

사실 베트남은 越南의 한자음을 현지 음으로 발음한 것에 지나지 않는다. 그리고 터키탕은 터키 정부의 요구로 증기탕으로 바꿔 부르게 된 사례가 있다. 그런 종류의 목욕 시설을 터키탕으로 부르든 그리스탕으로 부르든 그것은 한국인의 선택이다. 그러나 우리는 해당 국가의 요구를 존중하여 바꾸었다. 이태리 사람들이 왜 하필 때수건이 이태리타올이냐고 불평하면, 우리는 때밀이 수건 정도로 바꿀 수도 있지 않을까? 따라서 중국이 서울을 어떻게 부르는가하는 문제도 당연히 이런 선상에서 생각해 볼 수 있다. 한국인이 불편해 하고 또 바꾸길 원한다면 그 의사를 존중해 줄 수 있다고 생각한다.

한중 간 언어 협력의 예도 있다. 1992년 중국과 수교 이후 한국은 중국을 더 이상 중공(中共)이라고 부르지 않는다. 그리고 1997년부터 북경, 상해를 베이징, 상하이로 부르고 있으며, 강택민, 호금도, 습근평을 장쩌민, 후진타오, 시진핑으로 부르고 있다. 연변-옌볜, 중경-충칭, 모택동-마오쩌둥, 등소평-덩샤오핑 간의 혼란을 감수하면서까지…… 중국도 수교 전에는 한국을 南朝鮮, 한국인을 南朝鮮人, 한국어를 朝鮮語라고 했다. 그러나 지금은 韩国, 韩国人, 韩国语라고 하는 사람이 더 많다.2

대부분의 한국 지명이 한자 지명이기 때문에 이를 중국 음으로 읽는 것까지 시비를 걸 수는 없을 것이다. 그러나 汉城이라는 명칭이 부적절하다면, 1992년 8월 수교 당시 서울의 새로운 중국어 명칭을 만들고 그렇게 불러달라고 요구했어야 했다. 사실 서울의 중국 지명 개선 작업은 한국과 중국이 수교를 하던 해인 1992년 2월부터 11월까지 당시 공보처 주관으로 진행된 바 있다. 중국어학자, 국어학자, 언론인, 관계 공무원 등을 중심

---

2 그럼에도 불구하고 중국 대학에 朝语系(조선어과)와 朝鲜学系(조선학과)는 韩语系(한국어과)와 韩国学系(한국학과)와 아직 혼용되고 있다.

으로 자문회의와 소위원회 등의 개최하여 최종 후보로 首坞尔과 首坞를 선정하였다. 당시 국립국어연구원(현 국립국어원) 등 유관 기관의 검토를 거쳐 1992년 9월 24일에 首坞尔이 국무회의에 상정되었다. 그러나 언어 외적인 사유로 말미암아 추후 재검토하기로 결정되었고, 그해 11월 서울시로 그 작업이 이관되었다. 그해 12월 28일과 이듬해인 1993년 2월 10일 서울시 지명위원회에서 首坞尔, 首兀尔, 首尔을 추천하고 추후 계속 논의하기로 하였으나, 이후 논의가 중단된 채 십여 년이 흘렀다.

3. 어떻게 바꾸었나

서울시는 서울의 중국어 지명 개선 필요성을 다시 인식하고 2004년 1월 서울중국어표기개선추진위원회(위원장 원영환 서울시사편찬위원장)를 구성했다. 위원회에는 중국인을 포함한 중문학자, 중어학자, 역사학자, 지리학자, 언론인, 관련 공무원 등 다양한 분야의 관련 인사들로 구성되었다. 그 해 1월 30일 전체자문회의에서 중국어를 잘 아는 전문가로 소위원회를 구성하여 선정 예비 작업을 하도록 결정하였다. 2월 10일 첫 소위원회(위원장 전인초 연세대 교수)에서 선정 기준과 방법을 논의하였다. 2월 24일 소집된 소위원회에서는 각계의 의견을 구두로 수렴한 결과를 모아 모두 14개 안을 선정하였다.

(1) 2 음절 음역 : 首耳 首沃 首兀 首珥 首尔 首屋
    3 음절 음역 : 世右耳 首屋尔 首坞尔 首午尔
    2 음절 의역 : 韩京 首京 韩城 中京

한편 서울시는 전국 일간지에 광고를 내어, 2004년 3월 2일부터 3월 15일까지 개선안을 공모하였다. 그 결과 총 1,041건의 후보가 국내외에서 접수되었다.[3] 이 가운데 가장 많은 50명이 제안한 명칭은 瑞蔚이었다. 그 다음 엄익상 등 37명이 首尔, 22명이 首坞尔, 13명이 韩京, 11명이 首屋, 首坞, 曙蔚을 제안하였다.

3월 26일 소위원회는 최초 위원회 선정 후보와 공모한 이름 가운데 모두 11건의 후보를 선정하였다. 이 과정에서 爾자는 쓰기에 간편한 尔자로 통일 심의되었다.

(2) 首尔 首沃 首兀 首屋 首兀尔 首沃尔 首屋尔 首坞尔 首午尔 韩京 中京

4월 9일 소집된 소위원회에서 首尔, 首沃[소우위], 首午尔[소우우얼], 中京[중징]이 열띤 토론 끝에 최종 후보로 압축되었다.

이 네 가지 후보를 넣고 4월 21일부터 5월 7일까지 17일간 서울시홈페이지에서 선호도 조사를 하였다. 조사 결과 서울시한글홈페이지에서 1361명이, 중국어홈페이지에서 327명이 응답하였다. 총1,361건의 투표 결과는 다음과 같다.

(3) 후보　　한글 홈페이지　　중문 홈페이지　　합계
　　首尔　　729/1033 (70.6%)　151/327 (46.2%)　880/1360 (64.7%)
　　首午尔　152/1033 (14.7%)　12/327 (3.7%)　　164/1360 (12.0%)
　　首沃　　79/1033 (7.6%)　　40/327 (12.2%)　　119/1360 (8.8%)
　　中京　　73/1033 (7.1%)　　124/327 (37.9%)　197/1360 (14.5%)

---

[3] 이들을 항목별로 분류하면 인터넷 597건, 우편 및 팩스 333건, 이메일 111건이고, 국내 930건, 국외 111건이다.

5월 14일 소위원회는 의역을 한 中京은 이 사업의 원래 취지에 부합하지 않고 서울과 中京이 혼용될 경우 더욱 큰 혼동만 가져다 준다는 판단에서 음역 가운데 가장 많은 지지를 받은 首尔과 首午尔을 1, 2위 후보로 최종 선정하였다.

이어 5월 25일부터 6월 30일까지 서울시는 외교통상부, 행정자치부, 문화관광부, 국정홍보처(해외홍보원), 국립국어원(구 국립국어연구원), 국토지리정보원 등 유관 기관에 의견을 조회하였다. 행정자치부는 의견이 없었고, 국정홍보처 해외홍보원은 이견이 없는 것으로 회신하였다. 문화관광부와 국립국어원은 부정적인 견해를 제시했고, 외교통상부는 소극적인 원론을 개진하였다. 국토지리정보원은 지명전문가 11명으로부터 의견을 수렴한 결과 7명이 首尔을 선호하고 2명이 首午尔을 선호한다는 의견을 제출하였다. 한편 2004년 6월 15일에 서울시 지명위원회를 소집한 결과 이 두 최종 후보 가운데 首尔이 首午尔보다 더 적절하다는 의견을 제시하였다. 이 위원회는 중국어 표기와 한자 지명 간에 혼선이 있을 수 있다는 의견과 외교적인 문제를 감안하여 신중히 접근할 필요가 있다는 의견도 내놓았다. 7월 8일 소위원회에서는 지명 개선에 관한 국내외의 여러 의견을 면밀히 검토하였다.

서울시는 2004년 8월 1일부터 9월 30일까지 중국인 유학생, 대학교수, 언론인, 중국진출한국기업 직원 등을 상대로 선호도를 조사하였다. 대학교수 및 유학생 285명과 기업 직원 1,155명이 응답한 이 조사에서 표기 개선에 찬성하는 중국인은 32%에 지나지 않았고 44%가 반대하였다. 이는 이미 오랜 세월동안 익숙해진 이름을 하루아침에 바꾸고 싶어 하지 않는 심리 때문일 것이다. 이러한 반응은 중국인의 입장에서는 당연하다. 그러나 만약 바꾼다면 어느 것을 더 선호하느냐는 질문에 응답자의 60%

가 首尔을 선택했고, 24%가 首午尔을 선택했다. 나머지 16%는 다른 몇 가지 안들을 선호했다. 10월 1일 소위원회는 설문조사 결과를 검토하였다.

이후 서울시는 내부 검토 및 관계 기관과의 협조를 거쳐 12월 3일 전체자문회의에서 최종안 발표 절차를 협의하였다. 2005년 1월 18일 다시 전체자문회의를 소집하여 首尔을 최종안으로 확정하였다. 이어 그 다음 날인 1월 19일에 서울시장이 내외신기자회견을 요청하여 공식 발표하였다.

4. 반대 논리는 무엇인가

서울시가 중국어 표기 방법을 개선한다는 소식이 언론에 보도되자 지지하는 의견이 다수였다. 그러나 일부 반대 의견도 제기되었다. 이견은 크게 두 가지로 요약된다. 하나는 바꾸지 말자는 주장이고, 하나는 바꾸되 다른 식으로 바꾸자는 주장이다.

4.1. 전통 고수

먼저 汉城을 바꿀 필요가 없다는 주장의 근거는 주로 비언어학적 이유에서이다. 예컨대 개명이 우리 조상의 사대를 스스로 인정하는 듯한 인상을 줄 수 있고 중국의 보수화에 빌미를 제공할 수 있다는 것이다. 이러한 주장은 한강의 큰 강 유래설과 관련이 있다. 서울을 汉城이라고 부른 것은 汉阳에서 유래한 것이고 한양이전에도 한성백제 등 한성이라는 지명이 사용되었는데, 이는 한강에서 유래한 것이지 중국 한나라하고는 아무런 상관이 없다는 것이 학계의 시각이다. 고대 한국어에서 k-와 h-는 서로 통용된 흔적이 있기 때문에 이 학설은 설득력이 있다. 문제는 [한] 음으로 읽히는 다른 한자는 제쳐 두고 왜 하필 汉자냐는 질문에는 대답이 시원치 않다. [한]으로 읽히는 한자 가운데 뜻이 좋고, 당시 아마 가장 많이 쓰이던 한자로 추정할 수 있다. 어떤 경우라도 중국의 영향을 부정할 수는 없을 것이다.

국립국어원(2004.6.8 서울시 회신)과 그 상급 부서인 문화관광부(2004. 6.11 서울시 회신)는 서울의 중국어 표기는 중국 사람이 결정할 문제로 표기 변경 시 혼란을 우려하여 반대했다. 문화관광부는 심지어 다른 나라에서 서울이라는 발음을 못하면 그 나라마다 서울의 발음 표기를 만들어 주어야 하는 문제점이 야기되며, 한국 수도의 명칭을 다른 나라 말의 발음에 맞추어 정하는 것은 주권 국가로서 주체성이 손상될 우려가 있으므로, 중국인들에게 서울로 발음하고 한글로 표기해주도록 요구해야 한다는 견해를 서울시에 통보하였다. 한국의 국어 관련 정책을 관장하는 책임 부서인 국어정책과가 사업의 본질을 전혀 이해하지 못한 엉뚱한 반응을 보인 것이다. 국립국어원과 외교통상부는 중국의 의사나 반응을 먼저 고려하여 추진할 필요가 있다는 소극적인 입장이었다. 한마디로 중국 측이 어떻게 나올지도 모르는데 굳이 우리가 나서서 바꿀 필요가 있겠느냐는 자세였다.

중국 측도 처음에는 대체로 반대 입장이었다. 2004년 6월 18일자『光明日报』는 石河라는 필명의 기고문 형식을 빌려 15억 중화권 화자의 수백 년 언어 습관을 하루아침에 바꾸기는 쉽지 않다고 주장했다. 또 서울을 한자로 음역해야 한다면 국명인 Korea도 高丽로 바꾸어야 옳지 않으냐고 반문했다. 그런데『光明日报』의 이러한 시각은 지식인을 포함한 중국 대중의 오해에서 비롯된다. 서울의 명칭에 관하여 중국인들은 서울의 현지 이름이 한성으로 착각하고 있다. 이는 서울시의 조사에서도 여실히 나타난다. 서울시가 2004년 8월 1일부터 두 달간 한국 관련 중국인을 상대로 실시한 여론조사에서 총 응답자 1,440명 중 65%가 서울의 실제 명칭을 잘 모른다고 대답했다. 대부분의 중국인들은 汉城이 서울의 실제 명칭이고, Seoul은 그에 해당하는 영어 이름으로 알고 있다(엄익상 2005a 참조). 그렇기 때문에 적지 않은 중국인들은 서울시의 중국어 지명 개선 작업이 한국이 수천 년 간 유지해온 한자문화권에서 이탈하여 영어문화권으로 편입하려는 시도로 생각하였다. 중국의 지식층이나 언론계까지 Seoul은 한성의 영어 이름이 아니라 서울 그 자체를 로마자로 음역한 것이라는 사실을 잘 모르는 현실이 서울의 중국어 이름을 새로 지을 필요성을 웅변해준다.

4.2. 의역 선호

바꾸어야 한다는 필요성에 동의하는 경우에도, 음역보다는 의역으로 바꾸는 것이 한자의 특성상 마땅하다는 의견이 의외로 많았다. 의미 문자인 한자의 특성을 살리고 동아시아 공동 문자로서의 기능을 중시하는 의견이다. 서울에 해당하는 한자가 없어서 그동안 불편했는데, 차제에 한자명을 만들어 그런 불편도 일소하고 중국인에게도 그렇게 불러달라고 요구하자는 의견이다. 의미를 중시한 이름으로 진태하(2004 대담)는 서울이 北京과 南京의 중간에 있다는 뜻으로 中京을 제안했다. 유만근(2005)은 서울이 東京의 서쪽에 있고, 중국에 北京과 南京은 있지만 西京은 없으니 西京으로 부르자고 했다. 이광철(2004 서울시 수신 서신)은 한국의 서울이라는 뜻에서 韓京을 적극 추천하였다. 홍재휴(2004 서울시 수신

단문)도 韓京이나 汉城과 음이 똑같은 韓城을 제안했다.

(4) 中京　중간 수도　　韓京　한국의 수도
　　西京　서쪽 수도　　韓城　한국의 마을

　　이들의 주장은 한자의 의미 문자적 특성을 살린다는 점에서 의미가 있다. 그러나 지난 60년간 세계적 브랜드로 성장한 순수 한국어 지명에 지금 와서 한자 이름을 부여할 필요가 있는가 하는 문제는 전 국민이 심사숙고해야할 문제이다. 가뜩이나 한국의 인명과 지명은 신라 경덕왕 이래 중국식으로 완전히 바뀌어서, 이름만 보아서는 한국인인지 중국인인지, 한국 땅인지 중국 땅인지 구분이 안갈 때가 많다. 일본도 한자를 쓰지만, 일본의 성과 이름은 우리나 중국의 그것과 확연히 구분이 된다. 한국을 상징하는 국기마저 중국의 『주역』에 나오는 음양과 팔괘를 조합한 태극기인 마당에 수도 서울의 우리말 이름이 지니는 의미는 과소평가될 수 없다. 그런 상황에서 서울이 서울과 다르게 발음되는 한자 이름을 갖는다는 것은 엄청난 인식 변화가 요구된다. 정체성의 문제와 관련이 있기 때문이다.

　　그리고 실제 생활에서의 혼동은 어떻게 막을 것인가? 서울을 中京으로 부른다고 가정하자. 中자는 중국을 의미한다. 그리고 과거 중국에서 사용된 명칭이기도 하다. 시안(西安)의 옛 이름이 中京이었다. 또 중간 크기의 수도라는 의미로도 인식될 수 있으니, 大京도 있고, 小京도 있어야 구색이 맞을 것이다. 더욱 큰 문제는 하나의 도시가 서울로도 불리고 중경(中京)으로도 불릴 테니 매우 혼란스러울 것이다. 로마자 표기도 중국인들은 Seoul을 두고 Zhongjing(中京)으로 표기할 것이다. 대한민국 어디에도 그 누구도 한글이름과 한자이름의 음이 서로 다른 경우는 없다. 만약 서울을 한자로 中京이라고 하면, 얼마 못가서 둘 중 하나는 도태될 것이다. 西京이라는 한자 이름도 똑같은 문제를 가지고 있다. 특히 서울은 중국의 동쪽에 있지 서쪽에 있지 않다. 13억 화자에게 그들의 동쪽에 있는 서울을 西京으로 불러 달라고 요구해야한다. 서울대학교는 西京大学으로 번역될 텐데, 그럼 지금의 서경대학교의 번역 명칭과 같아진다. **韩京**이나 **韩城**같은 이름이 부적절한 이유도 바로 여기에 있다. 특히 **韩城**은 중국 산시(陝西)성 중동부에 있는 도시 이름이다.[4]

한편 조금 다른 이야기이지만, 중국은 중국 음으로 한일 인명과 지명을 발음하는데, 우리만 중일 인명과 지명을 현지 음으로 읽을 필요가 있는지 반문하는 사람도 있다. 유만근(2005)은 서울시에 보낸 편지에서 1939년 조선총독부의 일본어 상용 추진 정책을 일환으로 일본의 인명과 지명을 일본 음으로 읽을 것을 강요했음을 상기하며, 지금 한국의 언어 정책이 그 연장선상에 있다고 비판한다. 즉 중일 인명과 지명은 한국 한자음으로 읽어야 한다는 주장이다. 이는 그 당시 논리로는 타당할 수 있다. 그러나 한국 한자음은 이미 수천 년 전 중국 음으로 현재 중국 음하고는 차이가 많이 난다. 일본 음과는 차이가 더욱 심하다. 그러므로 한국 한자음은 한국어 음이나 마찬가지이다. 따라서 중국과 일본을 제외한 모든 나라의 인명과 지명은 현지 음 또는 해당 영어 음으로 읽으면서 유독 중국과 일본만 한국 한자음으로 읽어야 한다는 주장은 언어정책의 일관성면에서 별로 설득력이 없다. 일본의 경우 한중 인명과 지명을 일본 한자음으로 읽을 수 있음에도 불구하고 현지 음으로 읽고 있다는 사실을 감안하면 현지 음 존중의 원칙이 일제 시기 일본의 정책의 잔재로 볼 수 없음이 자명하

---

[4] 또 河北, 河南에도 **韩城**이란 곳이 있다.

다. 한국의 입장에서도 일본뿐만 아니라 중국의 인명과 지명도 현지 음으로 표기하고 있기 때문에 이러한 언어 정책이 꼭 일제 시대 정책의 잔재라고 볼 수 없다.[5]

4.3. 조자(造字) 또는 조의(造义)

한편 문자학자인 양동숙(2005)은 중국과 한국에서 동시에 [서울]로 발음하는 한자를 새로 만들었어야 한다고 주장한다. 의역이나 음역을 할 경우 생길 수 있는 혼란을 피하기 위해서, 서울 '서'자와 서울 '울'자를 새로 만들어 우리도 쓰고 중국인들도 쓰게 해야 한다는 말이다. 그럴 수만 있다면 굉장히 기발한 아이디어이다. 그는 구체적으로 山과 水를 상하로 조합한 한자를 서울 '서'자로, 京자의 아래 부분의 小자의 가운데 획을 두 줄로 긋는 글자를 서울 '울'자로 제안했다. 서울에는 남산도 있고, 한강도 있기 때문이란다. 한국의 曺씨는 중국 曹씨의 가운데 획수를 하나로 줄인 한자를 쓰듯이, 새로운 한자를 만들 수는 있다. 그런데 문제는 보급의 편의성이다. 당장 한국이나 중국에서 아래아 한글이나 MS Word로 그런 글자를 칠 수가 없다. 또 山과 水를 조합한 한자로 汕(통발 산, 물고기 자맥질할 산)자가 이미 있다. 부수와 성조야 원하는 대로 정할 수 있을지 몰라도, 발음이 문제이다. 표준중국어에서 [서] 음의 한자는 있어도, [울] 음의 한자는 없다(이 글 5.1 참조). 즉 [울]은 현대 중국어에서 운모 교설 음화(儿化)가 되지 않고서는 성립할 수 없는 음절이다. 한글에서 조합은 가능하지만 사용하지 않는 '쀓'같은 음절과 같다. 그런 새로운 한자를 우리는 불편을 감수하며 당분간 쓸 수 있을지 모른다. 다음에 한글 워드

---

[5] 이에 대한 자세한 논의는 이 책의 제11장을 참조하기 바란다.

프로그램을 업데이트할 때 자형을 추가하면 될 테니까. 그러나 중국에서 이미 사전에 등록된 5만 5천여 자도 모자라 새로운 한자를 만들고 자신들의 언어에 사용하지도 않는 음절로 읽어 달라고 요구했을 때 중국 사람들은 대번 왜 그래야만 하느냐고 반문할 것이다. 따라서 없는 한자를 만들어 한중일이 같이 [서울]로 발음하며 사용하자는 제안은 너무 이상적이다.

양동숙은 새로운 한자를 만들어 쓰자는 제안의 실현 가능성이 매우 낮다는 것을 인식해서인지, 나중에는 기존 한자 표기에 새로운 뜻과 음을 부여하자는 제안을 하였다. 즉 首尔의 首자에 '서울' [서]의 훈과 음을, 尔자에 '서울' [울]의 훈과 음을 각각 부여하자고 제안하였다. 이 경우 首尔의 독음이 [수이]가 아니라 [서울]이 될 것이다. 아무런 의미를 전달하지 못하는 [수이]보다 [서울]이 훨씬 더 매력적인 방안이다. 그러나 고유어 지명으로서 상징성을 지니고 있는 서울에 이제 와서 굳이 한자를 부여해야 할지는 더 많은 논의가 필요하다.

4.4. 한자음 음역

[서울]이라고 발음되는 한자를 골라 쓰자는 의견도 있었다. 한자식 지명의 틀을 유지하면서도 서울이라는 고유음을 살린 이름으로는 가장 많은 네티즌들이 제안한 瑞蔚이 있다. 한편 김시한(이상숙 2000, 황태훈 2004)은 수백 년 전 고문헌에서부터 서울의 한자 표기로 徐菀이 사용되었다고 주장하고 이를 다시 쓸 것을 제안했다.[6] 이들은 모두 [서울]로 발

---

[6] 이를 보도한 2000년 1월 31일자 『대한매일신문』은 그 기사의 제목을 "……1천년 전부터 사용"해온 이름이라고 뽑았으나, 기사 어디에도 235년 이전 문헌을 소개하고 있지 않다. 조선 시대에 한성 또는 한양으로 불리던 것이 실제 서울로도 불렸는지는 검증을 요한다.

음되기 때문에 한국어 화자에게 혼란은 적을 것이다. 그러나 瑞蔚은 [서위]로도 읽힐 수 있고, 徐菀은 일차 독음이 [서원]이다. 蔚자는 고을 이름 [울] 또는 제비 쑥 [위]로 읽히고, 菀자는 우거질 [원], 약 이름 [원] 또는 쌓일 [울]로 읽히기 때문이다. 문제는 어느 것도 수도 서울의 의미와 일치하지는 않는다는 점이다. 더욱 큰 문제는 瑞蔚이나 徐菀이 중국 음으로는 [서울]과 전혀 다르게 발음된다는 점이다. 중국 사람들은 汉城을 왜 현지 지명과 음과 뜻이 전혀 다른 [루이위]나 [쉬위] 등으로 불러야 하는지 이해하지 못할 것이다.

(5) | 한자 | 한자음 | 한어병음 | 정부표기법 | 엄익상표기법 |
|---|---|---|---|---|
| 瑞蔚 | 서울 | Ruiyu | 루이위 | 루이위 |
| | 서위 | Ruiwei | 루이웨이 | 루이웨이 |
| 徐菀 | 서원 | Xuwan | 쉬완 | 쉬완 |
| | 서울 | Xuyu | 쉬위 | 쉬위 |
| 西蔚 | 서울 | Xiyu | 시위 | 시위 |
| | 서위 | Xiwei | 시웨이 | 시웨이 |

서울시가 추진하고자 하는 것은 서울에 한자 이름을 지어주고자 하는 것은 결코 아니다. 기존의 중국어 명칭인 汉城이 서울의 음이나 의미와 일치하지 않으므로, 이것을 개선하고자 하는 것이다. 서울시의 이 문제에 관한 인식은 매우 타당하고 정확하다. 따라서 위 세 가지 지명은 서울시의 의도에 잘 맞지 않는 후보이다.

4.5. 중국음 음역

그렇다면 서울을 중국어로 음역할 수밖에 없다. 서울을 중국어로 음역하는 방법은 사실 무한하다. 가장 좋기는 음도 유사하고 뜻도 유사하면 최고이다. 뜻까지 유사할 수 없다면, 쓰기 쉽고, 듣기 좋고, 의미까지 좋은 이름이면 충분할 것이다. 서울시가 일반인을 상대로 접수한 이름은 대부분 음역 이름이다. 위원회가 선정한 11 가지 이름 가운데 韓京과 中京을 제외하고 나머지 9 가지가 모두 음역이다. 그리고 중국 브랜드 제작 전문 업체인 Meta Branding (박종한)에서 제안한 首威尔, 史奥, 史奥尔, 萨奥尔, 世沃尔, 首奥尔 등 여섯 가지 이름도 기본적으로 모두 음역이다. 한편 2004년 6월 25일자 중국의 『光明日报』는 高放이라는 자의 기고문을 게재하고 있다. 그는 汉城이라는 명칭의 문제점을 공감하고 서울시의 음역 개명 작업을 찬성하면서, '首瓯(사발 구)[소우오우]'로 할 것을 제안하고 있다. 이제 서울중국어지명 개선추진위원회가 선정한 11 가지 후보의 비교 우위를 언어학적 측면에서 자세히 검증해 보자.

5. 선정 근거는 무엇인가

이상의 논의를 근거로 할 때 가장 이상적인 지명이 갖추어야 할 조건은 다음 몇 가지를 들 수 있다. 한자의 특성을 감안하여 音(6a-c), 形(6d), 义(6e-f), 用(6g-j)의 네 가지 측면으로 나누어 제시한다.

(6) a. 서울과 발음이 같거나 유사한 음역
 b. 入声字보다 듣기 좋고 발음하기 쉬운 舒声字
 c. 음절수는 3음절보다는 2음절이 간편하다.
 d. 획수는 간단할수록 편리하다.
 e. 서울의 고유 의미나 밝고 긍정적 의미

f. 외래 지명의 브랜드 효과-1차 의미가 성립하지 않아도 무방
g. 외래 지명 -r, -l 표기 한자
h. 중국의 상용한자
i. 응모자수
j. 인터넷 투표 지지율

위 조건을 소위원회에서 1차로 선정한 열한 가지 후보에 하나하나 적용해 보자.

5.1. 음역

(2)번에서 제시한 열한 가지 후보를 음역과 의역으로 나누면 다음과 같다.

(7) 2 음절 음역 : 首尔 首沃 首兀 首屋
    3 음절 음역 : 首兀尔 首沃尔 首屋尔 首坞尔 首午尔
    2 음절 의역 : 韩京 中京

의역의 문제점은 앞에서 충분히 논의했다. 따라서 음역 가운데 어느 것이 서울과 음이 가장 유사한지는 판단이 쉽지 않다.

(8) 한자   한어병음   정부표기법   엄익상표기법
   a. 首尔   Shouer   서우얼   소우얼
   b. 首沃   Shouwo   서우워   소우워
   c. 首兀   Shouwu   서우우   소우우
   d. 首屋   Shouwu   서우우   소우우

e. 首兀尔	Shouwuer	서우우얼	소우우얼
f. 首沃尔	Shouwoer	서우워얼	소우워얼
g. 首屋尔	Shouwuer	서우우얼	소우우얼
h. 首坞尔	Shouwuer	서우우얼	소우우얼
i. 首午尔	Shouwuer	서우우얼	소우우얼

위 이름의 첫 음절은 모두 首자로 구성되어 있다. 首자는 표준중국어에서 교설음 성모를 가지고 있지만, 서울의 첫 음절과 음은 비슷하면서 으뜸을 뜻하므로 수도를 지칭하기에 좋은 의미를 지니고 있다. 首자는 한글로 '서우' 또는 '소우'로 표기된다. 학자에 따라 원순 성분을 무시하고 [서우]로 보는 학자도 있고, 원순성을 인정하여 [소우]로 보는 학자도 있다. 중국 학자들은 대체로 [어]와 [오]의 중간이라고 주장하지만, 필자는 [오]에 가까운 소리로 인식하고 있다.[7] 다만 교설음 성모임을 감안하면 she보다는 se로 발음되는 한자가 더 좋을 것이다.

그러나 se로 발음되는 한자는 많지 않다.『现代汉语字典』에는 오직 일곱 자만 수록되어 있을 뿐이다.

(9) 色 铯 濇 啬 穑 瑟 塞

色, 铯, 濇, 啬, 穑, 瑟, 塞 등은 모두 4성자이다. 4성은 고강조(high falling)이므로 부드럽고 편안한 느낌보다는 강하고 분명한 느낌을 준다. 문제는 이들 한자의 의미이다. 불행히 이들 가운데 수도 서울에 걸 맞는 의미를 지닌 한자는 없다. 色은 색깔을 뜻하지만 호색 또는 색정을 의미하기도 한다. 화학원소 세슘 즉 Cs를 나타내는 铯자는 더욱 부당하다.

---

[7] 이에 대한 자세한 내용은 엄익상(2005d)나 이 책의 제5장 3.2절을 참조하라.

매끄럽지 않다는 뜻의 澁(=涩 껄껄러울 삽, 떫을 삽)을 쓸 수도 없고, 인색하다는 뜻의 嗇(탐낼 색, 아낄 색)자를 쓸 수도 없다. 농작물을 수확하다는 의미의 穡(거둘 색)자는 그나마 괜찮은 편이나, 구어보다는 문언문에 주로 사용되는 동사이다. 거문고 같은 악기를 나타내는 瑟(큰 거문고 슬)도 긍정적인 의미를 지니고 있으나, 수도 이름으로는 별로 어울리지 않는 단어이다. 塞자는 막을 색 또는 변방 새이다. 따라서 부득이 교설음 성모에서 찾을 수밖에 없다.

She로 발음되는 한자는 se보다는 약간 많다. 많이 쓰이는 한자를 예로 들면 다음과 같다.

(10) 1성자 奢 사치할 사   賒 외상 거래 할 사
    2성자 舌 혀 설   蛇 뱀 사
    3성자 捨 버릴 사
    4성자 舍 집 사   社 단체, 땅 귀신 사
          射 쏠 사   涉 건널 섭
          設 베풀, 세울 설 赦 놓아줄 사
          慑 두려워할 섭   攝 당길 섭

위 한자의 의미를 살펴보아도 한 나라의 수도 이름에 쓰일 만한 의미를 지닌 한자는 눈에 뜨이지 않는다. 首자가 shou임에도 절대적 선호를 받은 이유는 바로 首자가 서울의 [서]와 음이 비슷할 뿐만 아니라 首자의 '으뜸'이라는 의미가 수도 서울의 이미지와 부합하기 때문이다. (8b-d) 후보는 서울의 종성 -ㄹ을 살리지 못한다. (8e-i) 후보의 경우 둘째 음절의 모음이 첫 음절의 모음과 불필요하게 중첩된다. 앞서 소개한 Meta Branding의 명칭도 서울과 유사한 음에 좋은 의미까지 담은 수작이나, 대부분 3

음절 지명으로 이와 같은 문제점이 있다.

5.2. 舒声字

중국 중고음에서 운미가 자음 -p, -t, -k로 끝났던 한자를 入声字라고 하고, 그 밖의 성조를 지닌 한자를 서성자라고 한다. 중국의 입성자는 한국 한자음에서 종성이 ㅂ, ㄹ, ㄱ인 한자를 말한다. 입성자는 표준중국어에서는 일찍이 자음 운미가 탈락하여 개음절로 변하였으나, 閩방언, 客家방언, 粤방언 등 중국의 남방 방언에서는 아직도 자음 운미를 보존하고 있다. 吳방언과 贛방언같이 일부 중부 방언에서도 입성의 흔적을 보존하고 있는 경우도 있다. 따라서 입성자보다는 서성자가 발음하기도 편하고 듣기도 좋다.[8]

(11)

	北京	苏州	南昌	梅县	广州	厦门
首수	ʂou (상)	sɤ	səu	su	ʃɐu	siu/tsʰiu
尔이	ɚ (상)	əl	ə		ji	li/liã
爾이	ɚ (상)	əl	ə		ji	li/liã
兀올*	u (입)	ŋɤʔ		ŋut	ŋɐt	gut
沃옥*	uo (입)	oʔ	uok	vok	juk	ɔk/ak
屋옥*	u (입)	ɔʔ	uk, ut	vuk	ʊk	ɔk
午오	u (상)	u	u	ŋ	ŋ	ŋɔ/gɔ
坞오	u (상)	əu		u		ɔ

---

[8] 중국 사람들이 외래 지명을 자신의 방언음으로 읽지는 않겠지만, 처음 접하는 단어의 경우 외래 지명인지를 판단하기 쉽지 않은 단어도 있을 수 있다.

열한 가지 후보 가운데 모두 서성자로 구성된 지명과 입성자가 포함된 지명을 구분하면 다음과 같다.

(12) 서성+서성 : 首尔 首坞尔 首午尔 韩京 中京
　　 서성+입성(+서성) : 首沃 首兀 首屋 首兀尔 首沃尔 首屋尔

중국어 방언 가운데 입성을 보존하고 있는 방언은 약1/4정도 된다. 대충 따져서 뭇방언 화자 8.4%, 贛방언 화자 2.4%, 客家방언 화자 4%, 粤방언 화자 5%, 閩방언 화자 4.2%를 합하면 24%가 된다.[9] 여기에 山西, 江淮, 湖南 등 지역의 일부 방언 화자를 합하면 전체적으로 25%가 넘을 것이다. 따라서 위 (8b-g)번 지명은 서성자의 조건을 만족시키지 못한다.

5.3. 음절 수

서울은 2음절어이다. 따라서 서울의 중국어 음역도 되도록 2음절이 3음절보다 간편해서 좋다. 브랜드 명은 일반적으로 짧을수록 좋다. 코카콜라와 펩시콜라의 명명 이야기는 업계에 전해오는 고전이다. 늘 시장 점유율 1위를 지켜오던 코카콜라가 Coke라는 일 음절 애칭을 갖고부터 이음절의 Pepsi는 더욱 고전했다는 것이다. 간혹 소비자의 시선을 끌기 위해 지나치게 긴 서술적 이름을 전략적으로 붙이기도 한다. 예를 들어, 진로소주가 1996년 1도 순한 '참나무통 맑은 소주'를 대표 소주로 출시했다가 2년만인 1998년부터 '참真이슬露'로 주력 제품을 바꾸기 시작했고, 요즘에는 한글로만 쓴 '참이슬'이 나온다. 십 여 년 전 '그린 소주'를 판매하던

---

[9] 방언 화자 수는 黃景湖(1987)에 의거했다.

두산도 신제품 '청산리 벽계수'로 대응했지만 오래가지 않고 사라졌다. 그 후 두산은 '山'이라는 일 음절 브랜드로 '참이슬'과 경쟁하다, 지금은 '처음처럼'을 출시하고 있다. 브랜드 자체만 놓고 보면 '山'이 더 간단하나, 소주 시장은 아직도 '참이슬'이 석권하고 있는 이유는 아무래도 다른 데서 찾아야 할 것이다. 그런데 '참나무통 맑은 소주'나 '청산리 벽계수' 같은 긴 이름은 얼마 못 가서 폐기되고, 결국 비교적 짧은 이름인 '참이슬'과 '처음처럼'으로 정착한 것은 언중이 짧은 이름을 선호한다는 증거이다. 소주와 맥주의 틈새시장을 가장 성공적으로 개척한 백세주의 국순당은 몇 년 전 '삼겹살에 메밀 한잔'이라는 매력적인 가격과 서정적인 이름의 신제품을 출시했다. 그러나 이 브랜드는 시장에 제대로 선을 보이지도 않은 채 금방 폐기되었다. 물론 마케팅에 무슨 문제가 있었는지 언어학자는 알 길이 없지만, 긴 브랜드의 또 하나의 실패 사례로 들 만하다. 따라서 서울의 중국어 이름도 불필요한 음을 추가한 3음절보다는 간단한 2음절이 읽고 쓰고 기억하기에 편리하다.

(13) 2음절 : 首尔 首沃 首兀 首屋 韩京 中京
　　　3음절 : 首兀尔 首沃尔 首屋尔 首坞尔 首午尔

5.4. 한자의 획수

한국의 대학생들이 한자 학습을 기피하는 첫 번째 이유가 쓰기 복잡하다는 것이다. 한자 쓰기가 불편한 것은 중국 사람들도 마찬가지이다. 중국이 문맹률이 높은 이유도 바로 이 복잡한 한자 때문이다. 그 해결 방안으로 중국 정부에서 제시한 것이 간체자이다. 따라서 되도록이면 획수가 간단한 한자로 구성된 이름이 좋다.

(14) 3획 兀   12획 屋 韩
　　 4획 午 中 13획 坞
　　 5획 尔   14획 爾
　　 7획 沃 坞 18획 韓
　　 8획 京
　　 9획 首

어떤 기준이 있는 것은 아니지만, 되도록이면 10획 이하로 구성된 한자가 쓰기에 간편할 것이다. 서울시가 尔자가 포함된 후보의 경우, 爾자가 정자임에도 불구하고, 간체자인 尔자로 심의를 하였다. 쓰기 간편해야 한다는 이유에서이다. 또 절대 다수의 중국어 화자가 간체자를 쓴다는 현실을 감안한 결정이기도 하다. 중국의 간체자는 한국어 문장에서는 물론 인정하지 않는다. 한국에서 쓰는 한자의 자형은 정자 즉 번체자이기 때문이다. 그러나 너 爾자의 간체자 尔자는 한국에서 편찬한『敎學大漢韓辭典』에 爾자의 이체자로 올라있다. 따라서 이 자는 정자보다는 이체자를 채용한 셈이다. 爾자는 현재 아래아 한글 프로그램(2002)에서 글자모양 '신명조'에 수록되어 있고, 尔자는 '신명조 간자'에 수록되어 있다.

5.5. 긍정적 의미

5.5.1. 首자의 의미

위 열 한 가지 지명 후보는 모두 首자로 시작한다. 앞 서 지적한 바와 같이 首자의 의미가 수도에 부합하기 때문이다.『現代汉语词典』에는 모두 일곱 가지 정의가 나와 있다.

(15) a. 头　　　　　　　머리
　　 b. 第一, 最高的　　제일 최고의
　　 c. 首领　　　　　　수령
　　 d. 首先　　　　　　우선
　　 e. 出头告发　　　　나서서 아룀
　　 f. 姓　　　　　　　성씨
　　 g. 量词　　　　　　시의 편수를 세는 양사

여기에서 서울 중국어 지명에서 首자는 두 번째 정의의 제일 또는 최고의 의미를 가질 것이다. 서울시가 首尔을 '으뜸가는 도시'로 번역한 것도 바로 이 首자의 의미를 확대 해석한 것이다.

한편 지해범(2005.1.25)은 『조선일보』 기자 블로그 중국학당에서 일부 중국인들의 지적이라면서 首자에 '목을 치다'라는 의미가 있다고 적고 있다. 만약 이것이 사실이라면, 爾자가 고문에서 2인칭 대명사로 쓰였으니, 首爾이라는 말은 '너의 목을 치다'라는 끔찍한 의미가 된다. 필자는 고금 문장에서의 의미를 두루 수록하고 있는 『汉语大字典』을 찾아보았다. 『汉语大字典』에는 『现代汉语词典』보다 훨씬 많은 모두 18 가지 정의가 수록되어 있었지만 '목을 치다'든지 그와 조금이라도 유사한 정의는 없었다. 중국 자전의 원조인 『说文解字』에도, 首자는 상형자로서 사람 머리 위에 머리털(髟 빠진 머리 순 또는 머리털의 범칭)이 있는 모양을 나타낸다고만 설명하고 있다.[10] 따라서 개인 또는 극소수의 상상력에 의

---

[10] 만약 정말 '너의 목을 치다'라는 의미가 있다면, 14억 중국어 화자 가운데 극소수에게나 가능한 연상일지 모르겠다. 왜냐하면 개인어(idiolect)의 범주에서는 어떤 단어가 자신만의 특정한 추가 의미를 지닐 수 있기 때문이다. 예를 들어, 朴씨를 중국에서는 Piao로 읽는데 대만에서는 Pu로 읽는 까닭을 piao가 계집질할 표(嫖)자와 발음이 같기 때문이라는 일부 학자의 해석에 华中科技大 중국언어연구소 소장이자 중국의 권위 있는 언어학 학술지인 『语言研究』 전편집장인 위츠 즈핑

존한 의미를 확대 해석하여 마치 그 한자의 일반적인 의미인양 인용하는 것은 좀 무책임한 처사로 보인다. 그러므로 首자의 의미에 관한 지해범의 불명확한 출처의 인용은 그 해석의 섬뜩함에 비추어 볼 때 매우 적절하지 않다.

5.5.2. 尔자의 의미

한편 아홉 가지 음역 지명 가운데 2/3에 해당하는 여섯 가지 지명의 어미로 사용된 尔자는 원래 고문에서 2인칭 대명사 너의 뜻으로 사용된 한자이다. 이 자는 지명이나 외래 인명을 제외하면 현대 중국어 구어에서는 잘 사용되지 않는다. 『现代汉语词典』에는 다음 다섯 가지의 정의가 나와 있다.

(16) a. 你   너
     b. 如此   이렇게
     c. 那, 这   그, 이
     d. 助词 而已 罢了 조사 -뿐
     e. 形容词後缀   형용사 접미사

『汉语大字典』에서 찾아 본 尔자와 爾자의 중국어 의미는 다음과 같다.

(17) A. 尔
       同爾 爾자와 같다.
     B. 爾

(尉治之平) 교수는 엉뚱한 상상력이라고 일축했다. 중국 대륙에서는 朴자를 Piao로 읽을 때 嫖자를 연상하지 않는다고 단언했다. 이에 관한 자세한 논의는 엄익상(2005b:333-335)을 참조하기 바란다.

a. 疏朗　　　　　　산뜻하다, 청명하다, 또렷하다
　　b. 花朵繁茂的样子　꽃잎이 무성한 모양
　　c. 如此　　　　　　이러한
　　d. 二人称代词　　　이인칭 대명사
　　e. 叹词, 语气词, 助词　감탄사, 어기사, 조사
　　f. 同迩, 近　　　　가까울 迩자와 같다
　　g. 姓　　　　　　　성씨

爾자의 (17Bab)정의는 매우 긍정적이다. 이런 정의는 결국 『说文解字』의 爾자에 대한 해석에 근거한다.

(18) 爾麗爾 猶靡麗也. 從冂爻爻 . 爻爻其孔爻爻爻爻 . 從尒聲. 此與爽同意. [爽明也.]

爾는 아름다운 꽃이 활짝 피어 흐드러진 모양을 나타낸다. 시원할 爽자와 같은 의미라고 했는데, 爽자의 의미를 『说文解字』는 밝을 明자로 풀이하고 있다. 즉 맑고, 밝고 상쾌한, 그리고 화려한 의미를 지니는 한자이다. 그러므로 爾자가 首자와 결합하면 "가장 산뜻한" 또는 "가장 쾌적한"의 의미로 해석될 수 있다. 서울의 이름으로 이보다 더 좋은 것이 있을까? 그러나 현대 중국어에서는 爾자에 이러한 의미가 이미 사라졌으므로, 서울의 중국어 지명에서는 爾자의 의미보다는 서울의 -ㄹ음을 나타내기 위하여 사용되었다.[11] 첫 자와 의미가 잘 안 통하는 尔자의 사용 효과와 의

---

[11] 한국에서 출판한 『教學大漢韓辭典』에 수록된 爾자의 정의는 다음과 같다. a. 너 이 爾, b. 가까울 이 邇, c. 꽃 많고 무성한 모양(花繁盛貌) 이 薾 (『诗经』小雅 采微 : 彼尔维何 维常之华.) 한편, 필자가 이 글의 초고를 완성했을 즈음 首尔을 상하이 방음으로 읽으면 여성의 생식기를 지칭하는 비어나 심한 욕으로 들린다고 주장하는 이가 있다는 소문을 들었다. 필자가 즉각 상하이에 거주하는 지인에게

미가 상대적으로 분명한 首沃(가장 비옥한), 首兀(가장 우뚝한), 首屋(첫 집?), 韩京(한국의 수도), 中京(가운데 수도) 등 명칭의 브랜드 효과에 대해서는 바로 다음 절에서 자세히 다룰 것이다.

5.6. 브랜드 효과

브랜드는 시중에 널리 통용되는 일반 단어를 사용할 수도 있지만, 의미가 전혀 통하지 않는 신조어를 쓸 수도 있다. 예를 들어 현대자동차의 소나타는 음악 용어인 sonata라는 일반 명사를 쓴 것이지만, 지금은 단종된 경차 아토스는 '처음부터 마지막까지'라는 의미에서 'A to Z'를 합성한 말이다. 어느 것이 더 효과가 있는지는 상품 자체의 품질, 마케팅 능력 등 다양한 변수에 의해 결정된다. 의미가 분명하거나 불분명하거나는 실제로 중요하지 않다. 세계적으로 브랜드 파워 최상위권에 랭크되는 SONY와 그의 중국 이름 索尼는 과연 무슨 뜻일까? 언중은 별로 궁금해 하지도 않고, 그것을 중요하게 생각하지도 않는다. 외래지명을 음역할 경우 의미가 분명하면 오히려 혼동을 줄 수도 있다. 처음 보는 사람은 그 단어가 외래 지명인 줄 모르고 문자적 해석을 시도할 수도 있기 때문이다.[12] 음역한 다음 중국어 외래 지명은 어떤 의미를 찾기가 쉽지 않다.

(19) New York   纽约   (단추의 약속?, 약속을 맺음?)
      Los Angeles   洛杉矶   (洛阳의 삼나무와 강안 바위?)

문의한 결과 장년층 방언은 물론 청소년들의 은어에서도 그런 의미 연상은 없다는 회신이 왔다. 한국에 와 있는 상하이 방언 화자들에게 확인한 결과도 마찬가지였다. 상하이에서 자란 언어학자 박덕준(2005/5/3-9 개인 통신 및 통화)도 그런 주장에 대해 전혀 근거가 없다고 단언했다.

[12] 이러한 생각은 임동석 교수가 먼저 제기했다.

Washington, DC	华盛顿	(꽃이 번화하고 무성한 멈춤?)
London	伦敦	(윤리가 두터움?)
Paris	巴黎	(??)
Moscow	莫斯科	(??)

중국어에는 물론 완전히 의역(20a)을 하거나 음역과 의역을 섞은 지명(20b)도 있다.

(20) a. Oxford 牛津 Buffalo 水牛城
        Iceland 冰岛 Long Island 长岛
    b. New Zealand 新西兰 Cambridge 剑桥
        South Africa 南非 East Timor 东帝汶

아무튼 首尔은 기본적으로 음역이면서 의미도 살렸으나, 명확한 의미를 전달하지는 않는다. 이런 효과는 의도적으로 노린 것이다. 후보 가운데 의미가 비교적 분명한 것과 그렇지 않은 것으로 구분하면 다음과 같다.

(21) a. 분명: 首沃 首兀 首屋 韩京 中京
     b. 불분명: 首尔 首坞尔 首午尔 首兀尔 首沃尔 首屋尔

의미가 비교적 분명한 지명들은 대강 다음처럼 해석될 것이다.

(22) 首沃 가장 비옥한 (도시)
     首兀 가장 우뚝한 (도시)
     首屋 첫 집, 큰 집 (?)
     韩京 한국의 수도

中京　가운데/중간 수도

전반적으로 긍정적인 이미지를 지니는 이름이기는 하다. 그러나 그 어느 것도 서울이 가지는 상징적 이미지에 딱 들어맞지는 않는다. 따라서 (22)와 같은 이름을 선택했을 경우에는 서울에 새로운 이름이 주는 이미지를 덧칠하는 결과가 될 것이다. 그러므로 차라리, 낱개의 자는 긍정적 의미를 전달하지만, 합쳐 놓으면 무슨 의미인지 불분명한 이름이 서울의 브랜드 가치를 위하여 더 바람직한 선택이다. 위에서 보다시피 尔자로 끝나는 지명은 모두 바로 尔자 때문에 의미가 다소 애매하다. 이런 점은 한국의 수도 서울의 아이덴티티를 감안한 의도된 효과를 보기위한 전략이다. 그러므로 尔자는 중국 변방 도시나 중동에서나 쓴다는 일부의 지적과 한학중(2005)이 도대체 무엇이 으뜸인지 알 수 없다는 불평은 맞는 말이기는 하나, 이러한 의도적 효과를 생각하지 못한 비판이다. 결국 전통 한자식 지명이나 의미가 분명한 음역을 선호한다는 말인데, 그런 이름으로서는 서울이라는 순수 우리말 지명의 의의를 살릴 수 없다. 이 점에 대해서는 다음 5.7절에서 다시 자세히 논의하겠다.

5.7. 외래 지명 -l과 -r 표기 한자

서울을 중국어로 표기하는데 있어서 난점은 서울의 [울]음이다. 중국어로 [울]로 발음되는 한자는 없다. [얼]로 발음되는 극소수의 한자를 제외하면, -l이나 -r로 끝나는 한자 자체가 없다. 한어병음 er은 듣기에 [얼]로 발음되지만, 모음에 자음 운미 [-r]이 붙어 있는 것이 아니라, 모음 자체가 교설음화한 [ɚ]음이다(엄익상2005b 제10장, 이 책 제7장 참조). 그나마

er로 발음되는 한자 가운데 흔히 쓰이는 것은 다섯 손가락으로 꼽을 정도이다.

   (23) er 1성   儿(兒)
          er 2성   而
          er 3성   尔(爾) 耳
          er 4성   二

따라서 [울]이라는 음을 살리기 위해서는 (24)번과 같이 ㄹ음을 선행어간에 붙여 모음을 교설음화하는 소위 儿化韵 즉 교설음화운모를 만들어야 한다.

   (24) 花儿   hua + er ->   [huar]
          鸟儿   niao + er ->   [niaor]

그러나 인명이나 지명에 아이 아(儿)자를 붙여 儿化를 하는 경우는 없다. 儿자의 원래 의미 자체가 지명에는 부적절할 뿐만 아니라, 운모교설음화는 단어와 지역에 따라 대개 선택적이기 때문에 정확성을 요구하는 지명에는 더욱 부적절하다.

  그러므로 한족의 지명에는 -r이나 -l로 끝나는 것이 전혀 없다. 그렇다고 중국 지명에 -r이나 -l로 끝나는 것이 전혀 없는 것은 아닌데, 이들은 거의 동북 삼성에 흩어져 있는 옛 몽고어, 만주어 등 알타이어 지명을 음역한 것들이다.

(25) 중국 지명

　　内蒙古：额尔古纳 陈巴尔虎 海拉尔 科尔沁 阿鲁科尔沁 察哈尔……
　　　　　(阿尔泰)
　　辽宁：阿尔乡 哈尔套
　　黑龙江：哈尔滨 齐齐哈尔 杜尔伯特

위 예에서 모두 尔자를 썼음을 알 수 있다. -r이나 -l로 끝나는 외국 지명은 실제 드물지 않다. 이런 지명들을 중국은 주로 尔자를 사용하여 표음하고 있다. 다음은 尔자를 포함한 국가명과 수도명이다.

(26) 국가 명

Albania	阿尔巴尼亚	Niger	尼日尔
Algeria	阿尔及利亚	Qatar	卡塔尔
Andorra	安道尔	St. Pierre & Miquelon Islands	
Ecuador	厄瓜多尔		圣皮埃尔岛和密克隆岛
Ireland	爱尔兰	El Salvador	萨尔瓦多
Islas Malvinass		Senegal	塞内加尔
	马维纳斯群岛	Seychelles	塞舌尔
Maldives	马尔代夫	The Upper Volta	上沃尔特
Marshall Islands		Virgin Island	维尔京群岛
	马绍尔群岛	Zaire	扎伊尔
Nepal	尼泊尔		

(27) 수도 명

Algiers	阿尔及尔	Algeria
Banjul	班珠尔	Gambia
Basseterre	巴斯特尔	St. Christopher & Nevis

Brussels	布鲁塞尔	Belgium
Dakar	达喀尔	Senegal
Kabul	喀布尔	Afghanistan
San Salvador	圣萨尔瓦多	El Salvador
Stochholm	斯德哥尔摩	Sweden

다음은 음절 말음 -r, -l이나 尔자로 표기되지 않는 국가 명이다. 이들은 이 유음성분을 아예 무시하거나 귀 이(耳)자를 써서 표기하고 있으나 극소수이다.

(28)
Argentina	阿根廷	Martinique	马提尼克
Bulgaria	保加利亚	Myanmar	缅甸
Belgium	比利时	Norway	挪威
East Timor	东帝汶	Portugal	葡萄牙
Jordan	约旦	Turkey	土耳其
Malta	马耳他		

이상의 예를 보면, 서울의 ㄹ 받침을 尔자를 사용하여 표기하는 것은 중국인의 언어 습관과 외래어 표기 관습에 지극히 부합한다.

그럼에도 불구하고, 尔자가 들어간 서울의 중국어 명칭은 소수 민족이나 변방 국가 명칭에나 사용되는 한자라는 점이 많이 지적되었다. 김윤곤(2005)은 尔자가 중국 변방에서나 사용하는 한자라고 질책한다. 지해범(2005)도 같은 지적이다. 尔자가 들어가는 나라나 도시도 주로 아프리카나 중동의 조그만 나라들이라 더욱 마음에 들지 않는다는 반응이다. 한국어가 알타이에 속하는지는 논란의 대상임으로 논외로 하더라도, 한국어가 중국어보다는 일본어, 만주어, 몽고어, 터키어와 가까운 것은 사실이다. 따라서, 한국의 지명이 중국보다 몽고나 만주의 지명과 유사하게 들리는 것이 무슨 문제인가? 또 尔자는 아프리카와 중동국가에만 사용되는 것은 아니다. 위에서 보다시피, 아일랜드 같은 유럽 국가들도 尔자로 표기하고 있으며, 브뤼셀과 스톡홀름 같은 유럽의 도시도 尔자로 표기한다. 서울이라는 도시 자체는 汉城이라는 이름과 함께 중국인에게 매우 익숙하고 편안할지 몰라도, 서울이라는 이름 자체는 중국 사람에게 너무나 이질적이고 이국적일 수밖에 없다. 앞서 지적한 바와 같이 [울]이라는 음이 한족의 지명에 사용되지 않기 때문이다. 尔자는 서울이 다른 언어권의 지명이라는 사실을 암시한다. 결론적으로 尔자에 대한 시비는 그 자를 선택한 의도를 생각하면 쉽게 접을 수 있을 것이다.

5.8. 상용 한자

아무리 음이 듣기 좋고 발음하기 편하고 획수도 간단하고 의미마저 좋다하더라도 많이 쓰이지 않는 한자라서 중국의 보통 사람들이 잘 모르는 한자는 서울의 중국어 이름으로 부적절하다. 예를 들어, 받침대 기(丌 ji1)자와 우뚝할 올(兀 wu4)자는 간단하지만 아는 사람은 많지 않다. 그러므로 서울의 중국어 지명에 쓰이는 한자는 중국의 상용한자 2,500자에 속하든지 아니면 차상용 한자 1,000자에 속해야 한다.

(29)

	常用汉字 2500자	次常用字 1000자	台湾常用字 4808자	한국 교육용 1800자	북한 교육용 3000자	일본 교육용 1945자	호글 97 호글 2002
首	O	N/A	O	O	O	O	O
尔	X	O	O	X	X	X	O (尓)
爾	X	X(O)	O	X	X	X	O
兀	X	X	O	X	X	X	O
沃	O	N/A	O	X	O	X	O
屋	O	N/A	O	O	O	O	O
午	O	N/A	O	O	O	O	O
坞	X	O	O	X	X	X	O

(30) 상용자로만 구성 : 首沃 首屋 韩京 中京
    차상용자 포함 : 首尔 首坞尔 首午尔 首沃尔 首屋尔
    비상용자 포함 : 首兀 首兀尔

이 기준에 맞지 않는 지명 후보는 首兀과 首兀尔 두 개이다.

5.9. 응모 순위

서울시가 실시한 서울 중국어 지명 공개 응모에 참여한 사람은 외국인 111명과 내국인 930명이었다. 이중 중복 제안된 명칭을 살펴보면 다음과 같다.

(31) 1위   瑞蔚   50명
      2위   首尔   37명

3위	首坞尔	22명
4위	韩京	13명
5위	首屋, 首坞, 曙蔚	11명
8위	首儿, 中京	9명
10위	首京	8명

위원회가 선정한 11개 후보 가운데 首尔, 首坞尔, 首屋이 적어도 10건 이상 응모한 이름이다.

(32) 30건 이상 응모 : 首尔
　　　20건 이상 응모 : 首坞尔
　　　10건 이상 응모 : 韩京 首屋
　　　5건 이상 응모 : 中京
　　　5건 미만 응모 : 首沃 首兀 首午尔 首兀尔 首沃尔
　　　　　　　　　　首屋尔

5.10. 지지율

소위원회가 2004년 4월 9일 몇 차례 심의를 거쳐 선정한 지명은 首尔, 首午尔, 首沃, 中京 네 가지였다. 서울시는 이 네 가지 후보를 놓고 같은 해 4월 21일부터 5월 7일까지 내국인과 중국인을 상대로 선호도 조사를 실시하였다. 총 1,360명이 참여한 선호도 조사의 결과는 앞에서 이미 제시하였다. 이를 다시 인용하면 다음과 같다.

(33)　후보　　한국어 홈페이지　　중국어 홈페이지　　합계
　　　首尔　　729/1033 (70.6%)　　151/327 (46.2%)　　880/1360 (64.7%)

首午尔   152/1033 (14.7%)   12/327 (3.7%)   164/1360 (12.0%)
首沃   79/1033 (7.6%)   40/327 (12.2%)   119/1360 (8.8%)
中京   73/1033 (7.1%)   124/327 (37.9%)   197/1360 (14.5%)

　소위원회는 2004년 5월 14일 위 결과를 참조하여 首尔과 首午尔을 최종 후보로 압축하였다.

　한편 서울시는 2004년 8월 1일부터 9월 30일까지 이 두 가지 최종 후보를 놓고 중국인의 반응을 조사하였다. 총 1,440명이 응답한 선호도 조사에서 60%가 首尔을 선택하였고, 24%가 首午尔을 선택하였다. 나머지 16%는 기타를 선택하였다. 결론적으로 한국에서나 중국에서 가장 많은 사람이 선택한 서울의 새로운 중국어 지명은 首尔로 드러났다.

6. 최종 선택

　지금까지 논의를 거치면서 이론적으로 가장 타당한 후보가 이미 수면 위로 부각된 셈이다. 그러나 위에 제시한 조건을 후보 지명 전체에 하나하나 적용하여 종합적인 판단을 해보자. 다음은 이 글에서 다룬 10 가지 조건을 필자가 임의로 우선순위를 정한 것이다.

(34) 주요 조건 : 음역 > 상용한자 > 긍정적 의미 > 20획 이하 > 2 음절
　　 보조 조건 : *입성 > *의미성립 > -r -l 보편성 > 응모건수 (10건 미만)
　　　　　　　 > 선호도 (10% 이상)

　이제 위 조건을 서울의 후보 지명에 적용하여 보자.

(35)

	음역	상용한자	긍정적 의미	20획 이하	2음절 한자	舒声 한자	의미 불명	-l,-r 지명	응모 건수	선호도
首尔	+	+	+	+	+	+	+	+	+	+
首兀	+	-	+	+	+	+	-	-	-	-
首沃	+	+	+	+	+	-	-	-	-	-
首屋	+	+	?	+	+	-	-	-	+	-
首兀尔	+	-	+	+	-	-	+	+	-	-
首沃尔	+	+	+	-	-	-	+	+	-	-
首屋尔	+	+	?	-	-	-	+	+	-	-
首午尔	+	+	+	+	-	+	+	+	-	+
首垆尔	+	+	+	-	-	+	+	+	+	-
韩京	-	+	+	-	+	+	-	-	-	-
中京	-	+	+	+	+	+	-	-	-	+

위 표를 보면 首尔이 위에 제시한 10가지 조건을 모두 만족시키고 있다. 그 다음은 8가지 조건을 만족시키는 首午尔이다. 首垆尔도 7가지 조건을 만족시킨다. 나머지는 모두 6가지 이하이다. 따라서 首尔이 서울의 중국어 지명으로 최적형임을 알 수 있다. 따라서 서울시가 선포한 서울의 새 중국어 지명 首尔은 언어학적 측면에서 이론적으로 가장 최선의 선택이었음을 알 수 있다.[13]

최근 중국어 브랜드를 전문적으로 연구하고 있는 박종한(2003:56)은 좋은 브랜드의 조건으로 다음 네 가지를 제시하고 있다.

---

[13] 필자는 서울시가 중문 명칭 개선 작업을 시작하기 전인 2003년에 『중국의 창』 제2호에서 汉城을 首尔로 교체할 것을 제안한 바 있다.

(36) a. 발음 용이 (readability)
　　 b. 기억 용이 (memorability)
　　 c. 이미지 연상 (relevance)
　　 d. 다른 제품의 이름과 차별성 (differentiation)

서울의 새 중국어 지명 首尔은 한 마디로 위 네 가지 조건을 다 만족시켜준다. 간단한 필획의 2음절 서성(舒声) 상용자로 구성되어 있어 발음하기 쉽고 기억하기도 쉽다.[14] 머리 首자가 수도를 연상하게 하고 尔자는 기존의 한자식 한국 지명과는 전혀 다른 새로운 분위기를 전달한다.

7. 수용과 보급

2005년 1월 19일 서울시가 새로운 중국어 지명을 발표하고 한 달쯤 지난 2월말에 중국의『人民日报』,『中国青年报』등 일부 관영 언론사와 인터넷 매체들이 首尔을 쓰기 시작했다. 그때쯤 홍콩은 이미 汉城 대신에 首尔을 쓰기 시작했고, 대만도 5월부터 공식적으로 首尔를 쓰기 시작하였다. 중국 정부가 공식적으로 首尔을 받아들이는 데에도 시간이 많이 걸리지는 않았다. 중국 정부는 2005년 10월 21일자로 首尔 사용을 공식 발표하였다.

중국 사람들은 汉城을 首尔로 바꾸는 것에 대하여 처음에는 반대가 많았다. 수백 년 사용해오던 이름을 갑자기 영어식으로 바꾼다고 오해하

---

[14] 王霞(2005 개인 대담)는 汉城 [한청]이 서울시가 고려한 서울의 음역 명칭에 비하여 웅장한 느낌을 준다고 한다. 청각적으로 [한]의 모음은 공명도가 큰 저모음 [a]이고, 두 음절 다 비음 운미로 끝나기 때문에 그렇게 느낄 수도 있다. 그러나 이러한 느낌은 주관적일 수도 있다.

는 중국인이 많았다. 서울특별시는 2006년 한국갤럽과 공동으로 중국 뻬이징, 샹하이, 총칭, 꾸앙조우에 거주하는 2,000명의 중국인을 상대로 首尔의 선호도에 대하여 전화로 설문 조사를 하였다. 그 결과는 다음과 같다.

(37)　　　　　　　　　汉城　　　　首尔
　　a. 한국의 수도:　　34.0%　　　38.7%
　　b. 인지도:　　　　92.6%　　　52.4%
　　c. 선호도:　　　　72.6%　　　34.5%
　　d. 이미지:　　　　신뢰, 친밀,　현대, 젊음,
　　　　　　　　　　　남성, 세련,　성장, 생소,
　　　　　　　　　　　전통, 중국　여성, 서구

다음은 위 조사 결과를 바탕으로 한청, 소우얼, 도쿄, 뉴욕의 이미지를 비교한 결과를 서울시의 보고서에서 인용한 것이다. 아래 표에서 각 꼭지점은 다음 이미지를 나타낸다.

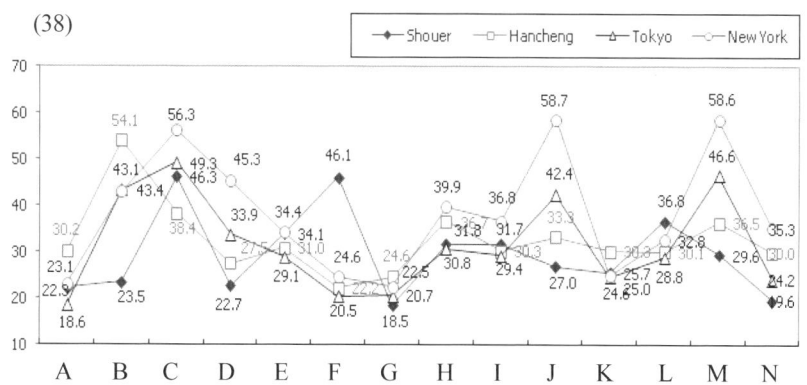

제15장 首尔 : 서울의 새 중국어 이름

A 신뢰   H 매력
B 친숙   I 활발
C 현대   J 국제적
D 고급   K 세련
E 발전   L 성장
F 청춘   M 부유
G 남성   N 거대

한청과 소우얼은 B 친숙, G 남성 항목에서 서로 대척점에 있다. 2006년만 하더라도 인지도와 선호도 면에서 汉城이 首尔보다 월등히 우세하였음을 위 조사는 말해 준다.

한편 2008년 필자는 한양대학교 국제어학원에 유학 중인 중국인 학생 100명을 대상으로 汉城과 首尔의 이미지에 대한 소규모 설문 조사를 하였다. 그 결과를 요약하면 다음과 같다.[15]

(39)   汉城   首尔

	汉城	首尔
a. 평소 말할 때 사용:	14%	87%
b. 평소 쓸 때 사용:	13%	87%
c. 종합적 선호도:	24%	77%
d. 중국 국내 사용도:	56%	41%
e. 주요 이미지:	전통, 고대, 동방, 유적, 중화, 중국, 늙음, 정치, 거대, 발전	현대, 유행, 젊음, 발전, 경제, 빌딩, 청결, 영어, 비중화, 동양

---

[15] 설문 조사 결과에 관한 보다 자세한 내용은 Eom(2010:94-100)을 참조하라.

필자는 2012년 한양대학교 학부에 재학 중인 중국인 유학생 127명을 대상으로 동일한 설문 조사를 하였다. 그 결과는 다음과 같다.

(40)　　　　　　　　　　汉城　　　　　首尔
　　a. 평소 말할 때 사용:　　2%　　　　　98%
　　b. 평소 쓸 때 사용:　　　1%　　　　　99%
　　c. 종합적 선호도:　　　17%　　　　　83%
　　d. 중국 국내 사용도:　　21%　　　　　78%
　　e. 주요 이미지:　　　동방, 전통,　　현대, 유행,
　　　　　　　　　　　　고대, 문화,　　젊음, 경제,
　　　　　　　　　　　　늙음, 개발 중,　발전, 청결,
　　　　　　　　　　　　중국어, 청결,　빌딩, 영어,
　　　　　　　　　　　　중화권, 중국　　문화, 서방

비록 한국에 와 있는 젊은 중국 유학생들을 대상으로 조사한 결과이기는 하지만 짧은 기간 안에 커다란 이미지의 변화가 있었음을 알 수 있다. 汉城과 首尔의 이미지는 완전히 역전되어, 2008년부터는 首尔이 훨씬 더 현대적이고 경제적으로 발전한 글로벌 개방 도시로서의 이미지를 형성하게 되었다. 2008년부터 2012년까지 불과 4년 사이에 首尔의 사용 빈도는 12-13% 포인트 증가하여 98-99%에 이르렀다. 이는 일상 언어생활에서 거의 首尔을 사용한다는 이야기이다. 首尔에 대한 선호도도 6% 포인트 증가한 83%로 나타났다. 중국인 한국 유학생들이 생각하기에 중국 본토에서도 首尔의 사용도가 78% 정도 되는 것으로 대답했다. 이는 2008년에 41%에 불과했던 점을 감안하면 놀라운 변화이다. 首尔이 지니는 현대적이고, 유행의 중심지이며, 젊고, 깨끗하고, 부유한 경제 중심 도시의 이미지는 2012년에 와서 더욱 심화되었다.

8. 맺는말

2005년 초에 선포된 서울의 새 중국어 명칭 首尔은 그동안 전 세계 중국어 화자에게 급속히 보급되어 지금은 거의 대부분의 중국어 화자들이 首尔이라고 말한다. 아직도 汉城이라는 단어를 쓰는 경우가 더러 있지만, 그 빈도는 점점 낮아지고 있음을 쉽게 느낄 수 있다. 이로써 전 세계 사람들이 대한민국의 수도 서울을 모두 서울 또는 이와 비슷한 발음으로 부르게 되어 국제도시로서의 서울의 브랜드 파워는 몇 배로 향상되었다. G20, K-Pop, 한류, 올림픽 등을 통하여 세계 속의 한국의 비중과 선호도가 급속히 향상되고 있다. 이런 추세에 서울의 새로운 중국어 명칭은 서울은 물론 국가 이미지와 브랜드 향상에 도움을 준 것으로 판단된다.

필자(엄 2003)는 서울특별시에서 2004년 새로운 중국어 지명을 공모하기 일 년 전인 2003년에 중국 전문 잡지에서 首尔을 처음 제안하였다. 2004년 신문에 난 공모 광고를 우연히 보고 首尔이라는 이름을 응모하였다. 1041명이 제안한 수많은 명칭 가운데, 首尔이 최종 선정된 것은 필자에게 큰 기쁨과 행운이었다. 이제 汉城은 점점 역사의 뒷무대로 사라지고, 首尔이 전 세계 중국인과 중국어 학습자에게 회자되는 현실을 바라보는 일은 首尔의 선정에 일조를 한 언어학자에게 더 없는 보람이다.[16]

---

[16] 이 장은 원래 『중어중문학』 36(엄 2005e:117-149)과 严(2005)에 발표된 논문과 Eom(2010)에 수록된 영문 논문의 일부를 합하여 재구성한 것이다.

제16장 결론: 한국인의 삶 속에 중국어 음운론의 의미

1. 중국어 음운론의 의미

이 책은 현대 표준중국어(SC) 음운론에 관한 최초의 한글 저서이다. 이 책은 SC의 음운 체계와 음운 변화 및 이와 관련된 몇 가지 주제를 다루었다. 이 책의 다음 세 가지 의미를 지닌다. 첫째 SC 음운론에 관한 기존 학계의 쟁점 해결이다. 중국어 언어학계에서 현대 음운론과 관련하여 그동안 논란이 되어 왔던 몇 가지 쟁점에 대하여 이 책은 나름대로 명쾌한 해석을 시도하였다. 이 책은 다음과 같은 SC 음운론의 쟁점들에 대하여 기존 이론을 비판하고 새로운 해석을 하려고 노력하였다.

제1장 : 음성학, 음운론 및 기타 언어학 관련 한국적 용어 제시
제2장 : 자음과 모음에 대한 기존 용어의 문제점 지적 및 과학적 용어 제시
제3장 : SC의 새로운 음절구조를 제시하고, 이중, 삼중 모음을 활음+모음, 모음+활음 또는 활음+모음+활음 구조로 분석

제4장 : 치조 경구개음을 처음과 동일한 음소로 분류

제5장 : 모음 음소 체계와 중·저모음 동화 기제 및 범위에 대한 새로운 해석

제6장 : 성절 자음설 거부 및 설첨 모음설 수용

제7장 : R-접미사설 거부 및 교설음화 자질의 새로운 기제 제시

제8장 : 3성의 기저 성조값 LL 제시 및 3성 변조 발생 범위에 대한 해석

제9장 : 경성의 변화 조건 및 강세와의 연관성 검토

위에 제시한 주제는 독립된 연구로 각각 충분히 논의되어야 할 만큼 복잡한 쟁점이 많다. 이 책은 미진한 부분도 있지만 매 쟁점의 핵심을 소개하고, 최선의 결론을 내리려고 노력하였다. 그러나 깊이 있는 학문적 논의는 되도록 절제하였는데, 이는 언어학을 전공하지 않는 이 책의 미래 독자를 배려해서 이다.

두 번째 의미는 이 책의 시각이다. 이 책은 처음부터 한국어 화자 및 한국인 독자들을 대상으로 집필되었으므로, 그동안 국내에 번역 소개된 영어 또는 중국어 화자를 위한 SC 음운론과는 출발점부터가 다르다. 이 책은 시종 일관 한국인의 입장에서 중국어를 어떻게 이해할 수 있을 지를 모색하고 있다. 따라서 다양한 한국어의 예를 제시하여 중국어와 비교하고, 한국인이 중국어 발음을 익히는 과정에서 부딪히는 어려움을 어떻게 극복할 수 있을지도 조언하고 있다.

세 번째 의미는 SC 음운론에 대한 지식이 한국인의 실제 언어생활에서 어떤 의미를 지니는지를 보여주려고 노력했다는 점이다. 이 책의 후반부는 SC 음운론과 관련된 응용 주제들을 소개하였다. 표준중국어를 잘 이해하고 정확히 구사하기 위해서 다양한 방언 배경의 SC 화자들의 중국어에 익숙해야 한다. 중국 7대 방언의 음운 특징에 대하여 간단히 소개한 이유

는 바로 여기에 있다. 한자음과 중국 방언 간의 관계 또한 이 장에서 간단히 설명하였는데, 이는 중국어가 한국어와 심리적으로 멀지 않은 언어라는 점을 일반 독자들에게 강조하기 위해서 이다. 또 중국어와 한국어를 비교하여 가장 최선의 중국어 외래어 한글표기법에 대한 논의도 심도 있게 진행하였다. 한국어 로마자표기법에 관한 문제점을 지적하고 중국어 로마자표기법에서 배울 수 있는 교훈을 지적하였다. 서울의 새로운 중국어 명칭인 首尔에 대한 논의 또한 중국어 음운론이 우리 생활에서 벗어날 수 없음을 보여준다.

이제 독자들은 이러한 지식을 바탕으로 중국어와 한국어가 교차하는 좀 더 넓은 세상으로 지적 호기심을 키워가기 바란다. 예컨대 중국어는 우리가 생각하는 것보다 훨씬 더 깊숙이 우리의 언어 속에 박혀 있다. 다음 예들을 보면 이를 쉽게 느낄 것이다.

2. 날이 중국어라면?

심증은 있는데 물증이 없는 사건에 십 년이 넘도록 매달리고 있는 형사처럼 나는 보다 확실한 증거를 찾기 위해 십여 년 동안 집착하고 있는 말이 있다. 설날이나 날짜의 '날'이다. '날'은 순수 우리말이다. 일자(日字)라는 대응 한자말이 있기 때문이다. 그러나 나는 1994년 날이 수천 년 전 중국 음이었을 가능성을 처음 주목한 이래, 이를 입증할만한 증거를 찾는 일에 관심을 기울여 왔다. 日자의 중국 고음을 살펴보면 내가 왜 여기에 집착하는 지 쉽게 알 수 있다. 소위 상고음(Old Chinese)이라고 하는 가장 이른 시기의 중국 음으로 日자는 *njet(녵)이다.[1] 이는 왕 리(王

力)라는 중국의 대표적인 언어학자의 재구(reconstruction)이다. 이를 낮(nac<nat)과 비교하면 우선 첫소리 두음(onset)과 끝소리 말음(coda)이 서로 정확히 일치한다. 문제는 모음인데, 활음 j를 무시하면 주요모음인 핵음 e가 a로 변한 것으로 보면 된다. e와 a는 둘 다 전설모음(front vowel)이고 조음의 높이도 인접하기 때문에 가능하다. 날(nal) 또한 중국 상고음 시기의 중국 음을 반영한다고 볼 수 있다. 문제는 상고 중국어의 -t 말음이 한국 한자음에서 왜 –l로 바뀌었나이다. 이는 이기문의 주장처럼 9-10세기 중국의 서북 방언에서 -t 말음이 -d>-ð>-r로 약화된 것에 영향을 받은 것으로 보기에는 석연치 않은 점이 있다. 그의 학설이 성립하기 위해서는 서북 방음 수용 이전에는 중국말의 -t가 한국에서 -t로 수용되었어야 하는데, 『삼국사기』의 7세기 이전 지명 자료에서 –t로 대응된 확증을 찾기 어렵다. 오히려 忽(-골), 伐(-벌)과 같은 지명 어미와 향가의 목적격 조사 乙(-을)을 감안하면 -l로 실현된 것으로 보는 것이 더욱 타당하다. 이는 한국어에서 말음 -t가 한자음이 형성된 이후에 생겨난 것을 시사한다. 따라서 중국어 말음 -t는 한국 한자음에서 음성적으로 비교적 유사한 -l로 정착할 수밖에 없었다. 중세국어에서 날은 day의 뜻 뿐 만아니라 sun의 뜻까지 있었던 사실(박진호 개인통화)은 소위 날日동원설의 타당성을 더 높혀 준다.

한편 장영준(2005:22-40)은 필자의 연구와는 별도로 날일동원의 가능성을 제기하고 있다. 그는 日자의 베트남 음 nɒt(낟)에 유의하여 중국 한대 이전 음으로 *nɒt(낟)을 설정하여 한국과 베트남 음이 이에서 유래되었고, 중국 음은 한나라 이후 *njet(녣)로 바뀌었다고 추정하고 있다. 이는

---

[1] 이 장에서는 일반 독자의 편의를 위해 국제음성기호 뒤에 가능하면 한글로 가장 유사한 독음을 병기한다.

매우 편리한 발상이지만, 중국어역사음운학계의 지지를 받기에는 곤란한 가설이다. 역대 중국 상고음을 재구한 학자 가운데 日자를 a 계통의 저모음으로 본 학자가 없기 때문이다. 보다 근본적인 문제는 중국 상고음 체계의 전반적인 변화는 무시하고, 특정 한자 하나만 가지고 상고음의 시기를 전반과 후반으로 나누어 서로 다른 모음을 가졌을 것으로 추정하는 것이다. 더욱이 상고음 연구에 관한한 중국 밖에서는 왕 리보다 더 권위를 인정받고 있는 리 팡꾸이(李方桂 1982)의 경우 日자의 상고음은 *njit(닐)이다. 지난 10여 년 간 필자를 곤혹스럽게 해 온 것이 바로 리 팡꾸이의 모음이다. 고모음 i와 저모음 a의 차이는 매우 커서 인접한 언어 사이에서는 물론 같은 언어 안에서도 i가 a로 변하거나 a가 i로 변하는 경우는 드물다. 따라서 날일동원설은 매우 매력적인 학설이지만, 모음의 변화를 명쾌히 설명해야만 하는 과제가 아킬레스건으로 남아있음을 고백하지 않을 수 없다.

그러나 필자는 최근 고대 동아시아 언어에서의 i와 a의 모음 대응이 가능했을 수도 있다는 점을 염두에 두고 그 증거를 찾는 일에 몰두하고 있다. 우선 중국 상고음(OC)에서 i 모음이 티벳말(T)에서 a 모음으로 대응된 몇 가지 예가 몇 가지 있다. 铁(철) *thit(틸 OC)↔*lcags(T)과 锡(석) *sik(식 OC)↔*ltshags(T)등이 그 예이다. 여기서 티벳말의 두음과 말음이 여러 개의 겹자음으로 구성되어 복잡하게 보이는데, 문제는 가운데 있는 모음이 a이라는 점이다. 중국의 가장 오래된 시가집인 『시경(诗经)』에 수록된 「제비(燕燕)」라는 시에는 音(음)자와 南(남)자와 心(심)자가 서로 압운이 되어 있다. 音과 心의 중국 음은 i 계통으로 서로 같았으나, 南은 a로 서로 달랐다. 이러한 문제를 해결하기 위해 과거 중국인들은 南자의 모음도 i로 읽혔다고 주장하기도 했다. 그러나 그들마저도 왜 이

시에서만 南자의 모음을 i로 읽어야하는지 설명하기 곤란했을 것이다. 그보다는 과거 루 떠밍(陆德明)이 『경전석문(经典释文)』이라는 책에서 『시경』시대의 압운은 느슨했기 때문에 굳이 현재 음에 근거하여 글자의 음을 바꾸어 해석할 필요가 없다는 주장에 동의하고 싶다. 필자는 상고 시기 중국말의 i 음은 고대 한국에서 a 음으로도 수용될 수 있었다고 보고 있다. 중국 상고음 관련 자료를 열심히 뒤지다 보면 분명 a와 i가 서로 대응했던 예가 더 발견될 것이다. 왜냐하면 『삼국사기』「지리지」를 보면 고대 한중 언어 사이에서 모음의 불일치는 흔한 일이었기 때문이다. 이상과 같은 주제에 관심이 있는 독자라면 엄익상(2008b, 2015)의 저서 『한국 한자음 중국식으로 보기』나 『한국한자음 중국식으로 다시보기』를 참고하기 바란다. 이런 주제를 비롯하여 한국 한자음과 관련한 여러 가지 논점들을 새로운 시각으로 심도 있게 다루고 있다.

3. 우리말이 된 중국말

사실 낮과 날같이 수천 년 전 중국 음을 반영하고 있어서 이미 순수 우리말처럼 된 낱말이 몇 가지 더 있다. 그 가운데 가장 널리 알려진 것은 아마 '붓'일 것이다. 붓에 해당하는 한자말은 필(笔)이다. 그러니 붓은 당연히 순수 우리말처럼 보인다. 더욱이 붓처럼 말음이 시옷으로 끝나는 한자는 없으니 의심의 여지가 없다. 그러나 붓이 필의 상고음이라는 학설을 필자는 일본의 저명한 언어학자였던 하시모토(Hashimoto 1977)의 논문에서 처음 알게 되었다. 笔의 중국 상고음 *pjət이 붓과 매우 유사한 점에 근거한 이론이다. 그는 또 쥐 서(鼠)자가 중국 중남부 방언에서 '치'

또는 '취'로 발음되는 점에 착안하여 한국말의 쥐 또한 중국 고음의 흔적일 것으로 추정했다. 그동안 붓은 중국 상고음 -t 말음을 한국 한자음에서 아직 보존하고 있는 아주 드문 예로 알려져 왔다. 그러나 이 학설은 두 가지 면에서 재고의 여지가 있다. 첫째 한국어의 말음 -t는 10세기경에나 형성되었고, 둘째 고대 한국어의 파열음 말음은 오늘날과 달리 철자대로 발음이 되었으므로 붓의 고음은 put이 아니라 pus로 보아야 한다. 따라서 붓의 중국 상고음설은 그 근거가 보완되어야할 상황이다.

이런 종류의 연구는 그 후 상 위허(尚玉河 1981), 정 런지아(郑仁甲 1983), 최영애(1990), 오세준(吴世畯 2005) 등에 의해서 계속 진행되어 왔다. 그들이 제시하는 낱말 가운데 가장 매력적인 것은 바람 풍(风)자이다. 风자는 상고시기에 말음이 -m(侵부)이었다가 나중에 -ŋ(冬부)로 바뀌었기 때문에 겹자음 두음의 존재만 인정한다면 *pliəm(프럼)으로 재구될 수 있다. 한국말의 param(바람)이 여기에서 유래했다고 보는 이유가 바로 이 때문이다. 이 밖에도 필자는 나뭇잎의 '잎'자도 한자 엽(叶)의 중국 고음과 관련이 있다고 보고 있다. 叶자는 중국에서 대략 *ʎjəp(렵)>jiɛp(얩)>iɛ(애)>ie(예)의 변화를 겪었다. 잎이라는 우리말은 중국말에 말음 -p가 살아있을 당시 정착된 음으로 생각된다. 필자(엄 2008ab, 2015)는 한국어의 인칭 대명사 '너'와 '나'도 고대 중국어 인칭 대명사 尔와 吾의 상고음 *ɲiei와 *ŋa에서 유래된 것이라고 생각한다. 이상은 모두 중국 고음이 약간 변형된 형태로 그 흔적이 현대 한국어에 그대로 남아 있는 경우이다.

그러나 현대 한국말에는 중국 음이 완벽하게 살아있는 경우도 있다. 우롱차의 우롱은 乌龙이라고 쓰니, 당연히 오룡차라고 해야 맞다. 그런데, 우롱차로 사용되는 것은 현대 중국 음을 그대로 차용한 결과이다. 우롱차를 제외한 다른 차는 모두 한자음으로 부른다. 예를 들어 普洱茶는 중국 음 푸얼차라고 하지 않고 보이차라고 한다. 그렇다면 오룡차는 왜 중국 원음 우롱차로 정착되고 있을까? 음료수로 개발한 회사에서 이름을 그렇게 붙여서 일까? 확언하기 어렵다.

비교적 최근에 확산되고 있는 우롱차라는 말과는 달리, 이미 완전히 우리말이 된 것이 있다. 고명으로 올리는 계란을 뜻하는 지단이다. 그냥 계란을 얇게 부친다고 하면 될 말을 왜 지단을 부친다고 할까? 계란은 한자말이고 거기에 해당하는 우리말은 달걀이다. 그러면 지단이란 무슨 말일까? 계란을 중국에서는 鸡蛋(jidan)이라고 한다. 이를 한자음으로 읽으면 계단이다. 그러니 지단은 당연히 중국 음 그대로 이다. 계란(鸡卵)이라는 말은 중국 남방의 객가방언과 민방언 지역에서 사용되고 있다. 계란 부침을 두고 굳이 지단이라고 하는 것은 통닭이나 닭튀김을 두고 굳이 치킨이라고 하는 우리의 언어 습관을 연상하게 한다.

우리말 속에 깊이 박혀 있는 또 다른 중국말은 짬뽕이다. 짬뽕은 분명 한자음은 아니다. 한국 한자음 체계에서는 '짬'이나 '뽕'이라는 음절이 없다. 그렇다고 중국 음이 직수입된 것 같지도 않다. 현대 중국말의 음운체계에도 '짬'과 '뽕'은 존재하지 않는다. 그러면 순수 우리말이겠지!? 그러나 사실은 일본말에서 전래된 것이다. 짬뽕(ちゃんぽん)이라는 음식은 일본 나가사키의 한 음식점에서 가난한 중국 유학생들을 위해 고기와 채소 남은 것을 썰어 넣고 삶은 국물에 말아낸 국수에서 유래하는 것으로 알려져 있다. 짬뽕을 가타카나로 チャンポン으로도 표기한다. 외래어라는 말이다. 일본의 외래어 사전을 보면 짬뽕은 다소 이설이 있기는 하지만 찬펑(搀烹 chanpeng 한자음으로는 참팽)이라는 중국말에서 유래했다는 설명이 가장 설득력이 있어 보인다. 그렇다면 짬뽕은 일본식 중국말이다. 야끼만두(군만두), 와라바시(나무젓가락), 닥꾸앙(단무지), 자부동(방석)

같이 과거 중국집에서 자주 사용되던 일본말들은 거의 다 사라졌다. 그동안 짜장면마저 언어순화 정책의 성화와 외래어표기법의 굴레 속에서 자장면으로 강요되다가 2011년에 와서야 짜장면도 표준어로 인정이 되었다. 그럼에도 불구하고 일본에서 건너온 짬뽕은 잠봉으로 강요되는 수난을 겪지 않고 우리말 속에 살아 있는 것이 신기하다. 하기야 우동(うどん)은 완전한 일본말이다.

이왕 중국 음식 이야기가 나왔으니 맑은 닭고기 국물에 가는 면발을 말아 삶은 닭고기 채를 살짝 올린 기스면이라는 이름도 짚고 넘어가자. 기스면은 한자로 계사면(鸡丝面)이라고 쓴다. 계사란 닭고기 채를 말한다. 계사면을 중국 음으로 읽으면 지쓰미앤(jisimian)이다. 기스면의 '면'은 한자음이지만, '기스'는 한자음보다는 아무래도 중국 음에 가깝다. 그런데 왜 지스면이 아니고 기스면일까? 이는 대부분의 한국 화교들의 고향인 산똥반도의 해안지역 방언음이 그대로 전래되었기 때문이다. 이 지역에서는 i와 y 모음 앞에서 '지, 치, 시'를 구개음화되기 전의 음인 '기, 키, 히'로 발음한다. 깐풍기, 라조기 등 닭 요리가 모두 [기]로 끝나는 이유는 鸡자의 산동 해안음의 영향이다. 중국의 방언음이 한국말에서 그대로 사용되는 예이다. 이와 유사한 예로 홍콩을 들 수 있다. 홍콩은 중국 표준음이 아니라 꾸앙똥(广东) 방언음이다. 홍콩은 한자로 香港이라고 쓴다. 한자음으로는 당연히 향항이고, 중국 음으로는 시앙깡(Xianggang)이다. 중국 사람들은 홍콩을 시앙깡이라고 하는데 우리는 홍콩이라고 부르는 것은 그 지역 방언음에 기초한 영어 이름이 그대로 정착하였기 때문이다. 이렇게 볼 때 우리말 속에는 중국 고대 음은 물론 현대 음과 현대 방언음 등이 뒤 섞여 있음을 알 수 있다. 이런 주제에 관심이 있는 독자는 엄익상(2005b, 严 2011b)의 다른 저서나 논문을 참고하기 바란다.

4. 우리말 같은 한자말

그런가하면 실제 한자말인데 순수 우리말처럼 인식되는 말도 있다. 김치는 침채(沈菜)에서 유래한 말로 알려져 있다. 딤채>짐채>침채>김치의 순으로 바뀌었다는 것이다. 겨울에 주로 먹는 동치미라는 말도 동침(冬沈)에서 나왔다고 한다. 침채의 '채'가 '치'로 변한 것은 과거 이중모음이 단모음화 하면서 일어날 수 있는 비교적 가능한 시나리오이다. 그러나 '침'이 '김'으로 변한 것은 그 반대의 경우보다 다소 설명이 필요하다. '김'이 '짐'(또는 '침')으로 구개음화하는 것이 그 반대의 경우보다 더 일반적이기 때문이다. 이에 대해 국어학계에서 어떤 의견이 있는지 현재의 필자는 자세히 알지 못한다. 여기서 김치는 논외로 하더라도 재미있는 이름을 가진 김치가 있다. 나박김치가 그것이다. 얇고 네모지게 썬 무에 고추 국물을 자작자작하게 부어 담근 김치이다. 여기서 나박이란 과연 무슨 뜻일까? 마치 무를 썰어놓은 모습을 나타내는 의형어 같기도 하고, 무가 사각사각 씹히는 소리를 나타내는 의성어 같기도 하다. 정답은 무를 의미하는 중국말 萝卜(luobo)의 한자음(라복>나복)이 잘못 정착된 것에 불과하다.

이와 유사한 예로 부사 도무지가 있다. 도무지는 도모지에서 유래했다. 도모지(塗貌紙)란 얼굴종이를 바른다는 뜻으로 구한말 형벌의 일종이었다. 가정의 법도를 심각하게 어긴 자식에게 아비가 내리는 형벌로, 얼굴에 물 먹인 한지를 여러 겹 바른 뒤 종이가 마르면서 숨을 막아 죽이는 사형(私刑)이었다. 여기서 도무지란 어떻게 해볼 수도 없는 상황을 나타내는 부사어로 정착하게 되었다.

이밖에도 별안간(瞥眼間), 순식간(瞬息間), 찰나(刹那), 이판사판(理

判事判)같은 말은 해당 한자를 알기 전에는 순수 우리말처럼 보인다. 이판은 불경을 연구하는 승려를 말하고, 사판은 절의 살림을 맡아하는 승려를 지칭한다. 이 이판사판이 끝장의 의미를 나타내게 된 것은 억불정책을 썼던 조선시대에 중이 된다는 것은 인생의 끝을 의미했기 때문이다. 비위가 상하다고 할 때의 비위도 비장(脾臟)과 위장(胃臟)을 나타내는 한자말이다. 도무지와 유사한 의미의 부사 도통(都統)도 한자말이고, 생색(生色)을 낸다고 할 때 생색도 한자말이다. 이쯤 되면 무엇이 한자말이고 무엇이 순수 우리말인지 구분하기 애매해질 것이다. 이런 유의 낱말은 시중에 많이 소개되고 있으므로 관심 있는 독자들은 쉽게 더 많은 정보를 얻을 수 있을 것이다.

5. 중국말 속의 한국말

중국말 속에 한국말의 흔적을 찾아내기란 그 반대보다 훨씬 어렵다. 비록 서로 인접해 있었지만 일단 화자의 수에서 두 언어는 서로 비교가 되지 않는다. 20세기 중후반 두 언어 간의 접촉은 오히려 단절되다시피 했다. 한중간의 교류가 활발해진 것은 1992년 수교 이후로 불과 십여 년밖에 되지 않는다. 아무튼 유사 이래 한국말이 중국말에 유입된 것은 없을까?

김완진(1970)은 한 때 熊(웅)자가 우리말에서 중국에 전래되었다고 주장했지만 근거가 약하다. 단군신화에 곰이 등장하고 공주가 고마나루에서 유래되었고 이것이 일본말에서 곰을 나타내는 kuma와 관련이 있을 것으로 믿었기 때문이다. 그러나 熊자의 중국 상고음은 *ɣjwəŋ이므로, 두 음 ɣ-와 k-의 상관관계는 인정할 수 있으나 熊자가 중국말에서 말음 -m을 가졌을 가능성은 적다.

한편 집 가(家)자가 집(宀)에서 돼지(亥)를 기르는 제주도 풍습에서 유래했다고 주장하는 사람도 있지만 이 역시 근거가 약하다. 중국에서도 일부 지역에서 뱀 등의 야생 동물로부터 공격을 피하기 위해 돼지를 집 주위에 기르던 풍습이 있었고, 돼지를 길러 시집갈 때 데리고 갔던 풍습에서 유래했다는 주장도 있기 때문이다.

필자는 한국말이 중국말에 영향을 미친 몇 가지 예를 소개하려고 한다. 한국 성씨 朴(박)의 중국 발음은 두 가지로 통용된다. 중국 대륙에서는 Piao라고 읽고, 대만에서는 Pu라고 읽는다. 사전을 보면 朴자가 淳朴(순박)처럼 일반 명사에 쓰이면 pu로 발음하지만, 성으로 쓰일 때는 Piao로 읽어야 한다고 규정하고 있다. 그런데 그 많은 한국의 한자 성 가운데 중국에는 없는 성이 朴씨이다. 그러니 한족의 경우 朴씨 성을 처음 보면 Pu로 읽을 가능성이 많다. 그럼에도 불구하고 중국에서는 Piao로 읽는 이유는 한족과 조선족 간의 언어접촉의 결과라고 필자는 생각한다. 한족이 박씨 성을 처음에는 Pu라고 읽다가도 실제 조선족 박씨를 만나면 그는 Piao라고 고쳐주었을 것이다. 한국 한자음 Pak이 Pu보다는 Piao와 더 유사하게 들리기 때문이다. 필자의 이런 주장에 자신의 실제 경험이 그러하다며 동의하는 중국인을 더러 만났다. 그러면, 대만에서는 왜 Pu라고 발음하는가? 당연히 앤뻬앤의 조선족자치주와 같은 대규모 한국말 커뮤니티가 대만에는 없기 때문이다. 50년대 대만에서 朴씨를 어떻게 불렀는지 필자는 들어 본 적이 없다. 아마 60년대 박정희 정권이 들어선 이후에도 Pu와 Piao는 공존하지 않았을까 싶다. 그 후 박정희의 첫 대만 방문을 앞두고 대만 언론에서 일대 논쟁을 벌였다는 이야기를 저명한 재미 중국언어학자인 제임스 후앙(James Huang)으로부터 들은 적이 있다.

Piao로 할 경우 기생놀이 표(嫖 piao)자와 음이 같아서 어감이 별로 좋지 않다는 이유 때문에 Pu로 발음하기로 했다고도 한다. 다시 대륙의 중국인들에게 물어보았다. 그들의 반응은 한마디로 지나친 상상이라는 것이었다. 박씨 부인을 朴夫人(Piao furen)이라고 부른다고 해서 음탕한 부인이라는 뜻의 嫖夫人(piao furen)으로 들리지 않는다는 것이다. 따라서 성씨 朴이 중국 대륙에서 Piao로 정착한 것은 한국 한자음의 영향이라고 필자는 생각한다.

이러한 필자의 주장이 조금 자의적이라고 생각하는 독자를 위해서 좀 더 분명한 예를 하나 제시하겠다. 그것은 2005년 1월 19일에 선포된 서울의 새 중국말 이름 首尔(소우얼, 한자음으로 수이)이다. 중국 정부는 그해 10월말 首尔을 공식 수용한 이래 『인민일보(人民日报)』나 CCTV 등 중국의 모든 언론 매체에서 汉城이라는 말은 이미 사라지고 首尔만 쓰고 있다. 바로 앞 장에서 소개하였듯이, 일반인들도 이제 일상 언어생활에서 거의 首尔을 사용하고 있다. 한국의 대표적인 기업인 삼성과 현대는 중국에서 싼싱(三星)과 시앤따이(现代)로 불린다. LG와 SK는 아예 영문자이니 그대로 통용된다. 한류 스타들도 당연히 중국 음으로 불린다. 대장금이 아무리 유명해도, 중국에는 이영애는 없고 리 잉아이(李英爱)만 있다. 동방신기(东方神起), 신화(神话), 소녀시대(少女时代), Wanna One, BTS와 함께…… 어디 하나 우리말이 들어갈 틈이 없다. 그러면 우리말 이름인 비는 어떨까? 중국인의 선택은 그냥 Rain이다. 한류 바람이 아무리 거세어도 한국말 한마디가 중국말 속에 파고들기가 쉽지 않다. 이런 상황에서 세계 14억이 넘는 중국말 화자가 서울을 소우얼로 부르는 것은 매우 의미 있는 일이다. 서울의 새 중국어 명칭이 청계천 복원과 함께 2005년 서울시민이 뽑은 서울시 10대 뉴스에 선정된 것은 마땅한 평가를 받은 것이라고 생각한다.

중국어가 차용한 한국어 단어는 최근 한류의 확산으로 조금씩 늘어나고 있는 추세이다. 가장 널리 보급된 단어는 오빠를 음역한 欧巴이다. 이 밖에도 한국 드라마를 통하여 公主病(공주병), 王子病(왕자병), 真假(진짜) 같은 말들이 젊은이를 사이에 급속히 확산되고 있다.

6. 중국의 인명과 지명 독음 문제

이 책의 응용 부분에서 가장 중요하게 다루고 있는 주제는 중국어 외래어 표기법이다. 우리는 영화 와호장룡(卧虎藏龙)의 주인공이 왜 하나는 한자음 주윤발(周润发 중국 음 조우 룬파)이고 또 하나는 중국 음 장쯔이(章子怡 한자음 장자이)인지를 심각하게 고민해 볼 차례이다. 왜 지앙쩌민(江泽民)보다 강택민이 편하고, 호금도(胡锦涛)보다는 후 진타오가 편할까? 뻬이징(北京)은 북경이라고 하면서, 하얼삔(哈尔滨)은 합이빈이라고 하지 않는 이유는 무엇일까? 대도시 안의 지역명칭도 어떤 것은 한국식으로 어떤 것은 중국식으로 부르는 것이 더 익숙하다. 예를 들어, 타이뻬이의 공주펀(公主坟)은 공주분이라 하지 않지만, 뻬이징의 티앤안먼(天安门)은 천안문이라고 하는 사람이 더 많다. 우리에게 도대체 원칙이란 존재하는 것일까?

중국 인명과 지명의 경우 국립국어원에서 규정하는 외래어표기법에 따라 한글로 써야한다. 이 규정은 1911년 신해혁명을 중국사의 근대와 현대의 분기점으로 보고 그 이전 인물은 한자음으로 그 이후 인물은 중국 음으로 읽도록 규정하고 있다. 필자는 이 규정이 매우 애매하다고 생각한다. 왜냐하면 19세기말과 20세기 초에 걸쳐 활동한 인물은 이러지도 저러지도 못하기 때문이다. 梁启超(1873-1929)는 양계초라고 해야 하나, 아니면 리앙 치차오라고 해야 하나? 한국의 언론이 원음주의에 충실하고 있는 반면에, 대부분의 언중에게 규정은 규정일 뿐이다. 중국의 인명과 지명의 원음 표기를 끊임없이 주장해온 필자의 바람과는 상관없이 그들은 어떤 것은 중국 음으로 어떤 것은 한자음으로 말한다. 또 동일 인명이나 지명을 때에 따라 중국 음으로 부르기도 하고 한자음으로 부르기도 한다.

이러한 혼동은 고유명사에만 해당되는 것은 아니다. 중국의 국가 기관이나 학교 이름은 대개 한자음으로 말하면서, 중국 정부의 대외 중국말 교육을 담당하는 부서인 国家汉语国际推广领导小组办公室(국가한어국제추광영도소조판공실, 이전의 国家对外汉语教学领导小组办公室 국가대외한어교학영도소조판공실)같이 유난히 긴 이름은 중국 사람들의 습관처럼 간단히 한빤(汉办)이라고 한다. 왜 한판(한자음)이라고 하지 않을까? 현대 중국말에서 목적어를 把자와 결합시켜 동사 앞에 두는 구문을 把字句라고 한다. 그런데 이런 문장을 한국에서는 통상 바자구(문)이라고 한다. 그런데 把자의 한자음은 '바'가 아니라 '파'이다. 왜 파자구(문)이라고 하지 않는 걸까? 피동문을 나타내는 被字句는 피자구(문)이라고들 하면서……

후 진타오는 1997년 언론 매체에서 원음 사용 원칙을 철저하게 준수한 이후 한국 언론에 본격적으로 등장한 덕택에 호금도라는 영화배우 같은 이름보다 후 진타오라는 중국식 이름이 더 알려지게 되었다. 시 진핑은 아무도 습근평이라고 부르지 않는다. 그러나 아직도 주윤발과 양조위는 한자음으로 장쯔이와 탕웨이는 원지음으로 불리는 이유는 설명하기 곤란하다. 어떤 원칙에 근거했는지 도무지 알 수 없다. 지명도 마찬가지이다. 언론에서는 원음주의 원칙에 따라, 베이징, 상하이, 톈진, 충칭(이상 정부

표기법) 등으로 사용된다. 그러나 대중의 입에서는 아직도 북경, 상해, 천진, 중경 등 한자식 이름이 훨씬 더 친숙하다. 2006년 8월 16일 밤 KBS의 아시안컵 축구 예선중계방송에서 화면에는 타이완이라고 써놓았지만 캐스터들은 대만이라고 말하는 경우가 더 많았다. 재미있는 것은 하얼삔(哈尔滨), 후허호트(Huhhot, Huhehot, 呼和浩特), 우루무치(乌鲁木齐), 라싸(拉萨), 시상빤나(西双版纳)같이 중국 외곽의 비한어계 소수 민족 지명은 한자음이 아니라 중국 현지 음으로 통용된다는 사실이다.

아마 읽기 쉽고 듣기 편한 것을 우선하지 않을까 싶다. 무의식중에 어려운 발음이나, 혼동을 야기하거나, 듣기 거북한 음은 회피하려는 경향이 있을 것이다. 예를 들어, 한빤(汉办)을 한판이라고 하면 (피자) 한 판과 헷갈릴 수 있다. 산똥(山东)의 똥이 듣기 거북하니까 산동이라고 하는 것은 아닐까? 그렇다면 어떤 경우에는 중국 음이 어떤 경우에는 한자음이 우리 어감에 더 잘 부합하는지를 명쾌히 밝힐 수 있을까? 아직은 모를 일이다.

그러나 분명한 사실은 1970년대 초부터 추진되어 온 한글 전용 정책의 결과로 중국 인명 지명의 한자음 사용은 이미 물 건너 간 것으로 보인다. 한자음 읽기는 한자의 사용과 연계되거나 이를 전제로 하는 경우가 많기 때문이다. 오늘 날 우리는 1박 2일은 커녕 당일로 중국 출장을 다녀오는 경우도 비일비재한 시대에 살고 있다. 우리가 먹고 살기 위해서 접촉하는 국가는 중국만 있는 것도 아니다. 세계가 한 커뮤니티가 되어 복잡하게 돌아가고 있다. 이런 글로벌 시대에 남북한 주민끼리만 통하는 중국어 고유 명사의 한자음 읽기를 고집하는 것을 국제적인 고립을 자초하는 일이다. 한자음으로 읽어봐야 한국 사람끼리만 통하지, 중국, 일본 사람은 물론 세계 어느 언어권의 사람과도 의사소통을 할 수가 없다. 일본식 한자음으로 읽는 일본을 제외하고, 모두 중국 원지음으로 읽기 때문이다. 따라서 한자음 읽기 원칙은 필연적으로 중국 음을 병행해서 익혀야하는 부담으로 언중에게 지우게 된다. 언중에게 막대한 부담을 줄 이런 과거 지향적이고 국수적인 언어 정책이 지금 이 시점에 과연 필요한가?[2]

7. 맺는말

중국은 이미 한국의 최대 교역국이다. 2013년 한국의 대중 수출액은 일본의 대중 수출액을 초월했다. 한중 양국은 최근 빈번한 교류로 말미암아 유사 이래 가장 밀접한 관계로 발전하고 있다. 상대 국가의 언어를 배우는 사람들이 기하급수적으로 늘어나고 있다. 중국어는 10년 안에 현재 영어가 차지하고 있는 외국어의 위상을 위협하는 강력한 도전자가 될 것이다. 이에 따라 한국말 속에 중국말과 중국말 속의 한국말은 앞으로 점점 늘어날 것이다. 중국의 대표적인 전자회사인 海尔은 한자이름 대신에 Haier이라는 이국적 브랜드로 한국에서 시장을 열심히 개척하고 있다. 샤오미(小米)와 화웨이(华为)도 자주 회자된다. 삼성과 현대는 중국에서 싼싱(三星)과 시앤따이(现代)로 불리므로 대(对)중국 언어 교역 면에서 이미 밑지는 장사를 하고 있는 셈이다. 衣恋과 多乐之日같은 달콤한 브랜드는 한국말이 아닌 E-Land와 Tous les Jours의 중역이다.

그나마 요즘 한국말을 배우는 중국 사람들이 부쩍 늘었기에 가까운 미래에 희망을 걸어본다. 한국에 유학 온 중국 학생들 간에는 비록 순수

---

[2] 중국어 한글표기법에 관하여 보다 자세한 논의는 엄익상(2002, 2005b) 또는 이 책의 제11-13장을 참고하기 바란다.

한국말은 아니지만 大学院(대학원), 经营系(경영계, 계는 학과의 의미), 特讲, 空讲, 地下铁, 都市같이 중국에서는 잘 안 쓰이는 말들이 자연스럽게 사용되고 있다. 한류의 열풍으로 欧巴(오빠), 欧尼(언니), 真假(진짜)같은 한국고유어는 물론 公主病, 王子病, 人气, 职场人, 化妆室, 料理, 写真, 空港, 国民, 歌手, 宅配같은 한자어와 훈남을 번역한 暖男같은 말들이 중국과 대만 등 중화권 젊은이들 사이에 점점 확산되고 있다.

이제 SC 음운론에 관한 지식을 바탕으로 독자들은 중국인들의 다양한 SC에 대해 변별력을 갖출 것이다. 또 무엇이 정확한 발음인지를 아는 것은 정확한 SC을 구사하는 데 필수 조건이다. 중국어와 한국어의 신비스러운 교차점을 찾아 중국과 한국 사이에 놓여 있는 서해 바다를 같이 항해해보자! 우리가 상상하는 것보다 훨씬 많은 언어의 신비가 드러날 것이다.[3]

---

[3] 이 장의 초고는 2006년 『진리자유』 62호(엄 2006)에 기고한 글을 바탕으로 이 책의 내용에 맞게 수정 보완하여 재구성하였다. 한중언어접촉에 관한 좀 더 포괄적이고 학문적인 논의는 Eom(2015)을 참조하라.

참고문헌

권영실. 2011.「표준중국어 억양의 특수성 및 억양 교육」『중국어 교육과 연구』14:65-78.
권영실. 2012.「표준중국어 발음교육을 위한 운모 ong의 음성특징 고찰」『중국어 교육과 연구』15:55-69.
강혜근. 2008.「중국어 한글표기법에서 고려되어야 할 문제와 표기 방안」『중국어문학논집』50:61-89.
국립국어원. 2009.『성씨 로마자 표기 방안 마련을 위한 토론회(발표문집)』문화체육관광부.
김영만. 2000.「현대중국어의 한글표기」『제34회 어학연구회 논문요지』(서울대 어학연구소) 149-157. 12/1.
김용옥. 1985[1989].『동양학 어떻게 할 것인가』서울: 민음사[통나무]
김윤곤. 2005.「서울 中표기 首爾은 재고를」『동아일보』2/4.
김완진. 1970.「이른 시기에 있어서 한중 언어접촉의 일반에 대하여」『어학연구』6.1:1-14.
김태성. 2000.「중국어 한글 표기법에 관하여」『중어중문학』27:167-189.
김태익. 2005.「만물상: 서우얼市」『조선일보』1/21.
김태익. 2012.「태평로: 孟子 손자는 멍氏?」『조선일보』3/27.
김희성. 2007.「한국어 활음을 활용한 중국어 표기법 연구」연세대학교 석사학위논문.
노먼 제리(Norman, Jerry). 1996.『중국 언어학 총론』(전광진역) 서울: 동문선.
대한한사전편찬실. 1998.『敎學大漢韓辭典』서울: 교학사
도혜숙·배은한·장호득. 2007.「중국어 한글 표기법 개선안」『중국학보』55:83-107.
뚜안무 싼. 2005[2003]『표준중국어음운론』(제2판) (엄익상 외 역). 서울: 한국문화사.
리와 톰슨. 1996.『표준중국어문법』(박정구 외 역) 서울: 한울아카데미.
린 앤후이. 2010.『중국어 말소리』(엄익상·이옥주·손남호·이미경 역) 서울: 역락.

맹주억. 2000. 「중국어 교육용 한글 표음 방안」『중국언어연구』11:307-324.
맹주억·권영실. 2007a. 「한중파열음의 음성학적 대조연구-한국어 ㅂ/ㅃ과 중국어 b에 대하여」『중국어문논총』35:101-119.
맹주억·권영실. 2007b. 「한중파열음의 음성학적 대조연구-한국어 ㄷ/ㄸ과 중국어 d에 대하여」『중어중문학』41:81-104.
박승준. 2012. 「중국어 한글 표기 다시 생각해봐야 할 때」『관훈저널』123:53-59.
박영록. 2011. 「중국 한자어 원지음 표기의 문제점」『대동문화연구』76:557-595.
박종한. 2003. 「중국에 진출한 한국 기업의 브랜드 네이밍 분석」『중국언어연구』17:53-78.
박종한·양세욱·김석영. 2012. 『중국어의 비밀』서울: 궁리.
배은한. 2008. 「중국어 한글 표기법 개선안 재고」『제79회 중국어문학연구회 정기학술대회 발표논문집』219-242.
배재석. 2002. 「Cyber상의 중국어 표기법 연구」『중국어문학논집』19:241-261.
서미령. 2008. 「중국어의 실용적인 한글표기법 소고」『제79회 중국어문학연구회 정기학술대회 발표논문집』165-187.
송현선. 2003. 「한국인 학습자의 2성·3성과 성조교육」『중국언어연구』16:477-492.
신아사. 2008. 「중국어 한글표기법에 대하여」『제79회 중국어문학연구회 정기학술대회 발표논문집』103-126.
심소희. 1999. 「한글-중국어 병음 체계의 연구」『한글』245:161-189.
심재기. 2000. 「새 로마자표기법은 최선」『조선일보』9/15, 6면.
양동숙. 2005. 「서울 한자 새로 만들자」『동아일보』4/26.
엄익상. 1996. 「중국어한글표기법의 문제점과 개선방안」『중국언어연구』4:39-84.
엄익상. 1997. 「북경 중국어 권설음화와 음절 구조」『중국어문학논집』9:69-86.
엄익상. 2002. 「중국어 한글표기법 재수정안」『중어중문학』31:111-135.
엄익상. 2003a. 「중국어 한글 표기 무엇이 문제인가?」『중국의 창』2:80-92.
엄익상. 2003b. 「중국어와 한국어의 유형학적 비교」『중어중문학』 33:

153-184.
엄익상. 2004a. 「현행중국어 한글표기법의 장단점 비교」『말과 글』 99:67-79.
엄익상. 2004b. 「계량적 연구를 통해 본 중국 방언의 분리와 통합」『중어중문학』 34:179186.
엄익상. 2004c. 「세 가지 선택 : 중국어 한글표기법」『중국어학의 주제탐구』 서울: 한국문화사.
엄익상. 2005a. 「'서울=首爾' 이제야 찾은 중국어 표기」『동아일보』 1/21.
엄익상. 2005b[2002]. 『중국언어학 한국식으로 하기』(수정본) 서울: 한국문화사.
엄익상. 2005c. 「'서우얼'표기 당연한 조치다」『서울신문』 03/22.
엄익상. 2005d. 「정확한 중국어 발음과 효과적인 지도 방안」『중국언어연구』 20:323-355.
엄익상. 2005e. 「首爾: 서울 새 중국어 지명의 이론적 근거」『중어중문학』 36:117-149.
엄익상. 2006. 「한국말 속의 중국말과 중국말 속의 한국말」『진리자유』 62:68-75.
엄익상. 2007. 「중국어 음성학음운론 관련 한국어 용어의 문제」『중국문학』52:247-265.
엄익상. 2008a. 「너·나 중국 상고음설」『중국어문학논집』 49:75-91.
엄익상. 2008b. 『한국한자음 중국식으로 보기』 서울: 한국문화사.
엄익상. 2008c. 「중국어 외래어 표기법 반성 : 원칙과 세칙의 문제」『새국어생활』18.4:33-51.
엄익상. 2009a. 「중국어 외래어 표기법 발음 괴리의 문제」『중국어문학논집』 54:67-88.
엄익상. 2009b. 「중국어 외래어를 원지음으로 표기해야할 이유」『중국어문학논집』 56:265-279.
엄익상. 2009c. 『한글 로마자표기법 해외 사용실태 조사분석 보고서』 국가경쟁력 강화위원회.
엄익상. 2011a. 「외국인들 'Cheju' 가는데 웬 Jeju행 표?」『조선일보』 28152:A21. 7/4.
엄익상. 2011b. 「로마자표기법: 국내표준과 국제관례」『도겸이충양선생 정년기념논문집』 303-310.

엄익상. 2012. 「중국어 한글 표기 왜 고쳐야 하나?」 『관훈저널』 123:60-66.
엄익상. 2013. 「표준중국어 음절구조와 활음의 위치」 『중국언어연구』 44:41-64.
엄익상. 2015. 『한국한자음 중국식으로 다시보기』 서울: 한국문화사.
엄익상·김남지. 2011. 「설첨모음 vs 성절자음」 『중국언어연구』 37:1-17.
엄익상·박용진·이옥주. 2011. 『중국어 교육론』 서울: 한국문화사.
엄익상·박용진·최병권·박신영. 2005. 『중국어교육 어떻게 할까』 서울: 한국문화사.
왕 리. 1997. 『중국어 음운사』 대구: 대일.
유만근. 2005. 「조선총독부 현지원음 사용명령과 首爾 문제」 서울특별시 수신 서신.
윤기덕. 2014. 「중국어 복모음 음절구조의 정량적 분석」 『중국언어연구』 52:1-20.
이기문. 1998. 『신정판 국어사개설』 서울: 태학사.
이기문·김진우·이상억. 2001. 『국어음운론』 증보판 서울: 학연사.
이덕일. 2007. 「이덕일 사랑: 한자음 표기」 『조선일보』 10/26.
이명박. 2005. 「서울 중국어 표기 개선 발표문」 1/19.
이상숙. 2000. 「서울의 한자 표기는 徐菀」 『대한매일신문』 1/31.
이석재. 2010. 「한글 로마자표기법 MR과 RR 방식에 따른 외국인 발화 음성 분석」 한글 학회, 현대경제연구원 2010:341-472.
이연화·이현경·엄익상. 2010. 「표준중국어 순음 성모의 개합구 분석」 『중국어문학논집』 64:55-66.
이옥주. 2009. 「표준중국어 운율단위와 경계억양에 대한 고찰: Ma 의문문을 중심으로」 『중국어문학지』 30:271-297.
이옥주. 2013. 「표준중국어 2성변조의 음운론적 재 고찰」 『중어중문학』 54:475-502.
이재돈. 2007. 『중국어음운학』 서울: 학고방.
이지은·강병규. 2014. 「통계적 분석 방법을 통해 본 중국어 방언 분류」 『중국언어연구』 54:255-286.
이호영. 1996. 『국어음성학』 서울: 태학사.
이호영. 2010. 「'한글 로마자표기법 MR과 RR 방식에 따른 외국인 발화 음성 분석'에 대한 논평」 『로마자표기법 영향 평가 보고서 검토 의견』 문화체육관광부 로마자표기법 영향 평가단 11월 24일 회의 자료집. 45-46쪽.
이홍식. 2011. 「'ㅂ'표기할 때 B도 쓰고 P도 쓰자고?」『조선일보』 28152: A21. 7/4.
임동석. 2000. 「중국어 한글 표기의 실제와 문제점」『중국어문학논집』13: 445-469.
장영준. 2005. 『언어 속으로』서울: 태학사.
장호득. 2003. 「중국어 한글 표기법의 원칙과 한계」『중국어문논역총간』11: 233-262.
전광진 1999. 「중국어 자음의 한글 표기법에 대한 음성학적 대비 분석」『중국문학연구』 19:347-375.
정원기. 1999. 「중국어 고유명사의 한글표기법에 관한 소견」『중국어문학역총』 11:7-12.
정윤철. 2008. 『테마로 배우는 현대 중국 언어학 개론』서울: 소통.
정 진취앤. 1996. 『현대북경어 생성음운론』(엄익상 역) 서울: 학고방.
정 진취앤. 2007[2002]. 『현대중국어 생성음운론』(수정본) 엄익상역. 서울: 학고방.
정희원. 2004. 「외래어 표기법의 중국어 표기 규정과 관련하여」『제24회 한국어문교열기자협회 세미나 발표 및 토론문집』49-52. 중국 상하이.
조주현. 2012. 「중국어 표기에 분명한 원칙이 필요하다」『관훈저널』 123: 67-73.
조태홍. 2009. 「국립국어원 로마자표기법과 McCune-Reischauer 로마자표기법의 음성 유사도 비교」엄익상 2009:43-52.
지해범. 2005. 「서우얼 광화문 문제있다」『중국학당』 blog.chosun.com/hbjee 01/20.
진 리신(金立鑫). 2015. 『언어유형론이란 무엇인가』(최재영·안연진·김동은 역) 서울: 한국문화사.
최금단. 2002a. 『중국어와 한국어의 자음 대조 연구』성균관대학교 박사학위 논문.
최금단. 2002b. 「중국어와 한국어의 변이음 대비연구: 중한 파열음을 중심으로」『중국문학연구』 25:221-262.
최금단. 2003. 「한국 어문 규정의 외래어 표기 기본원칙에 관한 소고」『중국언어연구』 17:579-613.
최금단. 2004a. 「중국어권 한국어 학습자의 발음오류 양상분석을 통한 중국어 장애음의 한글표음 문제점」『중국언어연구』 18:321-339.
최금단. 2004b.「한국 어문규정의 중국외래어 표기세칙 제2항에 관한 소고」『중어중문학』 34:153-178.
최영애. 1990.「중국 고대 음운학에서 본 한국어 어원 문제」『동방학지』 67:309-340.
최영애. 2000[1998].『중국어란 무엇인가』(제2판). 서울: 통나무.
치앤 요우용. 2010.『표준중국어 경성어 형성 규칙 연구』한양대학교 석사논문
풀럼과 래두소. 2007.『음성부호 가이드북 Phonetic Symbol Guide』박선우·이주희 역. 서울: 한국문화사.
하시모토 만타로. 1998[1976].「아시아 대륙에서의 언어 확산」『중국어 어순연구』서울: 송산출판사.
한글학회·현대경제연구원. 2010.『국어의 로마자표기법 영향 평가』한글학회.
한학중. 2005.「서울의 새 중국어 표기에 대하여」『서울신문』네티즌칼럼. 1/23.
황태훈. 2004.「서울의 한자명은 徐菀」『동아일보』3/5.
MBC-TV. 2006.5.23.「13억 중국인 그들의 대화법」『심야스페셜』

北京大学中文系. 1995.『汉语方言词汇』第二版 北京: 语文出版社.
北京大学中文系. 2003a[1989].『汉语方音字汇』第二版 北京: 语文出版社[文字改革出版社].
北京大学中文系. 2003b.『现代汉语专题教程』北京: 北京大学出版社.
曹 文. 2000.『汉语发音与纠音』北京: 北京大学出版社.
陈文备. 2012.「从同化角度看n、j韵尾在汉语史上的差异」『中国言语研究』 40:31-42.
丁邦新. 1988.「吴语中的闽语成分」『历史语言研究所集刊』 13:24.
丁邦新. 1998.「汉语方言分区的条件」『丁邦新语言学论文集』北京: 商务印书馆.
傅懋绩. 1956.「北京话的音位和拼音字母」『中国语文』 5:3-12.
韩沛玲. 2009.「山西方言中的非常态舌尖元音韵母」『语言科学』 8.4.
汉语大字典编辑委员会. 1993.『汉语大字典』成都: 四川/湖北辞书出版社.

侯精一. 2002.『现代汉语方言概论』上海: 上海教育出版社.
胡裕树. 1992.『现代汉语』香港 : 三联书店.
黄伯荣·廖序东. 1991.『现代汉语』增订版 上下册 北京: 高等教育出版社.
黄景湖. 1987.『汉语方言学』厦门: 厦门大学出版社.
金立鑫. 2016.「普通话混合语序的类型学证据及其动因」『汉语学习』3:3-11.
金钟赞·河洪峰. 2008.「汉语普通话中元音音位新探」『中国语文论丛』39:67-81.
李方桂. 1982.『上古音研究』北京: 商务印书馆.
李荣等. 1987.『中国语言地图集』香港: 朗文出版社.
李如龙. 2001.『汉语方言的比较研究』北京: 商务印书馆.
李思敬. 1994[1986].『汉语"儿"音史研究』台北: 台湾商务印书馆.
李小凡·项梦冰. 2009.『汉语方言学基础教程』北京: 北京大学出版社.
梁 磊. 2008.『汉语中和调的跨方言研究』天津: 南开大学出版社.
林 涛·耿振生. 2004.『音韵学概要』北京: 商务印书馆.
林 焘·王理嘉. 1992.『语音学教程』北京: 北京大学出版社.
林祥楣. 1991.『现代汉语』北京: 语文出版社.
刘丹青. 2001.「汉语方言语序类型的比较」『现代中国语研究』2.
麦 耘. 2005.「国际音标理解和使用的几个问题」『方言』2:168-174.
孟柱亿. 2008.「韩国学生对现代汉语东韵[uŋ]的感知特征」『第三回韩中言语对照国际学术大会论文集』8/22-23.
钱曾怡. 2001.『山东方言研究』济南: 齐鲁书社.
尚玉和. 1981.「风曰孛纜和上古汉语复辅音声母的存在」『语言学论丛』8:67-84.
石锋. 2009.『实验音系学探索』北京: 北京大学出版社.
石 河. 2004.「'汉城'叫什麽?」『光明日报』06/18.
宋欣桥. 2004.『普通话语音训练教程』北京: 商务印书馆.
孙景涛. 2006.「介音在音节中的地位」『语言科学』21:44-52.
王福堂. 1999.『汉语方言语音的演变和层次』北京: 语文出版社.
王志洁. 1997.「儿化韵的特征结构」『中国语文』1:2-10.
吴世畯. 2005.「论韩-阿尔泰语准同源词」『中语中文学』36:1-25.
吴宗济. 1992.『现代汉语语音概要』北京: 华语教学出版社.

徐世荣. 1980.『普通话语音知识』北京: 文字改革出版社.
徐世荣. 1982.「双音节词的音量分析」『语言教学与研究』2:4-19
许　慎.『说文解字』
许威汉. 1995.『汉语学』广州: 广东教育出版社.
薛凤生. 1986.『北京音系解析』北京: 北京语言大学出版社.
严翼相. 2005.「从语言学的角度看地名'首尔'」『当代韩国』47:54-61.
严翼相. 2006a.「汉语辅音教学中正音与正名的问题」『中国文化研究』9:137-149.
严翼相. 2006b.「现代汉语的儿化韵和音节结构」『语言研究』26.2:36-42.
严翼相. 2006c.「汉语发音教学中的几个问题」『国际中国学研究』9:173-183.
严翼相. 2008.「观念语音·标准语音与实际语音」『2008 第一届华语文教学国际研讨会暨工作坊论文集』台北: 文鹤出版有限公司.
严翼相. 2010.「汉语发音教学献疑」『汉语研究与汉语教学』北京: 北京语言大学出版社.
严翼相. 2011a.「探索百济汉字音和闽语的来源」 IACL-19. 南开大学. 6/11-13.
严翼相. 2011b.「韩汉语言接触2200年」『韩中言语文化研究』24:49-66.
严翼相. 2012.「林燕慧的标准汉语音系分析的几个问题」『中国言语研究』38:1-19.
严翼相. 2014.「探索百济汉字音和闽语的来源」『中国语言学报』 *Journal of Chinese Linguistics*, 42.2:388-399.
严翼相. 2016.「收敛和同化: 现代汉语元音的变化」『中国语言学报』 *Journal of Chinese Linguistics* 丛书系列 Monograph Series, 26『语言演化与汉语变化』.
袁家骅等 1980 [1960]『汉语方言概要』第二版 北京: 文字改革出版社.
詹伯慧. 1981.『现代汉语方言』武汉: 湖北教育出版社.
张光宇. 1996.『闽客方言史稿』台北: 南天书局.
郑秋豫. 2010.「汉语口语里的字调到哪儿去了?」汉阳大学中文系BK演讲 10/6.
郑仁甲. 1983.「朝鲜固有词中的汉源词试探」『语言学论丛』10:197- 222.
中国社会科学院. 2002.『现代汉语词典』北京: 商务印书馆.

周殿福·吴宗济. 1963.『普通话发音图谱』北京: 商务印书馆.
周东春. 2003.『汉语语音学』北京: 北京师范大学出版社.
朱晓农. 2006a.「关于普通话日母的音质」『音韵研究』北京: 商务印书馆.
朱晓农. 2006b. 全国语音学高级研讨班. 南开大学 7/11-19.
朱晓农. 2010.『语音学』北京: 商务印书馆.

Bright, William ed. 1992. *International Encyclopedia of Linguistics*. Oxford: Oxford University Press.
Chao Yuen Ren. 1948. *Mandarin Primer*. Cambridge: Harvard University Press.
Chao, Yuan Ren. 1968. *A Grammar of Spoken Chinese*. Berkeley: University of California Press.
Chen, Matthew Y. 2000. *Tone Sandhi*. Cambridge: Cambridge University Press.
Chen, Matthew Y. and William S-Y. Wang. 1975. "Sound Change: Actuation and Implementation." *Language*, 51.2:255-281. Also in Wang 1991:20-47. *Explorations in Language*. Taipei: Pyramid Press.
Chen, Ping. 1999. *Modern Chinese: History and Sociolinguistics*. Cambridge University Press.
Cheng, Chin-chuan. 1973. *A Synchronic Phonology of Mandarin Chinese*. The Hague: Mouton.
Cheng, Chin-chuan. 1991. "Quantifying Affinity among Chinese Dialects." In William Wang ed, *Journal of Chinese Linguistics*, Monograph Series, no.3, *Languages and Dialects of China*, Pp.7-112.
Cheng, Robert L. 1966. "Mandarin Phonological Structure." *Journal of Linguistics*, 2.2:135-262.
Crystal, David. 1997. *The Cambridge Encyclopedia of Language*. Cambridge: Cambridge University Press.
Duanmu, San. 1990. A Formal Study of Syllable, Tone, Stress and Domain in Chinese Languages. Ph.D. dissertation, Massachusetts Institute of Technology.

Duanmu, San. 2007[2000]. *The Phonology of Standard Chinese*. Second Edition Oxford: Oxford University Press.

Duanmu, San. 2009. *Syllable Structure*. Oxford: Oxford University Press.

Eom, Ik-sang. 1998. "Retroflexion and Syllabic Structure of Mandarin." *Kukje Chunggukhak yŏn'gu*『国际中国学研究』, 1:185-202.

Eom, Ik-sang. ed. 2010. *Perspectives on Chinese Language and Culture*. Taipei: The Crane.

Eom, Ik-sang. 2011. "Korean Language Policies Related with Chinese and Romanization." *Korea Journal of Chinese Language and Literature*, 49:171-190.

Eom, Ik-sang. 2015. "2,200 Years of Language Contact between Korean and Chinese." In William S-Y. Wang and Chaofen Sun eds. *The Oxford Handbook of Chinese Linguistics*. Oxford: Oxford University Press.

Eom, Ik-sang and Weijia Zhang. eds. 2016. *Language Evolution and Changes in Chinese. Journal of Chinese Linguistics*, Monograph Series 26.

Evon, Gregory. 2009. "The Current Situation of Korean Romanization in Australia and Oceania." In Ŏm Iksang 2009c:75-84.

Hartman, Lawton. 1944. "The Segmental Phonemes of the Peiping Dialect." *Language*, 29:28-42.

Hashimoto, Mantaro. 1976. "Language Diffusion on the Asian Continent: Problems of Typological Diversity in Sino-Tibetan." *Computational Analyses of Asian and African Languages*, 3:49-65.

Hashimoto, Mantaro. 1977. "Current Developments in Sino-Korean Studies." *Journal of Chinese Linguistics*, 5:103-125.

Hoa, Monique. 1983. *L'accentuation en pékinois*. Paris: Editions Languages Croisés.

Hockett, Charles. 1947. "Peiping Phonology." *Journal of the American Oriental Society*, 67:253-267.

Hockett, Charles. 1950. "Peiping Morphophonemics." *Language*, 26:63-85.

Hopper, Paul J. 1992. "Typology and Universal." In Bright 1992.2:136-140.

Hsueh, F.S. Frank. 1980. "The Phonemic Structure of Pekingese Finals and Their R-suffixation." *Bulletin of the Institute of History and Philology*,

51.3:491-514.
Hyman, Larry M. 1992. "Tone in Phonology." In Bright 1992.4:165-168.
Lee, Ok Joo. 2005. The Prosody of Questions in Beijing Mandarin. Ph.D. dissertation, The Ohio State University.
Lee, Ok Joo. 2012. "Temporal Cues and Discourse Structure in Mandarin Read Speech." *Chungguk ŏmunhak nonjip* 『中國語文學論集』, 72:45-70.
Li, Charles and Sandra Thompson. 1981. *Mandarin Chinese: A Functional Reference Grammar*. Berkeley: University of California Press.
Lin, Yen-Hwei. 1989. "Autosegmental Treatment of Segmental Processes in Chinese Phonology." Ph.D. dissertation, University of Texas, Austin.
Lin, Yen-Hwei. 2007. *The Sounds of Chinese*. Cambridge: Cambridge University Press.
Norman, Jerry. 1983. "Some Ancient Chinese Dialects Words in the Min Dialects." *Fangyan* 『方言』, 202-210.
Norman, Jerry. 1988. *Chinese*. Cambridge: Cambridge University Press.
Pullum, Geoffrey and William Ladusaw. 1996[1986]. *Phonetic Symbol Guide*. Second Edition. Chicago: University of Chicago.
Shen, Jiaxuan. 1993. "Slips of the Tongue and the Syllable Structure." In Yau Shun-chiu ed. *Essays on the Chinese Language*, Paris: Editions Language croisés.
Shen, Susan Xiao-nan. 1989. *The Prosody of Mandarin Chinese*. Berkeley: University of California Press.
Shih, Chilin. 1986. "The Prosodic Domain of Tone Sandhi in Chinese." Ph.D. dissertation, University of California, San Diego.
Shih, Chilin. 1997. "Mandarin Third Tone Sandhi and Prosodic Structure." In Wang and Norval, 81-123.
Sun, Chaofen. 2006. *Chinese: A Linguistic Introduction*. Cambridge: Cambridge University Press.
Walraven, Boudewijn. 2009. "Transcription of the Korean Language: Views from Europe (and elsewhere)." In Ŏm Iksang 2009c:62-69.
Wan, I-Ping. 2002. *Alignments of Prenuclear Glides in Mandarin*. Taipei: The Crane Publishing Company Limited.

Wang, Jialing and Smith Norval eds. *Studies in Chinese Phonology*. Berlin: Mouton de Gruyter.

Wang, Jenny Zhijie. 1993. The Geometry of Segmental Features in Beijing Mandarin. Ph.D. dissertation, University of Delaware.

Wang, William S-Y. and Sun Chaofen. 2015. *The Oxford Handbook of Chinese Linguistics*. Oxford: Oxford University Press.

Wang, William S-Y. and Li Kung-pu. 1967. "Tone 3 in Pekinese." *Journal of Speech and Hearing Research*, 10:629-636.

Yan, Margaret Mian. 2006. *Introduction to Chinese Dialectology*. Muenchen: Lincom.

Yip, Moira. 2002. *Tone*. Cambridge: Cambridge University Press.

부록 1: 중국어 한글표기법 음절별 대조표

음 절	최-김안	정부안	엄익상안
a	아	아	아
ai	아이	아이	아이
an	안	안	안
ang	앙	앙	앙
ao	아오	아오	아오
ba	빠	바	빠
bai	빠이	바이	빠이
ban	빤	반	빤
bang	빵	방	빵
bao	빠오	바오	빠오
bei	뻬이	베이	뻬이
ben	뻔	번	뻔
beng	뻥	벙	뻥
bi	삐	비	삐
bian	삐엔	볜	삐앤
biao	뺘오	뱌오	뺘오
bie	삐에	볘	삐에
bin	삔	빈	삔
bing	삥	빙	삥
bo	뿨	보	뽀
bu	뿌	부	뿌
ca	차	차	차
cai	차이	차이	차이
can	찬	찬	찬
cang	창	창	창
cao	차오	차오	차오
ce	처	처	처
cen	천	천	천
ceng	청	청	청
cha	츠아	차	차
chai	츠아이	차이	차이
chan	츠안	찬	찬
chang	츠앙	창	창
chao	츠아오	차오	차오

음 절	최-김안	정부안	엄익상안
che	츠어	처	처
chen	츠언	천	천
cheng	츠엉	청	청
chi	츠으	츠	츠
chong	츠옹	충	총
chou	츠어우	처우	초우
chu	츠우	추	추
chuai	츠와이	촤이	촤이
chuan	츠우안	촨	추안
chuang	츠우앙	촹	추앙
chui	츠웨이	추이	추이
chun	츠운	춘	춘
chuo	츠우어	춰	추오
ci	츠	츠	츠
cong	총	충	총
cou	처우	처우	초우
cu	추	추	추
cuan	추안	촨	추안
cui	췌이	추이	추이
cun	춘	춘	춘
cuo	추어	춰	추오
da	따	다	따
dai	따이	다이	따이
dan	딴	단	딴
dang	땅	당	땅
dao	따오	다오	따오
de	떠	더	떠
dei	떼이	데이	떼이
deng	떵	덩	떵
di	띠	디	띠
dia	띠아	댜	띠아
dian	띠엔	뎬	띠앤
diao	땨오	댜오	땨오
die	띠에	뎨	띠에

음절	최-김안	정부안	엄익상안
ding	띵	딩	띵
diu	띠우	듀	띠우
dong	똥	둥	똥
dou	떠우	더우	또우
du	뚜	두	뚜
duan	뚜안	돤	뚜안
dui	뛔이	두이	뚜이
dun	뚠	둔	뚠
duo	뚜어	둬	뚜오
e	어	어	어
ê	/	/	에
en	언	언	언
er	얼	얼	얼
fa	화	파	파
fan	환	판	판
fang	황	팡	팡
fei	훼이	페이	페이
fen	훤	펀	펀
feng	횡	펑	펑
fo	훠	포	포
fou	훠우	퍼우	포우
fu	후우	푸	푸
ga	까	가	까
gai	까이	가이	까이
gan	깐	간	깐
gang	깡	강	깡
gao	까오	가오	까오
ge	꺼	거	꺼
gei	께이	게이	께이
gen	껀	건	껀
geng	껑	겅	껑
gong	꽁	궁	꽁
gou	꺼우	거우	꼬우
gu	꾸	구	꾸
gua	꾸아	과	꾸아
guai	꽈이	과이	꽈이
guan	꾸안	관	꾸안

음절	최-김안	정부안	엄익상안
guang	꾸앙	광	꾸앙
gui	꿰이	구이	꾸이
gun	꾼	군	꾼
guo	꾸어	궈	꾸오
ha	하	하	하
hai	하이	하이	하이
han	한	한	한
hang	항	항	항
hao	하오	하오	하오
he	허	허	허
hei	헤이	헤이	헤이
hen	헌	헌	헌
heng	헝	헝	헝
hong	홍	홍	홍
hou	허우	허우	호우
hu	후	후	후
hua	후아	화	후아
huai	화이	화이	화이
huan	후안	환	후안
huang	후앙	황	후앙
hui	후에이	후이	후이
hun	훈	훈	훈
huo	후어	훠	후오
ji	지	지	지
jia	지아	자	지아
jian	지엔	젠	지앤
jiang	지앙	장	지앙
jiao	쟈오	자오	쟈오
jie	지에	제	지에
jin	진	진	진
jing	징	징	징
jiong	지옹	중	지옹
jiu	지우	주	지우
ju	쥐	쥐	쥐
juan	쥐앤	쥐안	쥐앤
jue	쥐에	줴	쥐에
jun	쥔	쥔	쥔

음절	최-김안	정부안	엄익상안
ka	카	카	카
kai	카이	카이	카이
kan	칸	칸	칸
kang	캉	캉	캉
kao	카오	카오	카오
ke	커	커	커
ken	컨	컨	컨
keng	컹	컹	컹
kong	콩	쿵	콩
kou	커우	커우	코우
ku	쿠	쿠	쿠
kua	쿠아	콰	쿠아
kuai	콰이	콰이	콰이
kuan	쿠안	콴	쿠안
kuang	쿠앙	쾅	쿠앙
kui	퀘이	쿠이	쿠이
kun	쿤	쿤	쿤
kuo	쿠어	쿼	쿠오
la	라	라	라
lai	라이	라이	라이
lan	란	란	란
lang	랑	랑	랑
lao	라오	라오	라오
le	러	러	러
lei	레이	레이	레이
leng	렁	렁	렁
li	리	리	리
lia	리아	랴	리아
lian	리엔	롄	리앤
liang	리앙	량	리앙
liao	랴오	랴오	랴오
lie	리에	례	리에
lin	린	린	린
ling	링	링	링
liu	리우	류	리우
lo	/	/	(로)
long	롱	룽	롱

음절	최-김안	정부안	엄익상안
lou	러우	러우	로우
lu	루	루	루
lü	뤼	뤼	뤼
luan	루안	롼	루안
lüe	뤼에	뤠	뤼에
lun	룬	룬	룬
luo	루어	뤄	루오
ma	마	마	마
mai	마이	마이	마이
man	만	만	만
mang	망	망	망
mao	마오	마오	마오
me	머	머	머
mei	메이	메이	메이
men	먼	먼	먼
meng	멍	멍	멍
mi	미	미	미
mian	미엔	몐	미앤
miao	먀오	먀오	먀오
mie	미에	몌	미에
min	민	민	민
ming	밍	밍	밍
miu	미우	뮤	미우
mo	뭐	모	모
mou	머우	머우	모우
mu	무	무	무
na	나	나	나
nai	나이	나이	나이
nan	난	난	난
nang	낭	낭	낭
nao	나오	나오	나오
ne	너	너	너
nei	네이	네이	네이
nen	넌	넌	넌
neng	넝	넝	넝
ng	/	/	(응)
ni	니	니	니

부록 1: 중국어 한글표기법 음절별 대조표

음절	최-김안	정부안	엄익상안
nian	니엔	녠	니앤
niang	니앙	냥	니앙
niao	냐오	냐오	냐오
nie	니에	녜	니에
nin	닌	닌	닌
ning	닝	닝	닝
niu	니우	뉴	니우
nong	농	눙	농
nou	너우	너우	노우
nu	누	누	누
nuan	누안	놘	누안
nüe	뉘에	녜	뉘에
nuo	누어	눠	누오
o	/	/	(오)
ou	어우	어우	오우
pa	파	파	파
pai	파이	파이	파이
pan	판	판	판
pang	팡	팡	팡
pao	파오	파오	파오
pei	페이	페이	페이
pen	펀	펀	펀
peng	펑	펑	펑
pi	피	피	피
pian	피엔	펜	피앤
piao	퍄오	퍄오	퍄오
pie	피에	폐	피에
pin	핀	핀	핀
ping	핑	핑	핑
po	풔	포	포
pou	퍼우	퍼우	포우
pu	푸	푸	푸
qi	치	치	치
qia	치아	챠	치아
qian	치엔	첸	치앤
qiang	치앙	창	치앙
qiao	챠오	챠오	챠오

음절	최-김안	정부안	엄익상안
qie	치에	체	치에
qin	친	친	친
qing	칭	칭	칭
qiong	치옹	충	치옹
qiu	치우	추	치우
qu	취	취	취
quan	취앤	취안	취앤
que	취에	췌	취에
qun	췬	췬	췬
ran	르안	란	란
rang	르앙	랑	랑
rao	르아오	라오	라오
re	르어	러	러
ren	르언	런	런
reng	르엉	렁	렁
ri	르으	르	르
rong	르옹	룽	롱
rou	르어우	러우	로우
ru	르우	루	루
ruan	르우안	롼	루안
rui	르웨이	루이	루이
run	르운	룬	룬
ruo	르우어	뤄	루오
sa	싸	싸	싸
sai	싸이	싸이	싸이
san	싼	싼	싼
sang	쌍	쌍	쌍
sao	싸오	싸오	싸오
se	써	써	써
sen	썬	썬	썬
seng	썽	썽	썽
sha	사	사	사
shai	사이	사이	사이
shan	산	산	산
shang	상	상	상
shao	사오	사오	사오
she	서	서	서

음절	최-김안	정부안	엄익상안
shei	세이	세이	세이
shen	선	선	선
sheng	성	성	성
shi	스	스	스
shou	서우	서우	소우
shu	수	수	수
shua	수아	솨	수아
shuai	솨이	솨이	솨이
shuan	수안	솬	수안
shuang	수앙	솽	수앙
shui	쉐이	수이	수이
shun	순	순	순
shuo	수어	쉬	수오
si	쓰	쓰	쓰
song	쏭	쑹	쏭
sou	써우	써우	쏘우
su	쑤	쑤	쑤
suan	쑤안	쏸	쑤안
sui	쒜이	쑤이	쑤이
sun	쑨	쑨	쑨
suo	쑤어	쒀	쑤오
ta	타	타	타
tai	타이	타이	타이
tan	탄	탄	탄
tang	탕	탕	탕
tao	타오	타오	타오
te	터	터	터
teng	텅	텅	텅
ti	티	티	티
tian	티엔	톈	티앤
tiao	탸오	탸오	탸오
tie	티에	톄	티에
ting	팅	팅	팅
tong	통	퉁	통
tou	터우	터우	토우
tu	투	투	투
tuan	투안	퇀	투안

음절	최-김안	정부안	엄익상안
tui	퉤이	투이	투이
tun	툰	툰	툰
tuo	투어	퉈	투오
wa	와	와	와
wai	와이	와이	와이
wan	완	완	완
wang	왕	왕	왕
wei	웨이	웨이	웨이
wen	원	원	원
weng	웡	웡	웡
wo	워	워	워
wu	우	우	우
xi	시	시	시
xia	시아	샤	시아
xian	시엔	셴	시앤
xiang	시앙	샹	시앙
xiao	샤오	샤오	샤오
xie	시에	셰	시에
xin	신	신	신
xing	싱	싱	싱
xiong	시옹	슝	시옹
xiu	시우	슈	시우
xu	쉬	쉬	쉬
xuan	쉬앤	쉬안	쉬앤
xue	쉬에	쉐	쉬에
xun	쉰	쉰	쉰
ya	야	야	야
yan	옌	옌	앤
yang	양	양	양
yao	야오	야오	야오
ye	예	예	예
yi	이	이	이
yin	인	인	인
ying	잉	잉	잉
yo	/	/	(요)
yong	용	융	용
you	여우	유	요우

음절	최-김안	정부안	엄익상안
yu	위	위	위
yuan	위앤	위안	위앤
yue	위에	웨	웨
yun	윈	윈	윈
za	짜	짜	짜
zai	짜이	짜이	짜이
zan	짠	짠	짠
zang	짱	짱	짱
zao	짜오	짜오	짜오
ze	쩌	쩌	쩌
zei	쩨이	쩨이	쩨이
zen	쩐	쩐	쩐
zeng	쩡	쩡	쩡
zha	자	자	자
zhai	자이	자이	자이
zhan	잔	잔	잔
zhang	장	장	장
zhao	자오	자오	자오
zhe	저	저	저
zhen	전	전	전
zheng	정	정	정
zhi	즈	즈	즈
zhong	종	중	종
zhou	저우	저우	조우
zhu	주	주	주
zhua	주아	좌	주아
zhuai	좌이	좌이	좌이
zhuan	주안	좐	주안
zhuang	주앙	좡	주앙
zhui	쮀이	주이	주이
zhun	준	준	준
zhuo	주어	줘	주오
zi	쯔	쯔	쯔
zong	쫑	쫑	쫑
zou	쩌우	쩌우	쪼우
zu	쭈	쭈	쭈
zuan	쭈안	쫜	쭈안

음절	최-김안	정부안	엄익상안
zui	쮀이	쭈이	쭈이
zun	쭌	쭌	쭌
zuo	쭈어	쭤	쭈오

부록 2: 한글로마자표기법

제1장 : 표기의 기본원칙

　제1항
　　　국어의 로마자 표기는 국어의 표준 발음법에 따라 적는 것을 원칙으로 한다.

　제2항
　　　로마자 이외의 부호는 되도록 사용하지 않는다.

제2장 : 표기일람

　제1항
　　　모음은 다음 각호와 같이 적는다.

1. 단모음

ㅏ	ㅓ	ㅗ	ㅜ	ㅡ	ㅣ	ㅐ	ㅔ	ㅚ	ㅟ
a	eo	o	u	eu	i	ae	e	oe	wi

2. 이중 모음

ㅑ	ㅕ	ㅛ	ㅠ	ㅒ	ㅖ	ㅘ	ㅙ	ㅝ	ㅞ	ㅢ
ya	yeo	yo	yu	yae	ye	wa	wae	wo	we	ui

[붙임1] 'ㅢ'는 'ㅣ'로 소리 나더라도 'ui'로 적는다.
　　　　(보기) 광희문 Gwanghuimun
[붙임2] 장모음의 표기는 따로 하지 않는다.

　제2항
　　　자음은 다음 각호와 같이 적는다.
1. 파열음

ㄱ	ㄲ	ㅋ	ㄷ	ㄸ	ㅌ	ㅂ	ㅃ	ㅍ
g, k	kk	k	d, t	tt	t	b, p	pp	p

2. 파찰음

ㅈ	ㅉ	ㅊ
j	jj	ch

3. 마찰음

ㅅ	ㅆ	ㅎ
s	ss	h

4. 비음

ㄴ	ㅁ	ㅇ
n	m	ng

5. 유음

ㄹ
r, l

[붙임1] 'ㄱ, ㄷ, ㅂ'은 모음 앞에서는 'g, d, b'로, 자음 앞이나 어말에서는 'k, t, p'로 적는다.([ ] 안의 발음에 따라 표기함.)

구미	Gumi	영동	Yeongdong	백암	Baegam
옥천	Okcheon	합덕	Hapdeok	호법	Hobeop
월곳[월곧]	Wolgot	벚꽃[벋꼳]	Beotkkot	한밭[한받]	Hanbat

[붙임2] 'ㄹ'은 모음 앞에서는 'r'로, 자음 앞이나 어말에서는 'l'로 적는다. 단, 'ㄹㄹ'은 'll'로 적는다.

구리	Guri	설악	Seorak	칠곡	Chilgok
임실	Imsil	울릉	Ulleung	대관령[대괄령]	Daegwallyeong

제3장 : 표기상의 유의점

제1항

음운 변화가 일어날 때에는 변화의 결과에 따라 다음 각호와 같이 적는다.

1. 자음 사이에서 동화 작용이 일어나는 경우

백마[뱅마]	Baengma	신문로[신문노]	Sinmunno	종로[종노]	Jongno
왕십리[왕심니]	Wangsimni	별내[별래]	Byeollae	신라[실라]	Silla

2. 'ㄴ, ㄹ'이 덧나는 경우

학여울[항녀울]	Hangnyeoul	알약[알략]	allyak

3. 구개음화가 되는 경우

| 해돋이[해도지] | haedoji | 같이[가치] | gachi | 맞히다[마치다] | machida |

4. 'ㄱ, ㄷ, ㅂ, ㅈ'이 'ㅎ'과 합하여 거센소리로 소리 나는 경우

좋고[조코]	joko	놓다[노타]	nota
잡혀[자펴]	japyeo	낳지[나치]	nachi

다만, 체언에서 'ㄱ, ㄷ, ㅂ' 뒤에 'ㅎ'이 따를 때에는 'ㅎ'을 밝혀 적는다.
   묵호(Mukho)
   집현전(Jiphyeonjeon)

[붙임] 된소리되기는 표기에 반영하지 않는다.

압구정	Apgujeong	낙동강	Nakdonggang	죽변	Jukbyeon
낙성대	Nakseongdae	합정	Hapjeong	팔당	Paldang
샛별	saetbyeol	울산	Ulsan		

제2항
발음상 혼동의 우려가 있을 때에는 음절 사이에 붙임표(-)를 쓸 수 있다.

중앙	Jung-ang	반구대	Ban-gudae
세운	Se-un	해운대	Hae-undae

제3항
고유 명사는 첫 글자를 대문자로 적는다.

| 부산 | Busan | 세종 | Sejong |

제4항
인명은 성과 이름의 순서로 띄어 쓴다. 이름은 붙여 쓰는 것을 원칙으로 하되 음절 사이에 붙임표(-)를 쓰는 것을 허용한다.(( ) 안의 표기를 허용함.)
   민용하 Min Yongha (Min Yong-ha)
   송나리 Song Nari (Song Na-ri)

(1) 이름에서 일어나는 음운 변화는 표기에 반영하지 않는다.

| 한복남 | Han Boknam
(Han Bok-nam) | 홍빛나 | Hong Bitna
(Hong Bit-na) |

(2) 성의 표기는 따로 정한다.

제5항

'도, 시, 군, 구, 읍, 면, 리, 동'의 행정 구역 단위와 '가'는 각각 'do, si, gun, gu, eup, myeon, ri, dong, ga'로 적고, 그 앞에는 붙임표(-)를 넣는다. 붙임표(-) 앞뒤에서 일어나는 음운 변화는 표기에 반영하지 않는다.주)

충청 북도	Chungcheongbuk-do	제주도	Jeju-do	의정부시	Uijeongbu-si
양주군	Yangju-gun	도봉구	Dobong-gu	신창읍	Sinchang-eup
삼죽면	Samjuk-myeon	인왕리	Inwang-ri	당산동	Dangsan-dong
봉천 1동	Bongcheon 1(il)-dong	종로 2가	Jongno 2(i)-ga	퇴계로 3가	Toegyero 3(sam)-ga

[붙임] '시, 군, 읍'의 행정 구역 단위는 생략할 수 있다.

| 청주시 | Cheongju | 함평군 | Hampyeong | 순창읍 | Sunchang |

제6항

자연 지물명, 문화재명, 인공 축조물명은 붙임표(-) 없이 붙여 쓴다.

남산	Namsan	속리산	Songnisan	금강	Geumgang
독도	Dokdo	경복궁	Gyeongbokgung	무량 수전	Muryangsujeon
연화교	Yeonhwagyo	극락전	Geungnakjeon	안압지	Anapji
남한 산성	Namhansanseong	화랑대	Hwarangdae	불국사	Bulguksa
현충사	Hyeonchungsa	독립문	Dongnimmun	오죽헌	Ojukheon
촉석루	Chokseongnu	종묘	Jongmyo	다보탑	Dabotap

제7항
인명, 회사명, 단체명 등은 그동안 써 온 표기를 쓸 수 있다.

제8항
학술 연구 논문 등 특수 분야에서 한글 복원을 전제로 표기할 경우에는 한글 표기를 대상으로 적는다. 이때 글자 대응은 제2장을 따르되 'ㄱ, ㄷ, ㅂ, ㄹ'은 'g, d, b, l'로만 적는다. 음가 없는 'ㅇ'은 붙임표(-)로 표기하되 어두에서는 생략하는 것을 원칙으로 한다. 기타 분절의 필요가 있을 때에도 붙임표(-)를 쓴다.

집	jib	짚	jip	밖	bakk
값	gabs	붓꽃	buskkoch	먹는	meogneun
독립	doglib	문리	munli	물엿	mul-yeos
군이	gud-i	좋다	johda	가곡	gagog
조랑말	jolangmal	없었습니다.	eobs-eoss-seubnida		

부칙
① (시행일) 이 규정은 고시한 날부터 시행한다.
② (표지판 등에 대한 경과 조치) 이 표기법 시행 당시 종전의 표기법에 의하여 설치된 표지판(도로, 광고물, 문화재 등의 안내판)은 2005. 12. 31.까지 이 표기법을 따라야 한다.
③ (출판물 등에 대한 경과 조치) 이 표기법 시행 당시 종전의 표기법에 의하여 발간된 교과서 등 출판물은 2002. 2. 28.까지 이 표기법을 따라야 한다.

한글 찾아보기

(ㄱ)

간략전사 ·················· 35, 336
간체자 ························· 395
갑골문 ··························· 9
갑상연골(甲狀软骨) ···· 31, 100
강-약 구조 241, 243, 244, 242
강세 ·········· 59, 226, 237, 242,
   243, 245, 246, 247, 251
개구도 ·· 94, 95, 117, 128, 170
개모음 ·························· 44
개음 ················ 58, 187, 208
개음(介音) ··············· 67, 306
개음(활음) ····················· 208
거센소리 ················· 328, 329
견계 ····························· 61
결과동사복합어 ················ 238
겹머리음 ························ 60
경구개 ····················· 33, 43
경구개 치조 ···················· 43
경구개마찰음화 ················· 265
경구개음 ··· 38, 54, 56, 99, 105
경구개음류성모 ················· 61
경상도 방언 ···················· 273
경상도말 ················· 123, 242
경성 ··· 57, 116, 210, 211, 216,
   233, 234, 235, 236, 238, 239,
   240, 241, 245, 248, 249, 250,
   268
경순음 ···················· 52, 60
경음 ····························· 342
경음절 ··············· 208, 209, 240
고구려 ··························· 274
고구려어 ························ 274
고대관화 ························ 271
고대중국어 ······················· 9
고대한어 ························· 3
고립어 ················· 10, 11, 12
고모음 ·········· 44, 56, 95, 118,
   122, 128, 134
고모음 동화 규칙 ··············· 153
고모음의 고활음화 ············ 146
고원음 ·························· 56
고조 ················· 209, 215, 216
공명도 ········ 65, 94, 105, 117,
   128, 160, 167, 173, 174, 179
공명도 연쇄 원리 ················ 65
공명성 ··························· 179
공박자 ··························· 244
공식어 ···························· 3
공통어 ················ 255, 270, 272

과도음 ································ 336
관용어 ······················ 293, 303
관용음 ································ 293
관화(官话) ······························ 3
관화방언 ··· 257, 258, 260, 261, 266, 275, 276, 277
교설 접근음 ······················ 113
교설 접미사 ······················ 190
교설 ······························· 103
교설음 자질 ······ 190, 200, 201
교설음(翘舌音) ······· 52, 54, 56, 103, 113, 124, 159, 177, 178, 181, 195, 198, 265, 266, 323, 333
교설음화 ········ 59, 60, 71, 181, 182, 184, 188, 189, 191, 192, 194, 196, 197, 198, 203, 205, 267, 401, 402, 416
교설음화 규칙 ··· 193, 200, 202
교설음화운모 ······················ 59
교설파찰음 ························ 179
교착어 ································ 11
구 강세 ···························· 245
구강 ·································· 32
구강음 ································ 32
구개음화 ········ 54, 59, 60, 111, 164, 266
구두음 ······················ 60, 272
구어 ································ 275
구어문법 ···························· 28

구조주의 ······················ 20, 21
국가경쟁력강화위원회 ······ 352
국립국어연구원 · 368, 377, 379
국립국어원 ······ 326, 327, 349, 361, 377, 379, 381, 428
국어 ···································· 3
국제음성기호 ··· 29, 35, 37, 62, 98, 102, 124, 133
국제음성학회 ······················ 35
국제음표 ···························· 62
국제표준기구 ···················· 371
국제표준화기구 ················ 356
국한문혼용정책 ················ 287
굴곡조 ············· 209, 215, 235
굴절 ························ 10, 11, 12
권설음 ···· 38, 39, 52, 103, 181
권설음화 ···· 60, 181, 182, 184, 185, 186, 188, 189, 190, 196, 205
근대영어 ···························· 241
근대음 ······························· 271
근음/통음 ···························· 52
글말 ·································· 61
기본조건 ···························· 257
기본주파수 ························ 247
기저 성조 ·························· 220
기저치 ······························· 215
기저형 ············· 115, 137, 203
기제 ········· 9, 20, 59, 184, 197
기조 성조 ·························· 214

긴장 모음 ····················· 45, 46
긴장음 ······················· 123, 135
깐방언 ······················· 256, 261
꾸앙조우 ························· 411
끊어 읽기 ···················· 250, 251

(ㄴ)

남방 방언 ························ 241
낮내리오름조 ···················· 212
낮내림조 ···················· 214, 235
낮수평조 ···················· 215, 216
낮오름조 ························ 216
내리오름조 ················· 209, 214
내림조 ················ 209, 215, 234
노먼 ··························· 1, 255
노암 촘스키 ······················ 20
높낮이 값 ························ 233
높내림조 ························ 212
높수평조 ···················· 215, 216
높오름조 ············· 212, 213, 216
높은수평조 ······················ 212

(ㄷ)

다음절 ····························· 9
다음절어 ················ 7, 8, 9, 66
단계 ······························ 61
단모음 ··············· 56, 198, 267
단수 ··························· 10, 13
단순명령문 ······················ 248
단순의문문 ······················ 248

단어 강세 ······················· 245
단어 층위 ······················· 248
단원음 ··························· 56
단음(团音) ················ 109, 121
단음절 ····························· 9
단음절어 ················· 7, 8, 9
담화 구조 ······················· 251
담화분석 ························ 22
대만 ········· 267, 276, 284, 293, 308, 309
대명사 ················· 238, 396, 397
대방언 ················· 254, 257, 268
대비음운모 ······················· 58
도출 ···························· 137
독서음 ······················· 60, 272
동목구조 ······················· 245
동사 ············ 238, 240, 245, 251
동화 ····· 114, 115, 137, 148, 153
동화 규칙 ·········· 138, 151, 202
동화작용 ······················· 134
된소리 ······ 303, 304, 305, 315, 327, 328, 329, 330, 342
두음 ········· 6, 65, 89, 208, 364, 418
두음 최대화 원리 ················ 66
뚜안무 싼(端木三) ······ 58, 192
띄어쓰기 ··· 348, 351, 353, 361

(ㄹ)

랴오닝 ··························· 259

랴오똥(辽东)반도 ·············· 259
로마자표기법 ······ 29, 305, 345,
　　347, 348, 350, 353, 355, 360,
　　361, 362, 363, 367, 370, 371,
　　372, 417
리듬 ················ 248, 250, 251
리와 톰슨 ························ 2, 8
린 얜후이 ······················ 33, 42

(ㅁ)

마찰음 ······ 39, 41, 43, 52, 54,
　　56, 99, 113, 114, 174, 179,
　　195, 304
만주어 ································ 404
말뭉치(语料) ······················· 28
말소리 목록 ······················· 23
말음 ············· 65, 89, 125, 418
맥퀸-라이샤워 ···················· 345
맥퀸-라이샤워 법 ··············· 346
메커니즘 ····························· 205
명사 ···································· 240
모라 ···················· 208, 216, 225
모음 ··········· 23, 36, 43, 51, 97,
　　117, 159, 418
모음 사각도 ······· 45, 119, 133
모음 운미 ·························· 187
모음류 ······························· 149
목적어 ····················· 245, 246
목젖 ······························ 32, 33
몽고어 ································ 404

무기음 ·· 42, 51, 100, 365, 366
무성음 ····· 32, 40, 51, 56, 100,
　　175, 364, 365
무성음화 ···························· 265
문독 ····································· 60
문법 ····································· 28
문법 구조 ··············· 224, 239
문법론 ································· 27
문어문법 ····························· 28
문자학 ································· 28
문장 구조 ·························· 223
문장 층위 ·························· 248
문헌학 ······················· 20, 25
미국 ··········· 111, 161, 276, 285,
　　293, 308, 352
미국의회도서관 ······· 356, 359
민(闽) ······························· 188
민남(闽南)방언 ······ 269, 272,
　　273, 275
민동방언 ················ 267, 269
민방언 ······ 256, 261, 275, 276

(ㅂ)

반달점 ································ 354
반모음 ······························· 105
발음 ································· 250
발화 ····················· 225, 248, 250
방계 ····································· 61
방언 ·········· 29, 176, 241, 253,
　　255, 267, 269, 271, 275, 416

방향 동사 ·············· 238
백독 ······················· 60
백제 ················ 274, 276
백제어 ···················· 274
백제한자음 ············· 275
번체자 ···················· 395
베트남 ········ 287, 376, 418
변음 ············· 52, 54, 98
변이음 ····· 106, 113, 133, 135
변조 ········ 216, 218, 219, 220,
  221, 222, 226, 231, 268
변조 규칙 ········ 221, 223, 225
변조 유형 ················ 228
변형생성문법 ············ 21
변형생성주의 ············ 21
병합 ················ 189, 190
보어 ······················ 238
보음(辅音) ·········· 24, 51
보조어 ···················· 245
보충조건 ················· 258
보통화 ··········· 2, 24, 260
복모음 ····················· 56
복성모 ····················· 60
복수 ························ 13
복합어 ············ 221, 246
복합원음 ··················· 56
본성조 ····················· 57
본조 ························ 57
부가기호 ········ 348, 354, 371
부분 동화 ················ 137

북경 ················ 376, 428
북방 관화 방언 ············ 176
북방관화 ········ 260, 261, 269,
  273, 277
북방방언 ·········· 256, 258
분절음 ····· 116, 154, 183, 184,
  187, 193, 196, 198, 199, 204,
  205
불송기(음) ············ 51, 98
비강 ························ 32
비강세 ······· 138, 236, 237, 238
비강음 ····················· 32
비경성 ···················· 239
비문(非文) ············ 12, 13
비밀어 ············ 109, 111
비원순 ····················· 56
비원순 전설 고모음 ········· 340
비원순 후설 중모음 ·· 135, 138
비원순음 ····· 45, 118, 119, 122,
  140, 336, 337, 338
비음 ········ 39, 43, 52, 56, 99,
  113, 174, 187, 257
비음운미운모 ············· 58
비핵 ················ 245, 246
비핵강세 ··········· 246, 247
비핵강세규칙 ········ 245, 247
뻬이징 ········ 3, 241, 259, 273,
  341, 411, 428
뻬이징 지역 ············· 211
뽀하이(渤海)만 ············ 259

(ㅅ)

사용 빈도 ················· 247
사회언어학 ················ 21
산뚱방언 ··················· 260
산시방언 ··················· 176
삼중모음 ···················· 57
삼합원음 ···················· 57
상고음 ······ 271, 272, 273, 417, 419, 420
상보적 분포 ············ 106, 107, 108, 111, 112, 127, 129, 163, 172, 334
상용한자 ················· 405, 408
상하이 ························ 3, 411
상해 ························· 376
상향 ······················ 54, 156
색음(塞音) ······ 24, 40, 52, 54, 55
색찰음 ······················ 52, 54
서남관화 ················· 259, 269
서면어 ······················ 254
서북 방언 ··················· 418
서북관화 ··· 257, 259, 261, 269
서성자 ····················· 392, 393
서수(序数) ················· 217
서술문 ····················· 248, 250
서울 ········ 373, 374, 375, 379, 381, 384, 385, 386, 387, 389, 390, 393, 396, 405, 414, 427
서울 방언 ···················· 273

서울말 ············· 123, 242, 254
설근음(舌根音) ·········· 52, 104
설면음(舌面音) ·········· 54, 104
설면전음 ························ 52
설면중음 ························ 52
설면후음 ····················· 52, 54
설첨 고모음 ··················· 129
설첨 모음 · 124, 130, 146, 159, 164, 167, 178, 179, 180, 200, 201
설첨 모음설 ·················· 416
설첨 전모음 · 124, 130, 160, 356
설첨 후모음 · 124, 130, 160, 356
설첨전음 ············· 52, 54, 101
설첨중음 ············· 52, 54, 101
설첨 후모음화 ················ 146
설첨후음 ····················· 52, 54
설측(접근)음 · 43, 99, 102, 113
설측마찰음 ···················· 39
설측음 ················ 52, 54, 56
설측접근음 ···················· 39
성대 ········ 31, 40, 43, 117, 364
성대진동 시작시간 ··········· 329
성도(声道) ············ 32, 38, 195
성모(声母) ······ 57, 67, 96, 97, 109, 186, 187, 208, 257
성문(声门) ················ 32, 43
성문음 ························· 38
성문폐쇄음 ····················· 55
성씨 표기 ·· 350, 353, 361, 371

성운학(声韵学) ………… 26, 97
성절 비음 자음 …………… 166
성절 비자음 ……………… 164
성절 자음 ……… 159, 173, 175, 177, 179, 180
성절 자음설 …………… 162, 416
성조 ….. 4, 5, 6, 8, 23, 57, 69, 207, 211, 212, 248, 251, 268, 305
성조 연계 단위 …………… 209
성조 유형 ……………… 224, 227
성조(声调) ……………………… 97
성조값 ……… 57, 210, 214, 215, 233, 234, 249
성조변화 ………… 57, 214, 216
성조소 ……………………… 209
성조종류 …………………… 57
세계표준화기구 …………… 370
소리 배열 및 조직 ………… 23
소리의 변화 지배 규칙 …… 23
소설음 ……………………… 38
소실 ………………………… 6
소우얼(首尔) …… 29, 373, 411, 412, 427
송기(음) ……………… 51, 98
수사 ……………………… 238
수식구조 ………………… 245
수식어 ……………… 245, 246
수평조 ………… 209, 215, 235
순음 …………… 52, 56, 141

순음류성모 ……………… 61
순자음 …………………… 336
순치 ……………………… 43
순치음 ….. 38, 52, 56, 60, 101, 113
순행동화 ………… 137, 142, 153
술어 …………………… 15, 18
슈와 ….. 45, 56, 120, 121, 138, 152, 156, 157, 183, 190, 196, 209, 338
스펙트로그램 …. 165, 166, 168, 170, 179
시경(诗经) ……………… 419
시앙(湘)방언 ….. 256, 267, 269, 275, 276
시제 ……………………… 10
신경언어학 ……………… 21
신라 …………………… 274
신라어 …………………… 273
실험 음성학 ……………… 235
심리언어학 ……………… 21
쌍순음/중순음 …………… 52

(ㅇ)

아랫니 ………………… 34, 101
아랫입술 ………………… 34
아이앰 …………………… 241
아포스트로피 ………… 354, 356
아화 …………… 59, 60, 181
아화운 …………………… 59

악화 ·· 59
알타이어 ·· 1
압운 ··· 162
앙모음 ·· 56
앙원음 ·· 56
애매모음 ···················· 44, 56, 336
약-강 구조 ······················ 241, 242
약음절 ························ 89, 116, 138
약화 ···································· 154, 156
양사 ································ 13, 14, 238
양순 ·· 43
양순음 ······· 38, 52, 56, 60, 100, 105, 113
앤 미앤 ····································· 256
어법 ··· 27
어법학 ·· 27
어순 ·································· 1, 12, 270
어조사 ······································ 212
어휘 ···························· 240, 241, 271
어휘유사도 ···························· 275
억양 ·· 208, 248, 249, 250, 251
억양구 ······································ 225
언어 접촉 ································ 271
언어학 ··························· 18, 23, 26
얼화 ·· 181
얼후아 ································ 59, 60
역사비교언어학 ············· 20, 21
역사언어학 ····························· 21
역행동화 ············ 137, 153, 338
연구개 ··························· 33, 43

연구개음 ············ 38, 52, 54, 56, 99, 104, 105, 108, 109, 111, 113
연구개음류성모 ····················· 61
연구개파열음 ······················ 265
연독변조 ································· 57
연합 구조 ······························ 251
영성모 ···················· 57, 265, 266
영성모화 ································ 265
영어 ········ 5, 7, 23, 38, 44, 98, 101, 122, 237, 255, 293, 323, 364, 384
예사소리 ·········· 303, 315, 327, 330, 342
오르내림조 ··························· 209
오름조 ······· 209, 215, 234, 235
온음절 ····································· 89
완전 동화 ······························ 137
외래어 ··············· 279, 280, 282, 299, 301
외래어 표기 ························· 404
외래어 표기법 ·· 293, 315, 316, 321, 322, 323, 324, 326, 341, 343, 369, 428
우방언 ··············· 256, 266, 267, 269, 273, 275, 276
우측 음보 ······························ 241
운 ·· 208
운 조화설 ···················· 192, 193
운꼬리 ···································· 58

운두 ·················· 58, 67
운머리 ······················ 58
운모(韻母) ····· 57, 67, 97, 109,
　　181, 182, 188, 191, 196, 208,
　　267
운미(韻尾) ··· 58, 67, 182, 183,
　　185, 186, 187, 188, 189, 191,
　　196, 198, 257, 269, 340, 392,
운배 ························· 58
운복(韻腹) ················ 58, 67
운율 ······················· 251
운율 무게 단위 ················ 208
운율 위계 ···················· 225
원순 ························ 56
원순 전설 고모음 ·············· 340
원순 후설 중모음 ·············· 140
원순모음 ···················· 336
원순성 ········ 45, 141, 149, 150,
　　153, 155, 338, 340
원순음 ················· 45, 118, 119,
　　122, 140, 336, 337, 338
원순음화 ···················· 104
원어민 ······················ 184
원음(元音) ············· 24, 24, 51
원음주의 ···················· 429
원지음 ············ 280, 281, 284,
　　289, 300, 301, 321
원지음주의 ·················· 302
원지음표기 ·················· 286
웨(粵)방언 ··· 5, 256, 257, 268,
　　269, 275
웨이드-자일즈법 346, 356, 357
위만조선 ···················· 271
위앤 지아후아 ················ 256
위치사 ······················ 238
윗니 ··················· 33, 101
윗입술 ······················ 33
유기음 ········ 42, 51, 100, 356,
　　365, 366
유성 ························ 32
유성성 ············· 65, 162, 364
유성음 ········ 40, 51, 56, 100,
　　257, 265, 364, 365
유음 ······················· 182
유형론 ················ 4, 18, 253
음가 ················ 178, 341, 343
음계학 ······················ 26
음높이 값 ········· 212, 214, 235
음독 ······················· 289
음보 ········ 225, 226, 227, 228,
　　231, 244
음보 구성 ···················· 228
음성운 ······················ 178
음성적 유사성 ··········· 172, 173
음성학 ·········· 21, 23, 160, 415
음성학적 부합성 ·········· 183, 205
음성학적 충돌 ················ 204
음소 ········· 40, 106, 108, 112,
　　113, 114, 128, 135, 172, 179,
　　315, 337

음소적 성조 …… 209, 210, 212
음역 ……… 388, 389, 399, 400
음운 단어 ………………… 225
음운구 …………………… 225
음운론 ‥ 21, 23, 160, 192, 415
음운변화 …………………… 29
음운체계 ……………… 67, 159
음운학 ………………… 27, 184
음유사도 ………………… 275
음의 유사도 ……………… 127
음절 ……… 63, 64, 67, 69, 94,
    187, 198, 225, 238, 334, 393
음절 경계 ………… 64, 66, 182
음절구조 ……… 29, 58, 65, 89,
    154, 175, 184, 185, 187, 188,
    191, 198, 205, 415
음절구조상의 제약 ………… 183
음절화 …………………… 187
음향음성학 ………………… 22
응용언어학 ………………… 21
의문문 ……………… 208, 248
의문조사 …………… 212, 249
의미론 ……………………… 22
의사소통 ……… 241, 253, 254,
    274, 296
의사소통도 ……………… 275
의역 ……………………… 389
이완 ……………………… 116
이완 모음 ……………… 45, 46
이완음 ……… 68, 123, 133, 135

이중 모음설 ……………… 188
이중모음 ……… 56, 64, 67, 333
이체자 …………………… 395
이합원음 ………………… 56
이화작용 ………………… 235
이화현상 …………… 219, 221
인구어 ……………………… 2
인구어가설 ………………… 19
인두 ……………………… 33
인두음 …………………… 38
인용 성조 ……… 213, 214, 215
일관성 ……………… 282, 301
일반언어학 ………………… 21
일본 ……… 285, 286, 289, 293,
    308, 310, 374, 384, 423, 430
일본어 ……… 5, 7, 15, 254, 364,
    404
입말 ……………… 61, 63, 241
입성 ……… 257, 268, 269, 392
입성자 …………… 269, 392, 393
입술 ……………………… 98
입천장 …………………… 98
잇몸 ……………………… 98

(ㅈ)

자유 음보 ………………… 244
자음 ……… 23, 36, 38, 51, 97,
    117, 159
자음 운미 ………………… 187
자질 … 65, 193, 195, 196, 199,

204, 215, 216
자질 기하학 ·················· 196
장어(藏语) ······················· 1
장음 ······························ 121
재구 ······························ 418
쟈오뚱(胶东)반도 ············ 259
저모음 ···· 44, 56, 95, 118, 125
저원음 ···························· 56
저조 ··················· 209, 215, 216
전경구개음(前硬颚音) ······· 54
전동음(颤动音) ················ 39
전모음 ···························· 56
전사 ······························ 47
전사(转写) ················· 35, 49
전설 ··················· 34, 43, 143
전설 저모음 상향 규칙 ····· 145
전설 중저모음 ················ 340
전설 중저모음화 규칙 ······ 145
전설모음 ······ 44, 56, 119, 418
전설성 ·························· 340
전설저모음 ···················· 107
전순 ······························ 56
전원음 ··························· 56
전자(转字) ······················ 49
전향 ······················ 46, 102
접근음(近音) ··· 39, 41, 43, 52,
       55, 56, 98
접미사 ···················· 182, 238
접미사화 ······················· 205
접속사 ·························· 251

접촉 ····························· 277
정 리앙웨이 ··················· 185
정 진취앤(郑锦全) ······ 49, 54,
       71, 183, 185, 188
정돈 ······························ 59
정문(正文) ······················ 12
정밀전사 ··················· 35, 336
정보 ····························· 246
정보강세원칙 ·················· 246
정자 ····························· 395
제주도 방언 ··················· 254
조류 ······························ 57
조사 ······················ 238, 251
조음(调音) ······ 31, 54, 55, 418
조음 기관 ············ 31, 33, 43
조음 방법 ············ 31, 38, 39
       56, 187
조음 부위 ······················· 56
조음 위치 ················· 38, 187
조음음성학 ······················ 22
조음의 방법 ················ 97, 98
조음의 위치 ················ 97, 98
조음자 ·························· 162
조음점 ···················· 52, 179
조치 ······························ 57
좌측 음보 ······················ 241
주동 발성 기관 ················· 98
주동기관 ························ 52
주동발성기관 ··················· 53
주어 ··················· 15, 18, 251

한글 찾아보기 | 467

주요모음 ········ 58, 67, 68, 94, 96, 183, 184, 185, 186, 187, 188, 189, 191, 197, 334, 340, 418
주요원음 ···························· 58
주제 ·································· 15
주제어 ······························· 15
죽간 ···································· 9
중개모음 ··························· 44
중고 ·· 257, 265, 267, 268, 269
중고모음 ··························· 44
중고음 ······· 272, 273, 274, 291
중국 어학 ························· 25
중국 언어학 ····················· 25
중국어 언어학 ················· 25
중모음 ·· 56, 95, 118, 124, 125
중모음 수렴 ············ 155, 157
중설 ··························· 43, 143
중설 고모음 ················· 131
중설 저모음 ················· 142
중설 중모음 ············ 56, 120
중설모음 ·········· 44, 56, 338
중순음 ····························· 60
중심어 ··························· 245
중심지 가설 ················· 276
중심지 이론 ················· 273
중앙 접근음 ················· 128
중앙원음 ························· 56
중앙음 ····························· 41
중어 언어학 ··················· 25

중원음 ······························ 56
중음 ···································· 59
중음절 ············· 115, 208, 247
중저모음 ···················· 44, 126
중조 ························· 209, 216
중첩 형태소 ················· 238
중첩어 ··························· 221
중폐모음 ························· 44
지계 ································ 61
지속음 ····························· 55
지앙화이(江淮) 관화 ········ 257, 259, 267, 269, 275
진(晋)방언 ··············· 257, 259

(ㅊ)

차방언(次方言) ········· 257, 258, 260
차상용 한자 ······················· 405
찰음 ························· 52, 54, 98
창사방언 ··························· 277
첨음(尖音) ························· 109
첨자 ························· 189, 190
청음 ···································· 51
청자 ···································· 13
청취음성학 ························· 22
초분절 자질 ····················· 251
초점 ································ 246
총칭 ································ 411
최소대립쌍 ······ 106, 111, 112, 127, 128, 129, 135

축약 ·································· 220
치간음 ······························ 102
치경(齒莖) ·························· 34
치마찰음 ···················· 176, 333
치은 ·································· 33
치은음 ··············· 38, 52, 54, 56
치음 ·· 38, 52, 54, 56, 99, 101,
　　 102, 108, 109, 113, 124, 159,
　　 178, 187, 265, 333, 416
치음류성모 ·························· 61
치조 ····························· 33, 43
치조경구개음 ···· 103, 104, 108,
　　 109, 110, 111, 113, 114, 130,
　　 416
치조경구개음화 ················ 113
치조경구개음화규칙 ·········· 114
치조음 ····· 38, 52, 56, 99, 102,
　　 103, 113
치파찰음 ···················· 176, 179

(ㅋ)

커지아(客家)방언 ······ 269, 275

(ㅌ)

탁음 ································· 51
탄설음(弾舌音) ···················· 39
탈락 ·· 166, 182, 196, 204, 392
터키어 ······························ 404
통사 구조 ········· 225, 227, 228
통사론 ·························· 22, 27

통음병음 ·························· 358
통일신라 ···················· 273, 274
트로키 ······························ 241
티벳말 ······························ 419
티벳어 ································ 1
티앤진 ······························ 259

(ㅍ)

파열음 ······· 39, 40, 41, 43, 52,
　　 54, 55, 56, 98, 99, 113, 174,
　　 303, 304, 328, 329
파찰음 ············ 43, 52, 54, 56,
　　 99, 113, 114, 174, 304, 333
평서문 ······························ 208
평어(评语) ·························· 15
평음 ·························· 342, 365
폐모음 ······························ 44
포먼트 167, 168, 169, 179, 366
표면형 ······················ 115, 137
표준중국어 ········· 2, 3, 29, 54,
　　 67, 97, 118, 159, 175, 178,
　　 180, 185, 253, 259, 385, 392,
　　 415
피동기관 ······················ 52, 54
피동발성기관 ············ 53, 99
피수식어 ·························· 245
필담 ································ 274

(ㅎ)

하시모토 ·························· 420

하얼삔 ·················· 428, 430
하향 ················· 46, 156
학교문법 ················ 19, 21
한국 ········ 268, 269, 270, 271,
275, 290, 291, 293, 351, 352,
367, 369, 374, 381, 385, 405,
408, 431
한국어 ················· 266
한글 ········ 287, 315, 322, 323,
367, 369, 384, 385
한글표기법 ······ 307, 313, 315,
316, 325, 327, 339, 341, 343,
417
한글전용정책 ·········· 287, 288
한글학회 ········ 345, 348, 360
한사군 ················· 271
한성 ·················· 382
한양 ·················· 380
한어(汉语) ············ 1, 2, 24
한어 언어학 ················ 24
한어병음 ····· 6, 29, 42, 48, 67,
94, 96, 100, 305, 314, 335,
336, 339, 340, 343, 355, 357
한자 ········ 254, 270, 272, 287,
383, 384, 385, 388, 391, 404
한자문화권 284, 285, 289, 374
한자음 ······· 97, 254, 268, 269,
270, 271, 272, 273, 275, 280,
281, 282, 283, 287, 288, 291,
293, 295, 300, 304, 314, 384,
423, 429, 430
한자음표기 ············ 287, 288
한장어족 ·················· 1
한청 ········ 373, 374, 411, 412
함경도 방언 ·············· 254
핵 ···················· 245
핵모음 ··················· 65
핵음 ············ 89, 154, 167
핵전 활음 ············· 58, 90
핵후 활음 ············· 89, 90
혀끝 ··················· 34
혀뿌리 ·············· 34, 104
현대경제연구원 ······· 348, 360
현대관화 ················· 271
현대중국어 ·········· 9, 26, 28
현대한어 ···················· 3
혓날 ··················· 34
형용사 ··············· 238, 240
형태론 ················ 22, 27
형태소 ········· 8, 9, 11, 221
홍콩 ·················· 423
화어 ····················· 3
화용론 ·················· 22
화자 ········ 13, 261, 296, 416
활음 ······· 105, 112, 154, 183,
189, 267, 415, 418
활음화 ················· 128
활음화규칙 ·············· 202
획수 ················ 394, 405
후경구개음(後硬顎音) ········ 54

후모음 ···································· 56
후설 ···························· 34, 43, 143
후설 고모음의 중모음화 ···· 146
후설모음 ······· 44, 56, 119, 338
후설성 ······ 149, 150, 152, 153, 155, 338
후설저모음 ························ 107
후원음 ···································· 56
후음 ···································· 104
후치은음 ······························ 38
후치조 ································· 33
후치조음 ···· 38, 102, 103, 104, 113
후향 ···································· 103
훈독 ···································· 289
휴지 ······································ 59

영문 찾아보기

(A)

acoustic phonetics ·············· 22
Adam's apple ················ 31
advanced ···················· 102
affricate ····················· 42
alveolar ················ 38, 102
alveolar ridge ················ 33
alveolars ···················· 61
alveolo-palatal ············· 104
alveolo-palatalization ········· 113
alveolo-palatalization rule ··· 114
apical vowel ················ 159
applied linguistics ············ 21
approximant ············ 39, 98
articulation ·················· 31
articulator ··················· 31
articulatory phonetics ········· 22
aspirated ·············· 42, 100
assimilation ················· 137
attachment ·················· 205
auditory phonetics ············ 22

(B)

Back ························ 44
back of the tongue ·········· 34

(C)

back vowel ·················· 56
backness ···················· 338
bilabial ············· 38, 60, 100
blade of the tongue ·········· 34
broad transcription ··········· 35

Cantonese ····················· 5
Central ················ 41, 44
central approximant ·········· 128
central vowel ················ 56
Chinese linguistics ············ 24
citation tone ············ 57, 213
classifier ···················· 13
Close ······················· 44
Close-mid ··················· 44
coda ·········· 58, 186, 191, 418
colloquial readings ············ 60
comment ···················· 15
complementary distribution
················ 107, 172, 334
consonant ·················· 183
consonant cluster ············ 60
consonants ·················· 38
continuent ··················· 55

contour tone ·················· 209
convergence ····················· 155
corpus ·································· 28

(D)

dental ··················· 38, 101, 187
derivation ························· 137
diphthong ··························· 56
discourse analysis ············· 22
discourse structure ········· 251
dissimilation ···················· 219
Duanmu ······················ 9, 192

(F)

F0 ······································ 247
feature ······························· 199
feature geometry ············· 196
final ··························· 57, 208
foot ··································· 225
fricative ······························ 39
Front ·································· 44
front of the tongue ··········· 34
front vowel ················ 56, 418
fronting ······························ 46

(G)

general linguistics ············· 21
glide ································· 189
glottal ······················· 38, 104
glottal stop ························ 55

glottis ································· 32

(H)

hard palate ························ 33
Hashimoto ··················· 1, 420
heavy syllable ···· 115, 208, 247
high vowel ························ 56
historical comparative linguistics
··································· 20
historical linguistics ··········· 21

(I)

iamb ································· 241
Indo-European hypothesis ···· 19
Indo-European languages ······· 2
Information Stress Principle 246
initial ······················ 57, 186, 208
interdental ······················· 102
International Phonetic Alphabet
··································· 35
International Phonetic
    Association ················· 35
intonation ························ 208
intonation phrase ············ 225
inventory ··························· 23
IPA ····· 35, 40, 41, 42, 46, 47,
    49, 62, 103, 133, 164, 168,
    169
ISO ·································· 356

(K)
koine ·················· 255, 270

(L)
labials ························· 61
labiodental ············ 38, 60, 101
language ························ 254
lateral approximant ······ 39, 102
lateral fricative ················ 39
lax ······························· 45
level tone ······················ 209
light syllable ·················· 208
linguistics ······················ 18
literary readings ··············· 60
low vowel ······················ 56
lower lip ······················· 34
lower teeth ···················· 34
lowering ······················· 46

(M)
main vowel ···················· 58
Mandarin ························ 3
manner of articulation ········ 31, 38, 97, 187
maximal onset principle ······ 66
McCune-Reischauer ···· 345, 346
McCune-Reischauer system ·· 48
mechanism ······· 9, 20, 59, 184
medial ········ 58, 183, 186, 191
merge ···················· 189, 190

(N)
mid vowel ······················ 56
Middle Chinese ··············· 291
minimal pair ··················· 106
monophthong ··················· 56
mora ······················ 208, 225
morpheme ························ 8
morphology ···················· 22

(N)
narrow transcription ············ 35
nasal ······················ 39, 187
nasal cavity ···················· 32
nasal ending final ·············· 58
nasal sounds ··················· 32
nasal syllabic consonants ··· 164
native speakers ··············· 184
neurolinguistics ················ 21
neutral tone ·············· 57, 210
Noam Chomsky ················ 20
nucleus ············ 58, 186, 191

(O)
Old Chinese ··················· 417
onset ······················ 58, 418
Open ···························· 44
Open-mid ······················ 44
oral cavity ····················· 32
oral sounds ···················· 32

(P)

palatal ··· 38
palatalization ···································· 59
palatals ·· 61
pause ··· 59
pharyngeal ······································· 38
pharynx ··· 33
philology ································· 20, 25
phoneme ·· 106
phonemic tone ···························· 209
phonetic compatibility 183, 205
phonetic similarity ···················· 172
phonetics ································· 21, 27
phonological phrase ··············· 225
phonological word ··················· 225
phonology ································ 21, 26
phonotactic constrains ··········· 183
phonotactics ··································· 23
pitch value ···································· 212
place of articulation ········ 38, 97
plosive ······························· 39, 40, 98
point of articulation ·············· 187
postalveolar ···················· 33, 38, 103
Praat ·· 164
pragmatics ······································ 22
pre-nucleus glide ······················· 58
predicate ·· 15
progressive assimilation ······· 153
prosodic weight unit ············· 208
psycholinguistics ························· 21

(R)

R-suffixation ································· 59
reconstruction ····························· 418
reduction ······························· 156, 220
regressive assimilation ········· 153
retroflex ······················· 38, 39, 103
retroflexed syllable ················· 59
retroflexion ······················· 59, 205
rhyme ··· 208
root of the tongue ················· 34
rounded ··································· 45, 56
rounded high front vowel ·· 340
roundness ····································· 338

(S)

school grammar ·························· 19
schwa ············· 45, 56, 120, 183
segments ·· 183
semantics ·· 22
Sino-Tibetan language family ·· 1
socio-linguistics ··························· 21
soft palate ···································· 33
sonority ································· 65, 160
sonority sequencing principle
··· 65
SOV ······································· 1, 270
spoken language ························· 61
Standard Chinese ················ 2, 67
stop ····································· 39, 40, 98
stress ··· 59

structuralism ··················· 20
subject ···························· 15
suffixation ······················ 205
superimposition ················ 205
surface representation ········ 137
SVO ························· 2, 270
syllabic consonant ············· 159
syllabification ··················· 187
syllable ················ 63, 187, 225
syntax ···························· 22

(T)

tap ································ 41
tap/flap ··························· 39
tense ······························ 45
the secret language ············ 109
the zero initial ·················· 57
tip of the tongue ··············· 34
tonal category ··················· 57
tonal value ················ 57, 210
tone ······························· 207
tone bearing unit ··············· 209
tone sandhi ········ 57, 214, 216
toneme ··························· 209
topic ······························ 15
transcription ··············· 35, 49
transformational generative
   grammar ··················· 21
transliteration ··················· 49
trill ································ 39

triphthong ························ 57
trochee ··························· 241
typology ··························· 4

(U)

unaspirated ················ 42, 100
underlying representation ···· 137
unrounded ················· 45, 56
unrounded high front vowel
   ································ 340
upper lip ························· 33
upper teeth ······················ 33
utterance ························· 225
uvula ······················ 32, 33
uvular ···························· 38

(V)

varient ··························· 106
velar ·············· 38, 52, 53, 104
velars ···························· 61
vocal cords ······················ 31
vocal folds ······················ 31
vocal track ······················ 32
voice onset time ················ 329
voiced ······················ 32, 100
voiceless ··················· 32, 100
VOT ························ 330, 365
vowel ···························· 183

(W)

Wade-Giles ·················· 346, 356
Wade-Giles system ··············· 48
Wavesurfer ·················· 164, 169
weak syllable ······················ 116
written language ··················· 61

엄 익 상 (嚴翼相 eom@hanyang.ac.kr)

- 한양대학교 중문과 교수, 인문과학대학 학장
- 중국 湖南大学, 四川师大 겸임교수
- 한국중국언어학회 제9대 회장
- 한국중국어교육학회 제4대 회장
- *Language and Linguistics, Lingua Sinica, International Journal of Chinese Linguistics, Journal of Macrolinguistics* 편집위원
- 숙명여대, 강원대, UC, Irvine, Ohio State University 교수 역임
- Indiana University 중국어 언어학 박사
- 연세대학교 중문과 학사, 석사

대표 저역서

- 2017 *Encyclopedia of Chinese Language and Linguistics*. (공저) Leiden: Brill.
- 2016 *Language Evolution and Changes in Chinese. Journal of Chinese Linguistics*, Monograph Series 26. (Co-edited with Weijia Zhang)
- 2015 『중국한자음 한국식으로 다시보기』(제2판, 저서) 서울: 한국문화사.
- 2015 *The Oxford Handbook of Chinese Linguistics*. (공저) Oxford: Oxford University Press.
- 2014 『地域文化与中国语言』(공저) 北京: 商务印书馆.
- 2013 『韩汉语言探讨』(4인 공편) 首尔: 学古房.
- 2012 『중국어 음운론과 응용』(제1판, 저서) 서울: 한국문화사.
- 2011 『中国方言中的语言学与文化意蕴』(편저) 首尔: 韩国文化社.
- 2011 『중국어 교육론』(3인 공저) 서울: 한국문화사.
- 2010 *Perspectives on Chinese Language and Culture*. (3인 공편) Taipei: The Crane.
- 2010 『중국어 말소리』(4인 공역) 서울: 도서출판 열락.
- 2010 『韩汉语言探索』(4인 공편) 首尔: 学古房.
- 2010 『多视角下的中国语言与文化探讨』(4인 공편) 首尔: 韩国文化社.
- 2008 『韩汉语言研究』(2인 공편) 首尔: 学古房.
- 2007 『현대중국어 생성음운론』(개정판, 역서) 서울: 학고방.
- 2005 『韩国的中国语言学资料研究』(2인 공편) 首尔: 学古房.
- 2005 『표준중국어음운론』제2판 (4인 공역) 서울: 한국문화사.
- 2005 『중국언어학 한국식으로 하기』(개정판, 저서) 서울: 한국문화사.
- 2003 *Lexical Diffusion in Korean and Sino-Korean. Journal of Chinese Linguistics*, Monograph Series 20. (Co-edited)

〈제2판〉
중국어 음운론과 응용

1판1쇄 발행 2012년 12월 31일
2판1쇄 발행 2016년 5월 1일
2판2쇄 발행 2019년 2월 20일

지 은 이   엄 익 상
펴 낸 이   김 진 수
펴 낸 곳   **한국문화사**
등   록   1991년 11월 9일 제2-1276호
주   소   서울특별시 성동구 광나루로 130 서울숲 IT캐슬 1310호
전   화   02-464-7708
전   송   02-499-0846
이 메 일   hkm7708@hanmail.net
홈페이지   www.hankookmunhwasa.co.kr

책값은 뒤표지에 있습니다.

잘못된 책은 구매처에서 바꾸어 드립니다.
이 책의 내용은 저작권법에 따라 보호받고 있습니다.

ISBN 978-89-6817-337-0 93720

이 도서의 국립중앙도서관 출판예정도서목록(CIP)은 서지정보유통지원시스템
홈페이지(http://seoji.nl.go.kr)와 국가자료공동목록시스템(http://www.nl.go.kr/kolisnet)에서
이용하실 수 있습니다.(CIP제어번호: CIP2016006909)

이 저서는 2007년 교육과학기술부의 재원으로 한국학술진흥재단의 지원을 받아 수행된 연구임
(KRF-2007-812-2007S1A6A4A01833)